工业智能技术与应用

郑树泉 王 倩 武智霞 徐 侃 主编

上海科学技术出版社

内 容 提 要

本书共分3篇。第1篇（第1～4章）为智能制造，介绍了智能制造模式及人工智能技术在智能制造中的作用，主要内容为智能制造概述、大规模个性化定制、智能化生产、智能运维与服务。第2篇（第5～8章）为人工智能，介绍了人工智能及相关技术，主要从人工智能概述、机器学习、深度学习、人工智能开发框架这四个方面对人工智能技术及核心算法进行论述。第3篇（第9～12章）为工业智能应用，重点介绍了工业智能在客户数据挖掘与画像、机器视觉与人脸识别、调度优化、预测性维护等领域所涉及的技术及相关应用案例。

本书适合制造型企业高中层决策人员、信息化规划及实施人员、政府两化融合相关人员及高等院校相关专业教师、学生阅读参考。

图书在版编目(CIP)数据

工业智能技术与应用 / 郑树泉等主编. —上海：上海科学技术出版社，2019.1
ISBN 978-7-5478-4277-5

Ⅰ.①工… Ⅱ.①郑… Ⅲ.①智能制造系统－制造工业 Ⅳ.①F407.4

中国版本图书馆 CIP 数据核字(2018)第 292098 号

工业智能技术与应用
郑树泉　王　倩　武智霞　徐　侃　主编

上海世纪出版(集团)有限公司
上海科学技术出版社　出版、发行
(上海钦州南路71号　邮政编码 200235　www.sstp.cn)
苏州望电印刷有限公司印刷
开本 787×1092　1/16　印张 19
字数 400 千字
2019年1月第1版　2019年1月第1次印刷
ISBN 978-7-5478-4277-5/TP·62
定价：98.00元

本书如有缺页、错装或坏损等严重质量问题，请向工厂联系调换工业智能技术是利用工业大数据实现智能制造的关键,对发挥工业大数据价值、推进我国智能制造起到重要作用。《工业智能技术与应用》一书介绍了智能制造及其发展现状,深入解析了典型智能制造模式与成功案例,全面讲解了支撑智能制造的关键技术,为理解智能制造、开展智能制造建设提供了全面、系统的参考。

全国信息技术标准化技术委员会大数据工作组工业大数据国家标准专题组组长
美林数据技术股份有限公司副总裁　　**程宏斌**

人工智能在制造业的融合应用是促进实体经济发展的重点方向,是制造业数字化、网络化、智能化转型发展的关键领域。随着人工智能技术的快速传播,将制造领域的专有知识注入人工智能模型中,并与制造业中的典型软件、系统及平台相集成,将形成一系列融合创新的技术、产品与模式。《工业智能技术与应用》一书将人工智能与制造业的融合定义为"工业智能",并梳理了工业智能架构、制造领域 AI 应用场景、技术与算法、应用案例等,具有一定的引领性与超前性,对于制造型企业的转型升级具有一定的指导意义。

中国信息通信研究院华东分院首席规划师
工业互联网创新中心(上海)有限公司副总经理　　**贺仁龙**

在信息化时代的当下,我国社会经济架构及产业发展迈入转型升级的十字路口,面对挑战与机遇,国务院颁布的"中国制造 2025"行动纲领就此做了全面的战略部署。《工业智能技术与应用》一书围绕制造业企业发展实际要求,根据模式—技术—应用的实施途径,以新一代信息技术发展逻辑为"ABC"标志特征,从人工智能(A)与大数据(B)、云计算(C)等技术协同入手展开分析探讨,通过现实案例展示了各种丰富的应用场景,使读者清晰看到"人工智能赋能新时代"的具体路径。

上海科学院研究员
上海产业技术研究院战略咨询部主任　　**沈跃栋**

未来已来,并且正在流行,它就是正在爆发的第四次工业革命。《工业智能技术与应用》一书以工业 4.0 智能化浪潮为核心,深透解析智能生产、大规模个性化定制、人工智能、机器算法等前沿主题,很有前瞻性和启发性,也是观察工业智能的完整坐标系,不妨读一下,可以让你少走弯路。

苏州罗想软件股份有限公司总经理　　**陈　勇**

自图灵提出关于人工智能的"图灵测试"以来，人们一直在思考人工智能是什么？如何证明机器拥有智能？希望机器拥有像人那样的概念、学习、识别、推理等能力乃至"创造力"。更希望将人工智能技术用于工业领域的财富创造。《工业智能技术与应用》一书在这方面做出了一点探索。

上海第二工业大学
教授级高级工程师　王　漫

工业智能从概念普及并开始小心翼翼尝试，到今天虽然不能说中国制造业全面展开智能制造，但是可以肯定的是，我们的企业家对工业智能拥有前所未有的理性和智慧，大部分工业企业已经开始了局部探索，一小部分企业已经建设了数字化工厂。《工业智能技术与应用》一书以应用场景为着力点，技术选项与业务目标并重，是一本值得推荐的应用型书籍。

工业 4.0 协会会长　汪清跃

智能制造通过将各种工业设施的网络互联、数据互通和系统互操作，实现制造原材料的灵活配置、制造过程的按需执行、制造工艺的不断优化和制造环境的快速适应，达到资源的高效利用，从而构建新型工业生态体系。《工业智能技术与应用》一书给大家介绍了相关架构体系、关键技术以及解决方案和案例，为大家的实践提供有效的指导。

上海宝信软件股份有限公司研发部总经理　董文生

当前的中国处于工业制造腾飞阶段，而工业智能技术是"中国制造 2025"的重要组成部分。在"中国制造 2025"的"一二三四五五十"总体结构中，其中有一个"五"就是实行五大工程，包括制造业创新中心建设的工程、强化基础的工程、智能制造工程、绿色制造工程和高端装备创新工程。要实现智能制造工程，必须应用工业智能技术。《工业智能技术与应用》一书全面阐述了智能制造的概念、定义、理论、技术和实现路径。书中针对工业智能技术列举了诸多实际案例，通过这些完整的阐述为读者提供了解和实践工业智能技术的知识基础，为一个企业如何应用工业智能技术提供了理论和实践依据。

上海去哪美信息科技有限公司 CIO　庄晓毅

前　言

本书是《工业大数据：架构与应用》的姐妹篇。

制造企业面临提高质量、提升效率、降低成本以及快速响应不断增长的客户个性化消费需求的挑战。然而，现有制造体系和制造水平已经难以满足高端化、个性化、智能化产品和服务增值升级的需求，制造业的进一步发展面临巨大瓶颈和困难，迫切需要制造业的技术创新、智能升级。

物联网、移动互联、大数据、云计算、人工智能等新一代信息技术快速发展并迅速普及应用，将有力推动制造业发展。工业智能是人工智能在制造领域的应用，是制造业数字化、网络化、智能化转型发展的重要内容。随着人工智能技术的快速发展，结合机理模型、工程知识及工业大数据积累，形成制造领域的人工智能模型，并与工业软件、工业互联网平台相集成，将形成一系列融合创新的技术、产品与模式。人工智能赋能制造业领域，将优化提升生产效率、改善产品质量、降低生产成本，典型应用场景有智能产品与装备、智能工厂与生产线、智能管理与服务、智能供应链与物流、智能研发与设计、智能监控与决策等，将促进产业模式发生革命性的变化，全面重塑制造业价值链，极大提高制造业的创新力和竞争力。

2017年7月8日国务院印发了《新一代人工智能发展规划》，提出培育高端高效的智能经济，加快推进产业智能化升级。《新一代人工智能发展规划》中写道："围绕制造强国重大需求，推进智能制造关键技术装备、核心支撑软件、工业互联网等系统集成应用，研发智能产品及智能互联产品、智能制造使能工具与系统、智能制造云服务平台，推广流程智能制造、离散智能制造、网络化协同制造、远程诊断与运维服务等新型制造模式，建立智能制造标准体系，推进制造全生命周期活动智能化。"本书编写的目的就是为探索和实施人工智能和工业融合应用的相关人员提供一些参考。

本书主要特点是：

1. 针对新一代人工智能技术特点的要求，提出了基于工业大数据的工业智能应用模式与架构；

  2. 梳理了智能制造主要模式下的 AI 应用场景；

  3. 分析了工业智能应用涉及的技术和核心算法；

  4. 展示了大量工业智能应用案例。

  本书旨在通过分析智能制造模式下如何使用人工智能技术助力企业提质升效和转型升级。

  各章的作者分别是：第 1 章，郑树泉；第 2 章，徐侃、郑树泉；第 3 章，徐侃；第 4 章，武智霞；第 5 章，郑树泉、李索远；第 6 章，廖威；第 7 章，景立森；第 8 章，李辉；第 9 章，陈洪超、王倩；第 10 章，武智霞、周伟奇；第 11 章，王倩；第 12 章，武智霞。郑树泉进行了本书的整体内容策划及编写组织工作；李索远承担了本书大量的文字录入、图表制作及版本管理工作。

  感谢上海产业技术研究院工业大数据服务创新中心多年来的研究和应用实践为本书的写作积累了大量的素材和案例。

  本书在写作过程中得到了中国电子技术标准化研究院及工业大数据标准化研究小组、中国信息通信院及工业互联网联盟相关会员、工业智能服务联盟会员企业、工业大数据产业应用联盟企业的领导和专家的支持，他们为本书的写作提供了不少建议和案例材料，在此一并表示感谢。

  人工智能赋能智能制造领域，是个不断改进和演化的过程，工业智能应用研究才刚开始，本书编写只能起到一个抛砖引玉的作用。欢迎读者对不足之处批评指正，希望分享体会和经验，共同推进人工智能在智能制造和智能服务等领域的应用。

作　者
2018 年 11 月

目 录

第1篇 智能制造

第1章 智能制造概述 /3
- 1.1 智能制造定义及关键技术 /3
  - 1.1.1 智能制造定义与构成要素 /3
  - 1.1.2 智能制造系统的关键技术 /5
- 1.2 智能制造发展三个阶段 /8
  - 1.2.1 数字化制造 /8
  - 1.2.2 数字化网络化制造 /9
  - 1.2.3 智能化制造 /9
- 1.3 智能制造模式 /10
  - 1.3.1 大规模个性化定制 /10
  - 1.3.2 智能化生产 /11
  - 1.3.3 网络化协同 /13
  - 1.3.4 服务化延伸 /14
- 1.4 工业大数据 /15
  - 1.4.1 生命周期与价值流 /16
  - 1.4.2 企业纵向层级 /17
  - 1.4.3 IT价值链 /19
- 1.5 工业云平台 /20
  - 1.5.1 工业云平台架构 /21
  - 1.5.2 国内外主要工业云平台 /21
- 1.6 工业智能 /23

1.6.1 新一代人工智能 / 23
1.6.2 智能制造技术机理 / 25
1.6.3 人工智能在工业领域的应用 / 27

参考文献 / 28

第 2 章 大规模个性化定制 / 30

2.1 大规模个性化定制的架构 / 31
    2.1.1 企业纵向层 / 32
    2.1.2 产品生命周期层 / 32
    2.1.3 IT 价值链层 / 32

2.2 大规模个性化定制的模式和流程 / 32
    2.2.1 以客户为中心的大规模个性化定制模式 / 32
    2.2.2 大规模个性化定制流程 / 33

2.3 大规模个性化定制系统 / 35
    2.3.1 接口层 / 36
    2.3.2 需求分析层 / 37
    2.3.3 ERP 层 / 37
    2.3.4 MES 层 / 39
    2.3.5 SFC 层 / 40
    2.3.6 设备层 / 41

2.4 大规模个性化定制的相关技术 / 42
    2.4.1 智能交互技术 / 42
    2.4.2 需求分配智能建模技术 / 45
    2.4.3 智能工序调整技术 / 47

2.5 应用案例 / 49
    2.5.1 红领集团西服个性化定制业务 / 49
    2.5.2 维尚家具全流程信息化及大规模数码化定制服务 / 51
    2.5.3 "大信橱柜"的订单生产、快速响应和零库存管理 / 53
    2.5.4 海尔集团基于个性化定制服务架构 / 55

参考文献 / 58

第 3 章 智能化生产 / 59

3.1 智能化生产的架构及评估模型 / 59
    3.1.1 智能化生产参考架构 / 59
    3.1.2 智能制造能力成熟度评估 / 62

3.1.3 智能制造与两化融合 / 66
3.2 离散工业中的智能化生产 / 66
 3.2.1 智能化生产系统架构 / 66
 3.2.2 生产设备网络化 / 66
 3.2.3 生产过程透明化 / 67
 3.2.4 生产数据可视化 / 68
 3.2.5 智能化经营 / 69
 3.2.6 生产现场无人化 / 69
 3.2.7 智能化产品 / 69
3.3 流程工业中的智能化生产 / 69
 3.3.1 实时感知 / 70
 3.3.2 机理分析 / 70
 3.3.3 模型预测 / 70
 3.3.4 协同优化 / 70
 3.3.5 全面统筹 / 70
3.4 应用案例 / 71
 3.4.1 西航集团智能制造 / 71
 3.4.2 九江石化智能工厂 / 73
 3.4.3 宝钢基于协同的智能制造 / 76
 3.4.4 富士康（武汉）基于工业互联网的智能制造 / 77

参考文献 / 80

第4章 智能运维与服务 / 81

4.1 智能运维与服务体系 / 82
 4.1.1 智能运维系统 / 83
 4.1.2 智能服务 / 84
4.2 技术基础 / 87
 4.2.1 边缘计算 / 87
 4.2.2 信息物理系统 / 89
 4.2.3 工业云 / 92
 4.2.4 人工智能 / 94
4.3 应用案例 / 95
 4.3.1 海尔中央空调工业互联网云服务平台——海尔网器产品智能云服务 / 95
 4.3.2 中联重科智能运维与服务体系 / 96

4.3.3 西奥电梯"北斗星"智能服务系统——梯网互联 / 98
4.3.4 威派格智联供水设备远程数据采集与预测性维护 / 100
4.3.5 Oglass AR 智能眼镜——汽车后市场新宠 / 101

参考文献 / 102

第 2 篇　人工智能

第 5 章　人工智能概述 / 105

5.1 人工智能的概念、特征与框架 / 106
5.1.1 人工智能的概念 / 106
5.1.2 人工智能的特征 / 107
5.1.3 人工智能参考框架 / 108

5.2 人工智能的关键技术 / 110
5.2.1 机器学习 / 110
5.2.2 知识图谱 / 111
5.2.3 自然语言处理 / 111
5.2.4 人机交互 / 111
5.2.5 计算机视觉 / 111
5.2.6 生物特征识别 / 112
5.2.7 虚拟现实/增强现实 / 112

5.3 人工智能产业链 / 113
5.3.1 基础层 / 113
5.3.2 技术层 / 116
5.3.3 应用层 / 116

5.4 人工智能应用 / 117
5.4.1 安防 / 117
5.4.2 交通 / 117
5.4.3 智慧城市 / 118
5.4.4 智能制造 / 119
5.4.5 医疗、教育、金融 / 119

参考文献 / 123

第 6 章　机器学习 / 124

6.1 机器学习的定义和分类 / 124
6.1.1 机器学习的定义 / 124

        6.1.2 机器学习的分类 / 125
　6.2 机器学习的算法 / 126
        6.2.1 kNN 算法 / 126
        6.2.2 聚类分析 / 128
        6.2.3 决策树 / 132
        6.2.4 随机森林 / 133
        6.2.5 支持向量机 / 135
　6.3 应用案例 / 139
        6.3.1 高速列车智能驾驶 / 139
        6.3.2 银行设备故障告警 / 142
        6.3.3 区域电力需求预测 / 146
　参考文献 / 148

第 7 章　深度学习 / 149
　7.1 深度学习的发展历程 / 150
　7.2 深度学习特征提取 / 151
        7.2.1 人脑视觉机理 / 151
        7.2.2 初级(浅层)特征表示 / 152
　7.3 神经网络与深度学习 / 153
        7.3.1 浅层学习 / 153
        7.3.2 深度学习基本思想 / 153
        7.3.3 深度学习的优势 / 154
　7.4 深度学习训练过程 / 155
        7.4.1 传统神经网络缺点 / 155
        7.4.2 深度网络训练 / 155
　7.5 深度学习模型 / 156
        7.5.1 自动编码器 / 156
        7.5.2 稀疏编码 / 157
        7.5.3 限制波尔兹曼机 / 159
        7.5.4 深度信念网络 / 160
        7.5.5 卷积神经网络 / 161
　7.6 应用案例 / 163
        7.6.1 感应电动机故障诊断 / 163
        7.6.2 交互式问答客服 / 166
        7.6.3 搜索广告点击率预测 / 168

7.6.4　电影票房预测 / 170
7.6.5　工件缺陷自动检测 / 171
参考文献 / 173

第8章　人工智能开发框架 / 174
8.1　人工智能主流开发框架概述 / 175
8.1.1　TensorFlow / 175
8.1.2　Keras / 176
8.1.3　CNTK / 178
8.1.4　Caffe / 180
8.1.5　MXNet / 182
8.1.6　Torch / 185
8.2　TensorFlow 详细介绍 / 186
8.2.1　TensorFlow 架构图 / 186
8.2.2　TensorFlow 基本概念 / 187
8.2.3　TensorFlow 中的模型 / 188
8.2.4　深度学习模型在 TensorFlow 中的体现 / 190
8.3　应用案例 / 190
8.3.1　MNIST 手写数字识别 / 190
8.3.2　CIFAR-10 图像识别 / 192
8.3.3　IMDb 电影评论情感分析 / 194
8.3.4　基于汉语依存句法的主观题评分系统 / 196
8.3.5　基于推荐算法的智慧餐饮系统 / 199
参考文献 / 201

第3篇　工业智能应用

第9章　用户画像 / 205
9.1　用户画像的发展背景及意义 / 206
9.1.1　发展背景 / 206
9.1.2　发展意义 / 206
9.2　用户画像的体系结构 / 207
9.2.1　用户画像的定义 / 207
9.2.2　用户画像体系的建立 / 208
9.2.3　标签体系 / 208

9.3 用户画像的实现流程 / 210
　　9.3.1 基础数据采集及处理 / 210
　　9.3.2 分析建模 / 212
　　9.3.3 结果呈现 / 213
9.4 应用案例 / 213
　　9.4.1 文本数据挖掘 / 213
　　9.4.2 微博用户画像 / 215
　　9.4.3 基于内容的新闻推荐 / 217
　　9.4.4 电网客户用户画像 / 217
　　9.4.5 影视数据用户画像 / 219
参考文献 / 221

第10章 机器视觉 / 222

10.1 机器视觉的系统组成及图像处理流程 / 223
　　10.1.1 系统组成 / 223
　　10.1.2 图像处理流程 / 223
10.2 机器视觉相关算法 / 225
　　10.2.1 图像处理 / 225
　　10.2.2 特征提取 / 228
　　10.2.3 图像分析与分类 / 234
10.3 机器视觉应用于人脸识别 / 235
　　10.3.1 人脸识别概述 / 235
　　10.3.2 人脸识别应用 / 236
　　10.3.3 人脸识别算法 / 237
10.4 机器视觉应用于工业领域 / 238
　　10.4.1 应用概述 / 238
　　10.4.2 工业视觉系统基本组成 / 239
10.5 应用案例 / 240
　　10.5.1 基于深度学习的人脸识别 / 240
　　10.5.2 基于机器视觉的PCB裸板缺陷自动检测方法 / 242
　　10.5.3 基于机器视觉的带钢表面缺陷检测 / 244
参考文献 / 245

第11章 调度优化 / 246

11.1 调度理论的发展 / 246

11.2 调度主要方法 / 247
    11.2.1 数学规划 / 247
    11.2.2 启发式搜索 / 248
    11.2.3 系统仿真 / 248
    11.2.4 人工智能 / 248
    11.2.5 计算智能 / 249
    11.2.6 实时智能 / 250

11.3 调度主要算法 / 250
    11.3.1 有序搜索 / 250
    11.3.2 遗传算法 / 250
    11.3.3 模拟退火 / 252

11.4 应用案例 / 254
    11.4.1 云制造系统调度——振华重工制造业流动机械智能调度管理平台研发及应用 / 254
    11.4.2 公交调度——Z公交集团啤酒节期间智能公交调度策略 / 259
    11.4.3 物流配送调度——饿了么"方舟"智能调度系统 / 262
    11.4.4 辅助驾驶 / 264

参考文献 / 266

第 12 章 预测性维护 / 268

12.1 预测性维护概念、架构及系统流程 / 268
    12.1.1 概念 / 268
    12.1.2 平台架构 / 269
    12.1.3 系统流程 / 270

12.2 预测性维护技术 / 271
    12.2.1 技术基础 / 271
    12.2.2 传感技术 / 271
    12.2.3 状态监测 / 271
    12.2.4 数据传输 / 272
    12.2.5 故障诊断 / 272
    12.2.6 故障预测 / 273
    12.2.7 维护管理 / 273
    12.2.8 维护决策 / 274

12.3 预测性维护中的预测模型 / 274
    12.3.1 时序模型 / 274

12.3.2　灰色预测模型 / 275
　　12.3.3　神经网络预测模型 / 275
12.4　应用案例 / 276
　　12.4.1　刀具磨损预测 / 276
　　12.4.2　地铁信号设备故障预测 / 279
　　12.4.3　风机叶片结冰预测 / 281
　　12.4.4　桥梁保养维护 / 282
　　12.4.5　电梯故障维护 / 283

参考文献 / 285

第 1 篇

智能制造

智能制造是一种由智能机器和人共同组成的人机一体化智能系统，它在制造过程中能进行智能活动，诸如分析、推理、判断、构思和决策等，通过人与智能机器的合作，去扩大、延伸和部分地取代人在制造过程中的脑力劳动。智能制造把制造自动化的概念更新，扩展到柔性化、高度集成化和智能化。智能制造的本质是在制造过程、全生命周期的各个环节中综合应用各类技术，取代或者延伸制造过程中人的劳动、满足制造需求。智能制造的核心构成要素包含智能设计、智能产品、智能生产、智能管理、智能服务。

智能制造在产业或经济的层面使得市场竞争的资源基础、产业竞争范式以及国家间产业竞争格局发生了的深刻变革，它将改变企业核心竞争力所依赖的资源基础。制造业数字化、智能化可使产品性能产生质的飞跃，有效提高产品设计质量与效率，大大提高加工质量、效率与柔性，有效降低资源与能源消耗，使企业资源实现最优化。同时，使产品制造模式、生产组织模式以及企业商业模式等众多方面发生根本性的变化，它将引发制造业的革命性变化，形成新的智能制造模式。智能制造五大典型模式分别为离散型智能制造模式、流程型智能制造模式、网络协同制造模式、大规模个性化定制模式和远程运维服务模式。

制造业智能化生产是整合物料、能源、设备，资金、技术、信息和人力等一系列制造资源，通过先进的制造技术、先进的管理技术和先进的制造过程生产出高质量、高效率、高柔性、低成本、低劳动力、低消耗、多品种、全规格的产品。智能化生产可分成离散型行业智能化生产与流程型行业智能化生产。

由于传统的大批量生产方式无法向用户快速地提供符合多样化和个性化需求以及短交货期和低成本的产品而遭遇到严峻的市场竞争压力与挑战，企业迫切需要一种新的生产模式，大规模个性化定制由此产生并正在迅速发展起来，成为智能制造发展的重要模式之一。大规模个性化定制是一种集企业、客户、供应商、员工和环境于一体，在系统思想指导下，用整体优化的观点，充分利用企业已有的各种资源，在标准技术、现代设计方法、信息技术和先进制造技术的支持下，根据客户的个性化需求，以大批量生产的低成本、高质量和效率提供定制产品和服务的生产方式。

智能运维服务是智能制造模式的典型应用之一，智能运维是运维服务在新一代信息技术与制造装备融合集成创新和工程应用发展到一定阶段的产物，它打破了人、物和数据的空间与物理界限，是智慧化运维在智能制造服务环节的集中体现。智能运维服务模式促使传统运维的三个转变：从被动的故障维修向主动的预测性运维转变；从间断式运维向全生命周期运维转变；从硬件设备运维向系统集成服务运行转变。

第1章

智能制造概述

当今世界,各国制造企业普遍面临着提高质量、增加效率、降低成本以及快速响应不断增长的客户个性化消费需求的挑战。然而,现有制造体系和制造水平已经难以满足高端化、个性化、智能化产品和服务增值升级的需求,制造业的进一步发展面临巨大瓶颈和困难,迫切需要制造业的技术创新、智能升级。

新一轮工业革命方兴未艾,物联网、移动互联、大数据、云计算、人工智能等新一代信息技术快速发展并普及应用。特别是新一代人工智能呈现出深度学习、跨界协同、人机融合、群体智能等新特征,为人类提供认识复杂系统的新思维、改造自然和社会的新技术。当然,新一代人工智能技术还处在快速发展的进程中,将继续从"弱人工智能"迈向"强人工智能",不断拓展人类"脑力",其应用范围将无所不在。新一代人工智能已经成为新一轮科技革命的核心技术,为制造业革命性的产业升级提供了历史性机遇,正在形成推动经济社会发展的巨大引擎。

新一代人工智能技术驱动的智能制造,其产品呈现高度智能化、宜人化,生产制造过程呈现高质、柔性、高效、绿色等特征,产业模式发生革命性变化,服务型制造业与生产型服务业大发展,进而共同优化集成新型制造大系统,全面重塑制造业价值链,极大提高制造业的创新力和竞争力。

智能制造将给人类社会带来革命性变化。人与机器的分工将产生革命性变化,智能机器将替代人类大量体力劳动和相当部分的脑力劳动,人类可更多地从事创造性工作;人类工作生活环境和方式将朝着以人为本的方向迈进。同时,智能制造将有效减少资源与能源的消耗和浪费,持续引领制造业绿色发展、和谐发展。

本章将概要讨论智能制造定义、主要模式及相关技术。

1.1 智能制造定义及关键技术

1.1.1 智能制造定义与构成要素

智能制造的研究可追溯于20世纪70—80年代,1989年Kusiak首次明确提出了"智

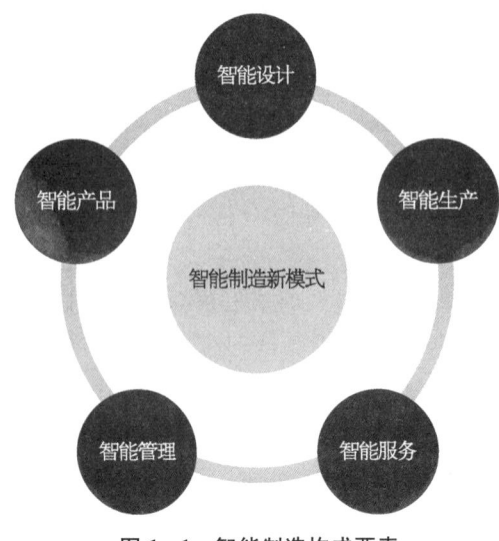

图1-1 智能制造构成要素

能制造系统"(intelligent manufacturing system)这一名称,并将智能制造定义为"通过集成知识工程、制造软件系统和机器人控制来对制造技工们的技能与专家知识进行建模,以使智能机器可自主地进行小批量生产"。此时的智能制造仅为一种面向生产制造过程的工程技术。随后,各国在新一代制造业变革的浪潮中,都在积极探索并提出了各自对智能制造不同的理解,智能制造的基本内涵不断演变。智能制造的本质是在制造过程、全生命周期的各个环节中综合应用各类技术,取代或者延伸制造过程中人的劳动、满足制造需求。智能制造的核心构成要素包含智能设计、智能产品、智能生产、智能管理、智能服务,如图1-1所示。

(1) 智能设计

智能设计包括产品设计、工艺设计、生产线设计等诸多方面,智能化技术可以与设计链条的各个环节结合。通过智能数据分析手段获取设计需求,进而通过智能创造方法进行概念抽取,通过样机试验和模拟仿真等方式进行功能与性能测试与优化,保证最终设计的科学性与可操作性。

(2) 智能产品

智能产品指在产品制造、物流、使用和服务过程中,能够体现出自感知、自诊断、自适应、自决策等智能特征的产品和装备。和非智能产品相比,智能产品能够实现对自身状态、环境的自感知,具有故障诊断功能;具有网络通信功能,提供标准和开放的数据接口;具有自适应能力等。产品智能化使得制造产品从"被生产"变为"主动"配合制造过程。

(3) 智能生产

智能生产主要包括两部分:智能制造工艺与装备,智能制造过程。

① 智能制造工艺与装备。制造装备的智能化是体现制造水平的重要标志之一,智能化的制造装备可以完成与制造工艺的"主动"配合,实现设备—人—工艺之间的高效协同。

② 智能制造过程。针对制造工厂或车间,引入智能技术与管理手段,实现生产资源最优化配置、生产任务和物流实时优化调度、生产过程精细化管理和智慧科学管理决策。

(4) 智能管理

综合利用先进制造理念、方法和系统,如并行工程、产品全生命周期管理(product lifecycle management,PLM)、虚拟制造等,提高企业生产效率,拓展价值增值空间;如利用数字化、互联和虚拟工艺规划与生产管理技术,能够实现大规模批量定制生产、个性化小批量生产的需求。

(5) 智能服务

智能服务指借助产品与服务的融合，完成分散化制造资源的有机整合、不同类竞争力的高度协同，实现综合利用企业内外部资源，并提供规范、可靠的新型服务；如利用"产品＋服务"推动供给侧发展，企业从传统的"以产品为中心"向"以服务为中心"转变，将重心放在解决方案和产品服务中，实现全生命周期中的价值增值。

上述五个构成要素共同构成了智能制造新模式。智能制造技术发展的同时，催生了许多新兴制造模式，如家用电器、汽车等行业的客户个性化定制模式，电力、航空装备行业的协同开发、云制造、远程运维等模式，以及食品、服装制造业等行业的个性化定制等模式。智能制造模式通过泛在感知、工业大数据等信息技术手段，提升供应链运作效率和能源利用效率，拓展价值链，为企业创造新价值。

因此，智能制造包含设计、产品、生产、管理、服务以及生产模式的转型升级，是指基于新一代信息技术与先进制造技术深度融合，贯穿于设计、生产、管理、服务等制造活动的各个环节，具有自感知、自学习、自决策、自执行、自适应等功能的制造技术、系统、新型生产方式的综合。

1.1.2 智能制造系统的关键技术

智能制造基础关键技术是指与多个制造业务相关，并为智能制造基本要素（感知、分析、决策、通信、控制、执行）的实现提供基础支撑的共性技术。

(1) 智能制造基础技术

① 智能装备技术。为解决制造过程智能化过程中设备、装备之间，以及装备与智能化产品、工业软件、物流系统、检测系统等之间数据共享和互联互通等需求的相关技术；包括数控机床、智能传感器、工业机器人、增材制造等装备的通信协议、接口、集成、互联互通等。

② 先进制造工艺技术。它使得制造过程更加灵活和高效，如利用增材制造技术实现零件三维数据驱动直接制造零件。人们在设计产品时可以更加灵活，更多关注产品的使用性能而非可实现性。

③ 数字建模与仿真术。以三维数字形式对产品、工艺、资源等进行建模，实现将数字模型贯穿于产品设计、工程分析、工艺设计、制造、质量和服务等产品生命周期全过程，用于计算、分析、仿真和可视化。随着信息物理系统等技术的发展，未来的数字模型和物理模型将呈现融合趋势，比如西门子公司正在倡导的数字孪生技术。

④ 现代工程管理技术。结合工程分析和设计的原理与方法，对人、物料、设备、能源和信息等所组成的集成制造系统，进行设计、改善、实施、确认、预测和评价。

(2) 新一代信息技术

新一代信息技术通过信息获取、处理、传输、融合等各方面的先进技术手段，为人、机、物的互联互通提供基础。

① 智能感知技术，如传感器网络、射频识别、图像识别等。

② 工业互联网技术，如信息物理系统、服务网架构、语义互操作、移动通信、移动定位、信息安全等。

③ 物联网技术，如泛在感知、网络通信、物联网应用等。

④ 云计算技术，如分布式存储、虚拟化、云平台等，是支撑网络协同制造的核心技术。

（3）大数据分析与人工智能

数据挖掘、知识发现、决策支持等技术早已在制造过程中得到应用。近些年来，大数据和人工智能的发展进一步拓展了这方面的研究与应用。制造业大数据来源于设备实时监控、射频识别数据采集、产品质量在线检测、产品远程维护等环节的大数据。例如，通过大数据分析，可以提前发现生产过程中的异常趋势，分析质量问题产生的根源，为预测性维护、个性化定制，甚至产品的改进设计等提供技术支持。机器学习等人工智能技术的发展，使得智能机器进一步替代人类大量体力劳动和相当部分的脑力劳动。

综上可得智能制造技术体系层次结构，如图 1-2 所示。

最底层是智能制造关键技术装备。这一层的重点除装备本体外，更应强调装备的统一数据格式与接口。

第二个层级是智能工厂/车间。按照制造自动化技术与信息技术的作用范围划分，包括工业控制和生产经营管理两部分。工业控制包括分布式控制系统（distributed control system，DCS）、可编程逻辑控制器（programmable logic controller，PLC）、现场总线控制系统（field bus control system，FCS）和数据采集与监视控制系统（supervisory control and data acquisition，SCADA）等工控系统，在各种工业通信协议、设备行规和应用行规的基础上，实现设备及系统的兼容与集成。生产经营管理在制造执行系统（manufacturing resources planning，MES）和企业资源计划（enterprise resources planning，ERP）基础上，将各种数据和资源融入全生命周期管理，同时实现节能与工艺优化。

第三个层级是服务平台。由工业以太网、无线网、物联网、新一代网络等保证全生产过程互联互通，工业云、电子商务、工业大数据等构成贯通全生命周期的管理体系，为智能服务提供支撑。

第四个层级实现制造新模式，通过云计算、大数据和电子商务等互联网技术，实现离散型智能制造、流程型智能制造、个性化定制、网络化协调制造与远程运维服务等新模式。

第五个层级是上述层次技术内容在典型离散制造业和流程工业的实现与应用。

此外，还有支撑智能制造各层级发展的通用技术与标准，主要包括关键技术、基础数据标准化、信息安全与功能安全、智能管理运维体系等内容。

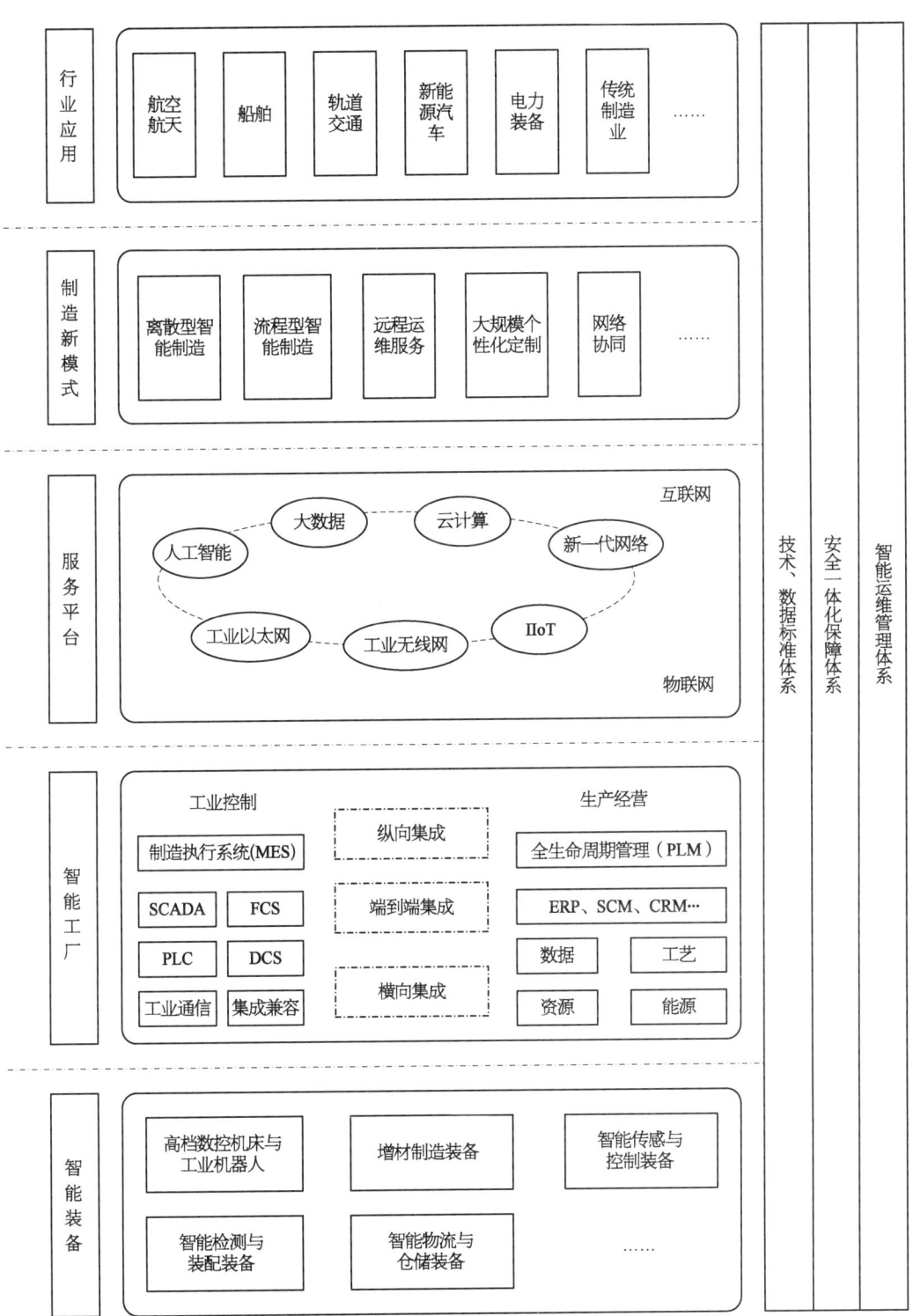

图 1-2 智能制造技术体系

1.2 智能制造发展三个阶段

21世纪以来,新一代信息技术呈现爆发式增长,数字化网络化智能化技术在制造业广泛应用,制造系统集成式创新不断发展,形成了新一轮工业革命的主要驱动力。特别是,新一代智能制造作为新一轮工业革命的核心技术,正在引发制造业在发展理念、制造模式等方面重大而深刻的变革,正在重塑制造业的发展路径、技术体系以及产业业态,从而推动全球制造业发展步入新阶段。

智能制造在实践演化中形成了许多不同的相关范式,包括精益生产、柔性制造、并行工程、敏捷制造、数字化制造、计算机集成制造、网络化制造、云制造、智能化制造等,在指导制造业技术升级中发挥了积极作用。

智能制造的发展伴随着信息化的进步。全球信息化发展可分为三个阶段:从20世纪中叶到90年代中期,信息化表现为以计算、通信和控制应用为主要特征的数字化阶段;从20世纪90年代中期开始,互联网大规模普及应用,信息化进入了以万物互联为主要特征的网络化阶段;当前,在大数据、云计算、移动互联网、工业互联网集群突破、融合应用的基础上,人工智能实现战略性突破,信息化进入了以新一代人工智能技术为主要特征的智能化阶段。

综合智能制造相关范式,结合信息化与制造业在不同阶段的融合特征,可以总结、归纳和提升出三个智能制造的基本范式(图1-3):数字化制造、数字化网络化制造、智能化制造。

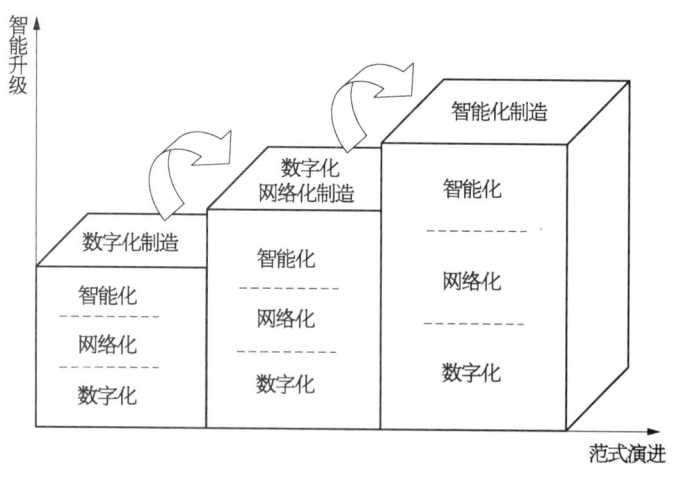

图1-3 智能制造三个基本范式

1.2.1 数字化制造

智能制造的概念最早出现于20世纪80年代,由于当时应用的第一代人工智能技术还难以解决工程实践问题,因此那一代智能制造主体上是数字化制造。

20世纪下半叶以来,随着制造业对于技术进步的强烈需求,以数字化为主要形式的信息技术广泛应用于制造业,推动制造业发生革命性变化。数字化制造是在数字化技术和制造技术融合的背景下,通过对产品信息、工艺信息和资源信息进行数字化描述、分析、决策和控制,快速生产出满足用户要求的产品。

数字化制造的主要特征表现为:第一,数字技术在产品中得到普遍应用,形成"数字一代"创新产品;第二,广泛应用数字化设计、建模仿真、数字化装备、信息化管理;第三,实现生产过程的集成优化。

需要说明的是,数字化制造是智能制造的基础,其内涵不断发展,贯穿于智能制造的三个基本范式和全部发展历程。

1.2.2 数字化网络化制造

数字化网络化制造是智能制造的第二种基本范式,也可称为"互联网+制造",或第二代智能制造。

20世纪末互联网技术开始广泛应用,"互联网+"不断推进互联网和制造业融合发展,网络将人、流程、数据和事物连接起来,通过企业内、企业间的协同和各种社会资源的共享与集成,重塑制造业的价值链,推动制造业从数字化制造向数字化网络化制造转变。

数字化网络化制造的主要特征表现为:第一,在产品方面,数字技术、网络技术得到普遍应用,产品实现网络连接,设计、研发实现协同与共享;第二,在制造方面,实现横向集成、纵向集成和端到端集成,打通整个制造系统的数据流、信息流;第三,在服务方面,企业与用户通过网络平台实现连接和交互,企业生产开始从以产品为中心向以用户为中心转型。

德国"工业4.0战略计划"报告和美国通用电气(GE)公司"工业互联网"报告完整地阐述了数字化网络化制造范式,精辟地提出了实现数字化网络化制造的技术路线。

1.2.3 智能化制造

智能化制造是智能制造的第三种基本范式。

在经济社会发展的强烈需求以及互联网的普及、云计算和大数据的涌现、物联网的发展等信息环境急速变化的共同驱动下,大数据智能、人机混合增强智能、群体智能、跨媒体智能等新一代人工智能技术加速发展,实现了战略性突破。新一代人工智能技术与先进制造技术深度融合,形成新一代智能制造——智能化制造。智能化制造将重塑设计、制造、服务等产品全生命周期的各环节及其集成,催生新技术、新产品、新业态、新模式,深刻影响和改变人类的生产结构、生产方式乃至生活方式和思维模式,实现社会生产力的整体跃升。智能化制造将给制造业带来革命性的变化,将成为制造业未来发展的核心驱动力。

三个基本范式次第展开,各有自身阶段的特点和重点解决的问题,体现着先进信息技术与先进制造技术融合发展的阶段性特征；当然三个基本范式在技术上并不是决然分离的，而是相互交织、迭代升级，体现着智能制造发展的融合性特征。对中国等新兴工业国家而言，应发挥后发优势，采取三个基本范式"并行推进、融合发展"的技术路线。

1.3 智能制造模式

智能制造在产业或经济的层面使得市场竞争的资源基础、产业竞争范式以及国家间产业竞争格局发生了深刻变革，它将改变企业核心竞争力所依赖的资源基础。制造业数字化、智能化可使产品性能产生质的飞跃，有效提高产品设计质量与效率，大大提高加工质量、效率与柔性，有效降低资源与能源消耗，使企业资源实现最优化。同时，使产品制造模式、生产组织模式以及企业商业模式等众多方面发生根本性的变化，它将引发制造业的革命性变化。智能制造将推动制造业生产方式变革，促进全球供应链管理创新，引领制造业服务化转型，加速制造企业成本再造。

2015年，我国正式发布《中国制造2025》，明确提出"加快推动新一代信息技术与制造技术融合发展，把智能制造作为两化融合的主攻方向；着力发展智能装备和智能产品，推进生产过程智能化；培育新型生产方式，全面提升企业研发、生产、管理和服务的智能化水平"。

2015年，工信部发布了《2015年智能制造试点示范专项行动实施方案》，确定了流程制造、离散制造、智能装备和产品、智能制造新业态新模式、智能化管理、智能服务六个方面作为试点示范专项行动。随后，工信部在2016年发布的《智能制造试点示范2016专项行动实施方案》中，明确提出了智能制造五大试点示范重点行动，即智能制造五大典型模式，分别为离散型智能制造模式、流程型智能制造模式、网络协同制造模式、大规模个性化定制模式和远程运维服务模式。

1.3.1 大规模个性化定制

在工业社会，消费者对产品只要求高质量、低价格，买得起且能够满足功能需求，随着收入水平的提高和物质产品的极大丰富化，人们不再满足于使用大规模生产出的、标准化的、统一化的产品，而开始寻求崇尚自我、彰显个性的个性化商品，亦即追求马斯洛需求中的高级需求——尊重与肯定、自我实现需求，人们从单纯的消费者逐渐向生产型消费者转变，不可避免地导致了产品大规模产能过剩与个性化需求供应不足的矛盾，企业要想扭转局面，必须尽快提供个性化定制服务。个性化定制涉及产品生命周期的所有环节，包括产品的设计与研发、物料采购、生产排程、生产、配送等。

通过个性化定制，可以：

① 缓解企业产能过剩的问题——企业根据消费者需求安排自己的生产计划，可以做

到科学、节约、合理发展；

② 最大限度满足消费者的个性化需求——消费者可以获得自己定制的个人色彩强烈的产品或服务，并进一步激发消费欲望，提升整个市场活力；

③ 提供消费者与产品提供者，甚至消费者与消费者之间的沟通渠道，有助于提高消费者的归属感与忠诚度。

要实现大规模个性化定制，一般需要：

① 产品采用模块化设计，通过差异化的定制参数，组合形成个性化产品；

② 建有工业互联网个性化定制服务平台，通过定制参数选择、三维数字建模、虚拟现实或增强现实等方式，实现与用户深度交互，快速生成产品定制方案；

③ 建有个性化产品数据库，应用大数据技术对用户的个性化需求特征进行挖掘和分析；

④ 工业互联网个性化定制平台与企业研发设计、计划排产、柔性制造、营销管理、供应链管理、物流配送和售后服务等数字化制造系统实现协同与集成。

在石油化工、钢铁、有色金属、建材、汽车、纺织、服装、家用电器、家居、数字视听产品等领域，企业利用工业云计算、工业大数据、工业互联网标识解析等技术，建设用户个性化需求信息平台和个性化定制服务平台，实现研发设计、计划排产、柔性制造、物流配送和售后服务的数据采集与分析，提高企业快速、低成本满足用户个性化需求的能力。

1.3.2 智能化生产

智能化生产是指利用先进制造工具和网络信息技术对生产流程进行智能化改造，实现数据的跨系统流动、采集、分析、优化，完成设备性能感知、过程优化、智能排产等智能化生产方式。现代化工业制造生产线安装有数以千计的小型传感器来探测生产线上的各种状态参数。每隔数秒就收集一次数据，利用这些数据可以实现很多形式的分析，包括设备诊断、用电量分析、能耗分析、质量事故分析（包括违反生产规定、零部件故障）等。首先，使用这些大数据，能分析整个生产流程，了解每个环节是如何执行的，一旦有某个流程偏离了标准工艺，就会产生一个报警信号，能更快速地发现错误或者瓶颈所在，也就能更容易解决问题。其次，利用大数据技术，还可以对生产过程建立虚拟模型，仿真并优化生产流程，有助于制造商改进其生产流程。再如，在能耗分析方面，在设备生产过程中利用传感器集中监控所有的生产流程，能够发现能耗的异常或峰值情形，通过大数据分析技术其原因，从而在生产过程中优化能源的消耗。

对离散型企业，要实现智能化生产，企业需要：

① 对车间/工厂总体设计、工艺流程及布局建立数字化模型，并进行模拟仿真，实现规划、生产、运营全流程数字化管理；

② 应用数字化三维设计与工艺进行产品、工艺设计与仿真，并通过物理检测与试验进行验证与优化，建立产品数据管理系统，实现产品数据的集成管理；

③ 实现高档数控机床与工业机器人、智能传感与控制装备、智能检测与装配装备、智能物流与仓储装备等关键技术装备在生产管控中的互联互通与高度集成；

④ 建立生产过程数据采集和分析系统，能充分采集制造进度、现场操作、质量检验、设备状态等生产现场信息，并与车间制造执行系统实现数据集成和分析；

⑤ 建立车间制造执行系统，实现计划、调度、质量、设备、生产能效的全过程闭环管理；建立企业资源计划系统，实现供应链、物流、成本等企业经营管理的优化；

⑥ 建立工程内部互联互通网络架构，实现设计、工艺、制造、检验、物流等制造过程各环节之间，以及与制造执行系统和企业资源计划系统的高效协同与集成，建立全生命周期产品信息统一平台；

⑦ 建有工业信息安全管理制度和技术防护体系，具备网络防护、应急响应等信息安全保障能力；建有功能安全保护系统，采用全生命周期方法有效避免系统失效。

在机械、航空、航天、汽车、船舶、轻工、服装、医疗器械、电子信息等离散制造领域，企业可以开展智能车间、工厂的集成创新与应用示范，推进数字化设计、装备智能化升级、工艺流程优化、精益生产、可视化管理、质量控制与溯源、智能物流等应用，推动企业全业务流程智能化整合。

对流程型企业，要实现智能化生产，企业需要：

① 对工厂总体设计、工艺流程及布局建立数字化模型，并进行模拟仿真，实现生产流程数据可视化和生产工艺优化；

② 实现对物流、能流、物性、资产的全流程监控与高度集成，建立数据采集和监控系统，生产工艺数据自动数采率达到90%以上；

③ 先进控制系统，工厂自控投用率达到90%以上，关键生产环节实现基于模型的先进控制和在线优化；

④ 建立制造执行系统，生产计划、调度均建立模型，实现生产模型化分析决策、过程量化管理、成本和质量动态跟踪以及从原材料到产成品的一体化协同优化；建立企业资源计划系统，实现企业经营、管理和决策的智能优化；

⑤ 对于存在较高安全风险和污染排放的项目，实现有毒有害物质排放和危险源的自动检测与监控、安全生产的全方位监控，建立在线应急指挥联动系统；

⑥ 建立工厂内部互联互通网络架构，实现工艺、生产、检验、物流等各环节之间，以及数据采集系统和监控系统、制造执行系统与企业资源计划系统的高效协同与集成，建立全生命周期数据统一平台；

⑦ 建有工业信息安全管理制度和技术防护系统，具备网络防护、应急响应等信息安全保障能力。建有功能安全保护系统，采用全生命周期方法有效避免系统失效。

在石油开采、石化化工、钢铁、有色金属、稀土材料、建材、纺织、食品、医药、造纸等流程制造领域，企业可以开展智能工厂的集成创新与应用，可以提升企业在资源配置、工艺优化、过程控制、产业链管理、质量控制与溯源、能源需求侧管理、节能减排及安全生产等方面的智能化水平。

1.3.3 网络化协同

制造业呈现出明显的业务分散化、精细化的趋势；而现代商品却越来越复杂，一件产品往往包含多个领域的知识和技术，需要多方不同的生产设备、技能与工艺，以至于单凭一个企业很难出色地完成一项产品的研制、开发、制造、销售与售后服务等所有环节的全部工作。于是，在网络信息技术的支持下，出现了各种按照不同结合点，如市场机遇、技术等进行协作所形成的企业间协作方式，如供应链、资源外包、虚拟企业、战略联盟等，以实现规模效益和竞争资源的合理配置。这些合作企业基于网络实现产品的协同制造。网络化协同制造可定义为按照敏捷制造的思想，采用互联网技术，建立灵活有效、互惠互利的动态企业联盟，有效地实现研究、设计、生产和销售各种资源的重组，从而提高企业的市场快速反应和竞争能力的新模式。该模式实现企业间的协同和各种社会资源的共享与集成，高速度、高质量、低成本地为市场提供所需的产品和服务。

协同创新设计业务提供基于云服务模式的PDM、CAD、CAE、CAPP、CAM以及虚拟设计制造等创新设计工具，并提供设计任务管理功能，为企业实现全球设计众包、协同设计、C2B个性化产品设计等提供"互联网+协同设计"功能服务。

协同生产制造业务致力于为企业提供云端的国际资源服务能力，提供基于云的ERP、排产、MES、虚拟工厂等生产相关系统，开展基于"互联网+协同制造"业务模式的个性化定制服务，开展企业智能工厂改造实施，推进制造企业的"物联网"改造。

协同营销售后业务一方面将开展协同营销服务，建立基于"互联网+协同营销"业务模式，构建与客户电子商务系统对接的网络化管理服务模式，为制造企业开展跨境市场营销，拓展国际市场渠道。另一方面是开展线上售后服务，推动制造企业利用工业互联网开展备品备件管理、在线监控诊断、远程故障诊断及维护等创新应用。

要实现网络协同制造模式，企业需要：

① 建有工业互联网网络化制造资源协同云平台，具有完善的体系框架和相应的运行规则；

② 通过企业间研发系统的协同，实现创新资源、设计能力的集成和对接；

③ 通过企业间管理系统、服务支撑系统的协同，实现生产能力与服务能力的集成和对接，以及制造过程各环节和供应链的并行组织和协同优化；

④ 利用工业云、工业大数据、工业互联网标识解析等技术，建有围绕全生产链协同共享的产品溯源体系，实现企业间涵盖产品生产制造与运维服务等环节的信息溯源服务；

⑤ 针对制造需求和社会化制造资源，开展制造服务和资源的动态分析和柔性配置；

⑥ 建有工业信息安全管理制度和技术防护体系，具备网络防护、应急响应等信息安全保障能力。

在机械、航空、航天、船舶、汽车、家用电器、集成电路、信息通信产品等领域，企业或集团组织可以利用工业互联网网络等技术，建设网络化制造资源协同平台，集成企业间研发系统、信息系统、运营管理系统，推动创新资源、生产能力、市场需求的跨企业集聚与对接，实现设计、供应、制造和服务等环节的并行组织和协同优化。

1.3.4 服务化延伸

服务化延伸指企业从产业链的制造环节向"微笑曲线"两端延伸，通过提高服务在制造业价值链中所占比重，从而提升产业附加值和品牌效益的行为。制造业服务化并不是"去制造业"，而是制造企业根据企业实际和行业发展环境增强自身竞争力的理性选择，是企业从以生产物品为中心向以提供服务为中心的转变，从本质上讲，是基于制造的服务和面向服务的制造。

制造业服务化转型主要体现在远程在线服务、产品全生命周期管理与服务等方面；其中，电子、纺织、机械、交通设备制造等离散行业服务化转型成效显著。产品全生命周期所产生的数据都将得到充分的利用，基于服务大数据及产品运维平台，一些企业已经从单纯的产品模式转型为"产品＋服务"的混合模式，转型的关键是通过智能的、可联网的实物产品生成数据，并据此提供数字化服务。

另外，在城市基础设施维保方面，可构建大数据服务平台，获取设施状态数据、运营维护数据以及管理数据等，实现数据存储、处理、挖掘和分析将提高在城市基础设施维保中的能力。

要实现服务化延伸，企业需要：

① 智能装备/产品配置开放的数据接口，具备数据采集、通信和远程控制等功能，利用支持 IPv4、IPv6 等技术的工业互联网，采集并上传设备状态、作业操作、环境情况等数据，并根据远程指令灵活调整设备运行参数；

② 建立智能装备/产品远程运维服务平台，能够对装备/产品上传数据进行有效筛选、梳理、存储与管理，并通过数据挖掘、分析，提供在线监测、故障预警、故障诊断与修复、预测性维护、运行优化、远程升级等服务；

③ 实现智能装备/产品远程运维服务平台与产品全生命周期管理系统、客户关系管理系统、产品研发管理系统的协同与集成；

④ 建立相应的专家库和专家咨询系统，能够为智能装备/产品的远程诊断提供决策支持，并向用户提出运行维护解决方案；

⑤ 建立信息安全管理制度，具备信息安全防护能力。

在石化化工、钢铁、建材、机械、航空、家用电器、家居、医疗设备、信息通信产品、数字视听产品等领域，企业可以集成应用工业大数据分析、智能化软件、工业互联网联网、工业互联网 IPv6 地址等技术，建设产品全生命周期管理平台，开展智能装备（产品）远程操控、健康状况监测、虚拟设备维护方案制定与执行、最优使用方案推送、创新应用开放等试点服务。

1.4 工业大数据

工业大数据是指在工业领域中,围绕典型智能制造模式,从客户需求到销售、订单、计划、研发、设计、工艺、制造、采购、供应、库存、发货和交付、售后服务、运维、报废或回收再制造等整个产品全生命周期各个环节所产生的各类数据及相关技术和应用的总称。工业大数据主要来源有三类:第一类是企业经营相关的业务数据,包括企业资源计划(ERP)、产品生命周期管理(PLM)、供应链管理(supply chain management,SCM)、客户关系管理(customer relationship management,CRM)等,此类数据是工业企业传统的数据资产;第二类是机器设备互联数据,主要是指工业生产过程中,装备、物料及产品加工过程的工况状态、环境参数等运营情况数据,通过 MES 系统实时传递,目前在智能装备大量应用的情况下,此类数据量增长最快;第三类是企业外部数据,包括工业企业产品售出之后的使用、运营情况的数据,同时还包括大量客户、供应商、互联网等数据状态。工业大数据不仅仅是信息化基础设施建设,更重要的是采用数据思维来管理和创新业务,工业大数据可以用来优化企业业务流程并为企业转型升级提供技术支撑。

架构(architecture)一词起初来源于建筑,其核心是通过一系列的构件组合来承载上层传递的压力。系统架构是"一个系统的基本组成方式和遵循的设计原则,以及系统与组件、组件之间及系统与外部环境的相互关系",为了更好地理解工业大数据内涵,使得工业大数据相关从业人员之间有个沟通工具,本书参考了德国工业 4.0 参考架构、美国工业互联网架构及中国制造 2025 标准体系,构造了工业大数据架构图,如图 1-4 所示,该图包含了三个维度:生命周期与价值流、企业纵向层和 IT 价值链。

在生命周期与价值流层,按照工业大数据的应用领域,又可分成产品生产阶段开始前

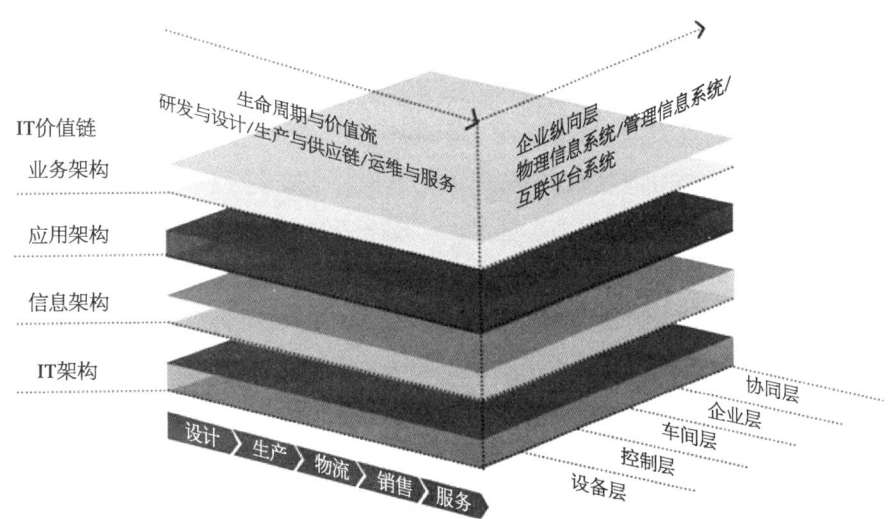

图 1-4 工业大数据架构

的产品研发与设计、产品交付前的生产与供应链管理及产品交付后的运维与服务管理三个领域。在企业纵向层,按照数据采集方式与应用层级又可分成信息物理系统层、企业管理信息系统层及互联平台系统层。在IT价值链层,又可分成业务架构、信息系统架构及IT技术架构三个层次,其中信息系统架构又可分为应用架构及数据架构。

1.4.1 生命周期与价值流

工业大数据主要指设计大数据、制造大数据及服务大数据,分布在产品整个生命周期过程中,即设计、生产、物流、销售、服务五个阶段,本书把这些阶段分成研发与设计,生产与供应链管理及运维与服务三个领域。

(1) 研发与设计

工业大数据在研发与设计领域的作用如下。

① 实现定制化设计。企业通过互联网平台能够收集用户的个性化产品需求,也能获取产品的客户交互和交易数据;挖掘和分析这些客户动态数据,能够帮助客户参与到产品的需求分析和产品设计等创新活动中,实现定制化设计,再依托柔性化的生产流程,就能为用户生产出量身定做的产品。

② 利用大数据进行虚拟仿真。传统生产企业在测试、验证环节需要生产出实物来评测其性能等指标,成本随测试次数增加而不断提升。利用虚拟仿真技术,可以实现对原有研发设计环节过程的模拟、分析、评估、验证和优化,从而减少工程更改量,优化生产工艺,降低成本和能耗。

③ 促进研发资源集成共享和创新协同。企业通过建设和完善研发设计知识库,促进数字化图纸、标准零部件库等设计数据在企业内部以及供应链上下游企业间的资源共享和创新协同,提升企业跨区域研发资源统筹管理和产业链协同设计能力,提升企业管理利用全球研发资源能力,优化重组研发流程,提高研发效率。

④ 培育研发新模式。基于设计资源的社会化共享和参与,企业能够立足于自身研发需求开展众创、众包等研发新模式,提升企业利用社会化创新和资金资源能力。

(2) 生产与供应链管理

工业大数据在生产与供应链管理领域的作用如下。

① 优化工业供应链。射频识别等电子标识技术、物联网技术以及移动互联网技术能帮助工业企业获得完整的产品供应链的大数据,利用这些数据进行分析,使仓储、配送、销售效率得到大幅提升和成本大幅下降。跟踪产品库存和销售价格,而且准确地预测全球不同区域的需求,从而运用数据分析得到更好的决策来优化供应链。

② 推动经营管理全流程的衔接和优化。整合企业生产数据、财务数据、管理数据、采购数据、销售数据和消费者行为数据等资源,通过数据挖掘分析,帮助企业找到生产要素的最佳投入比例,实现研产供销、经营管理、生产控制、业务与财务全流程的无缝衔接和业务协同,促进业务流程、决策流程、运营流程的整合、重组和优化,推动企业管理从金字塔

静态管理组织向扁平化动态管理组织转变，利用云端数据集成驱动提升企业管理决策的科学性和运营一体化能力。

③ 提升车间管理水平。现代化工业制造生产线安装有数以千计的小型传感器，用来探测温度、压力、热能、振动和噪声等，利用这些数据可以实现很多形式的分析，包括设备诊断、用电量分析、能耗分析、质量事故分析等。

④ 优化生产流程。将生产制造各个环节的数据整合集聚，并对工业产品的生产过程建立虚拟模型，仿真并优化生产流程。当所有流程和绩效数据都能在系统中重建时，对各环节制造数据的集成分析有助于制造商改进其生产流程。

⑤ 推动现代化生产体系的建立。通过对制造生产全过程的自动化控制和智能化控制，促进信息共享、系统整合与业务协同，实现制造过程的科学决策，最大程度实现生产流程的自动化、个性化、柔性化和自我优化，实现提高精准制造、高端制造、敏捷制造的能力，加速智能车间、智能工厂等现代化生产体系建立，实现智能生产。

(3) 运维与服务管理

大数据将帮助工业企业不断创新产品和服务，发展新的商业模式。通过嵌在产品中的传感器，企业能够实时监测产品的运行状态，通过商务平台，企业能够获得产品的销售数据和客户数据，通过对这些数据的分析和预测，企业能够开展故障预警、远程监控、远程运维、质量诊断等在线增值服务，提供个性化、在线化、便捷化的增值服务，扩展产品价值空间，使得以产品为核心的经营模式向"制造＋服务"的模式转变。

1.4.2 企业纵向层级

企业纵向层从物理域的角度自下而上共分为五层，分别为设备层、控制层、车间层、企业层和协同层；在设备层、控制层、车间层可利用物联网，基于信息物理系统（cyber physical system，CPS）实现智能工厂；在企业层和车间层，企业集成内部各种信息化应用，进行企业内部业务流程管理（business process management，BPM），提升企业运行效率；协同层使用工业云等平台技术，实现企业外部协同制造及制造业服务化等创新业务模式。企业纵向维度可以分成信息物理系统、企业管理信息系统（management information system，MIS）、互联平台系统（Internet＋）三个子系统。图1-5所示工业大数据纵向层级划分。

(1) 信息物理系统（CPS）

无论是德国工业4.0、美国工业互联网，还是中国制造2025的两化深度融合战略，其共同点、核心均是CPS信息物理系统。信息物理系统通过传感器和各类信息系统，采集和汇聚机器运转数据、生产现场数据，实现泛在感知，并运用数据集成处理技术，对工业数据进行采集交换、生产制造反馈控制，达到对设备、车间的控制交互，实现工厂内外物理系统的互联互通，也为工业建模/仿真与分析提供数据基础，进而为车间/工厂运营决策优化提供支撑服务。

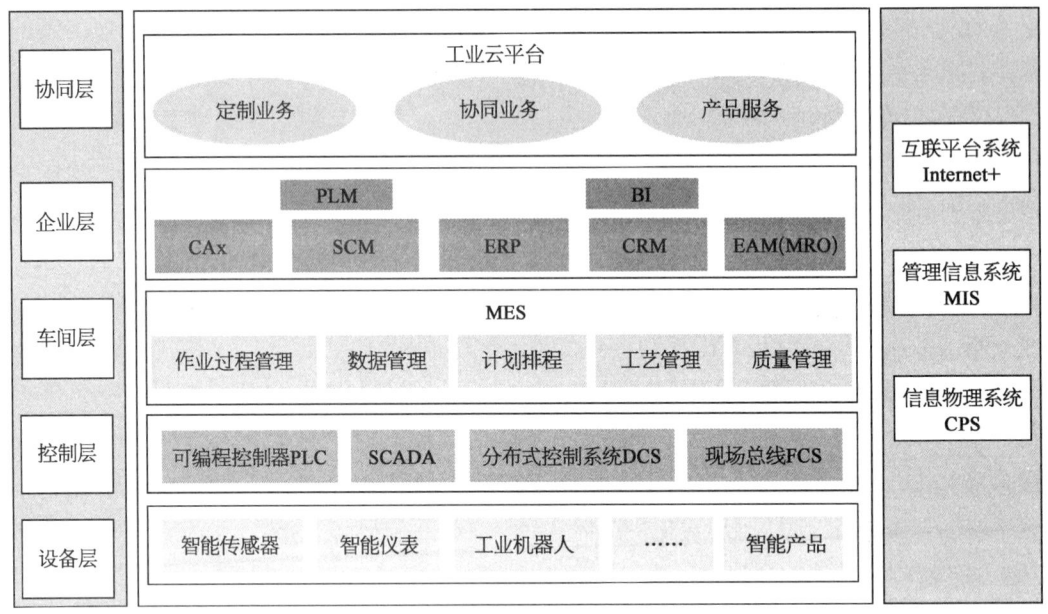

图 1-5 工业大数据纵向层级

在工业大数据架构企业纵向层中,用于对工业设备层进行信息采集的信息物理系统以大数据、网络与海量计算为依托,通过核心的智能感知、分析、挖掘、评估、预测、优化、协同等技术手段,使计算、通信、控制实现有机融合与深度合作,做到工业设备、环境、群体的网络空间与实体空间的深度融合。信息物理系统本质在于将物理设备连接到互联网上,让物理设备具有计算、通信、精确控制、远程协调和自治五大功能。

（2）企业管理信息系统（MIS）

企业管理信息系统在于打通企业各流程模块的信息互联,控制和集成化管理企业生产经营活动中的各种信息,通过信息数据的获取,运用大数据分析、挖掘技术,实现企业内外部数据信息的共享和有效利用,进一步优化和重构业务流程,以提高企业的经济效益和市场竞争力,创新企业管理理念,优化管理流程,重组管理团队,创新管理手段,提升企业的经济效益,带动企业的创新性发展。

从动态的角度来看,企业信息化就是企业应用信息技术及产品的过程,企业信息化是信息技术由局部到全局,由战术层次到战略层次向企业全面渗透,运用于流程管理、支持企业经营管理的过程。企业信息化主要涉及生产过程控制、企业管理、产品生命周期管理、供应链优化管理等过程。

生产过程控制信息化的重点是产品开发设计、生产工艺流程、车间现场管理、质量检验等各设计、生产环节。企业管理信息化是企业信息化建设中比重最大、难度最大、应用最为广泛的一个领域,涉及企业管理的各项业务及各个层面。企业管理的信息化建设就是在规范管理基础工作、优化业务流程的基础上,通过信息集成应用系统来有效地采集、加工、组织、整合信息资源,提高管理效率,实时动态地提供管理信息和决策信息。

企业供应链管理的信息化是企业的生产和管理活动发生了前伸和后延。企业从原材料、零部件的采购、运输、储存、加工制造、销售直到最终送到和服务于客户,形成了一条由上游的供应商、中间的生产者和第三方服务商、下游的销售客户组成的链式结构,而企业的生产活动、管理流程受到这条供应链的制约和影响。

(3) 互联平台系统(Internet+)

互联平台系统为企业运用互联网+理念,获取用户、合作企业以及潜在商机的数据资源,实现了解产品用户体验及反馈,创新上下游企业合作模式,发现新营销渠道,开创协同化经营方式。

随着工业互联网的快速发展,全球一体化进程推进以及工业互联网与消费互联网的融合逐步深入,互联内容和互联方式也不断增强,协同发展已成为未来工业发展的方向。工业制造企业、工业服务企业及互联网企业通过公众网络实现第三方设计协作、制造协作、供应链协作、服务协作平台互联,利用互联网新技术新平台实现工业生产制造模式、产业组织方式、产品服务模式和企业商业模式的网络化协同变革。在工厂外、企业外以精准营销、个性定制、智能服务、众包众创、协同设计、协同制造为主的商业模式不断渗入,促使企业、工厂进一步完善需求匹配、供应链协同,延伸服务价值,实现服务增值,在工厂内、企业内采用柔性制造、C2M 等商业模式,促进企业、工厂内泛在感知,进行实时监测控制、数据集成分析,实现运营管理优化、生产计划精准执行。

1.4.3　IT 价值链

大数据的价值通过数据的收集、预处理、分析、可视化和访问等活动来实现。在 IT 价值链维度上,大数据通过为大数据应用提供存放大数据的网络、基础设施、平台、应用工具及其他服务来实现运营效率的提高和业务创新的支撑。大数据技术支撑的企业架构,可分成业务架构、信息系统架构成及信息技术架构三个层次。

(1) 业务架构

工业大数据作为制造企业的业务战略,可以帮助企业更全面、深入、及时地了解市场发展趋势、用户潜在需求、竞争对手态势,以推出更有竞争力的创新产品。不仅可以用来提升企业的运行效率,而且可以用来支持商业流程及商业模式创新。

工业大数据战略将带来制造企业创新和变革的新时代。通过互联网、移动物联网等带来的低成本感知、高速移动连接、分布式计算和高级分析,信息技术和全球工业系统正在深入融合,给全球工业带来深刻的变革,创新企业的研发、生产、运营、营销和管理方式。这些不同的创新应用模式为不同行业的工业企业带来了更快的速度、更高的效率和更高的洞察力。具体体现在智能化生产、网络协同、个性化定制、远程服务、平台化应用等诸多应用场景中。

(2) 信息系统架构

为充分发挥工业大数据价值,避免形成"信息孤岛",需要构建统一的信息系统架构,以实现各应用系统及数据的用户访问和互操作。

基于工业大数据业务战略的信息系统架构是一个体系结构,它反映制造企业的信息系统的各个组成部分之间的关系,以及信息系统与相关业务、信息系统与相关技术之间的关系。信息系统架构包括应用架构和数据架构。

应用架构描述了支持企业运作所需应用系统的蓝图,包含应用层次、功能、实现方式和建设标准等,它主要研究应用系统间的交互关系、应用与核心业务的对应关系,是企业总体框架研究的重点,可以说是业务架构和技术架构之间的桥梁。工业大数据应用架构既包含对应于工业大数据架构中的企业纵向层各层次的应用系统,也包含基于大数据技术的应用系统。

数据架构则是对复杂组织体的主要数据类型及来源、逻辑数据资产、物理数据资产以及数据管理资源的结构及交互的描述。在工业4.0时代,制造企业的数据将会呈现爆炸式增长态势。制造企业为了实现精益制造、业务创新和业务转型,需要充分利用企业内外信息管理系统的业务运营数据、工业现场数据和互联网数据,以多源、异构数据的融合集成为基础,开发创新应用,实现业务优化和创新。

(3) 信息技术架构

信息技术架构是指导大数据应用实施的蓝图,它将信息系统架构中定义的各种应用组件映射为相应的可以从市场或组织内部获得的技术组件,是制定架构信息集合的最后一步。

当前,随着工业4.0浪潮的兴起,物联网、云计算、大数据、增强现实/虚拟现实(AR/VR)技术、人工智能(artificial intelligence,AI)等信息技术不断向工业领域融合渗透,为工业大数据应用的实施奠定了坚实的技术基础。其中,物联网技术使得无处不在的末端设备和设施,可以通过射频识别、红外感应器、全球定位系统等信息传感设备,按约定的协议,与互联网相连接,进行信息交换和通讯,使物品及其状态可见,从而实现智能化识别、定位、追踪、监控和管理;通过AR/VR技术则可实现对工厂环境、工业设备等的模拟及增强体验;云计算技术提供了一种可通过网络实现按需可动态伸缩的廉价计算服务;大数据技术及AI技术则使得在可接受的时间内从海量数据中分析、挖掘出潜在价值,以及实现趋势预测、群体智慧模式等成为可能。

1.5 工业云平台

实现工业大数据应用,需要进行数据采集及预处理、存储、分析挖掘、针对特定业务进行应用及最后展示结果。国内外已研发、建设完成一系列工业互联网平台服务及(工业)大数据处理相关的开源技术组件,为工业领域的智能化转型提供了可选方案,也因而降低了工业大数据应用的建设实施门槛——企业若非必要无须自行实现技术架构的每一个组件,可根据需要选择使用相应的开源组件搭建工业大数据应用,还可根据需要选用不同类型、不同级别的工业互联网平台服务,在此基础上实施工业大数据应用,以更专注于企业擅长的业务领域及技术领域。

1.5.1 工业云平台架构

工业互联网平台是面向制造业数字化、网络化和智能化需求,构建基于海量数据采集、汇聚、分析的服务系统,支撑智能制造泛在连接、弹性供给、高效配置的工业云平台,主要包括边缘层、平台层和应用层,如图1-6所示。

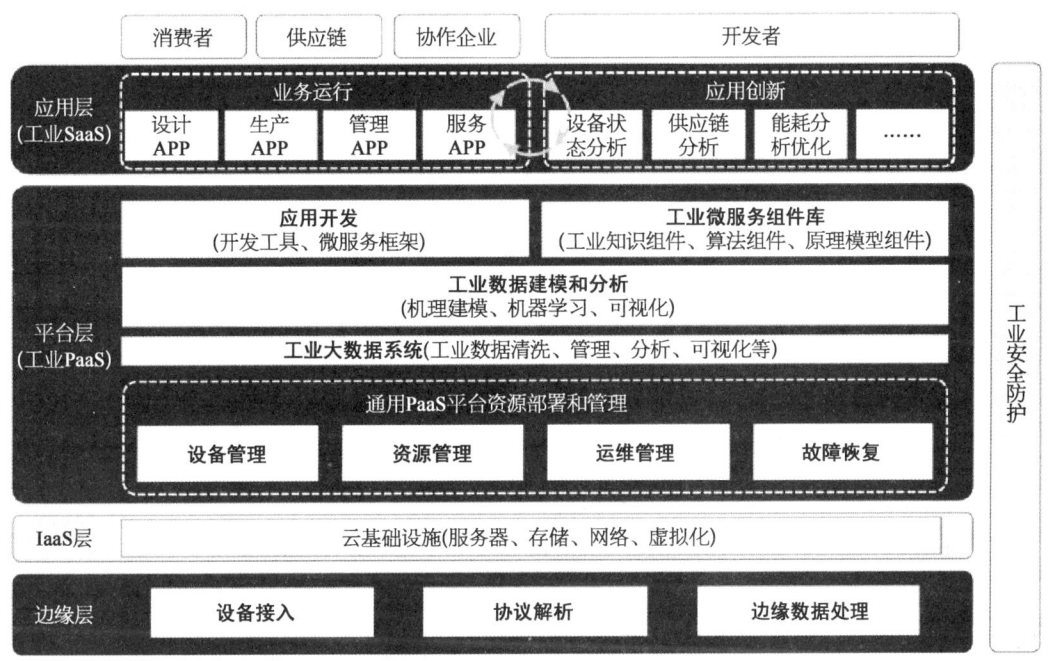

图1-6 工业云平台架构

1.5.2 国内外主要工业云平台

表1-1所示为国内著名的工业互联网平台。国内工业互联网平台可分成三类:一是航天科工、海尔、美的等为代表的制造业翘楚正在自建工业互联网云平台(制造业+),其优势是本身就是制造企业,熟悉生产制造流程,其打造的工业云平台更多是从制造业的角度出发,在具体的生产制造环节具有优势;二是阿里、腾讯等互联网巨头(互联网+)发挥在互联网、云计算上的沉淀和积累优势,将在消费云领域积攒下来的计算能力和经验,结合工业制造业的特点去赋能和共建;三是用友、浪潮等既有传统企业服务基础,又有互联网创新基因的IT企业长期专注于企业市场,拥有30多年的企业市场经验和庞大的客户基础,它们熟悉制造业应用场景,能够对制造业的问题需求及时发现解决,进行个性化定制,并依托各自的工业互联网平台,构建开放的生态体系。

表 1-1　国内著名工业互联网平台

平台名称	所属公司	简述
COSMOPlat	海尔集团	以用户为中心的大规模定制化生产模式,实现需求实时响应、全程实时可视和资源无缝对接
用友精智工业互联网平台	用友网络	提供基于数据的场景化智能云服务,支撑智能制造创新,驱动企业商业模式与管理方式变革
根云平台	树根互联	融合了三一重工深厚的工业基因和互联网技术,致力于给各工业细分行业进行赋能、创新和转型
航天云网 INDICS	航天科工	基于航天科工在制造业的雄厚实力和在工业互联网领域的先行先试经验,打造的工业互联网平台
M81 工业互联网平台	浪潮集团	提供了包含智能设备接入监测、资产管理、工业企业运行数据监测等服务内容的工业互联网解决方案
BEACON 平台	富士康	通过工业软件及工业硬件的相互整合,建立的可控可管智慧云平台
iSESOL 平台	智能云科	以智能数控设备为基础,高端工业服务为途径,从单一的精切领域扩展到机加工大部分领域,并辐射到整个制造业
宝信工业互联网平台	宝信软件	可将数字技术与其在冶金、石化、电力等领域的专业优势结合,实现企业信息流、资金流和物流的集成与融合
OceanConnect IoT	华为	基于物联网、云计算和大数据等技术打造的开放生态环境,提供 170 余个开放 API,聚合超过 500 合作伙伴
ProMACE 平台	石化盈科	面向石油化工行业,提供生产计划、调度作业、绩效分析、供应链一体化等全流程线上管理和决策优化服务
MeiCloud 平台	美的	通过智能制造、物联网、大数据、云计算等技术,为客户提供云端 MES 服务、企业间协作服务、数据服务等服务
船舶工业智能运营平台	中船工业	为企业用户提供研发设计协同、全生产过程管控优化、供应链协同、工业知识库、知识共享与交易等服务
Xrea 工业互联网平台	徐工机械	具备高性能、高可用、易扩展、易开发、易管理的一体化平台产品
supOS	中控工业	集工业大数据全集成平台、工业智能 APP 组态开发平台、工业大数据分析平台、工业人工智能引擎服务等为一体
CPS 平台	中国电信	以生产线数据采集与设备接口层为基础,大数据云计算为引擎,实现数据互联互通,打通从生产到企业运营的全流程
阿里云 ET 工业大脑平台	阿里巴巴	实现数据知识图谱的构建、业务智能算法平台的构建以及生产可视化平台的构建
OneNET 平台	中国移动	实现海量设备接入,保证数据的可靠存储,可以为用户提供消息控制、事件智能推送、大数据分析等服务

表 1-2 所示为国外比较著名的工业互联网平台。

表 1-2 国外著名工业互联网平台

平台名称	所属公司	简述
Predix 平台	通用电气	美国通用电气公司(GE)是世界上最大的装备与技术服务企业之一,业务范围涵盖航空、能源、医疗、交通等多个领域。GE 于 2013 年推出 Predix 平台,探索将数字技术与其在航空、能源、医疗和交通等领域的专业优势结合,向全球领先的工业互联网公司转型。Predix 平台的主要功能是将各类数据按照统一的标准进行规范化梳理,并提供随时调取和分析的能力 GE 目前已基于 Predix 平台开发部署计划和物流、互联产品、智能环境、现场人力管理、工业分析、资产绩效管理、运营优化等多类工业 APP
MindSphere 平台	西门子	西门子股份公司是全球电子电气工程领域的领先企业,业务主要集中在工业、能源、基础设施及城市、医疗 4 大领域。西门子于 2016 年推出 MindSphere 平台。该平台采用基于云的开放物联网架构,可以将传感器、控制器以及各种信息系统收集的工业现场设备数据,通过安全通道实时传输到云端,并在云端为企业提供大数据分析挖掘、工业 APP 开发以及智能应用增值等服务 MindSphere 平台已在北美和欧洲的多家企业开始试用,并与埃森哲、Evosoft、SAP、微软、亚马逊和 Bluvision 等合作伙伴展示了多种微服务和工业 APP
ThingWorx 平台	PTC	PTC 基于在工业软件领域的经验积累推出 ThingWorx 平台,其功能定位是为应用开发商或工业 SaaS 运营商提供现代化的快速应用开发工具和服务运营能力
ABB Ability 平台	ABB	ABB 是设备制造和自动化技术领域的领导厂商,拥有电力设备、工业机器人、传感器、实时控制和优化系统等广泛的产品线。ABB 于 2017 年推出了工业互联网平台 ABB Ability,探索将数字技术与其在电气自动化设备制造等领域的专业优势结合,向全球领先的工业互联网公司转型 ABB Ability 平台目前主要应用于采矿、石化、电力、食品、水务、海运等领域
EcoStruxure 平台	施耐德	施耐德电气公司是全球著名的电气设备制造商和能效管理领域领导者,为 100 多个国家提供能源整体解决方案。施耐德于 2016 年发布 EcoStruxure 平台,探索将数字技术与其在电力设备等领域的专业优势结合,实现施耐德集团制造设备的互联 EcoStruxure 平台主要面向楼宇、信息技术、工厂、配电、电网和机器六大方向

1.6 工业智能

1.6.1 新一代人工智能

继移动互联网、大数据、互联网+之后,人工智能的浪潮已然到来。人工智能是研究、开发用于模拟、延伸和扩展人的智能的理论、方法、技术及应用系统的一门新的技术科学。

人工智能企图了解智能的实质,并生产出一种新的能以人类智能相似的方式做出反应的智能机器。人工智能的研究领域包括智能机器人、虚拟现实技术与应用、系统仿真技术与应用、工业过程建模与智能控制、人工智能理论、计算机感知、计算机神经网络、模式识别与智能系统、知识发现与机器学习、自然语言处理等。自诞生以来,人工智能理论和技术日益成熟,应用领域不断扩大,其实际应用涵盖了机器视觉、指纹/掌纹识别、人脸识别、视网膜识别、虹膜识别、语言识别、图像识别、专家系统、自动规划、智能搜索、博弈、自动程序设计、遗传编程、智能控制、机器人学等领域,始终是计算机科学的前沿学科。

近年来,人工智能领域又活跃起来,成为最炙手可热的领域之一。随着互联网的普及、传感器的普遍使用、大数据的出现、电子商务的发展、信息社区的兴起,以及数据和知识与社会、物理空间和网络空间的互联和融合、新技术的出现,AI发展的信息环境发生了深刻的变化,AI迈向了一个新的阶段——新一代人工智能(AI2.0)。AI2.0的主要特征包括:深度学习数据驱动的直觉感知能力的出现,基于互联网的群体智能、技术型人机混合增强智能的出现,以及跨媒体计算的兴起。

(1) 深度学习的直觉感知能力

深度学习的概念由Hinton等人于2006年提出,指基于深度置信网络的非监督贪心逐层训练算法,因其实际应用中的超越式效果而风靡全球。深度学习应大数据而生,给大数据提供了一个深度思考的大脑;而大数据则为深度学习获得作为人类智能重要表现的直觉感知能力提供了基础。2016年3月,谷歌超级人工智能系统AlphaGo在与顶尖围棋高手李世石的较量中取得了历史性的胜利,是人工智能发展史上重要的里程碑,显示出了人工智能开始具备数据驱动的直觉感知能力,能在复杂的博弈游戏中开始挑战最高级别的人类选手。

(2) 群体智能

大规模个体通过互联网参与和交互,可实现超乎寻常的智慧能力。群体智能超越个体智慧的限制,汇集了大量自主人士的群体智能,这些人士有兴趣在一定的互联网组织结构下进行具有挑战性的计算任务,提供了一种新的通过收集群体智慧来解决挑战的问题解决范式。群体智能具有如下特征:群体智能来自在线组织和在线平台社区的大量人士;群体智能系统无缝交织人群和机器能力以解决具有挑战性的计算问题。

(3) 人机混合增强智能

用计算机模拟人的智能固然重要,而让计算机与人协同,取长补短成为一种"1+1>2"的增强性智能系统则更为重要。当前,各种穿戴设备、智能驾驶、外骨骼设备、人机协同手术等纷纷出现,而宏观系统的人机协同有更大空间,预示着人机协同增强智能系统的前景广泛。

(4) 跨媒体计算

文本、图像、语音、视频及其交互属性将紧密混合一体,即跨媒体。跨媒体智能是机器认知外界环境的基础,对语言、视觉、图形和听觉的语义贯通是实现联想、设计、概括、创造等智能行为的关键。当前,跨媒体计算尚处发展萌芽状态,可望形成新一代 AI 的重要领域。

AI2.0 时代,这些新技术变化与发展极大地拓展了人工智能的领域范围,为人工智能更深、更广的应用提供了坚实的技术基础,而智慧城市、智能医疗、智能交通、智能物流、智能机器人、自驾汽车、智能手机、智能玩具、智能交通、智能制造和智能经济的不断发展,为 AI 技术和应用的新发展方向提供广泛的市场需求和驱动力。

1.6.2 智能制造技术机理

智能制造涉及智能产品、智能生产以及智能服务等多个方面及其优化集成。从技术机理角度看,这些不同方面尽管存在差异,但本质上是一致的,下面以生产过程为例分析智能制造的技术机理。

(1) 传统制造与"人—物理系统"

传统制造系统包含人和物理系统两大部分,是完全通过人对机器的操作控制去完成各种工作任务。动力革命极大地提高了物理系统(机器)的生产效率和质量,物理系统(机器)代替了人类大量体力劳动。传统制造系统中,要求人完成信息感知、分析决策、操作控制以及认知学习等多方面任务,不仅对人的要求高,劳动强度大,而且系统工作效率、质量还不够高,完成复杂工作任务的能力还很有限。传统制造系统可抽象描述为图 1-7 所示的"人—物理系统"(human-physical systems,HPS)。

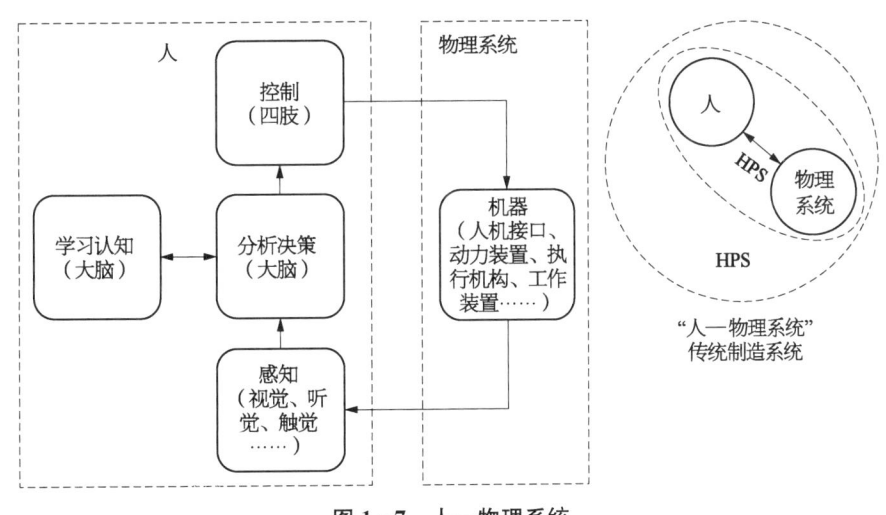

图 1-7 人—物理系统

(2) 数字化制造、数字化网络化制造与"人—信息—物理系统"

与传统制造系统相比,第一代和第二代智能制造系统发生的本质变化是,在人和物理系统之间增加了信息系统,信息系统可以代替人类完成部分脑力劳动,人的相当部分的感知、分析、决策功能向信息系统复制迁移,进而可以通过信息系统来控制物理系统,以代替人类完成更多的体力劳动。

第一代和第二代智能制造系统通过集成人、信息系统和物理系统的各自优势，系统的能力尤其是计算分析、精确控制以及感知能力都得以很大提高。一方面，系统的工作效率、质量和稳定性均得以显著提升；另一方面，人的相关制造经验和知识转移到信息系统，能够有效提高人的知识的传承和利用效率。制造系统从传统的"人—物理系统"向"人—信息—物理系统"（human-cyber-physical systems，HCPS）的演变可进一步用图1-8进行抽象描述。

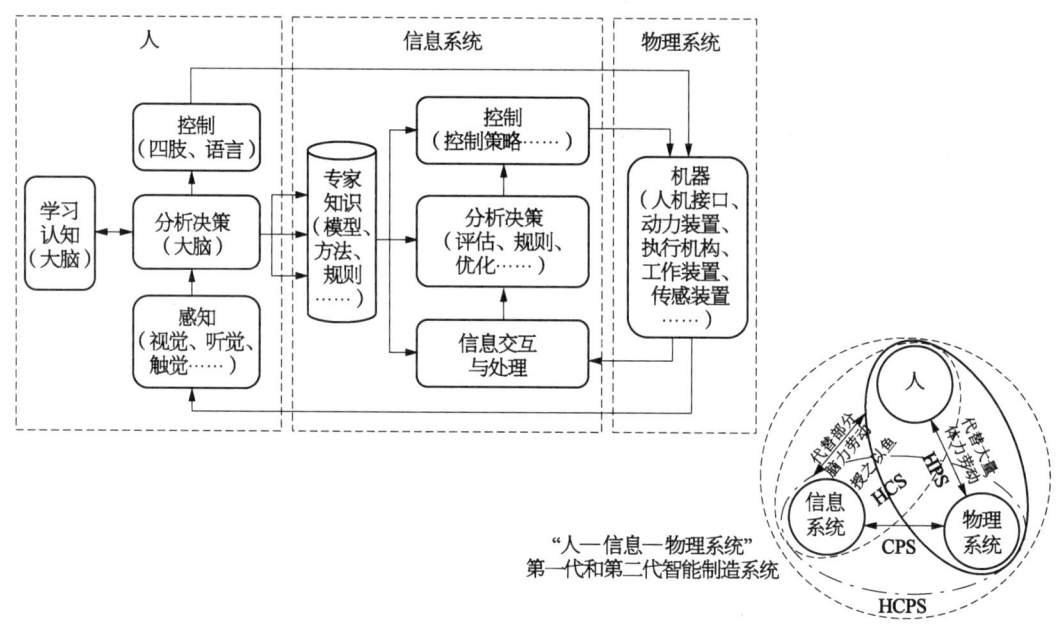

图 1-8 人—信息—物理系统

信息系统的引入使得制造系统同时增加了"人—信息系统"（human-cyber systems，HCS）和"信息—物理系统"（cyber-physical systems，CPS）。美国在21世纪初提出了CPS的理论，德国将其作为"工业4.0"的核心技术。CPS在工程上的应用是实现信息系统和物理系统的完美映射和深度融合，"数字孪生体"（digital twin）即是其最为基本且关键的技术，由此，制造系统的性能和效率可大大提高。

（3）新一代智能制造与新一代"人—信息—物理系统"

新一代智能制造系统最本质的特征是其信息系统增加了认知和学习的功能，信息系统不仅具有强大的感知、计算分析与控制能力，更具有学习提升、产生知识的能力，如图1-9所示。

在这一阶段，新一代人工智能技术将使"人—信息—物理系统"发生质的变化，形成新一代"人—信息—物理系统"。主要变化在于：第一，人将部分认知与学习型的脑力劳动转移给信息系统，因而信息系统"认知和学习"的能力，人和信息系统的关系发生了根本性

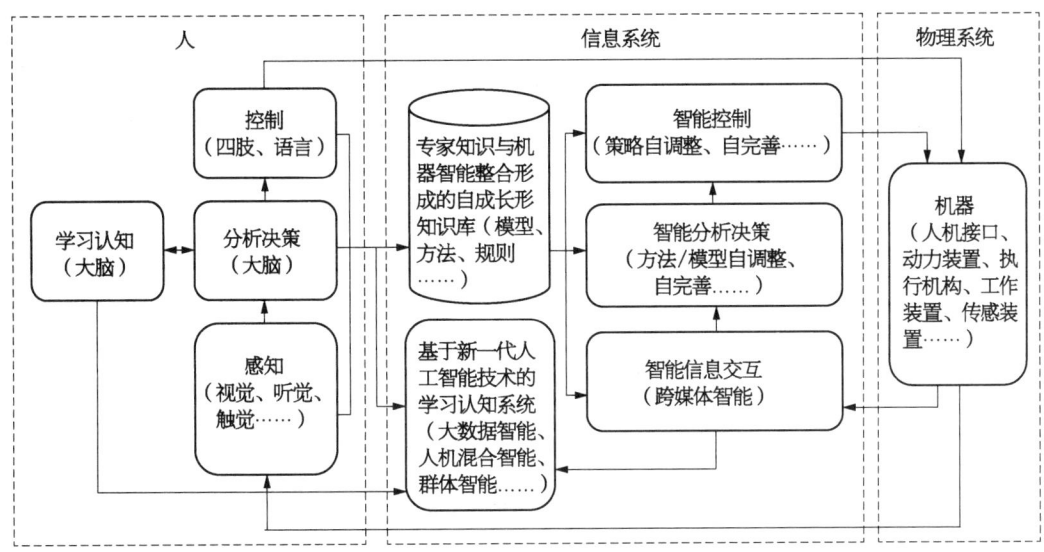

图 1-9 新一代"人—信息—物理系统"

的变化,即从"授之以鱼"发展到"授之以渔";第二,通过"人在回路"的混合增强智能,人机深度融合系统将从本质上提高制造系统处理复杂性、不确定性问题的能力,极大地优化制造系统的性能。

新一代智能制造进一步突出了人的中心地位,是统筹协调"人""信息系统"和"物理系统"的综合集成大系统,将使制造业的质量和效率跃升到新的水平,并使人类从更多体力劳动和大量脑力劳动中解放出来,可以从事更有意义的创造性工作,人类社会开始真正进入"智能时代"。

1.6.3 人工智能在工业领域的应用

国际著名咨询公司埃森哲日前发布了 2017 年最新的人工智能报告,聚焦 AI 带来的产业创新的行业利润。在一系列报告中,埃森哲专门针对中国作了一篇题为《人工智能如何驱动中国的经济增长》的报告,显示当 AI 被视为生产的新因素,AI 将促进中国生产力大幅增长。到 2035 年,AI 有可能在中国的经济增长率上增加 1.6%,其中人工智能对制造业带来的影响最为显著。

目前,人工智能在工业领域的应用主要包括如下几个方面。

① 基于互联网群体智能模式的定制创新设计。此类应用使用如协同创新和设计、量身定制应用等产品和技术,建立基于互联网群体智能客户定制和创新设计平台,实现基于云群体智能的产品选择、体验、用户参与设计和关键行业的实时跟踪。

② 合作研发群体智慧空间应用。此类应用使用协同、并行和集成系统方法来构建一个支持大数据处理、知识协作和创新聚合的群体智能空间,针对重点行业、企业和个人用户开发各类协同研发空间,鼓励这些用户通过互联网大众采购就研发挑战进行合作,拓展

研发任务。

③ 智能工厂。大数据和大量基于知识的智能技术可能有助于实现智能调度和规划、过程参数优化、智能物流管理和控制、产品质量分析和改进、预防性维护、生产成本分析和估算、能耗监控和智能配置、生产流程和程序的监控，以及整个生产圈的综合车间绩效分析和评估。工厂运行控制中心和智能调度系统的建立可能有助于实现云制造模式，以加快生产过程、实现企业和生产的智能管理。感知、机器学习和跨媒体的智能过程可以实现自主决策，以支持结合虚拟和现实的生产优化。

④ 人机材料合作车间。此应用使用人机材料合作智能机器人、智能优化技术处理代码，智能设备保障、智能监控、智能物流、云质量保证、云管理和云计划等技术和产品，构建智能设备、生产线、加工控制和车间决策系统，在智能车间操作中心的帮助下，实现人、机、材料的整合。

⑤ 自主智能制造单位范式。此范式使用先进的技术和产品，如基于先进的自主无人系统的智能制造分销和规划、在线检测、零件识别和定位、事故报警等，在基于先进的自主无人驾驶系统的控制中心的帮助下，建立智能设备、加工设备、在线监控系统、智能工作场所、安全报警系统和自动装卸设备。

⑥ 智能协同保证和供销服务应用。需要建立知识驱动的合作保证和供应/营销/服务平台，以收集物流、供应链、仓库和市场数据；然后利用大数据技术对数据进行分析，优化供应链物流路径规划，通过预先交付、前端仓库和用户需求与产品特性的匹配分析，改进精简物流和精准营销。

⑦ 预测性智能运维。此类应用通过使用人工智能方法，如神经网络、隐马尔科夫等，对企业积累或外部相关的各类数据的变化趋势进行预测，以便及早采取应对措施，拓展公司业务或解决问题、排除危险与风险，达到为企业增加营收或节省大量人力、物力、财力的目的。如谷歌通过将 DeepMind 人工智能系统应用于数据中心，使用神经网络来预测耗电量变化，据其操纵服务器和制冷系统等相关设备，提升设备分配效率，降低耗电量，电力使用效率提升了 15%，预计未来几年内将节约数亿美元电费。

参考文献

[1] 郑树泉,宗宇伟,董文生,等.工业大数据：架构与应用[M].上海：上海科学技术出版社,2017.
[2] 邓朝晖,等.智能制造技术基础[M].武汉：华中科技大学出版社,2017.
[3] 周济,李培根,周艳红,等.走向新一代制造[J].Engineering,2018,4(1)：11-20.
[4] 郑树泉,覃海焕,王倩.工业大数据技术与架构[J].大数据,2017,3(4)：67-80.
[5] 徐侃,李索远,郑树泉.工业大数据价值与治理[J].现代管理,2017,7(5).
[6] 李鸿磊.工业4.0时代商业模式的特征与趋势[J].现代科学管理,2017(5)：58-60.
[7] 方毅芬.智能制造技术与标准化体系发展趋势分析[J].中国仪器仪表,2018(3).
[8] 袁爱进,岳滨楠,闫鑫,等.工业大数据的应用与实践[J].大数据,2017(6)：27-41.

[9] 周佳军,姚锡凡,刘敏,等.几种新兴智能制造模式研究评述[J].计算机集成制造系统,2017,23(3):624-639.
[10] 陈丽娟.我国智能制造产业发展模式探究——基于工业4.0时代[J].技术经济与管理研究,2018(3).
[11] 杨兴锐.智能制造背景下制造业的商业模式创新——以沈阳机床为例[J].技术经济与管理研究,2018(2):109-112.
[12] 刘慧,朱伟明.基于智能制造的个性化牛仔服装定制商业模式[J].经营与管理,2018(1):123-126.
[13] 姚丽媛,王健.智能制造特点与典型模式研究[J].智慧中国,2017(10):76-79.
[14] 工业互联网产业联盟.工业互联网平台白皮书[R].2017.
[15] 工业互联网产业联盟.垂直行业工业互联网实施架构白皮书[R].2018.

第 2 章

大规模个性化定制

由于传统的大批量生产方式无法向用户快速地提供符合多样化和个性化需求,以及短交货期和低成本的产品而遭遇到严峻的市场竞争压力与挑战,企业迫切需要一种新的生产模式,大规模个性化定制(mass customization,MC)由此产生,并正在迅速发展起来,成为智能制造发展的重要模式之一。

大规模个性化定制是一种集企业、客户、供应商、员工和环境于一体,在系统思想指导下,用整体优化的观点,充分利用企业已有的各种资源,在标准技术、现代设计方法、信息技术和先进制造技术的支持下,根据客户的个性化需求,以大批量生产的低成本、高质量和效率提供定制产品和服务的生产方式。

大规模个性化定制又称规模化个性化定制或个性化批量化定制,是指能以大批量生产的成本和速度,按订单对多样化(多品种小批量)及个性化(批量为1)定制要求的产品,实现大规模生产的一种崭新制造模式。它把大批量与个性化这两个看似矛盾的方面有机地综合在一起,实现了客户的个性化定制和大批量生产的有机结合。简单地说,大规模个性化定制就是根据每个客户的特殊需求以大批量生产的效率提供定制产品的一种生产模式,是个性化定制和批量生产的结合。

个性化定制是传统工业过渡到智能制造阶段的重要标志,利用互联网平台和智能工厂建设,将用户需求直接转化为生产排单,开展以用户为中心的个性定制与按需生产,有效满足市场多样化需求,解决制造业长期存在的库存和产能问题,实现产销动态平衡。简单来说,个性化定制是一种由消费者个性化需求驱动的生产模式,消费者可通过企业提供的平台提出个性化需求,参与产品的设计,经物料准备及生产排程后,生产线完成每一件个性化产品的生产,之后配送到用户手中。

通过个性化定制,可以实现:

① 缓解企业产能过剩的问题——企业根据消费者需求安排自己的生产计划,可以做到科学、节约、合理发展;

② 最大程度地满足消费者的个性化需求——消费者可以获得自己定制的个人色彩强烈的产品或服务,并进一步激发消费欲望,提升整个市场活力;

③ 提供消费者与产品提供者，甚至消费者与消费者之间的沟通渠道，有助于提高消费者的归属感与忠诚度。

工业领域的大规模个性化生产主要有以下四种表现形式：

① 针对某一特定群体的需求，实现一定规模的个性化生产，部分解决个性化生产与大规模生产的矛盾；

② 客户参与设计，群体调研定制——在设计环节就要求用户或目标群体参与，根据用户需求改进产品，再根据参与设计的成果进行产品的最终定型与生产，实际上是一种细化目标客户需求后的规模生产；

③ 客户定制需求，确定生产计划，小规模生产模式；

④ 3D 打印，完全实现个性化生产，通过传输数据包，在用户处完成销售、生产环节，并且无物流、库存等渠道压力，无原材料浪费。

同时，大规模个性化定制呈现出以下四个特点：

① 从生产方式变革视角看，大规模个性化定制是智能制造需要解决的重大课题——智能制造就是要用数据的自动流动解决制造系统的复杂性和不确定性，这种不确定性既来自产品生产本身的不确定性，也来自个性化定制；

② 从技术路径视角来看，大规模个性化定制就是实现数据流动的自动化——自动化有两种：一种是看得见的自动化，如数控机床、机器人、自动供料机、物流 AGV 小车，自动完成某个动作、工序或流程；另外一种是看不见的自动化，随着各种设计工具、仿真模型、管理软件、工业数据的积累，随着信息物理系统（CPS）在更广范围内的应用，在企业横向、纵向和产品全生命周期数据集成过程中，实现数据互联、互通、互操作，即看不见的自动化；

③ 从组织变革的视角看，大规模个性化定制需要构建新的组织管理模式——个性化、定制化生产模式的关键在于如何快速响应客户需求，需要组织上的变革，根据需要企业内部可以灵活组建新的团队、自动配置各类资源、自动优化调整运行机制；

④ 从市场竞争视角看，大规模个性化定制是互联网时代企业的新型能力。

本章将从大规模定制的概念、特点出发，阐述大规模定制的架构、业务流、数据流、系统以及相关技术，并将在本章的最后给出若干大规模定制的案例。

2.1 大规模个性化定制的架构

大规模个性化定制是指将客户参与式产品开发、虚拟现实体验、工厂智能生产、产品智能检测、智能运输、全生命周期管理等多种技术和理念结合，从而达到客户需求为中心的智能生产、制造以及产品生命周期管理。图 1-4 给出了工业大数据架构，其架构包含了三个维度即生命周期与价值流、企业纵向层和 IT 价值链，本节根据大规模个性化定制的要求给出了进一步的描述。

2.1.1 企业纵向层

企业纵向层分为五个层级，分别为企业、车间、控制、设备、产品。在产品层和设备层，利用物联网技术构建信息物理系统，可以帮助企业实现生产过程和产成品的数据化；在控制层和车间层，则通过构建相应的 MES 系统、SFC 系统等，实现生产过程的自主化和柔性化，提高企业生产的效率和自由度；在企业层，通过实现 ERP 系统和外部的客户接口，将客户纳入企业产品的设计和制造中，实现基于需求的大规模个性化制造过程。

2.1.2 产品生命周期层

产品生命周期展现了产品从设计、生产到使用以及售后服务的全部过程，其中包括在设计阶段的客户参与式设计与虚拟体验式开发，让客户能够全程参与产品从设计到生产的全部过程，提高生产过程中的客户体验；智能制造满足了企业从传统的大批量生产到小批量/极小批量生产，大规模个性化定制生产的需求，增加生产过程的自组织化和柔性化，提高生产过程的自由度，提高大规模个性化生产条件下的企业产能，降低企业生产成本；产品使用及生命周期管理服务为客户提供了产品全生命周期内的监测、维护和升级服务，极大地提升了大规模个性化定制的用户体验，同时也为产品的后续增值提供了一定的空间。

2.1.3 IT 价值链层

在 IT 价值链层中，业务构架定义了企业业务、战略、组织、管理中的关键流程，是企业完成从传统的批量生产到大规模个性化定制之间转变的基础，决定了在企业的日常生产活动中，如何完成生产过程的大规模个性化定制；应用系统构架是为了将企业的全部生产过程统一到一个完整的企业信息系统中，避免形成"信息孤岛"，实现企业各生产管理系统之间的互联互通以及客户和企业生产活动之间的持续交互的具体模式；信息构架定义了为完成大规模个性化制造，企业的各个不同层级之间流动的信息所要遵循的规则；技术构架是指导企业进行基于大规模个性化定制模式的改造的指导方针，能够将上层的信息构架、业务构架以及系统构架转换为具体能够实现的信息技术，使企业最终完成从传统批量化生产到大规模个性化定制的信息系统的转换。

2.2 大规模个性化定制的模式和流程

2.2.1 以客户为中心的大规模个性化定制模式

准确地获取客户需求信息是满足客户需求的前提条件。大规模个性化定制提供的产品和服务应满足每个客户个性化的需求，因而准确获取顾客需求的能力在实施大规模定制企业中就显得尤为重要。大规模个性化定制企业通过电子商务、客户关系管理及实施一对一营销的有效整合来提升其准确获取顾客需求的能力，从而使企业跨越中间环节，实现直销,不但降低了产品的流通成本而且有助于企业及时准确地获取客户需求信息;另外,电子商务系统提供了制造商与客户、制造商与合作伙伴快速沟通的平台,这个平台是企业理解和引导客户需求、与顾客与合作伙伴一起进行定制产品设计的基础条件。

客户关系管理(CRM)以客户为中心,通过对企业业务流程的优化整合实现对客户资源进行研究和管理,从而提高客户的满意度和忠诚度,提高企业的运行效率和利润。CRM 以客户为中心的思想与大规模个性化定制是一致的,企业通过 CRM 实施一对一营销,能够系统、全面、准确地获取客户个性化的需求,使客户需求定制信息在各部门传递共享,针对这些定制的信息安排设计、生产,为客户提供满意的定制产品。

大规模个性化定制以设计、生产、物流、销售、服务的生命周期顺序展开。对于以客户为中心、由订单驱动的大规模个性化定制模式设计定制其销售过程是前置的,如图 2-1 所示。

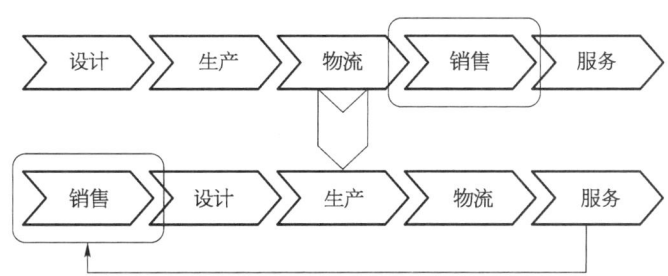

图 2-1 大规模个性化定制的生命周期顺序变化

因此,以客户为中心的大规模个性化定制模式从销售开始,经过设计、生产、物流、服务,并反馈到销售,形成闭环。整个过程围绕客户展开,体现客户为中心的价值观,如图 2-2 所示。

2.2.2 大规模个性化定制流程

大规模个性化定制的业务流程包括需求交互、设计研发、物料采购、计划排产、柔性制造、物流配送和售后服务等环节。大致的基本业务流程如图 2-3 所示。

将上述大规模个性化定制的业务流程映射到大规模个性化定制架构的生命周期维度和系

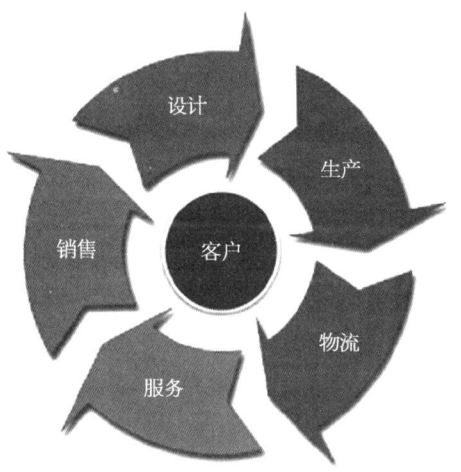

图 2-2 以客户为中心的价值观

统层级维度。智能制造系统架构的生命周期包括设计、生产、物流、销售和服务等。由于企业的生产由订单驱动,大规模个性化定制模式中的销售环节前置,业务流程如图 2-4 所示。

需求交互、设计研发、物料采购、计划排产、柔性制造、物流配送、售后服务等大规模个性化定制过程具体体现为数据的流动。数据的源头为客户需求,最终的交付是个性化产

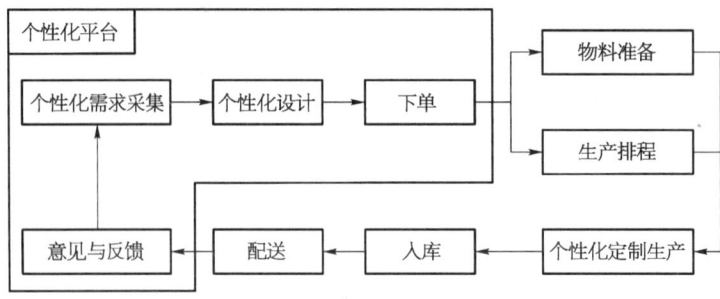

图 2-3　大规模个性化定制的基本业务流程

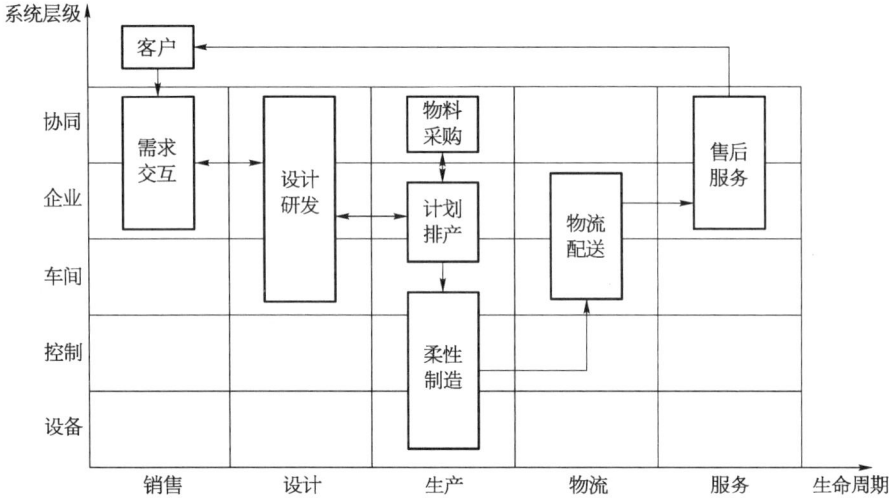

图 2-4　映射到系统层级及生命周期维度的大规模个性化定制的业务流程

品,客户的需求数据贯穿了整个产品生命周期。在大规模个性化定制业务流程上的数据流如图 2-5 所示。

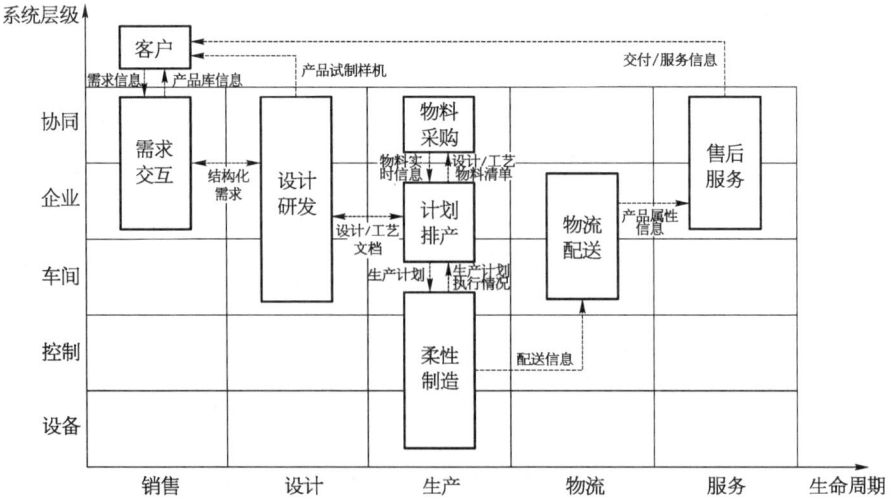

图 2-5　大规模个性化定制业务流程上的数据流

2.3 大规模个性化定制系统

个性化定制生产系统通过整合虚拟现实体验、ERP、MES、SFC 等多种系统,实现"客户参与式设计—智能排产—智能生产—智能运输"一体化的生产过程。

企业从传统批量化生产到个性化定制的转型中,为了最大化地满足消费者对个性化商品的需求,需要承担生产系统和物料供应链的极大复杂化和不确定性风险,还可能极大延长产品的生产周期。同时,个性化定制的企业发展战略,要求企业能够在产品的全生命周期内,为客户提供持续的服务;因此,要求企业能够在产品的全生命周期内提供数据的自动转化。为了解决这些问题,具体的功能层需要实现的不同内容。

系统总体框架如图 2-6 所示。

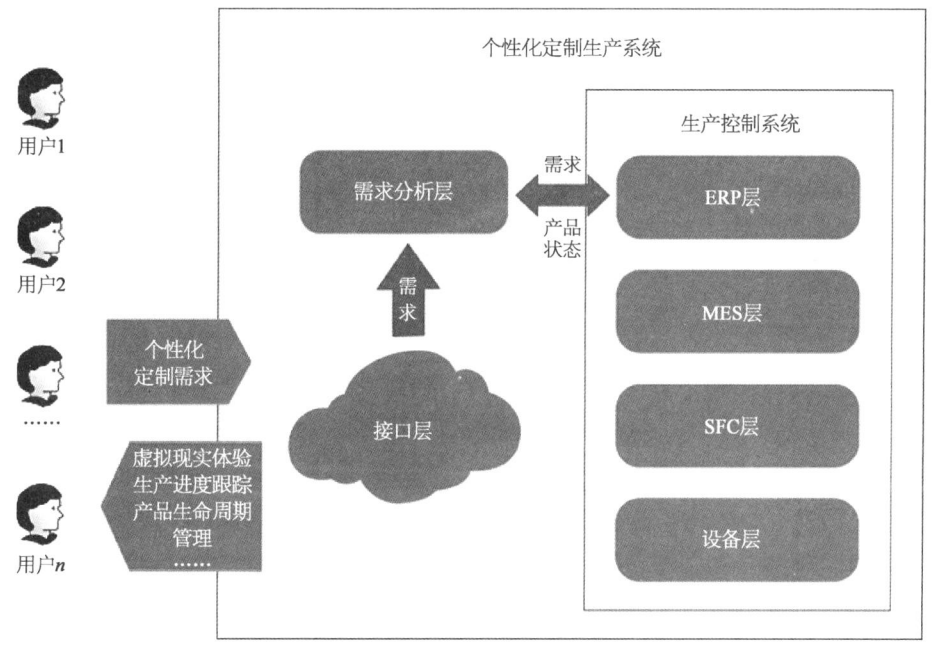

图 2-6 大规模个性化定制系统总体框架

图 2-6 中,接口层实现用户交互界面(包括线上和线下),并为客户提供信息展示和生命周期维保服务;需求分析层根据接口层传递的客户需求,产生实际的产品设计和订单,并检测生产控制系统中的产品状态,实现客户参与式设计与研发;ERP 层通过分析客户需求数据,实现智能排产和智能采购;MES 层接收 ERP 层的生产计划,实现实时车间资源调度;SFC 层接收 MES 层的资源调度计划,对设备层的具体生产情况进行实时智能控制。

2.3.1 接口层

接口层主要为用户提供用户信息的交互通道,并同时为后端的用户需求分析系统以及企业生产系统提供生产依据,同时为用户提供支持服务;如图2-7所示。

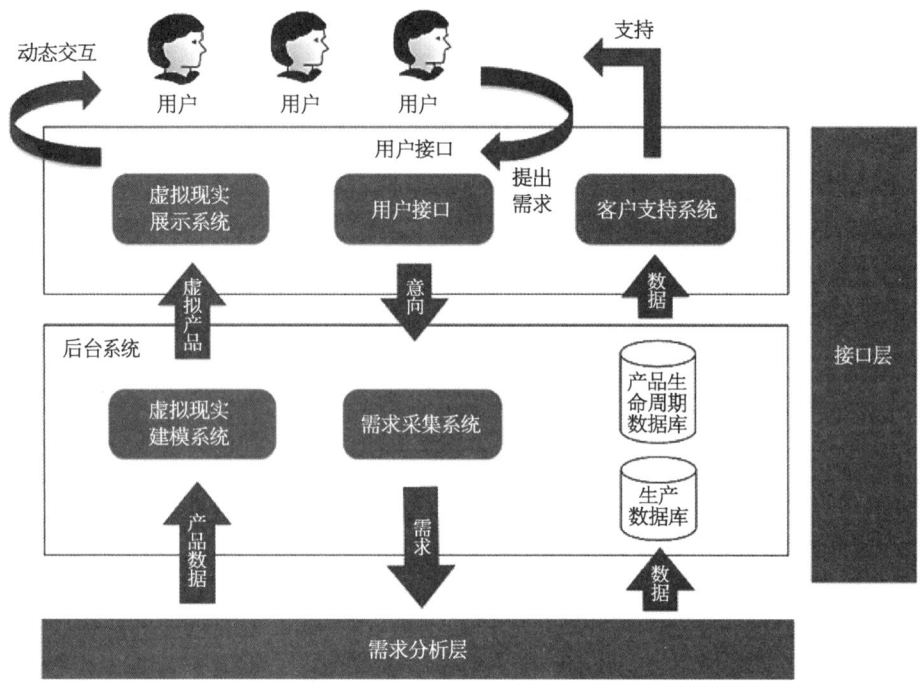

图 2-7 大规模个性化定制系统接口层

在接口层中,用户接口通常包括线上的商城、用户社区和线下的实体体验店等多种不同的用户接口。用户接口接收到客户的购买意向后,首先将意向传递到需求采集系统,由需求采集系统统一处理后,递交到后台的需求分析层。同时,后台系统能够接收到来自需求分析层的反馈,包括根据用户需求产生的产品数据以及来自智能工厂的生产数据和产品生命周期数据,通过虚拟现实建模系统对用户进行展示,并为用户提供产品全生命周期的保障服务。

为了实现个性化定制,接口层需要满足如下条件:

① 能够与用户进行实时交互,动态收集、分析用户对产品的需求;

② 能够根据现有的产品数据和用户应用场景,完成产品使用状态下的虚拟建模,为用户提供其在产品使用场景下所能享受的虚拟产品体验;

③ 根据企业生产能力的不同以及用户的实际产品应用需求,给予用户个性化定制过程中的设计建议;

④ 能够根据下层传递的产品生产信息和产品功能信息,为用户提供实时的产品状态更新以及产品全生命周期内的维保服务。

2.3.2 需求分析层

需求分析层主要接收来自接口层的客户需求数据,通过数据清洗、分析和归纳产生能够反映客户需求并能够被企业生产的产品订单;如图 2-8 所示。

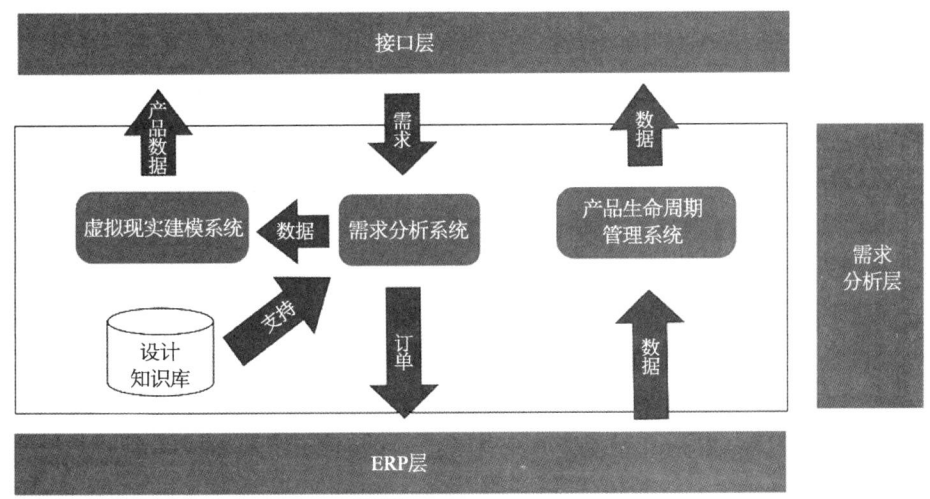

图 2-8 大规模个性化定制系统需求分析层

需求分析层接到来自接口层的客户需求数据,通过需求分析系统对数据进行归纳和分析,并结合设计知识库的支持产生能够被 ERP 层识别并组织生产的标准化订单。同时,需求分析层还能够获取 ERP 层提供的产品生产数据,并实时反馈至接口层。另外,需求分析层还能够对客户需求进行基于虚拟现实技术的建模,并支持接口层的虚拟现实展示系统。

需求分析层所完成的主要功能包括:

① 根据上层的需求采集系统采集的客户需求,结合企业产品的设计知识库以及设计团队,将客户需求转化为能够被安排生产的标准化产品订单;

② 根据需求分析系统产生的产品数据,完成对产品的虚拟现实建模,并将建模结果反馈给上层的虚拟现实展示系统,以帮助用户在虚拟现实的应用环境下体验产品性能并进一步对产品的设计提出改进;

③ 产品生命周期管理系统通过分析产品 ERP 层传递来的实际产品信息和产品生产信息,给予上层的客户支持系统以必要的数据支持;

④ 通过对客户需求的分析,结合设计团队和企业设计知识库,将客户的个性化需求总结并产生相应的设计知识,降低企业个性化生产的难度并支持客户的个性化定制设计过程。

2.3.3 ERP 层

ERP 层的主要作用是将从需求分析层中获取的客户需求编排成合理的生产计划,管理生产进度,监控和调整物料仓储,并向云服务层反馈订单生产的实时进度;如图 2-9 所示。

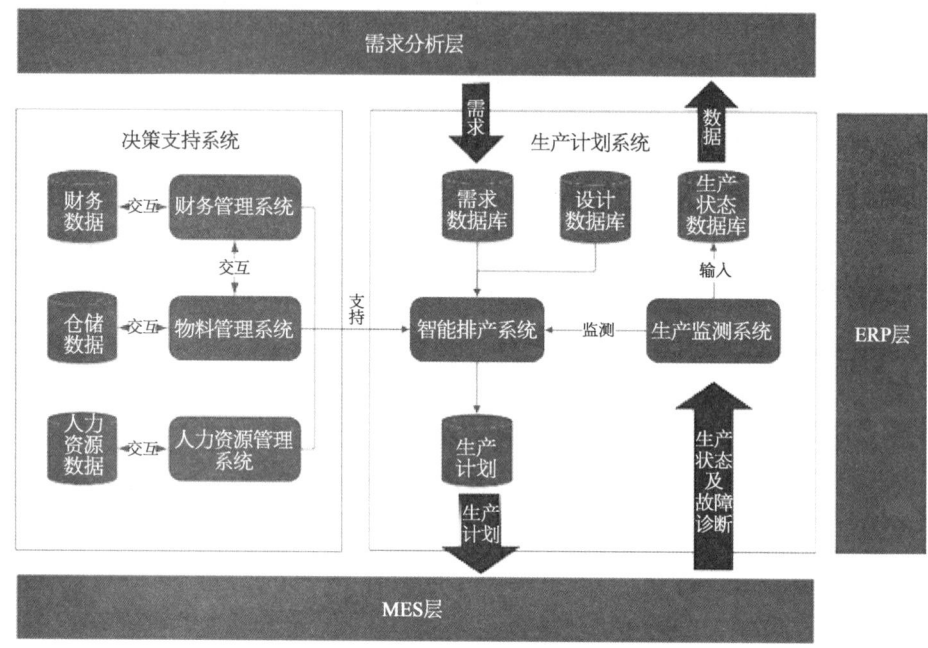

图 2-9　大规模个性化定制系统 ERP 层

ERP 层在接到来自需求分析层的订单之后,首先将订单全部存入需求数据库。智能排产系统结合需求数据库中的客户订单信息以及设计数据库中的产品设计数据,产生具体的生产计划并存入生产计划数据库。同时,物料管理系统、财务管理系统以及人力资源管理系统根据生产计划、当前的仓储数据以及财务数据,自动生成生产所需要的物料订购清单、财务决策以及生产相关的人员安排等。生产监测系统能够对当前工厂内产品的生产状态进行实时的监测,将生产情况反馈到 ERP 系统,并为需求分析层提供产品生产状态数据。

ERP 层在个性化定制生产过程中所需要完成的功能主要包括:

① 根据上层传来的需求,结合企业自身的物料仓储状况、人力资源状态以及生产设备状态,完成相应的产品生产计划和物流管理计划;

② 当生产过程中出现可能的不确定性问题(如生产设备出现不可预知的损坏、物料供应商无法完成预定的物料发送等)时,对生产计划进行适时调整,最大限度地满足生产计划的时间需求;

③ 对生产系统进行监督,监测系统中可能出现的故障并提供预防性保障,并对上层需求分析层提供实时的生产数据支持;

④ 对企业的物料和人力资源进行实时管理和评估;

⑤ 对企业的财务状况(包括采购、分销、核算等)进行实时控制。

2.3.4 MES 层

MES 层在接收到来自 ERP 层的生产计划后,按照生产计划结合具体车间的工作状态,进行动态的生产资源(包括物料、机器及人力等)的调度,并监测生产设备的实时状态并将其反馈至 ERP 层;如图 2-10 所示。

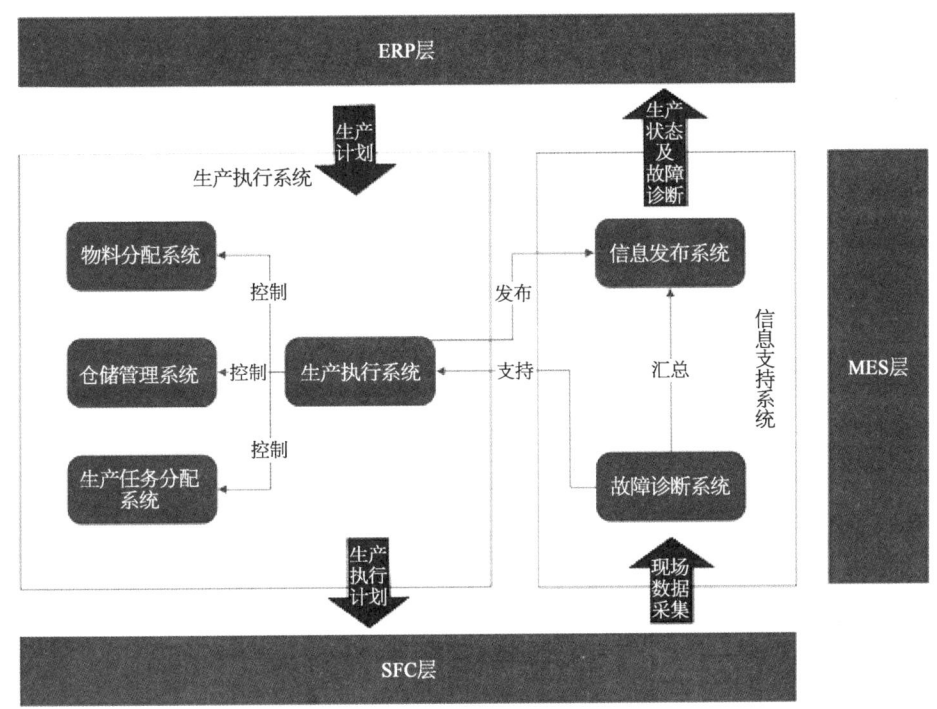

图 2-10　大规模个性化定制系统 MES 层

在 MES 层中,生产执行系统接收到来自 ERP 系统的生产计划后,首先将生产计划根据车间的实际情况产生具体的生产执行计划,同时自动产生物料领用清单、进出库清单以及生产任务分配清单。MES 系统能够根据 SFC 系统采集的现场生产数据,通过故障诊断系统判断目前车间各生产设备的工作情况和产品所处的生产状况,并将具体的数据反馈至车间现场的信息发布系统。车间现场的信息发布系统(包括信息发布板和通信设备等)将生产信息进行实时发布,并向 ERP 层的生产控制系统进行反馈。

为了实现个性化定制生产,MES 系统需要完成的功能主要包括:

① 根据 ERP 层传来的生产计划,结合车间当前的设备状态、物料的存储状态等,制订可行的生产执行计划;

② 对生产过程中存在的不确定性因素(如设备损坏、生产原料不足等)提供实时的解决方案,以最大限度避免因为生产过程中的不确定性因素对生产过程产生影响;

③ 对生产过程中的物料领用和原材料以及成品的仓储进行实时的监督和控制;根据生产执行计划将生产任务分配到不同的具体车间;

④ 根据 SFC 层采集的生产过程数据进行生产设备的监测和故障诊断;
⑤ 对产生故障的设备进行实时维护,减小因设备原因导致的生产过程停顿;
⑥ 在不同的车间和工位之间进行实时的信息发布;
⑦ 对 ERP 层进行生产数据的反馈以支持 ERP 层的生产决策。

2.3.5 SFC 层

SFC 层通过 MES 层发布的具体生产执行计划,对生产线进行实时动态的控制,并采集生产过程中产生的具体生产数据,从而最终实现生产动态控制、产品品质控制、生产流程控制等多重功能;如图 2-11 所示。

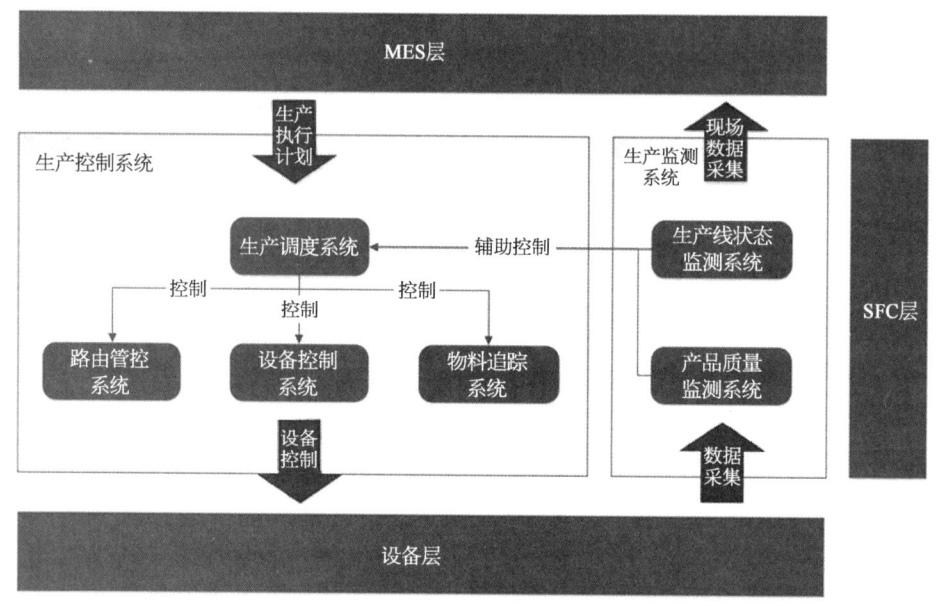

图 2-11 大规模个性化定制系统 SFC 层

SFC 层在接到 MES 层传递的生产执行计划后,由生产调度系统完成具体的生产活动的调度,生产活动的调度过程主要包括:确定生产过程的路由,确定使用的生产设备和生产工艺,并进行生产物料的状态跟踪。同时,SFC 层能够从设备层中采集生产设备的实时状态数据和产成品的质量数据,为 MES 层中的生产状态监测系统提供产品质量监测数据和故障诊断依据。SFC 层通过路由管控系统和设备控制系统,对下层的设备层中的生产设备进行实时控制。

SFC 层在个性化定制过程中需要提供如下功能:
① 根据 MES 层传递的生产执行计划,确定车间内的设备需要具体执行的生产指令;
② 对智能生产线的产品路由进行实时管理,确保物料和产品的生产和运输路径;
③ 对物料的取用进行实时追踪,以支持生产调度系统进行决策;
④ 对生产线上的产品质量进行实时的监测,区分合格产品和不合格产品以实现产品

质量控制,并对产生不合格产品产生的原因进行分析;

⑤ 对生产线上的生产设备、车间内通信设备和物流运输设备的状态进行实时的监测,为生产调度系统的决策提供依据;

⑥ 将车间内的生产状态数据和产品质量数据实时反馈至 MES 层,支持 MES 层的生产决策和故障诊断;

⑦ 若发生不确定性因素(如物料不足、设备故障等)导致的生产停顿,能够实时调整各生产设备和生产计划,减少生产停顿造成的损失。

2.3.6 设备层

设备层接收来自 SFC 层的控制信息,进行最终的生产、运输、仓储活动,并同时提供完整的生产设备状态监测、产品质量监测以及信息传输信道;如图 2-12 所示。

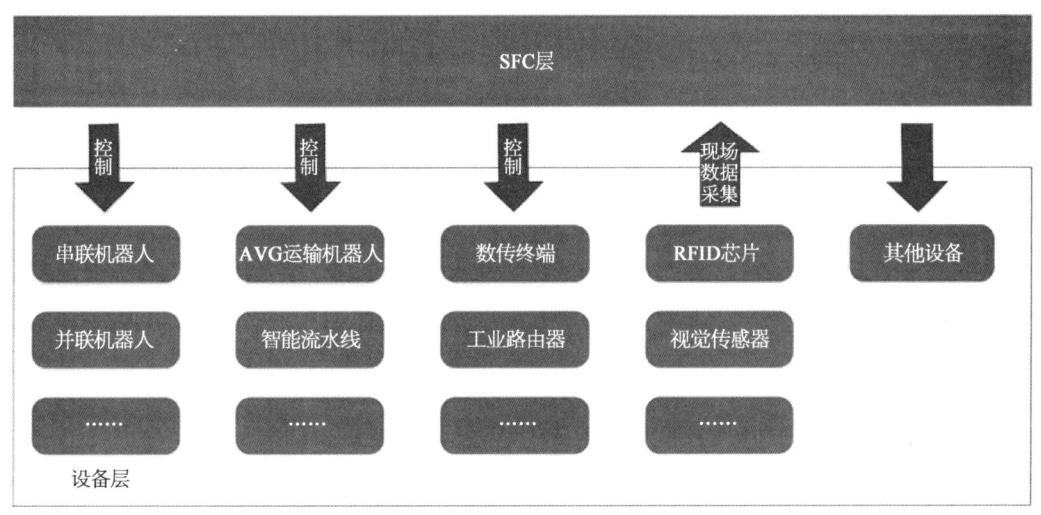

图 2-12 大规模个性化定制系统设备层

设备层接收到来自 SFC 层的生产控制命令后,由智能生产线完成产品的生产及运输工作。同时,设备层能够提供不同的设备和人员之间的通信所必需的通信设备。另外,通过产品和植入生产设备中的各类数据采集装置(包括射频识别芯片、二维码等)以及生产线上的各类监测设备(包括视觉传感器、重量传感器等),能够完成对生产设备工作状态以及产品最终质量的监测。

为了完成大规模个性化定制生产,设备层包括如下智能生产设备:

① 能够根据生产指令的不同,实时改变生产线的路由结构、产品工艺等的柔性化生产线;

② 能够根据不同的运输指令完成复杂运输活动的智能运输设备;

③ 能够完成信息的实时传递和发布活动的数传设备和数据发布设备;

④ 通过各种信息标识手段(如射频识别芯片、二维码等),对产品进行唯一标识,并能够自动产生设备的使用数据;

⑤ 为产品质量监测提供合适的监测传感器(如视觉传感器、重量传感器等);
⑥ 能够支持智能化生产需求的其他设备。

2.4 大规模个性化定制的相关技术

2.4.1 智能交互技术

人机交互技术(human-computer interaction techniques,HCIT)是指通过输入设备、输出显示设备,以有效的模式实现人与计算机交互的技术,是研究人、计算机以及他们之间相互影响的技术,是人与机器之间传递、交换信息的媒介和对话接口。人机交互技术是网络用户界面设计中的重要技术之一,它与认知科学、人机工程学、消费者心理学等学科领域有密切的联系。

随着人工智能的发展,加之对大量社会知识、自然知识的人工智能表达方法和处理技术的研究,人机交互朝着自然和谐的人机交互和用户界面方向发展,使人机交互智能化,传统的人机交互技术逐渐地发展成了蕴含人工智能的智能交互技术。智能交互技术是指综合运用几何自动推理、神经网络和优化算法等分析和模拟人的思想和行为,并在界面交互系统中产生预知能力,并提示、引导交互。

智能交互技术在线个性化定制服务过程具有交互性和引导性,使交互结果有利于反映在线个性化定制服务主体消费者的需求,便于个性化需求的表达与分析处理。

从当前看,主要有如下四种智能交互技术模型。

(1) GOMS 模型

GOMS 模型是用户在与系统交互过程中使用的知识和认知过程的模型。该模型利用程序性知识解释系统操作行为,通过目标(goal)、操作(operators)、方法(methods)和选择规则(selection rules)这四个方面来描述用户行为;如图 2-13 所示。

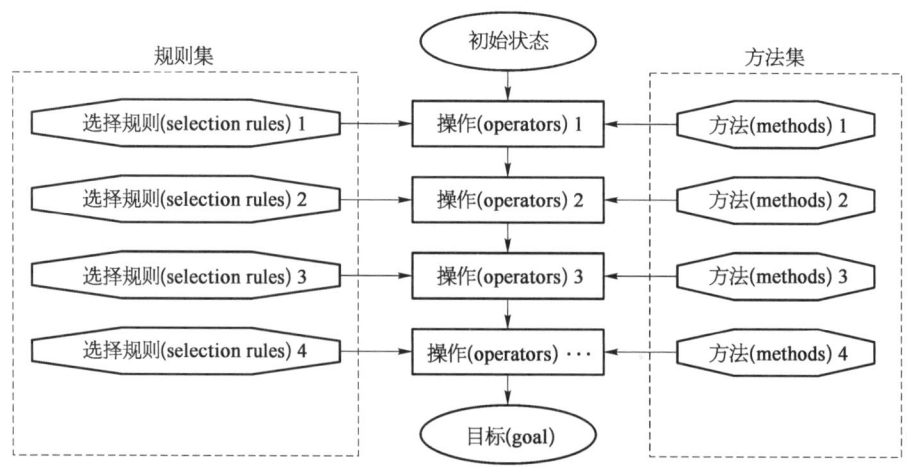

图 2-13 GOMS 模型结构

在 GOMS 模型中,目标是指用户想要达到的期望结果,每个目标其实都是一个目标树,可以将目标分解成多级子目标。操作是用户为了实现目标所执行的动作。方法是指用于完成一个目标所进行的一系列步骤,对于一个相同的目标可以采用不同的方法。选择规则是指为实现目标,用户在特定环境下所使用的方法时所要遵守的判定规则。

(2) 基于多 Agent 机制的人机交互模型

Agent 体是人工智能领域的一个术语,这个概念来源于 20 世纪 70 年代后期提出的分布式人工智能领域(distributed artificial intelligence)。ALV(abstraction link view)模型是基于多 Agent 体的人机交互典型模型。ALV 模型将每个 Agent 体包含 3 个不同的对象,分为 3 个层次;如图 2-14 所示。

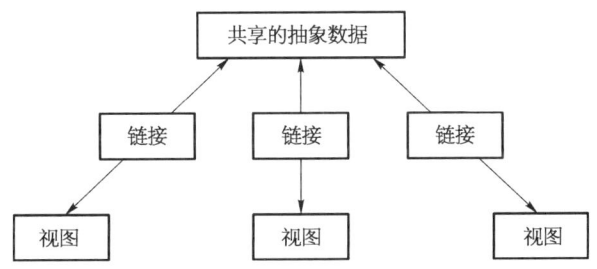

图 2-14　ALV 模型的层次

模型图中,抽象层存储应用程序的数据或提供对这些数据的访问,ALV 的多用户访问和同步控制以集中式分享功能核心为基础;中间层是链接器,它是抽象数据层与视图层之间联系的桥梁,通过它来维持视图与抽象层数据的关系映射和消息的传递;视图层将信息显示给用户并允许用户修改。体系中最低层实现与终端用户的交互,而顶层则实现交互系统中的应用功能。对于同一种应用数据,由于使用的链接器不同,用户看到的显示方式也不同。

(3) Seeheim 模型

1985 年德国学者 Seeheim 提出的 Seeheim 模型是第一个用户界面管理系统含义的交互式系统概念模型,它为以后研究用户界面体系结构系统提出了依据。该模型的思想是基于对话独立性原则,即应用和对话之间依一个控制单元通过耦合来实现关联;如图 2-15 所示。

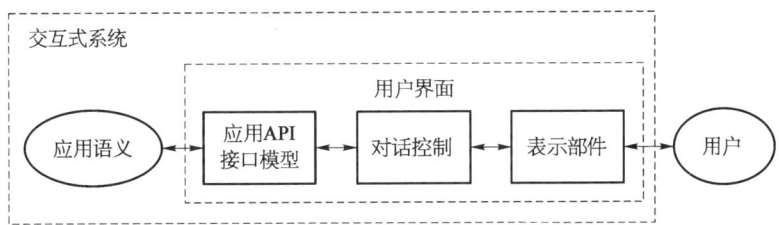

图 2-15　Seeheim 模型结构

图2-15中,表示部件是指与界面显示相关的部件,主要包括屏幕和图形的生成、输入设备的管理、词语反馈、将客户动作转化为内部形式,具体技术包括基本图形和窗口系统的接口、交互技术、现实技术、词法反馈和界面布局。界面的其他部分不能与外部直接通讯。

对话控制组件是计算机程序与客户之间的协调器,它规定两者对话的形式。一方面客户利用表示部件发布请求,并传输数据给计算机程序,这些数据及请求的词语元素,经过对话部件的检验,传输给计算机程序中合适的例程;另一方面,应用程序也将对请求的回答及其他的数据请求传输给表示部件的合适部分。

应用接口组件是从人机交互方面呈现的计算机程序的一种表示,包括:计算机程序所维护的数据;人机交互可使用的计算机程序中定义的语义;计算机程序的使用规则,让人机交互得以测查输入的语义是否符合规则。在界面设计时,这三个部分可与语义、语法及词法的三个层次相对照。

因Seeheim模型对话独立性原则能使设计结构清晰明了,所以该模型已经广泛应用于软件设计中;但是,该模型也有缺点,如:因为应用语义部件与接口模型存在不一致的接口定义,因此易引起体系结构内的兼容性问题;不支持事件的多线程并发处理,即不支持多个对话同时并发或交替进行;此模型本身并不支持直接操作的语法与语义的要求,因此它对于直接操作的图形用户界面不适用。

(4) 面向对象的 MVC 模型

MVC 是 model—view—controller 的缩写,由模型(model)—视图(view)—控制器(controller)三类对象组合而成,它是 20 世纪 80 年代 Xero PAPC 发明的一种软件设计模式,是最早提出的面向对象人机交互式系统模型,至今已被广泛使用;如图 2-16 所示。

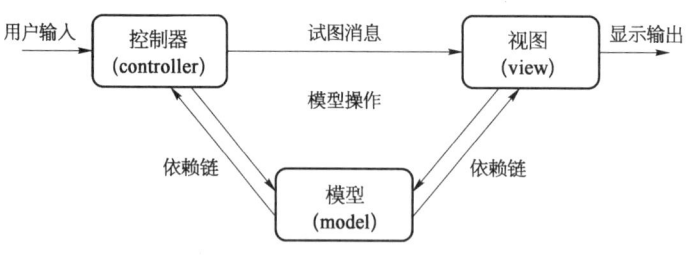

图2-16 MVC模型结构

在模型图中,模型层(model)是应用程序的主体部分,主要包括业务逻辑模块和数据模块,模型和数据结构无关,所以一个模型可以为多个视图提供数据。将模型的代码封装于一个类或者对象,可以被多个视图反复使用,这样就减少了代码的重复性。视图层(view)是用户与系统交互的界面,将模型层映射为用户可以感知的视觉图像。控制器层(controller)是接收来自用户的请求数据并传递给模型层进行处理,在此过程中控制器对数据不做任何改动只是起到了一个桥梁的作用。

MVC模型的特点是将交互式系统的输入、输出及内部处理部分相分离,这样的好处是减少了相互之间的影响,功能更加明确。

不管是哪种模型都只是概念模型,都注重于信息抽象的方法和概念研究,如要开发具体的应用系统,必须运用形式化的、成熟的开发方法。

通过智能交互技术可以对消费者的隐性需求知识进行挖掘,对产品特征的类别、客户需求、用户情感偏好等方面进行研究,并建立产品特征与用户需求关系的映射模型,提出一种基于用户偏好度的定制优先级的判定方法,从而为基于客户需求的大规模个性化定制奠定基础。

2.4.2 需求分配智能建模技术

在大规模定制的场景中,由于受自身条件限制,产品生产企业要独立完成大规模定制任务可能需要消耗较长的工时、较多的人力或较高的资金成本,常常需要通过产业链的协作,将产品定制需求分解为不同的制造任务,委托给更为"擅长"的制造服务提供商。核心问题是解决制造需求的分解、重组和再分配的智能建模方法。

智能建模框架参照产品数据管理中常用的产品结构(bill of materia,BOM)树技术,能够将制造服务聚合形成层次化的、类似BOM树的"制造服务目录"树。

在上述过程中,需求被统一收集并进行分解与重组,形成一系列的标准化零部件、定制件的制造需求;而后,基于相同的制造服务规范,进一步将制造需求与制造服务供应商目录建立映射,实现制造需求的再分配,形成大规模定制需求到制造服务提供商之间的高效转换。

(1) 需求建模:分解与重组

产品制造企业在一段时间内接收到的订单需求不会被单独生产,一般要通过一定的方法将其规划到一起,提升产品制造的规模化水平。在此过程中,会开展产品定制需求的分解与重组。

总体思路:根据产品结构、遵循由上至下的原则,按照产品级、部件级、零件级的方式依次从顶端向末端分解,从而得到一系列基本零部件的生产需求或生产任务;同时,在对相关产品或产品族进行BOM分解及识别时,需要参考对应制造服务目录节点,确保能够稳定构建产品定制需求与制造服务目录之间的映射关系。需求分解的过程如图2-17所示。

首先,找到对应的产品(或产品族)的制造服务目录,而后依次从大(部件)到小(零件)进行模块化拆解,并遵循自上而下分解,在过程中一旦标准化的零部件和制造服务完整匹配(规格相同),就无须向下分解;非标准的产品零部件需要逐一分解直到所有的标准零部件都被识别为止,以期最大限度减少定制件的数量,降低制造成本。

由于标准化的零部件可以简单地根据型号归类,要提升产品批量定制的规模化,重点是将规格相似的定制件进行相似性聚类并安排在同一批次生产;本书采用这一方法实现

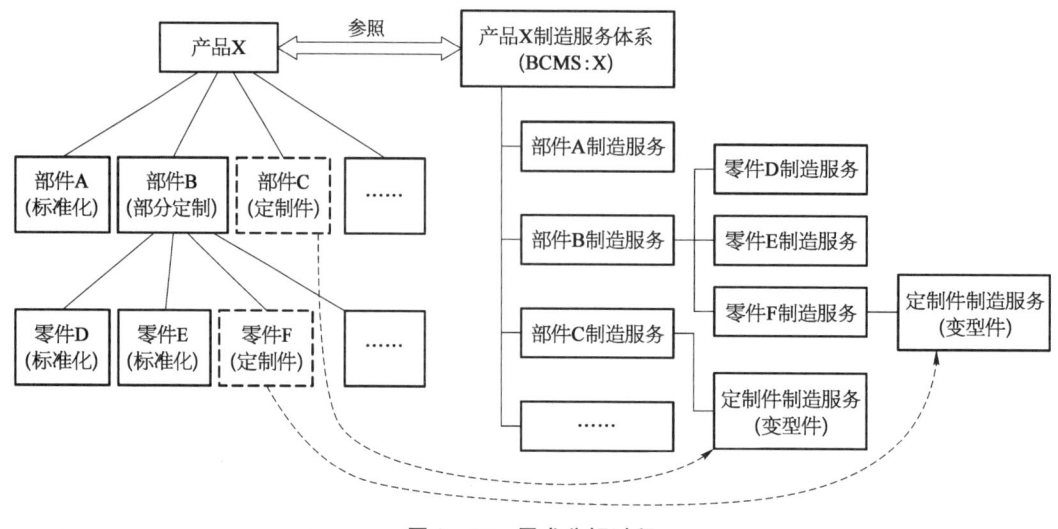

图 2-17 需求分解过程

面向定制件的生产批次合并。

在此基础上,采用相似性聚类智能分析实现订单的批次聚集。首先计算定制件的相似度,基于定制件相似性;其次将分解出的生产需求聚集为生产批次,可将一系列产品制造需求转换为若干批次的零部件制造需求,有效提升制造批次的规模。需求转换过程如图 2-18 所示。

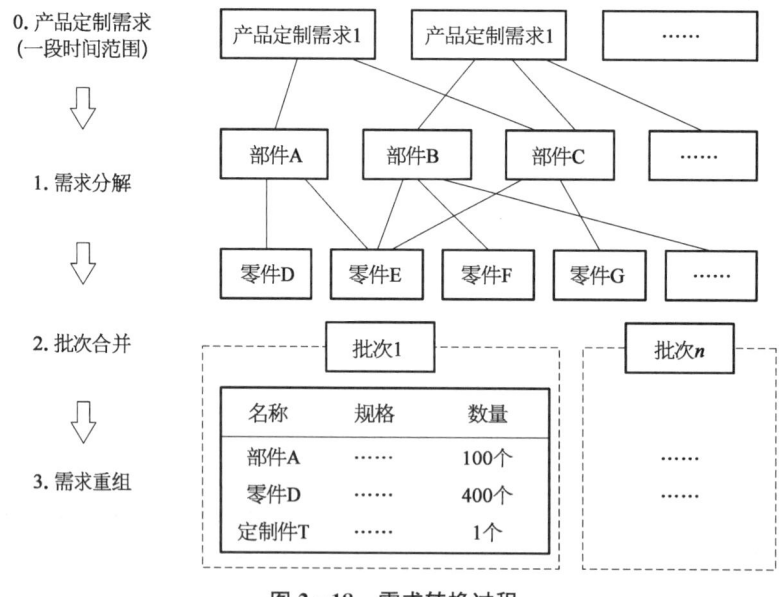

图 2-18 需求转换过程

(2) 制造建模:任务再分配

大规模定制任务可以不受与供应商是否有长期合作的限制,而更多地体现为企业在产品生产领域的相关诉求,如在满足工期、服务质量等基本要素的前提下,尽可能确保总体制造费用的最小化。根据这一思路,制造模型将需求再分配视为一定约束条件下的最优目标求解问题。通过智能优化模型,根据供应商情况、生产时限以及服务质量要求等确定零部件制造需求的最优化分配策略,使得生产成本最小化。

2.4.3 智能工序调整技术

大规模定制制造商按照客户订单要求进行产品或零部件的定制化生产,当生产过程中发生不可预料的复杂事件时,制造商必须对生产工序及时调整,避免生产任务中断,这种工序调整面向的是当前的生产任务。制造商应根据客户要求对产品生产流程进行设计。

在定制生产阶段,制造商依据生产工序的特点和工艺要求,选择合适的生产工序作为企业的定制环节,这些定制工序具有不同的特征属性个数,能够满足客户的个性化需求。在接到订单前的生产准备阶段,由于工艺要求、设备变化、资源约束等原因导致工序必须调整,则对于整体生产流程来说,生产顺序发生改变,企业所选择的定制环节也会发生相应变化,从而影响客户的定制属性选择和产品的完工时间。因此,在这种情况下,大规模定制制造商需要重新确定合适的客户订单分离点位置,达到客户的个性化要求。

制造企业在设计生产流程时,往往根据自身的生产规模、能力和工艺水平,结合市场需求变化,选择恰当的工序属性特征作为客户的定制环节,而另一些工序特征性较少或客户并不十分在意的工序则作为预生产环节,企业在客户订单分离点之前实施大规模标准化的生产方式,客户订单分离点之后实施定制生产。

工序调整后生产系统中工序的排列顺序发生了改变,一方面,在原来设置的客户订单分离点之后的生产定制流程发生了变化,工序特征属性种类与原来不相同,定制环节和定制选择与之前有区别,定制生产环节的定制成本也会相应改变。另一方面,相关工序的生产加工时间不同,因此定制生产过程的加工时间与原来不同,从而影响到交货期要求。为了达到客户满意的产品个性化程度和交货期要求,并以低成本方式生产,企业需要重新在调整后的工艺路线中定位客户订单分离点。

客户订单分离点的定位选择是实施大规模定制中的关键策略,它直接影响到大规模与定制的程度。若客户订单分离点的位置过于靠近生产前端,那么大规模标准化生产阶段的规模经济优势就无法发挥出来;若客户订单分离点的位置过于靠近生产后端,则将会减少客户的定制选择,客户的产品无法获得差异化的优势。

客户订单分离点影响因素包括两个方面,即交货期约束和定制度约束。在这两个条件的约束下,可确定客户订单分离点的可行范围。在这个范围内企业既能按时完成产品交付,也能达到客户要求的定制度,缩小了客户订单分离点的定位范围,为企业提供了可行的选择方式。

(1) **客户订单分离点模型构建**

基于工序可调整的客户订单分离点定位模型的目标是生产系统成本最小化。其中,生产总成本由生产启动成本、制造成本和库存成本构成。这些成本都与客户订单分离点在生产流程中的位置密切相关。依据工序调整后大规模定制的生产特点,该模型设立了两个约束条件,分别是交货期要求和定制度要求。除此之外,构建模型还需要相应的假设条件,具体如下:

① 假设大规模定制企业面向客户接受订单,并根据订单上客户的个性化需求进行生产,且所有订单提前期为不包括零件运输时间和加工工序准备时间的客户要求交货期;

② 顾客订单只要确认开始投产,不需要原材料的等待时间;各生产工序时间上衔接紧凑,不存在调整时间;每个生产工序在相同时间只能加工一个部件,不同产品之间的转换时间和成本可忽略;

③ 定制生产系统中没有成品库存,最终产品生产完毕后立即交给客户;在生产过程中,制造商采用集中型库存策略,只在订单分离点处放置缓冲库存,而在分离点之后不放置库存;最终加工完成的产品质量与分离点的位置无关;

④ 客户需求量可被认为服从泊松分布,每个定制产品同属于一个产品族;

⑤ 在一个生产周期内,每个客户订单具有一致的交货期,此外,企业接受的客户订单都是按照先到先服务的原则来生产的。

(2) 客户订单分离点模型智能求解

对于以上模型的求解,当生产过程较为复杂时,为了加快寻找最优解的速度,提高计算效率,可采用启发式算法;而当生产加工步骤较为简单时,可采用迭代法来寻找问题的最优解。

① 启发式算法。

当大规模定制系统中发生生产扰动事件,在进行工序调整后假设需要确定 n 个客户订单分离点,以实现生产总成本最小化的目标。这 n 个客户订单分离点把生产过程分成了 n 个子流程,子流程之间存在着设备、资源等多种约束关系。因此,需要从总体生产流程来确定各个订单分离点,从而实现生产系统整体的成本最小化。

由于受到定制度要求和交货期的约束,设在第 i 个子流程中,客户订单分离点的备选工序个数有 k_i 个,$i=1, 2, \cdots, n$,则确定客户订单分离点所有可能的情况至多有 k_i^n 种,其计算量随问题规模的增大呈指数增长,时间复杂度为 $O(2^n)$,该问题属于 NP 完全问题,可采用启发式方法来解决。

在此情况下可利用模拟退火算法搜索可行域来求得近似最优解。与其他算法相比,模拟退火算法具有全局收敛性,能够使算法跳出局部极值点,适用于该模型的求解。在迭代可行解的过程中,采用模拟退火算法不但能接受比目标函数值更优的新状态,并且能以一定接受概率接纳劣于目标函数值的状态,但接受概率随温度下降而变小,由于算法的取值在解的邻域范围内具有随机性,可使算法突破局部范围的最优解,提高获得全局最优解的可能性。

② 迭代法。

当生产流程复杂度较低或者生产加工步骤较少时,可以采用迭代法来求解。从模型中可推测得,在 k 值一定且单位生产启动成本、单位制造成本和单位库存成本已知的情况下,能计算得到在交货期和定制度双重约束下达到成本最优的订单分离点位置。

2.5 应用案例

2.5.1 红领集团西服个性化定制业务

从 2012 年起,中国服装制造业就遭遇了前所未有的低谷,订单量快速下滑,服装行业库存滞销、门店关闭、电商冲击等消息不绝于耳,甚至有人悲观估计所有库存加起来三年都卖不完。在这样一片低迷的逆势下,红领集团实现了奇迹般的华丽转身:从传统的服装厂转型成了支持服装大规模个性化定制的大数据工厂。2014 年,红领集团以零库存实现 150% 的业绩增长,每天都能设计、生产 2 000 种完全不同的个性化定制产品,实现了大规模定制生产;公司的核心竞争力是一套大数据信息系统和数据驱动的能大规模定制化生产的智能化生产线,任何一项数据的变动都能驱动其余 9 000 多项数据的同步变动,并驱动生产线及时响应变化,真正做到了从用户的个性化设计订单到生产过程的"零时差"连接。

红领集团做服装的理念是"最适合的就是最好的",即合身。合身意味着需要为每个不同的个体量身定做,为实现这一理念,他们走了一条极端的定制路线,生产的每一件衣服都由用户亲自完成设计,生成订单时,衣服就已经销售出去。通常,量身定做要比规模化生产的成本高很多、周期长很多,红领依靠其完善的大数据信息系统,以及数据驱动的能够支持大规模定制生产的智能化生产线,做到成本上只比批量制造高 10%,而收益却能达到两倍以上;任何一个红领的顾客,在一周内就能拿到所需的衣服,最低只需要 2 000 元,而传统模式下却需要 3~6 个月,售价最低约需 1 万~2 万元。红领集团实现了真正的个性化定制,进入了价值创新的蓝海。

下面简要介绍红领集团的个性化定制之路。

(1) 定制第一步:个性化需求数据采集——量体数据和衣服个性化数据

红领西服的个性化需求数据有两方面:量体数据;衣服的个性化数据,包括:面料、图案、光泽、刺绣、颜色,及一些微小的细节,如纽扣的形状和排列的方式、口袋的样式、里衬的走线纹路,又或者添加一个钢笔袋、印上自己家族的徽章和名字等几十项设计细节。西服个性化定制的程度非常高。

在这一步遇到了第一个难题:量体。对于身材标准的人,可以选择标准号,如大/中/小号,而对于身材不那么标准的人,则需要提供量体服务,但每个人的体型都会有细微差别,如驼背幅度、啤酒肚形状等,差之毫厘可能谬以千里,又不可能采集客户的所有身材细节数据。为此,红领发明了一套三点一线量体法,称"量得快"。该方法通过测量采集 19 个部位的 24 个数据,即可准确掌握一个人的体型细节,量体只需 5 min。

为提升用户体验,红领为未采集过量体数据的用户提供了三种量体数据采集方案:

① 用户根据以往在任何一个大品牌服装上体验的自认为最合适的数据,从红领数据库中自动匹配对应的量体数据;

② 通过 O2O 平台预约上门量体,或用户自行到红领体验店量体;

③ 用户选择自己的标准号,自行负责。

用户量体数据一经采集,会生成用户数据档案,未来可直接使用。对于衣服的个性化选择,用户可全部自行设计,或只设计其中几项,或由系统根据大数据分析自动匹配。客户个性化需求数据采集完成之后,会生成订单,传送到数据平台。

(2) 定制第二步:个性化设计——自动化打版

量体问题解决后,打版成了红领集团遇到的第二个问题。若依靠人工打版,一则速度慢、生产周期长,二则价格昂贵,一个打版老师傅每天最多打 5 个版,打版后还要用廉价衣料手工制作毛坯,顾客试穿后反复修改,一般需要 1~2 个月才能收到成衣,且成本高价格昂贵。因此,必须要实现自动化打版。

红领集团借助计算机辅助设计(computer aided design,CAD)、计算机辅助工艺规划(computer aided process planning,CAPP)和大数据系统完成版型自动设计,即输入身体尺寸数据后,CAD 会自动匹配最适合体型的版型。模型设计难点在于,一个数据变化会引起近万个数据的同步变化,比如肩宽一厘米,相应身体其他部位都会发生变化,有很强的衔接关系,须找到规律,设计规则,设计出可以自动计算的数学模型。红领集团为此建立了一个 100~150 人规模的团队,这些人先设立规则,并按规则建立数据库,之后若测试样衣有不合适的地方,再去改规则。例如,腰围和立裆数据关联,开始设计的规则是腰围加大立裆随之加长,但后来发现人的体型变化要更为复杂,该关联是错误的,于是规则再次发生变化。依靠累积的越来越多的样本数据,红领集团自动化打版做出的版型越来越精准。

经过多年的数据累积,红领集团建立了个性化产品数据模型及数据累积管理模型。目前已具有千万种服装版型,数万种设计元素,满足用户个性化定制需求,组合出无限的定制可能,几乎能满足 100% 的个性化设计需求。

(3) 定制的第三步:定制化生产——拆解成衣

自动化打版的问题解决后即可进行定制化生产,便出现了第三个问题:拆解成衣,这也是最核心、最难的环节,需要调整原来规模化量产的刚性生产线为智能的可定制化的柔性生产线,根据定制化需求的数据进行生产。定制很复杂,但拆解到每道工序必须简单、可操作,车间的流水线才能有效地运行。

经过对传统流水线进行艰苦探索与改造,并根据数据不断研究、调整拆解规则,最后红领将一件西服的制造过程科学地分为300多个工序,每个工位都配备了一台平板电脑,只对应一道生产工序。再将生产线与信息化结合,将批量生产线重新编程、重新组合,实现流水线上不同数据、不同规格、不同元素的灵活搭配,用工业流水线生产出了个性化产品。这个生产线是数据驱动的、有多个智能装备及系统辅助的[包括自动导引运输车(automated guided vehicle,AGV)、智能分拣配对系统、智能吊挂系统、智能分拣送料系统、智能摘挂、智能取料、智能对格剪裁系统等],支持大规模定制的半自动化生产线,当一件正在制作中的西服到达一个工人面前时,员工可以根据其电子标签从互联网云端获取其定制化制作指令数据,按要求操作。

完成生产线改造后,红领西服的生产过程如下:经过CAD部门的大数据制版后,定制化设计会转化成数以万计的生产指令数据,并按照工序记录在一张射频电子标签中,在整个制作过程中标识这套衣服;数据在整个制作过程中实时共享及更新;之后数据信息会传输到布料准备部门,按照订单要求准备布料,自动裁床根据电脑提示按照要求调整裁剪方式进行裁剪;裁剪后大小不一、色彩各异的布片按照一套西服的要求挂在一个吊挂上,同时佩戴上相应的射频电子标签;在接下来的流程中,对每一件"流"过来的衣服,操作者先使用电脑识别终端扫描衣服上的射频电子标签,再根据提示进行加工,如加里衬、扣子、袖边等。

在生产过程中,使用大数据分析解决生产线平衡和瓶颈问题,使之达到产能最大化、排程最优化及库存和成本最小化。成衣完成后,通过物流通道将衣服快速配送至客户手中,客户有意见或建议可通过大数据客服平台进行反馈。

红领集团的西服个性化定制体系的生命周期覆盖了个性化定制业务框架中个性化需求采集、个性化设计、物料准备、生产排程、个性化定制生产、物流配送、意见与反馈的全过程,并一一攻克了转型过程中遇到的难题,包括:个性化需求采集(量体)与自动化打版问题,发明了有效的量体方法"三点一线量体法",通过CAD、CAPP和大数据技术实现自动化打版;产品全生命周期内数据流动的自动化、无缝衔接问题,为每一套西服的定制化设计生成一张射频电子标签,包含个性化需求数据及相应的生产指令数据,作为该套西服在整个制作过程中的"身份证";批量小周期长的问题,通过引进智能装备/系统(自动裁床、智能分拣送料系统、智能摘挂等)完成生产线的半自动化改造,并对生产工序进行科学拆解、重新编程、重新组合,实现个性化西服的流水线批量生产。

红领集团的西服个性化定制的业务框架如图2-19所示。

对大规模个性化定制企业而言,提高产品的附加值是一个比天还要大的命题,红领集团的西服个性化定制之路已经提供了一条可供参考的道路。这条路上荆棘重重,但无疑是一条可以看到对岸的路。

2.5.2 维尚家具全流程信息化及大规模数码化定制服务

创立于2006年的佛山维尚家具制造有限公司通过信息化技术手段,采用C2B+O2O

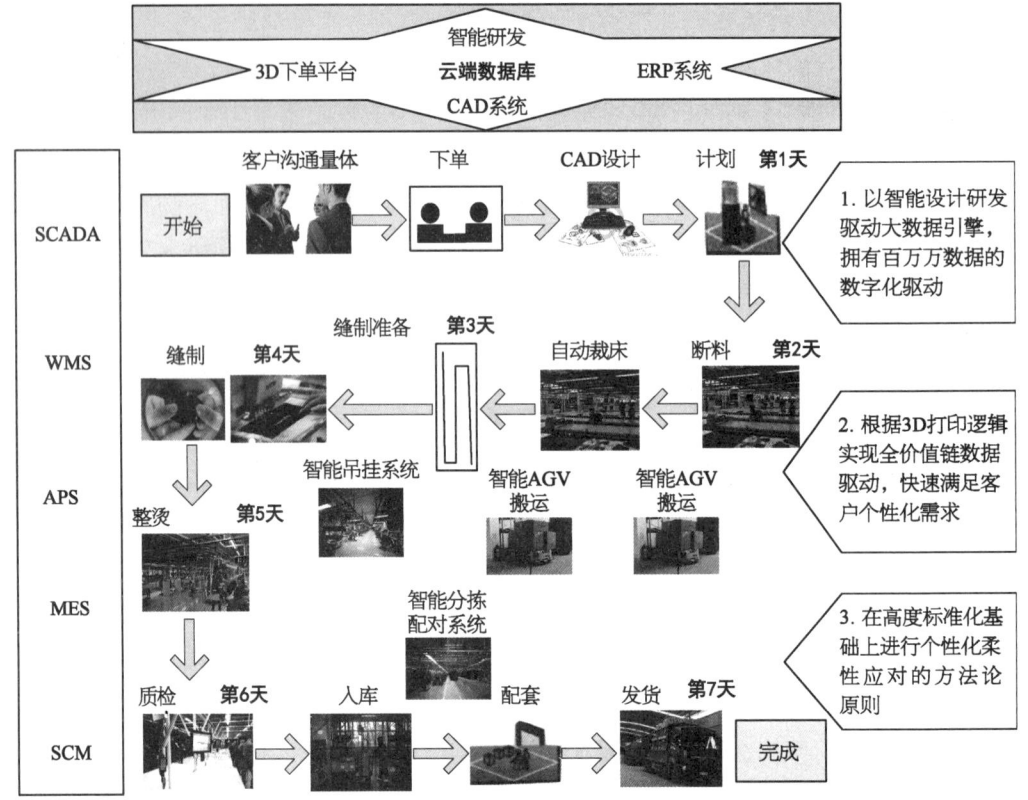

图 2-19 红领集团西服个性化定制业务框架

的商业模式,实现了从传统的家具制造企业转型升级为大规模数码化定制为主的整体家具服务提供商。

通过打造智能生产＋网络商城(新居网)＋维意定制、尚品宅配(线下实体店)整体C2B＋O2O 供应链系统,运用图形图像数据的虚拟现实云计算以及移动互联云设计技术,不断提升供应链协同水平,增强市场竞争的协同性和顾客服务的一致性,形成供应链整体竞争优势,融合了大规模生产和个性定制,实现个性化营销、柔性化生产、社会化物流的C2B＋O2O 业务运作模式,满足客户的个性需求和服务,成功转型升级为家具行业创新发展的典范。

(1) 交互模式智能化

维尚颠覆了传统的商业模式,在家具行业内率先采用销售先行、生产后行的经营理念。2008 年 9 月,维尚成立了新居网作为旗下实体店尚品宅配的官方网上商城,客户只需登录新居网,根据自己家的户型,网站即可提供免费的家具整体设计方案。通过互联网的实时交易和互动设计系统,采集全国数千个楼盘的数万种房型数据,建立"房型库",研发出不同人群对生活空间的偏好和功能需求,创造出上万个"方案库",通过新居网(线上)＋尚品宅配(线下)的全国即时数据点对点的联合,使得工厂的"大规模定制"成为现实。

(2) 营销推广及订单生产智能化

维尚家具以其创新的信息化系统,运用信息化改造工业化,借助大数据、现代通信手段(移动 APP、微信公众号、PC 端、天猫淘宝移动端)、物联网,以前端客户数据作为生产决策的起点,打造"软件公司+家具服务企业+家具服务网站"的强强联合产业链,改变了传统以产定销的家具营销模式。与此同时,维尚家具创新性地把消费者上升到个性设计师的角度,让消费者参与到产品的设计和生产中,在订单生产过程中实施全程跟踪、生产可视化的监控服务,最大限度满足消费者的个性化需求。

(3) 生产过程可视及信息化

当个性化定制订单生产后,客户可以从工厂的 MES 系统中看到自己定制的产品在工厂里如何被生产和组装的过程,了解板材从原材料分拣、开料再到钻孔等每一道工序的情况。具体流程如下。

① 生产准备。

工厂将应用维尚家具自主研发的圆方软件系统对来自全国各地的订单进行拆分,包括对各订单的物料进行图形化拆单,使整体产品拆分为不同的板式零部件,自动进行分包生成清单,以待最终组装。

② 生产过程。

将拆分出来的零部件进行拼单安排生产,给出批次号,通过圆方软件系统生成板件排单,自动生成开料、封边、钻孔、包装等指令。通过机器人的使用,机械臂依据信息指令,对眼前的板材进行快速分拣。站在机械设备旁边的生产工人将依据显示屏上的信息读取相应的指令进行后续工作,每一个工序完成后均贴上相应的二维码,上面载有非标准件尺寸、板材木纹方向、批次号等信息。通过全生产过程中的二维码信息转换,实现全流程信息数据化。

③ 打包组装过程。

当一个订单的零部件生产完毕后,零部件的加工和运输、打包、库存和发货仍然由工人根据计算机指令和条形码操作完成,把工人从传统的手工操作中释放出来,大大提高了生产效率和产能,大幅降低了生产成本和缩短了交货日期。

作为一家传统的家具制造企业,维尚家具运用"互联网+"大规模个性化定制理念,融合现代信息化手段和智能工业化改造,对设计、销售、生产制造、客户管理实施全流程大数据管理,实现全流程信息化及大规模生产定制。

2.5.3 "大信橱柜"的订单生产、快速响应和零库存管理

"大信橱柜"成立于 1999 年,是专业从事整体橱柜生产、研发及供应的企业。从 2005 年开始,"大信橱柜"自主研发具有世界先进水平的云计算系统,实现了大规模定制,有效破解了橱柜行业在定制过程中的成本高、周期长、质量差、规模生产难等大难题。在成本控制上,通过快速周转、精细管理、减少浪费等,产品的零售价格是同等品牌的 1/2 不到,

材料的利用率达到 90% 以上;在交货速度上,国际平均水平为 30~45 天,"大信橱柜"把交货周期控制到 4 天以内;在产品质量上,日韩和欧美发达国家产品的次品率一般在 6%~8%,而"大信橱柜"能够控制到 0.5% 以内;在规模生产上,"大信橱柜"每天可生产 1 000 套橱柜。

这些都归功于"大信橱柜"自主研发的信息系统。"模块化"生成数据,存储于公司的云计算中心,从客户下单到生产全过程进行信息化管理,根据客户需求,做出生产计划和排程进行规模化生产。

(1) 智能化客户交互

通过各种平台与客户互动,客户参与设计。个性化定制离不开客户的共同设计。为了促进与消费者的交流和加强与消费者的紧密联系,在利用信息化手段提升规模生产的同时,"大信橱柜"充分运用互联网思维,探索通过"文化+自媒体"传播来提升品牌;还通过微信、微博、论坛、SNS 等进行产品推广,在微信上开通了公众平台,定期发布产品推介、行业动态、公司状况等信息,利用朋友圈与客户互动交流,以一种更加时尚的方式扩大传播人群。

在信息系统的客户端,消费者在选择橱柜时,只需要登录"大信厨柜"网站,里面提供大量不同色彩、材质的产品,设计师根据消费者的生活习惯、风格偏好,将模块调取出来,进行组合、修改,生成仿真三维图,让顾客感受真实的效果。

(2) 产品模块化

经过多年不懈的探索,"大信橱柜"通过对传统、现在和未来生活方式和厨房设计的研究分析,形成基于整体厨房的"大数据"系统。一是基于我国不同地区生活方式、风俗文化、饮食习惯的差异,对现有国内橱柜产品进行拉网式收集。"大信橱柜"共收集了 14 365 个整体厨房样式,把收集到的样式划分成六种模块化类型进行梳理归纳、交叉对比和分项合并,归类生成了 480 个标准化模块,建立了整体厨房的模块化数据库。二是通过研究国内市场的老龄化、快餐化等趋势,面向未来丰富产品样式、完善产品功能。480 个标准化模块可根据用户的要求自由组合,还原成 14 365 个橱柜样式,从而满足了不同家庭的厨房尺寸和功能要求。

在信息系统的云端,消费者通过订单管理系统下单,云计算中心会将整体橱柜进行编码,并将整体橱柜拆分成不同的模块。根据每天 1 000 套橱柜的生产量,将标准化的模块合并同类项,每天由电脑计算出同类模块需要生产的数量,再组织规模化生产。

(3) 流程柔性化

个性化定制的成功,离不开柔性生产和供应链系统。具体来说,一个成功的个性化生产系统,大体上有以物料需求计划(material requirement planning,MRP)为核心的推动生产系统、以准时制生产方式(just in time,JIT)为核心的拉动生产系统结合而成。在标准化模块生产管理上,主要以 MRP 系统为主,而客户的个性化定制零部件生产,则以拉动式 JIT 生产系统为主。如图 2-20 所示。

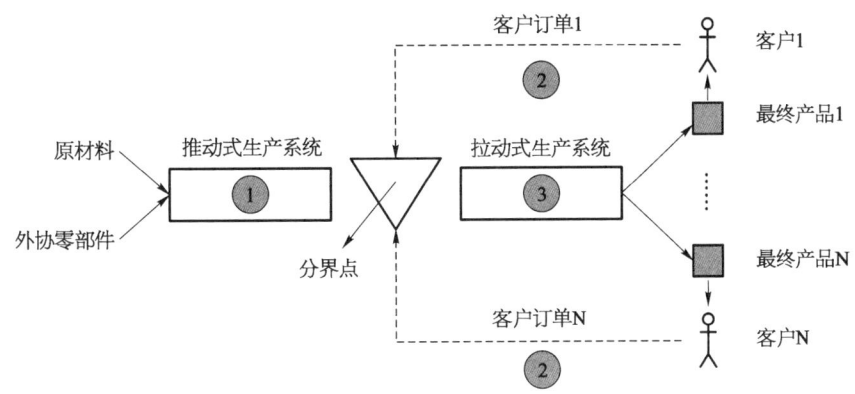

图 2-20 "大信橱柜"柔性化生产流程

在信息系统的生产端,零部件的生产指令发送到分布在全国各地的各代工厂商,板材部分在大信总部进行封边、钻孔等一系列加工,通过流水线批量生产出来。模块生产好之后,工人手持智能终端对编码进行扫描,按编码打包后发送到消费者家中进行组合安装。大数据、云计算的运用,使"大信橱柜"实现了订单生产,整合了以快速响应为目标的供应链、生产链和物流链,基本做到了零库存。一是在生产整合中,牢牢掌控总装环节,除板材自己加工外,将配套厨房电器等标准化程度高的环节,通过外包,提出规格要求,有关配套厂商根据要求加工制造。"大信橱柜"建立了品质控制中心和 24 h 即时视频监控中心,对供应商生产时的层层工序进行严格监督。二是在物流整合中,充分整合供应系统,一头连着供应商、一头抓着市场,将各配套厂商的产品集中到总部,经过严格的品质检测后进行总配,再发往全国各门店。在公司总部 45 min 进一车料、45 min 出一车货,做到了零库存,既保证了品质也控制了成本。三是在内部整合中,对自主生产的环节,公司总部建设了立体化标准厂房,由上至下按生产过程紧凑设计、流水作业,最大限度地节约了内部物流成本。

2.5.4 海尔集团基于个性化定制服务架构

在传统制造业向"互联网＋工业 4.0"新型制造业转变的过程中,如何提高客户在产品的设计、生产、运输、维护、后续研发升级中的参与度,真正实现从生产为中心向需求为中心的转变,是一个重要问题。为了解决这一问题,海尔集团采用了基于个性化定制服务的新型企业架构,建设了包括云平台、智能数据分析引擎、互联工厂平台在内的个性化定制系统,实现了设计过程客户参与、制造过程资源有效配置、产品智能升级等多种不同的发展需求。该架构具体构架如图 2-21 所示,主要实现众创定制、预测维保、产品增值业务开发三个功能。

(1) 众创定制

众创定制实现了企业从挖掘客户需求、参与式设计、智能采购、智能制造到智能运输的一系列过程,最终保证客户能够从提出需求到获得最终产成品的全程参与能力。同时,

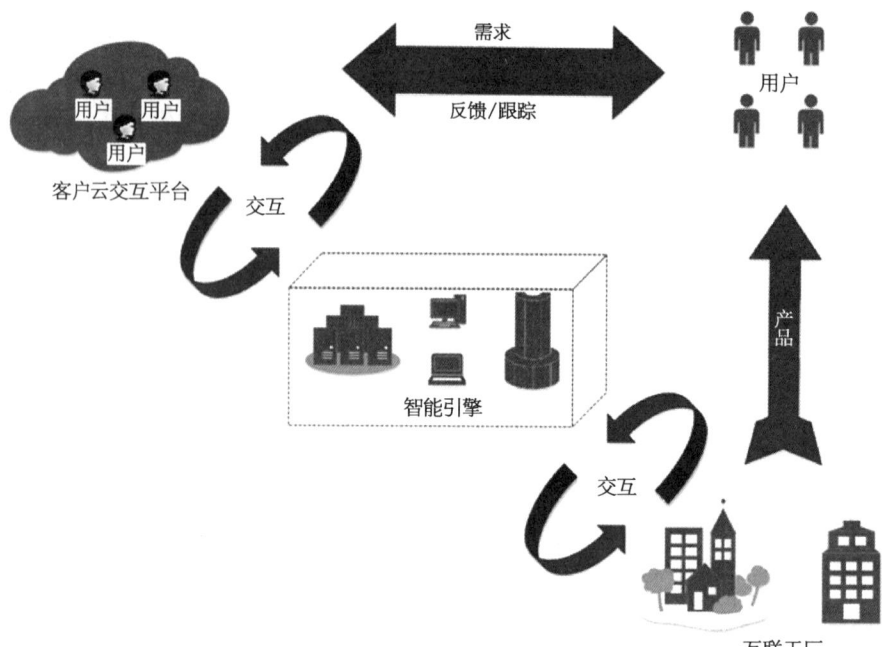

图 2‑21　海尔集团个性化定制平台结构

众创定制也为企业挖掘用户需求、客户参与式设计、产品原料采购、加工到最终创意变现的直接通道。

（2）预测维保

结合设备实施数据跟踪和设备设计指标情况，实现基于实时数据的产品预测性维保工作，提升工厂的生产效率，降低生产成本。

（3）产品增值业务开发

通过传感数据和大数据客户需求分析，结合设备本身的性能和客户使用场景，开发基于设备的增值服务，为客户提供更加全面的服务，实现持续的用户交互和持续盈利。

以海尔冰箱的个性化定制生产为例，海尔冰箱依托其线上海尔商城、海尔创意社区以及线下体验店，结合设计团队与客户的在线互动，形成了"客户提需求—设计团队收集并设计—用户反馈参与—形成定制化产品"的在线需求挖掘形式，其具体构架如图 2‑22 所示。

经由云服务层产生的标准化订单，被输入海尔集团的 iMES 智能生产系统中。该系统整合了传统的 ERP 系统、MES 系统、海尔 JIT 物流系统，能够实现从收到订单—安排生产—模块采购—装配的全程智能化排产服务，并能够提供相应的生产实时监督服务。

iMES 智能制造系统产生的生产任务，最终输入海尔冰箱智能工厂的智能车间，由车间现场的产品流程系统控制各生产设备，完成最终的生产制造工作；如图 2‑23 所示。

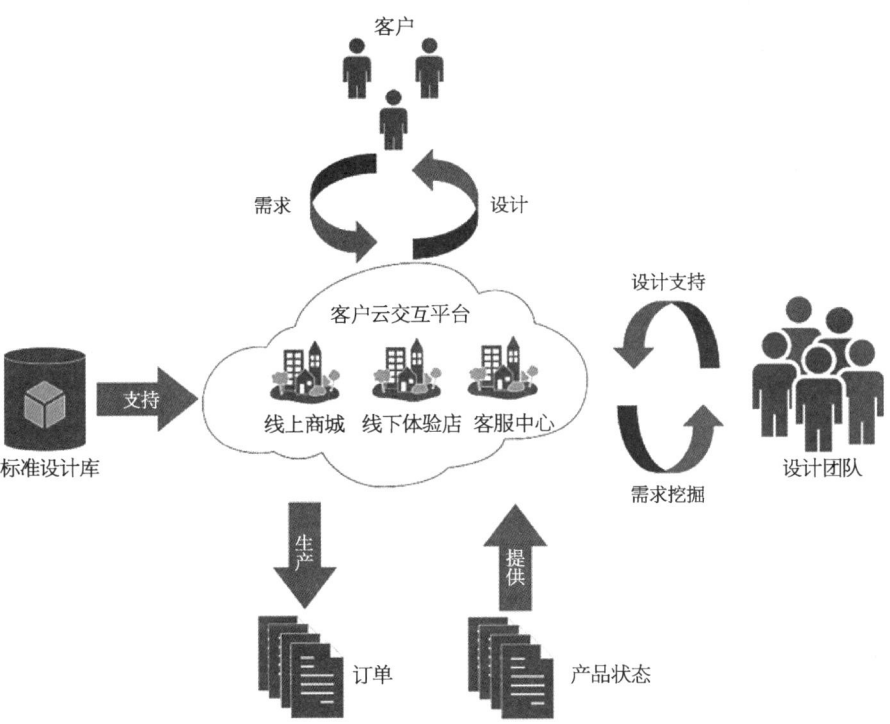

图 2-22 海尔冰箱个性化定制架构

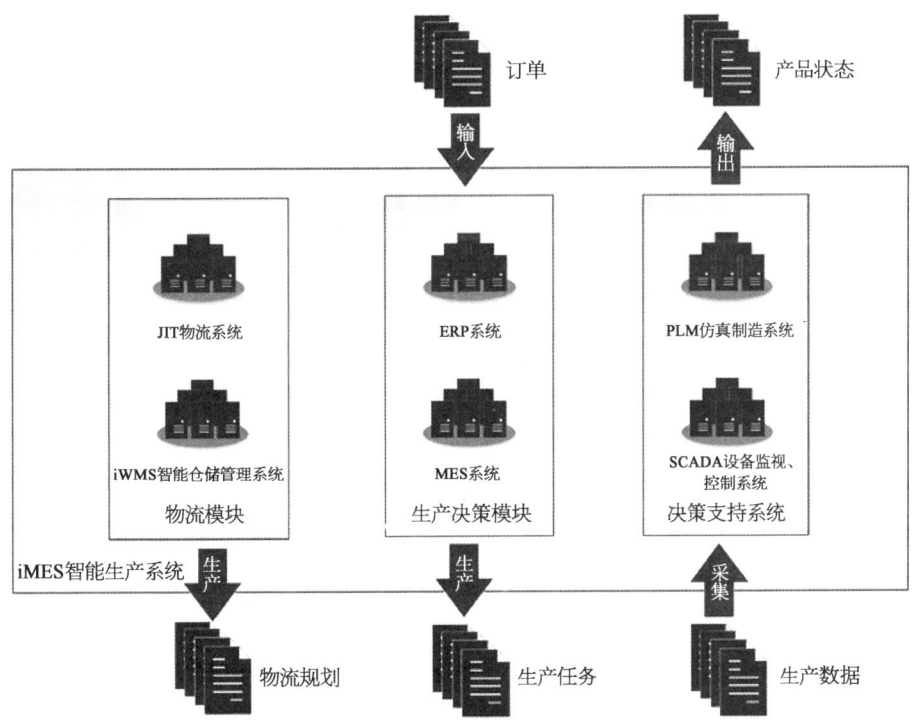

图 2-23 海尔 iMES 系统

参考文献

[1] 宋新.定制规模化原理及实现方法研究[J].现代商贸工业,2017(19):56-57.

[2] 张泽华,韩永生.面向大规模定制下的生产计划管控[J].计算机系统应用,2015,24(12):1-9.

[3] 王建正,王思远,王莹,杨晋龙,李作志.定制规模化——大规模定制研究新视角[J].现代制造工程,2014(5):136-140.

[4] 杨志波,王中亚.基于工业大数据的个性化定制研究——以河南大信整体厨房科贸有限公司为例[J].经济与管理,2016(10):44-46.

[5] 李强,史志强,阎洪波,李莉.基于云制造的个性化定制生产模式研究[J].工业技术经济,2016,36(4):94-100.

[6] 权锡鉴,杜元伟."互联网+"下大规模个性化定制产品的三元证据融合配置方法[J].科技进步与对策,2016,33(21):83-89.

[7] 蔡丽娟.移动"互联网+"个性化定制实现智能制造服务化——以维尚家具及酷特服装定制为例[J].商业经济,2017(9):76-77.

[8] 韦莎,马原野,张通,于印鹏,程雨航,李琳.大规模个性化定制技术与标准研究[J].智能制造标准专题,2017(8):15-19.

[9] 孙琦宗.在线个性化定制中的智能交互方法研究[D].杭州:浙江工业大学,2017.

[10] 童晓薇,刘艳斌.云制造环境下大规模产品定制技术研究[J].图学学报,2018,39(1):109-115.

[11] 钱慧.基于工序可调整的客户订单分离点定位研究[D].合肥:合肥工业大学,2016.

[12] 郑树泉、宗宇伟、董文生、丁志刚.工业大数据——架构与应用[M].上海:上海科学技术出版社,2017.

第3章
智能化生产

制造业智能化生产的愿景与发展趋势是整合物料、能源、设备、资金、技术、信息和人力等一系列制造资源,通过先进的制造技术、先进的管理技术和先进的制造过程生产出高质量、高效率、高柔性、低成本、低劳动力、低消耗、多品种、全规格的产品。智能装备和现代生产工艺在重点行业不断普及,生产过程信息化向纵深发展。

智能,本质是一切生命系统对自然规律的感应、认知与运用,由此而优化资源的配置。人的智能是各种智能的最高代表,它是人类一种深刻的本质;而各种人造系统(如机器、设备)中凡是具有模仿、拓展甚至超越人类部分智能的能力,都可以称之为智能系统,诸如智能生产、智能设备、智能产品、智能材料、智能硬件等"智能××",都属于智能系统中的一个子集。

智能化生产就是通过对产品全生命周期中设计、生产、服务等环节的活动进行知识表达与学习、信息感知与分析、精准控制与执行,实现生产过程、生产制造系统与装备的知识推理、动态传感与自主决策。

智能化生产在生产的各个环节中通过模拟人类专家的智能活动,进行分析、判断、推理、构思和决策,以取代或延伸生产环境中人的部分脑力劳动。

本章将从智能化生产的概念、特点出发,阐述智能化生产的架构,并分别描述流程型和离散型的智能化生产,在本章的最后给出了若干智能化生产的案例。

3.1 智能化生产的架构及评估模型

3.1.1 智能化生产参考架构

智能化生产架构通过生命周期、系统层级和智能功能三个维度构建完成,主要解决智能制造标准体系结构和框架的建模研究;如图3-1所示。

(1) 生命周期维度

生命周期层是由设计、生产、物流、销售、服务等一系列相互联系的价值创造活动组成

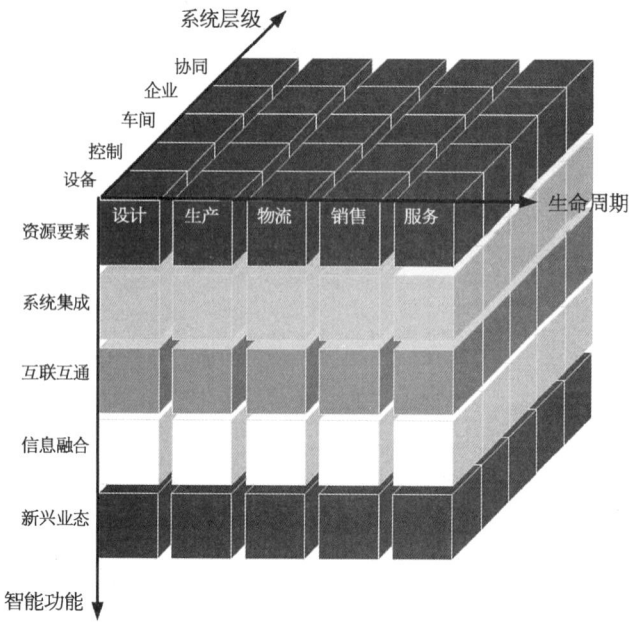

图 3-1　智能制造系统架构

的链式集合。生命周期中各项活动相互关联、相互影响。不同行业的生命周期构成不尽相同。在产品生命周期早期阶段,通过对市场和客户需求进行调查分析,确定产品发展战略,形成产品概念设计;通过讨论确定产品定义及详细设计,进行产品工程设计,完成产品的设计定型;接下来,采购生产产品所需的原材料、设备等,并根据产品设计规格进行生产制造;在生产过程中需要对产品进行全程质量控制,保证产品的质量以提高产品的客户满意度;在工厂内还需要通过高效率的办法对相关的原材料和商品进行运输或保存;进行市场推广将产品销售给客户并提供优质的售后服务,对客户意见进行收集并反馈给市场需求分析人员,有助于新产品的概念设计。通过管理产品生命周期,使企业能够有效地控制所有与产品有关的活动。

当传统的产品变成智能产品以后,它不仅体现在消费者使用时的智能性,也体现在生命周期中。比如用贯穿生命周期的物联网技术来记录产品从设计到服务整个过程的信息,既可以扩容传统条形码的信息存储量,加快信息存储速度,加速物流商品信息传递,还能够通过网络自动跟踪每一件货物的去向,方便了物流仓储和配送的监督和管理,让产品追溯更便捷。

(2) 系统层级维度

系统层自下而上共五层,分别为设备层、控制层、车间层、企业层和协同层。智能制造的系统层级体现了装备的智能化和互联网协议(internet protocol,IP)化,以及网络的扁平化趋势。

① 设备层级包括传感器、仪器仪表、条码、射频识别、机器、机械和装置等,是企业进

行生产活动的物质技术基础。

② 控制层级包括可编程逻辑控制器(programmable logic controller,PLC)、数据采集与监视控制系统(supervisory control and data acquisition,SCADA)、分布式控制系统(distributed control system,DCS)和现场总线控制系统(fieldbus control system,FCS)等。

PLC是一种可编程的存储器,用于其内部存储程序,执行逻辑运算、顺序控制、定时、计数与算术操作等面向用户的指令,并通过数字或模拟式输入/输出控制各种类型的机械或生产过程的控制设备。从实质上来看,PLC是一种专用于工业控制的计算机,其硬件结构与微型计算机基本相同。

SCADA是以计算机为基础的生产过程控制与调度自动化系统,它可以对现场的运行设备进行监视和控制。SCADA系统涉及组态软件、数据传输链路(如数传电台等)、工业隔离安全网关,其中工业隔离安全网关用于保证工业信息网络的安全,防止病毒入侵,以保证工业数据、信息的安全。

DCS是由过程控制级和过程监控级组成的以通信网络为纽带的多级计算机系统,综合了计算机(computer)、通信(communication)、显示(cathode ray tube,CRT)和控制(control)4C技术,其基本设计思路是分散控制、集中操作、分级管理、配置灵活、组态方便。DCS主要由现场控制站(I/O站)、数据通信系统、人机接口单元、操作员站、工程师站、机柜、电源等组成。系统具备开放的体系结构,可以提供多层开放数据接口。

现场总线是将自动化最底层的现场控制器和现场智能仪表设备互连的实时控制通信网络,遵循ISO的OSI开放系统互连参考模型的全部或部分通信协议。FCS则是用开放的现场总线控制通信网络将自动化最底层的现场控制器和现场智能仪表设备互连的实时网络控制系统。

③ 车间层级体现了面向工厂和车间的生产管理,它包括制造执行系统等。制造执行系统又进一步包括工厂信息管理系统、先进控制系统、历史数据库、计划排产、仓储管理等。

制造执行系统是位于上层的计划管理系统与底层的工业控制之间的面向车间层的管理信息系统,它为操作人员/管理人员提供计划的执行、跟踪以及所有资源(人、设备、物料、客户需求等)的当前状态。制造执行系统将车间作业现场控制的各种工具与手段(包括PLC、数据采集器、条形码、各种计量及检测仪器、机械手臂等)联系起来,提供与工作订单、商品接收、运输、质量控制、维护、排程和其他相关任务的一个或多个接口的控制系统,旨在加强制造资源计划的执行功能。

④ 企业层级是面向企业的经营管理,包括企业资源计划系统、产品生命周期管理、供应链管理系统和客户关系管理系统等。其中,企业资源计划系统是指建立在信息技术基础上,以系统化的管理思想,为企业决策层及员工提供决策运行手段的管理平台。

⑤ 协同层是智能制造相对传统制造的一个新的特点,它体现了企业之间的协作过程,它是由产业链上不同企业通过互联网络共享信息,实现协同研发、智能生产、精准物流和智能服务等。协同层超出了传统企业的范畴,包括产业链上下游,以及大型企业的不同子公司等,通过互联网进行全方位的协同和信息分享。

(3) 智能功能维度

智能功能包括资源要素、系统集成、互联互通、信息融合和新兴业态共五层。

① 资源要素包括设计施工图纸、产品工艺文件、原材料、制造设备、生产车间和工厂等物理实体,也包括电力、燃气等能源。此外,人员也可视为资源的一个组成部分。

② 系统集成是指通过二维码、射频识别、软件等信息技术集成原材料、零部件、能源、设备等各种制造资源,由小到大实现从智能装备到智能生产单元、智能生产线、数字化车间、智能工厂,乃至智能制造系统的集成。

③ 互联互通是指通过有线、无线等通信技术,实现机器之间、机器与控制系统之间、企业之间的互联互通。

制造业正逐渐进入物联网时代,大量具备嵌入式技术的设备可被管理、无缝互联,通过网络安全地进行互动。工业物联网实现了机器与机器之间的通信,以及机器与其他实体、环境和基础设施之间的互动和通信。通信过程中产生的大量数据,还可以进一步通过处理和分析后,为企业的管理和控制提供即时决策的依据。

④ 信息融合是指在系统集成和通信的基础上,利用云计算、大数据等新一代信息技术,在保障信息安全的前提下,实现信息协同共享。

随着工业化与信息化的深度融合,信息技术逐渐深入到企业的各个环节。特别是二维码、射频识别、传感器、工业物联网等技术在制造企业中的广泛使用产生了大量数据,为大数据在工业领域的应用提供了数据来源。目前,我国正在开展工业大数据在工业产品、研发设计、生产过程、生产性服务等方面相关标准的研制。

⑤ 新兴业态包括个性化定制、远程运维和工业云等服务型制造模式。

3.1.2 智能制造能力成熟度评估

智能制造能力是指企业在实现智能制造的目标过程中所拥有的技术、方法、服务等的综合体。相应的能力成熟度模型由成熟度等级、成熟度要求以及能力要素组成。其中成熟度等级是企业不同阶段的智能制造能力水平;成熟度要求是能力要素在不同成熟度等级下应满足的具体条件;能力要素是驱动智能制造能力提升的元素集合,包括能力维、能力域和能力子域。如图3-2所示。

(1) 成熟度等级

模型定义了逐步提升的五个等级,自低向高分别为一级(已规划级)、二级(规范级)、三级(集成级)、四级(优化级)和五级(引领级),较高的成熟度等级涵盖了低等级的要求,等级的提升应通过渐进的方式来实现。如图3-3所示。

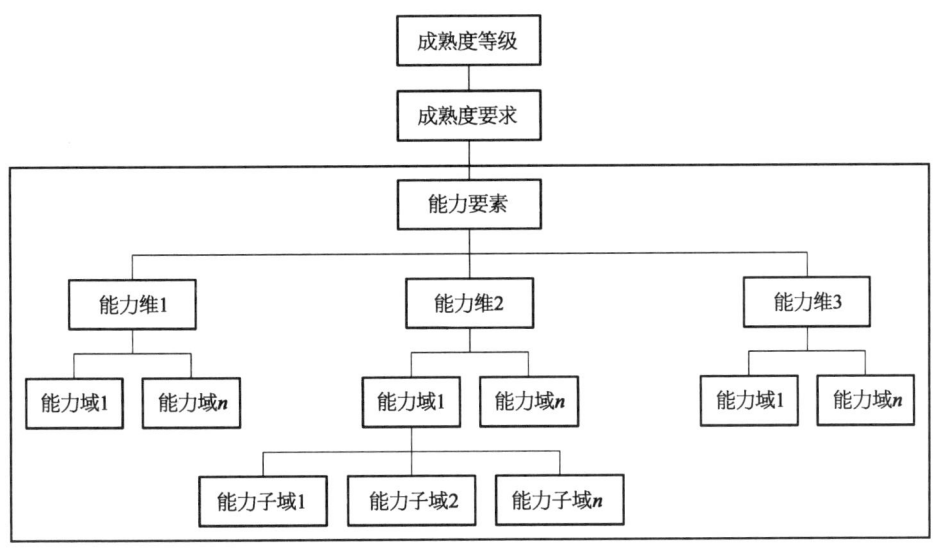

图 3-2 智能制造能力成熟度模型框架

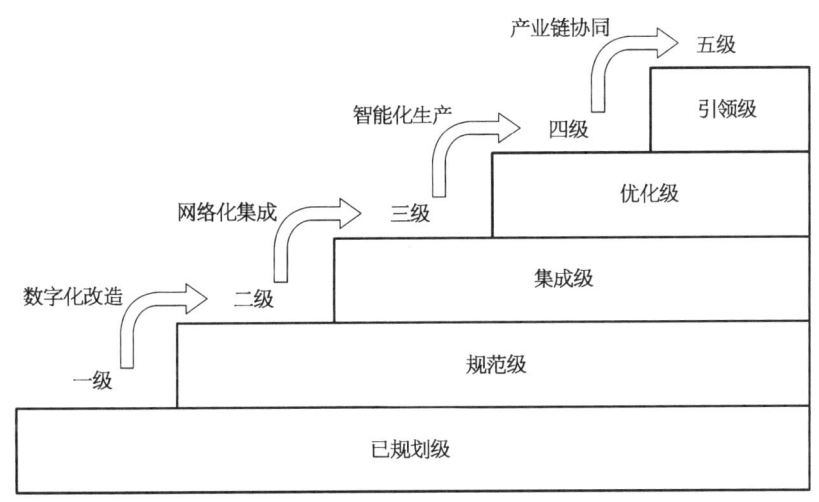

图 3-3 智能制造能力成熟度等级

一级(已规划级):企业应具备实施智能制造的愿景,能够对设计、生产、物流、销售、服务等核心制造环节进行信息化管理,具备部分满足未来通信和集成需求的基础设施。

二级(规范级):企业应制定智能制造战略规划、培养员工智能制造意识、配备相应的资金支持,开展数字化改造,实现核心装备/产线的数字化、核心业务内部的数据共享。

三级(集成级):企业应开展网络化集成,实现设计、生产、物流、销售、服务等核心业务在工厂、企业范围内数据共享。

四级(优化级):企业应开始建立数据模型,能够对人员、装备、产品和环境所采集的数据以及生产过程中形成的数据进行分析和利用,在企业范围内形成智能化应用。

五级(引领级):企业应基于模型驱动业务优化,并实现与产业链上下游的协同。

(2) 能力要素框架

能力要素分为管理维、智能维和制造维,如图3-4所示。

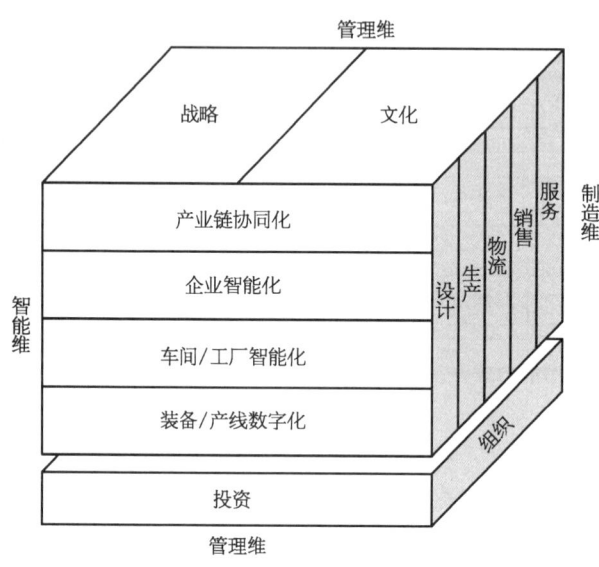

图3-4 智能制造能力成熟度要素框架

管理维是企业开展智能制造应具备的战略指引和保障支撑,包括战略、文化、投资和组织等能力域;智能维是企业提升智能水平应采用的手段,包括装备/产线数字化、车间/工厂智能化、企业智能化和产业链协同化等能力域;制造维是智能手段应用于制造环节应达到的效果,包括设计、生产、物流、销售和服务等能力域,并进一步分解为产品设计、工艺设计、工艺优化、采购、计划与调度、生产作业、质量控制、安全管理、环保管理、能源管理、仓储配送、运输管理、销售管理、客户服务和产品服务等能力子域,企业可根据业务形态对能力域进行裁剪。

(3) 智能制造能力成熟度模型的评价方法

智能制造能力成熟度评价是依据智能制造能力成熟度模型要求,与企业实际情况进行对比,得出智能制造水平等级,有利于企业发现差距,结合组织的智能制造战略目标,寻求改进方案,提升智能制造水平。

企业首先结合自身的发展战略及目标,选择适宜的模型(整体或单项),根据行业特点选择评价域(流程或离散),通过"问题"调查的形式来判断是否满足成熟度要求,并依据满足程度进行打分计算,给出结果。

针对每一项能力成熟度要求将设置不同的问题,对"问题"的满足程度来进行评判,作为智能制造评价的输入。对问题的评判需要专家在现场取证,将证据与问题比较,得到对问题的评分,也是对成熟度要求的评分。根据对问题的满足程度,设置0、0.5、0.8、1共四档进行打分。若问题的得分为0,视为该等级不通过。如对"产品设计"这个域的1级评价如图3-5所示。

对成熟度要求打分后,加权平均形成域的得分,进而计算类的得分,最终得到组织的总分值,并给予等级。如图3-6所示。

对域权重的设定采用平均原则,对该等级内涉及的所有类的平均分值必须达到0.8分,才能视为满足该级别的要求。最终结果与等级对应关系如图3-7所示。

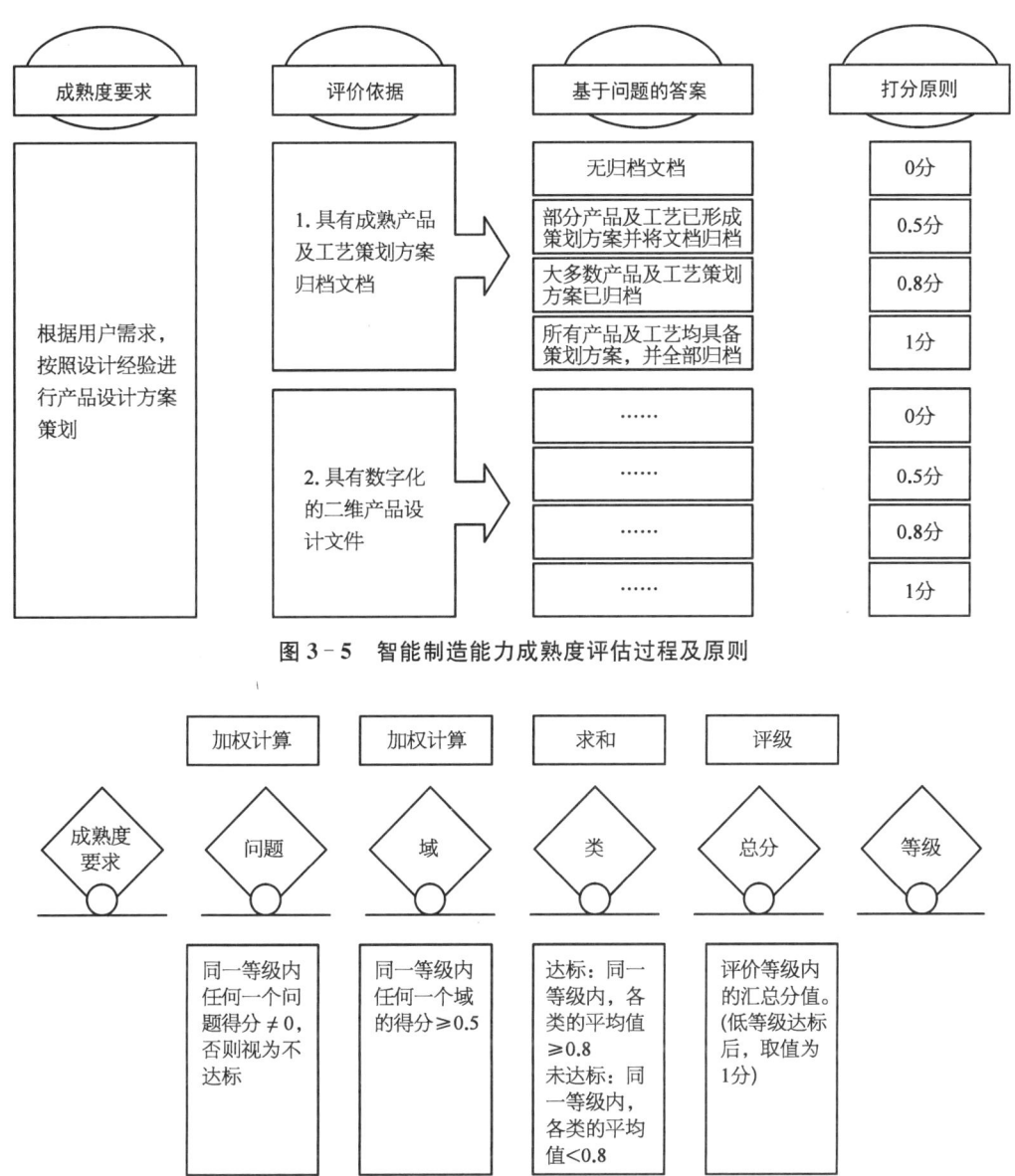

图 3-5　智能制造能力成熟度评估过程及原则

图 3-6　智能制造能力成熟度评估得分计算方法

等　　级	对应评分区间
5 级　引领级	$4.8 \leqslant X \leqslant 5$
4 级　优化级	$3.8 \leqslant X < 4.8$
3 级　集成级	$2.8 \leqslant X < 3.8$
2 级　规范级	$1.8 \leqslant X < 2.8$
1 级　已规范级	$0.8 \leqslant X < 1.8$

图 3-7　智能制造能力成熟度评级依据

示例:某电子产品加工企业,于 2015 年申请智能制造整体能力成熟度评价,在进行现场评价时,对每个评价域进行客观评价,计算每个域的得分结果,最终确定各个类的得分;对 1 级的评价得分为 0.82≥0.8,证明已满足一级要求,因此低等级取值为 1;继续评价 2 级,2 级得分为 0.69,根据分数与等级对应关系表,显示所处能力成熟度 1 级水平,处于已规划级。

3.1.3 智能制造与两化融合

两化融合是信息化和工业化的高层次的深度结合,以信息化带动工业化、以工业化促进信息化,走新型工业化道路;其核心就是信息化支撑,追求可持续发展模式,也就是在具备一定工业化基础的前提下,将信息化作为提升企业管理和运营的战略手段,推进数据、技术、业务流程、组织结构的持续创新和优化,对资源配置潜力进行充分挖掘,以信息化环境下的新型能力形成竞争优势,实现跨越式发展的过程。

智能制造的愿景是最终实现用机器部分或全部替代制造过程中人类体力和脑力劳动,以实现生产效率和品质管控的指数级提升。智能制造的核心就是将信息化引入到制造的全过程,从市场需求分析、产品销售数据分析、制造执行过程的管控、再到产品生命周期的管理和产品售后管理,无一离得开信息化的支持。这些信息化工作有着明确的逻辑关系,只有制定了清晰的战略和行动计划,才能理清各信息系统建设的优先级顺序,避免信息化建设过程中出现本末倒置的情况。

3.2 离散工业中的智能化生产

离散制造业需要实现生产设备网络化、生产数据可视化、生产文档无纸化、生产过程透明化、生产现场无人化等先进技术应用,做到纵向、横向和端到端的集成,以实现优质、高效、低耗、清洁、灵活的生产,从而建立基于工业大数据和"互联网"的智能工厂。

3.2.1 智能化生产系统架构

离散制造业特别是装备制造业、家电、消费电子等产品大都要求生产智能化、经验智能化、设计智能化、决策智能化以及产品智能化,其架构如图 3-8 所示。

在信息物理融合系统的(cyber physical system,CPS)的支持下,构建智能制造、智能经营、智能设计、智能产品、智能决策五大系统。

3.2.2 生产设备网络化

具体来看,离散制造行业大部分客户自动化程度不够,所以应优先完成产线自动化。一些厂商以工业以太网和板卡实现设备互联,打通设备级数据,经过 MES 反馈到平台层,

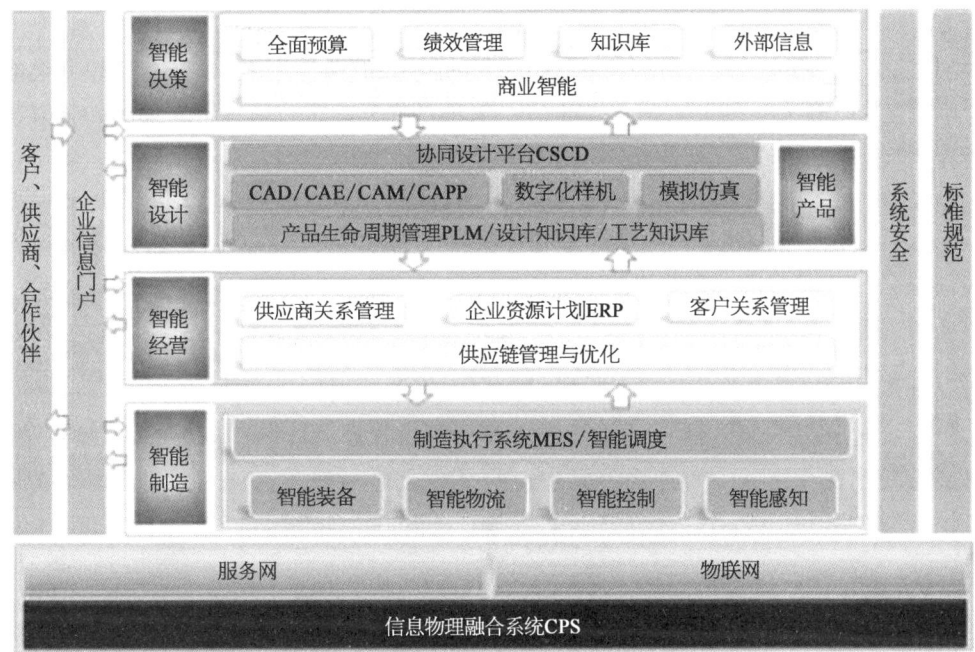

图 3-8 智能化生产系统架构

在不更换原有工控设备的基础上实现初步物联,用户接受度很高,业绩每年翻几番增长,趋势非常明显。这一类模式被称为"以 M2M 设备物联为核心的系统集成"。

物联网是指通过各种信息传感设备,实时采集任何需要监控、连接、互动的物体或过程等各种需要的信息,其目的是实现物与物、物与人、所有的物品与网络的连接,方便识别、管理和控制。传统的工业生产采用 M2M(machine to machine)的通信模式,实现了设备与设备间的通信,而物联网通过 T2T(things to things)的通信方式实现人、设备和系统三者之间的智能化、交互式无缝连接。

通过物联网、服务网将制造业企业设施、设备、组织、人互通互联,集计算机、通信系统、感知系统为一体,实现对物理世界安全、可靠、实时、协同感知和控制,对物理世界实现"感""联""知""控"。

在离散制造企业车间,数控车、铣、刨、磨、铸、锻、铆、焊、加工中心等是主要的生产资源。在生产过程中,将所有的设备及工位统一联网管理,使设备与设备之间、设备与计算机之间能够联网通信,设备与工位人员紧密关联。如:数控编程人员可以在自己的计算机上进行编程,将加工程序上传至 DNC 服务器,设备操作人员可以在生产现场通过设备控制器下载所需要的程序,待加工任务完成后,再通过 DNC 网络将数控程序回传至服务器中,由程序管理员或工艺人员进行比较或归档,整个生产过程实现网络化、追溯化管理。

3.2.3 生产过程透明化

通过建设智能工厂,促进制造工艺的仿真优化、数字化控制、状态信息实时监测和自适应控制,进而实现整个过程的智能管控。在机械、汽车、航空、船舶、轻工、家用电器和电子信息等离散制造行业,企业发展智能制造的核心目的是拓展产品价值空间,侧重从单台设备自动化和产品智能化入手,基于生产效率和产品效能的提升实现价值增长。因此其智能工厂建设模式为推进生产设备(生产线)智能化,通过引进各类符合生产所需的智能装备,建立基于制造执行系统 MES 的车间级智能生产单元,提高精准制造、敏捷制造、透明制造的能力。

离散制造企业生产现场,MES 在实现生产过程的自动化、智能化、数字化等方面发挥着巨大作用。首先,MES 借助信息传递对从订单下达到产品完成的整个生产过程进行优化管理,减少企业内部无附加值活动,有效地指导工厂生产运作过程,提高企业及时交货能力。其次,MES 在企业和供应链间以双向交互的形式提供生产活动的基础信息,使计划、生产、资源三者密切配合,从而确保决策者和各级管理者可以在最短的时间内掌握生产现场的变化,做出准确的判断并制定快速的应对措施,保证生产计划得到合理而快速的修正、生产流程畅通、资源充分有效地得到利用,进而最大限度地发挥生产效率。

3.2.4 生产数据可视化

随着信息化与工业化快速融合,信息技术渗透到了离散制造企业产业链的各个环节,条形码、二维码、射频识别、工业传感器、工业自动控制系统、工业物联网、ERP、CAD/CAM/CAE/CAI 等技术在离散制造企业中得到广泛应用,尤其是互联网、移动互联网、物联网等新一代信息技术在工业领域的应用,离散制造企业也进入了互联网工业的新的发展阶段,所拥有的数据也日益丰富。

应用 CAD/CAE/CAPP/CAM/PDM 技术,在设计知识库、专家系统的支持下进行产品创新设计。在虚拟环境下设计出数字化样机,对其结构、性能、功能进行模拟仿真、优化设计、实验验证;支持并行设计、协同设计;在工艺知识库的支持下进行工艺设计、工艺过程模拟仿真;最大限度缩短产品设计、试制周期,快速响应客户需求,提高产品设计的创新能力。

离散制造企业生产线处于高速运转状态,由生产设备所产生、采集和处理的数据量远大于企业中计算机和人工产生的数据,对数据的实时性要求也更高。在生产现场,每隔几秒就收集一次数据,利用这些数据可以实现很多形式的分析,包括设备开机率、主轴运转率、主轴负载率、运行率、故障率、生产率、设备综合利用率、零部件合格率、质量百分比等。

例如,在生产工艺改进方面,在生产过程中使用这些大数据,就能分析整个生产流程,了解每个环节是如何执行的。一旦有某个流程偏离了标准工艺,就会产生一个报警信号,能更快速地发现错误或者瓶颈所在,也就更容易解决问题。利用大数据技术,还可以对产品的生产过程建立虚拟模型,仿真并优化生产流程,当所有流程和绩效数据都能在系统中重建时,这种透明度将有助于制造企业改进其生产流程。

再如,在能耗分析方面,在设备生产过程中利用传感器集中监控所有的生产流程,能够发现能耗的异常或峰值情形,由此便可在生产过程中优化能源的消耗,对所有流程进行分析将会大大降低能耗。

3.2.5　智能化经营

智能化经营是指在物联网和互联网支持下,对整个价值链上从客户需求、产品设计、工艺设计、智能制造、进出厂物流、生产物流等全过程的协同供应链进行优化和管理,使得任何客户的需求、变动、设计的更改,在整个供应链的网络中快速传播,从而得到及时响应。智能化经营对制造服务的全过程进行管理,着眼于产品全生命周期,提供从用户需求、设计制造、卖方信贷、产品租赁、售后服务,直至回收再利用全过程的管理和服务。不仅对在上述全流程过程中的契约、协议、交易、法律、互联网金融提供支持,而且提供全价值链上资源优化利用、意外处置、生产安全、信息安全、绿色环保等一系列的保障措施。

3.2.6　生产现场无人化

智能化生产推动了工业机器人、机械手臂等智能设备的广泛应用,使工厂无人化制造成为可能。在离散制造企业生产现场,数控加工中心、智能机器人和三坐标测量仪及其他所有柔性化制造单元进行自动化排产调度,工件、物料、刀具进行自动化装卸调度,可以达到无人值守的全自动化生产模式。在不间断单元自动化生产的情况下,管理生产任务优先和暂缓,远程查看管理单元内的生产状态情况,如果生产中遇到问题,一旦解决,立即恢复自动化生产,整个生产过程无需人工参与,真正实现"无人"智能生产。

3.2.7　智能化产品

智能化产品具有感知、分析、推理、决策、控制功能,还具有信息存储、传感、无线通信功能;进入物联网,能实现远程监控、远程服务。智能化产品是先进制造技术、信息技术和智能技术的集成和深度融合,如智能加工中心、自适应数控机床、自动驾驶汽车、智能仪表。

3.3　流程工业中的智能化生产

流程行业(如石油化工等)是我国国民经济的基础工业、典型的传统产业,是流程最长、工艺最复杂的制造业之一。当前,流程行业 DCS、PLC 系统已成为主要控制手段,自动化控制程度相对较高,但同时也面临着巨大的市场环境变化。利用智能制造技术实现转型升级、提质增效,是流程行业应对挑战必须思考的问题。

在流程行业生产装备及能力基本定型的情况下,通过智能制造改造,利用 3C (computation、communication、control)技术的有机融合与深度协作,在计划调度、生产执行、设备维护、安全环保、故障诊断等各环节广泛应用人工智能技术,实现复杂流程制造过程的实时感知、动态控制优化和信息服务,从而使生产制造过程智能化,对解决流程行业生产制造过程中面临的问题具有重要意义。

流程企业生产链条长、流程关联度高,着力提升生产流程中的实时感知能力、机理分析能力、模型预测能力、优化协同能力，分析、改造、优化企业业务流程，重点挖掘信息物理系统中信息（知识）能力，将信息空间与物理空间有效结合起来，是流程制造业实现智能制造的重要内容。

3.3.1　实时感知

实时感知能力是流程行业实现智能制造的基础。流程企业实现智能制造必须对生产过程要素、环境有全面的感知，主要有：物料物性参数（原料、半成品、成品等）快速分析评价能力、工艺参数（温度、压力、流量等）实时检测能力、设备运行（震动、腐蚀、泄漏）动态监控能力、安全环境（可燃有毒有害气体、污染物、空气质量等）在线监测能力、各类物料及公用工程实时计量能力等。与上述能力密切相关的是感知仪器仪表的配备及网络功能，这些是信息物理系统中的物理特征，需具备自动化、实时化特征。

3.3.2　机理分析

机理分析能力是流程行业实现智能制造的保障。流程企业实现智能制造必须对各类物料（包括添加剂、化工辅材）物理化学特性、反应机理有充分的认识，掌握物料结构中各要素的内在工作方式以及诸要素在一定环境条件下相互联系、相互作用的规则和原理（反应机理），利用有效的工具及软件，对各类信息进行分析利用，充分发挥物料的最大价值，实现工艺过程的可视化，这些是流程企业对信息物理系统的最基本的要求。

3.3.3　模型预测

模型预测能力是流程行业实现智能制造的手段。模型预测在流程企业应用较为广泛，流程企业智能制造必须有较强的模型预测能力，既有工艺路线模型，也有设备运行、安全环保、应急处理的模型，一些模型是基于机理的，也有一些模型是基于统计数据、大数据分析或经验积累的。模型预测是流程企业信息物理系统中信息体系追求的效果，需具备模型化特征。

3.3.4　协同优化

协同优化能力是流程行业实现智能制造的目标。流程企业智能制造必须有良好的协同优化能力，协同优化是多方面的，既有装置操作、工艺流程、产品结构、能源系统之间的生产协同优化，也有部门横向或纵向之间的业务流程协同优化，其目的是最大限度提高管理效率、提高目的产品收率、提高安全环保管理水平。协同优化是流程企业信息物理系统信息体系追求的目标，需具备智能化特征。

3.3.5　全面统筹

流程企业开展智能制造涉及因素多，需要全面统筹管理。围绕流程企业计划调度、安全环保、装置操作、能源管理等重点业务环节,开展智能化应用、提升相关能力是智能制造的重要内容;计划调度是生产运行管理的重要内容,把握石油化工加工流程生产特点,实现从原料进厂、加工、质量分析、储运、产品出厂整个链条智能化应用是企业增效的源泉;安全环保是炼化企业实现可持续发展的前提条件,开展健康、安全与环境管理、应急指挥、环境在线监测等智能化应用,为履行安全职责、建设社会满意的企业提供全方位支撑是发展的要求;开展先进控制、实时优化、装置区域优化、卡边操作等智能化应用是提高装置运行水平、提高经济效益、确保安全生产的重要手;节能降耗是生产运行管理的永恒话题,在动力优化、合同能源管理等方面开展智能化应用,是流程企业践行"绿色低碳"的重要行动。

3.4 应用案例

3.4.1 西航集团智能制造

西安航空发动机(集团)有限公司(简称西航集团公司)始建于1958年,是中国大型航空发动机制造基地和国家1 000家大型企业集团之一,研制生产了涡轮喷气发动机、涡轮发电装置、涡轮风扇发动机、燃气轮机等一批代表我国高精尖制造水平的产品。通过实施以设备联网通信和数据采集为基础、以PLM技术为支撑、以数字化工单管控为核心的智能制造系统,实现了车间各类数控装备的联网、通信和设备状态数据采集,实现了图纸、工艺、3D模型等技术文件的数字化下发,以及生产进度、质量等信息的适时反馈,将车间单元设备柔性制造能力快速提升为网络化柔性制造能力,提高了企业精益生产和智能制造能力。整体系统架构如图3-9所示。

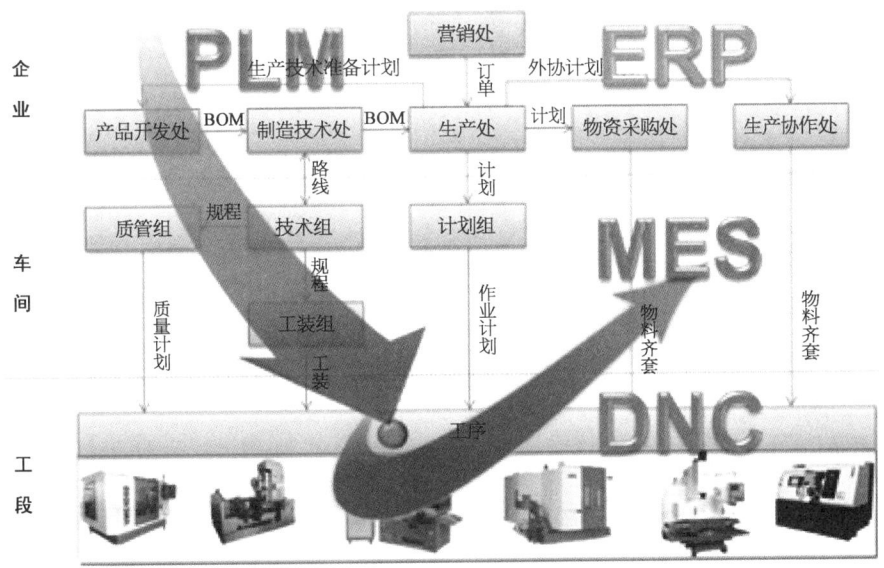

图3-9 西航集团智能制造系统架构

智能制造部署架构如图 3-10 所示(包括多个分布式数控分厂和车间)。

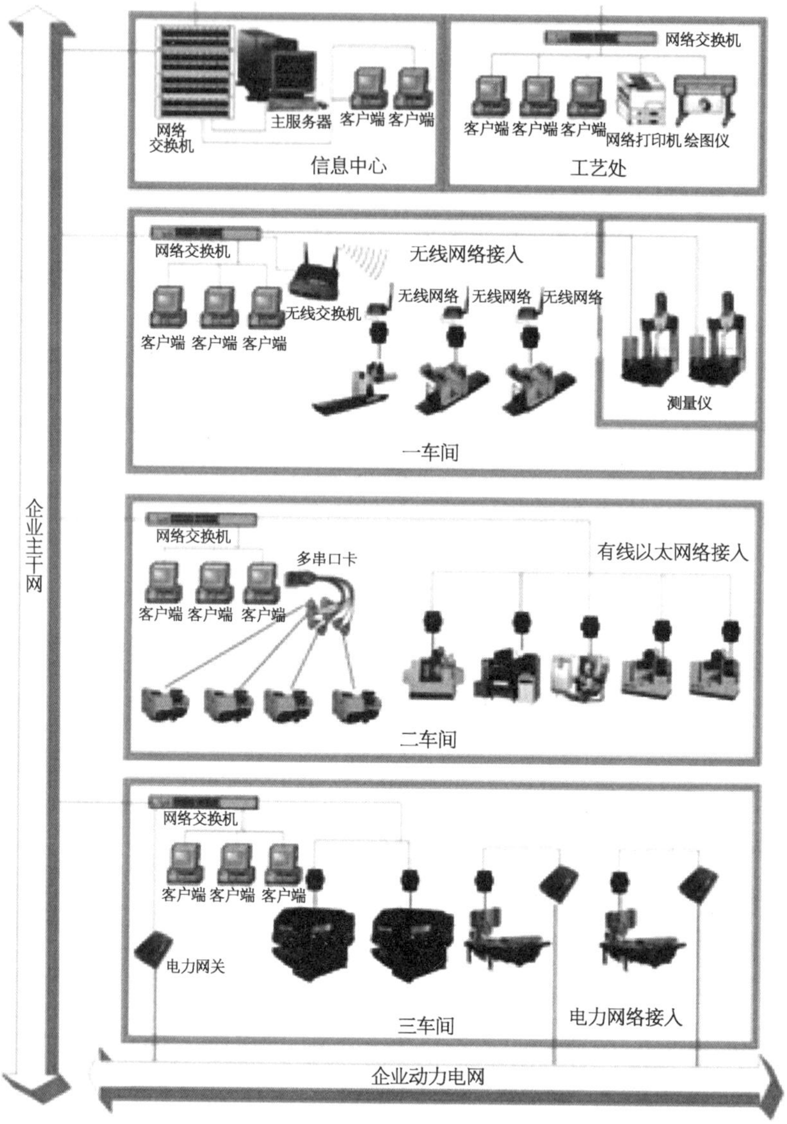

图 3-10 西航集团智能制造部署架构

生产过程的数据采集范围包括数控设备开机与关机、主轴转停、执行程序名和起止时间、故障代码等运行状态数据,并能生成或采集机床累计开机时间、主轴累计运转时间、程序累计运行时间等数据。

机床实时状态监测开关机状态、进给速度、转速、位移、刀具等,还包括生产状态监测,如加工程序起始/终止时间、实际运行时间,维修监测、报警信息等数据,如图 3-11 所示。

系统整体上体现出了基于大数据的智能制造的显著特点:强大的实时监控和采集功

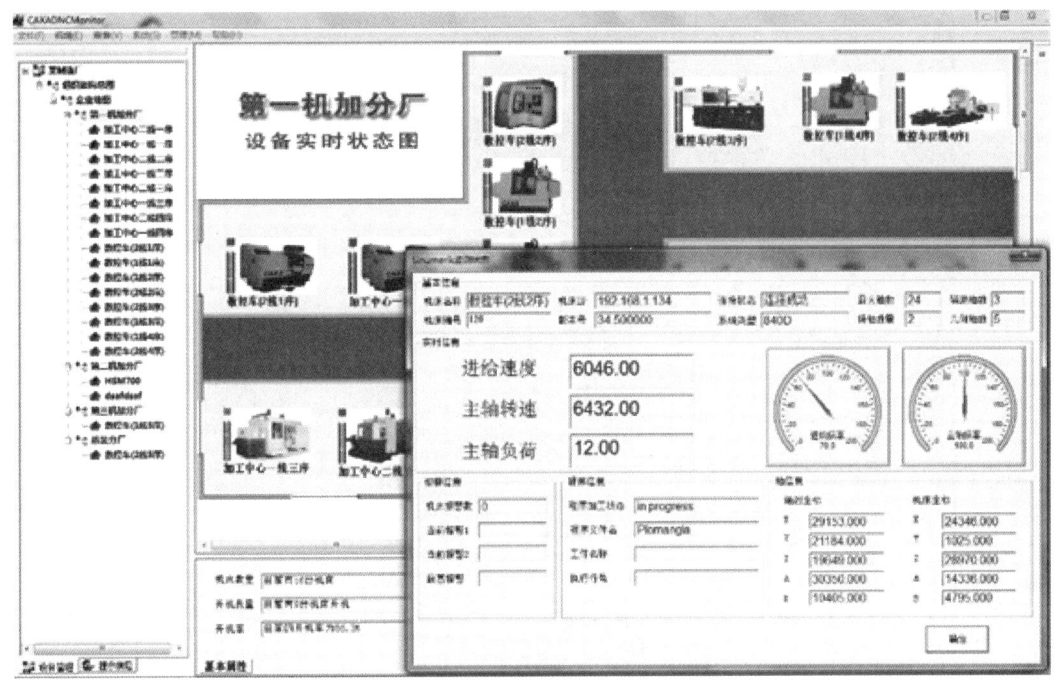

图 3‐11　西航集团智能制造系统设备实时状态界面

能,支持多车间数千台高速机床采集和分布式存储、分析,数据的优化和压缩技术,实时刷新性能达到毫秒级,同时可显示任意一台被监控设备的实时变化数据。

在数据采集、存储基础上,可以统计分析采集设备的历史数据,将设备运行状态、设备工作负荷等数据进行汇总分析,得到有关设备运行状态、设备运行效率的报表,并根据设定的查询条件进行丰富多样的图文展示,例如:可以通过设备实时监控界面,从办公室监控所有生产设备状态;通过设备利用率计算,评估实时准确的产能,找出设备瓶颈,提升生产效率;通过全天连续的设备日志,查找不合理的设备使用情况,提高设备与刀具使用寿命等。

3.4.2　九江石化智能工厂

2012 年 2 月,九江石化作为中国石化首批试点建设智能工厂的 4 家炼化企业之一,开启智能工厂建设进程。九江石化智能工厂建设目标:"提高发展质量、提升经济效益、支撑安全环保、固化卓越基因",重点围绕"计划调度、安全环保、能源管理、装置操作、IT 管控"五个领域,实现具有"自动化、数字化、可视化、模型化、集成化"特征的智能化应用。公司把智能工厂建设作为核心战略、班子工程全力推进,经过 2013—2014 年可行性研究方案制定和全面实施过程,九江石化化目标为行动,变方案为成果,一系列理念创新、技术创新、管理创新在智能工厂建设中得以实践并取得初步应用成果。智能工程总体架构如图3‐12 所示。

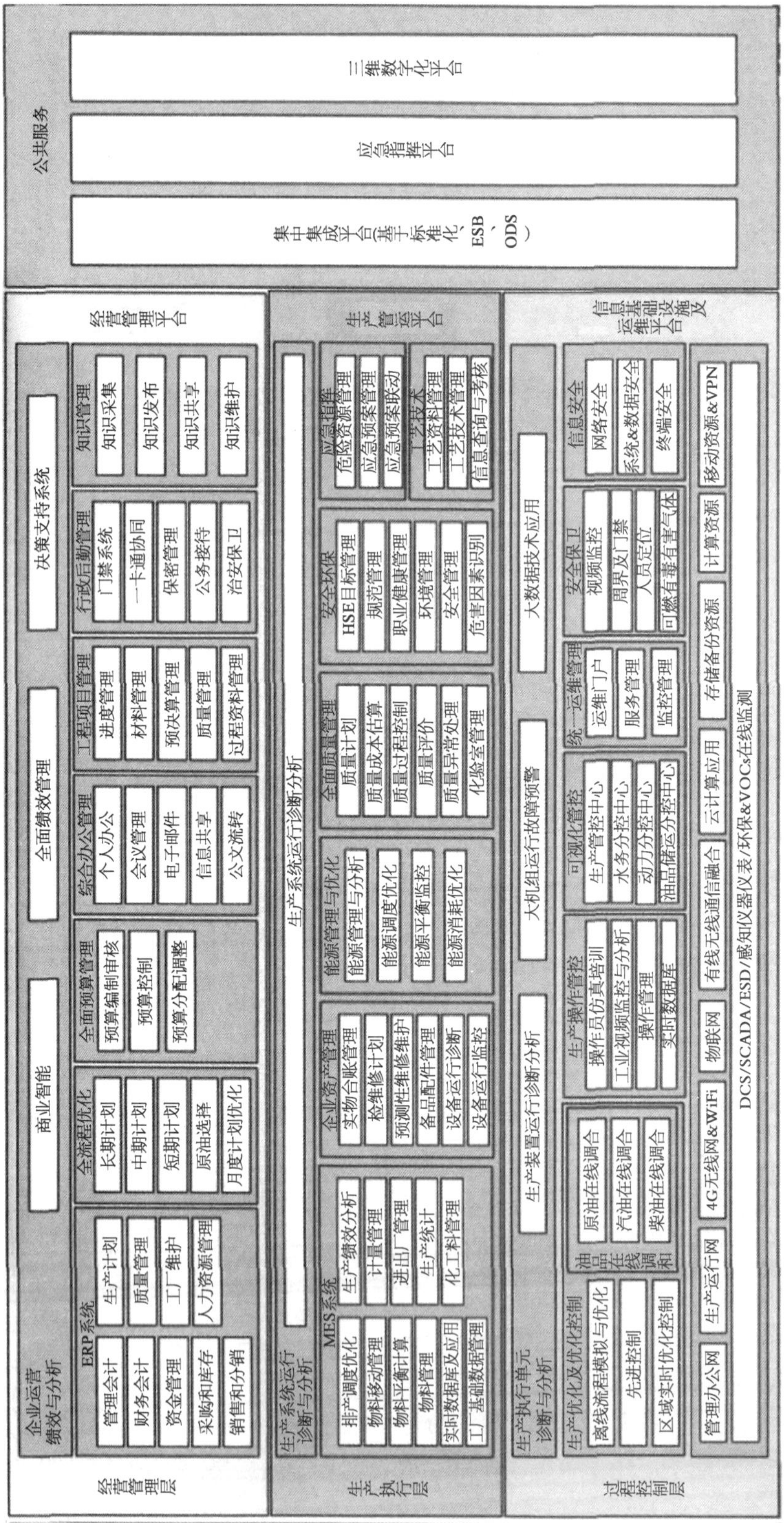

图 3-12 九江石化智能工厂整体架构

(1) 初步成果

① 智能工厂框架已初步形成。在现有以 ERP 为核心的经营管理平台、以 MES 为核心的生产运营平台和 IT 基础设施三大平台基础上，进一步建成投用了集中集成平台、全流程优化平台、三维数字化平台和应急指挥平台，初步实现了"感知实时化、数据标准化、应用集成化、装置数字化、网络高速化、全厂互联化"，支撑企业在"全面感知、预测预警、协调优化、科学决策"等方面实现持续进步和提升。

② 九江石化智能工厂神经中枢—生产管控中心建成投用。生产管控中心按照"中心控制区、调度指挥区、运行管理区、基础设施区、辅助功能区"布局，应用多项业内领先的 IT 及管控技术，创新管理方法，实现了"经营优化、生产指挥、工艺操作、运行管理、专业支持、应急保障"这"六位一体"功能定位。

③ 集中集成和标准化取得重要进展。企业运营级数据仓库在国内流程制造行业首次上线运行；集成了 13 个业务系统的各类数据，为 9 个业务系统提供其所需求的有效数据；在中国石化标准化平台基础上，通过"采标、扩标、建标"方式，完成了生产物料等 40 个标准化模板和 36 类主数据收集。

④ 生产装置数字化平台投用。基于工程设计的三维数字化平台，以业务需求为导向，以运营级数据仓库为支撑，以三维数字化装置为界面，集成了大量实时数据和精细化管理所需数据，如实时工艺参数、实时设备状态及信息、班组操作绩效、采样点质量分析数据、实时环境分析数据、可燃及有毒有害气体报警、视频监控等。实现了工艺管理、设备管理、HSE 管理、操作培训、三维漫游、视频监控这六大类深化应用。

⑤ 全流程优化平台投入运行。炼油全流程优化平台在国内同行中首次实践，提升了一体化联动优化功效，实现了全流程优化的闭环管理。平台采用"中心交换式"集成模式，通过运营级数据仓库与原油评价、ERP 等系统共享数据，提升了全流程优化的敏捷性和准确性，助力企业持续提升经济效益。

⑥ HSE 管理、应急指挥平台上线运行。HSE 管理系统通过广泛 HSE 观察，实现 HSE 全员、全过程覆盖，及时发现身边安全隐患，实现从事后管理向事中、事前管理的转变 HSE 备案系统长期有效运行，通过对当天每项作业实行"五位一体"有效监管，确保每项作业受控；各类报警和视频监控实现集中管理和联动，增加了事前预防功能，异常情况可实现快速响应；环保地图系统实时在线监测各类环境信息，异常情况可实现及时处置和闭环管理。应急指挥实现了实时化、可视化，应急事件按预案及时响应、有效处置。

(2) 应用成效

在智能工厂各类信息系统支撑下，九江石化在生产经营、发展建设、企业管理和企业文化建设等领域均取得长足进步。

① 本质安全水平不断提升。公司助信息化手段，多角度、全方位、全覆盖提升安全管理水平，自 2010 年以来，连续 5 年获评中国石化集团公司安全生产先进单位。

② 环保管理取得较好成效。公司持续推进清洁生产，全过程控制污染物，依托"环保

地图"、短信平台等信息技术,实现了环保管理从末端治理向源头治理、从结果管理向过程管理、从事后管理向事中事前管理的转变。外排污染物数据全部向社会公开,主要污染物排放指标均处于行业内领先水平。

③ 实现敏捷生产、提高了经济效益。公司生产经营优化团队利用全流程优化平台,捕捉市场机遇,实时开展资源配置优化、加工路线优化、生产装置优化等工作,2014年,滚动测算127个案例,增加经济效益2.2亿元;助力公司加工吨原油边际效益在沿江5家炼化企业排名逐年上升,已位列沿江企业首位。

④ 管理效率大幅提升。协同业务程、资金在线支付、视频交接班、融合通信等信息技术应用,助推公司持续提升管理效率。在生产装置不断增加的情况下,公司直属单位数量由40个精简为36个,外操室数量减少35%,班组数量13%,员工总数减少12%。

3.4.3 宝钢基于协同的智能制造

钢铁行业作为流程行业,在自动化应用方面居于各行业前列,而宝钢(现在是宝武股份)作为钢铁行业的领军者,其智能制造水平更具有显著的行业代表性。

宝钢在推进智能制造的技术策略以及在实践中推进智能制造时,秉承一个宗旨:致力于"一切皆协同"。也就是说,协同是工业4.0的要义所在,协同贯穿在智能制造的每一个环节,协同的需求无处不在,包括:设备互联互通是协同;多源数据集成应用是协同;人与人之间、人与设备之间要协同;企业内部各部门在流程上需要协同;产业链上下游企业之间也需要基于价值共享的协同。

在宝钢智能制造中,存在着三个重要的协同领域:单一基地中工序协同;跨地域、多制造基地之间的协同;跨企业供应链协同。

在实践中,时刻把握两条主线,即实物资产与数据资产的运营,从制造装备智能化和企业大数据运用的迫切需求入手,如图3-13所示。

两条主线:实物资产与数据资产的运营

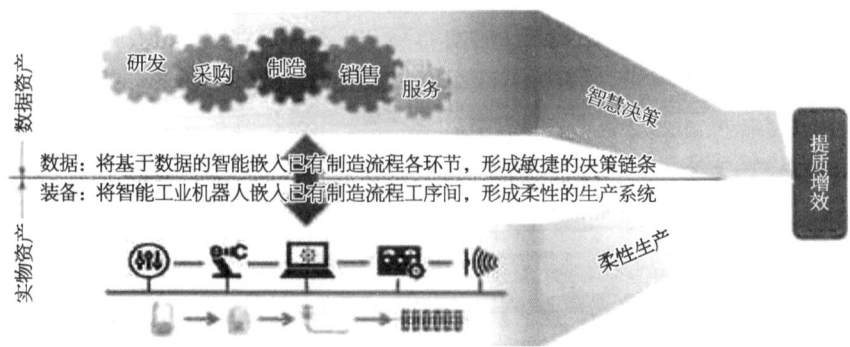

图3-13 宝钢对实物资产与数据资产的运营流程

通过对智能制造底层理念的把握,在实践中宝钢从以下步骤进行智能制造的路径规划:

① 步骤1——自动化的制造过程状态的实时监测与控制,这一步已经在宝钢中实现,自动化水平极高;

② 步骤2——以产品质量成本为主线的全面可视化设计,产品质量和成本仍然是企业特别关注的问题,这一步正在推进中;

③ 步骤3——在未来,要实现围绕产品全生命周期的虚拟工厂构建和服务、维护等;可视化的内涵将随时间不断演进,作为智能制造实践水平的度量。

制定规划后在实际推进中,将把握增量与存量相兼顾的差异化方法,其策略是:

① 对于制造的现场装备(存量资产)——以拾漏补缺为目标;

② 对于在线运行的业务系统——以持续优化为目标,不强调一步到位;

③ 对于正在建设的数据系统——以互动创新为目标;

④ 对于支撑运营的基础设施——以兼前顾后为目标。

基于以上思想策略,着力于解决当前迫切需要解决的关键技术,开展适度前瞻性研究,探索长远基础性平台类和工具类产品开发。推进宝钢智能制造的五项工作:

系统架构设计——技术研究——软件重构——解决方案——示范应用

当前智能制造在宝钢已取得如下成效:

① 高炉炉前作业自动化——解决了危险性高、作业环境差、劳动强度大这一钢铁生产岗位最为恶劣的环节;

② 无人化制品仓库——可用于精确定位、路径优化等;

③ 框架车无人化驾驶——涉及最前沿的无人驾驶技术和诸多技术领域,将有助于形成以框架为核心的厂内物流智能调度。

3.4.4 富士康(武汉)基于工业互联网的智能制造

富士康作为国际知名企业,其IT及代工产业在国际上享有举足轻重的地位。为助力"中国制造2025",富士康决定在企业内部发起实施建立具有富士康特色的工业互联网和智能制造系统。富士康运用精益思想、采用智能网络和机器人、建设基于工业互联网的数字化工厂,实现制造智能化、物流自动化、设备自动化,既满足工厂"少样多量"的生产模式,又满足"多样少量""柔性制造"的生产模式、信息互通互联、上下一致透明的目标,本着先头脑+中枢,再四肢的建设思路,为其全面实现"智能生产"方面树立示范。

(1) 项目概况

该项目以精益生产引导无人化、无纸化、影像化、信息化、自动化;以优化人力资源为首要任务,即在提升其产出效率的同时,大幅降低用工成本以保证其全球制造的竞争力;实现工厂内纵向(垂直)集成和集团内横向集成,打通工厂内的数据通道,实现整个企业内部灵活且可重新组合的网络化制造体系,实现工业互联网要求的互联互通;探究生产组织如何由"少样多量"实现"多样少量";对相关产品线进行半自动化精益设计,建设一条半自动化产线,匹配自动化线内物料配送系统。

(2) 实施概述

该项目以精益管理为核心,以无纸化、数字化、自动化为手段,将生产过程中的生产要求、生产过程数据、生产结果、生产中的各种事件逐一记录、分析、管理,将工业化与信息系统融合于制造过程。

遵循"整合资源、信息共享、统一架构、业务协同"的原则,整个系统具有可维护性、可扩展性、开放性、安全性等特点。硬件架构利用了富士康(武汉)园区已有部分硬件设施,并按照系统需求增设新的硬件设施,软件架构整合了园区现有ERP系统、品管系统、在制品管理系统等。

智能工厂从智能设计、智能生产、智能服务三个维度进行总体架构设计,最终实现智能决策,并打通产品到交付的核心流程,总体架构如图3-14所示。

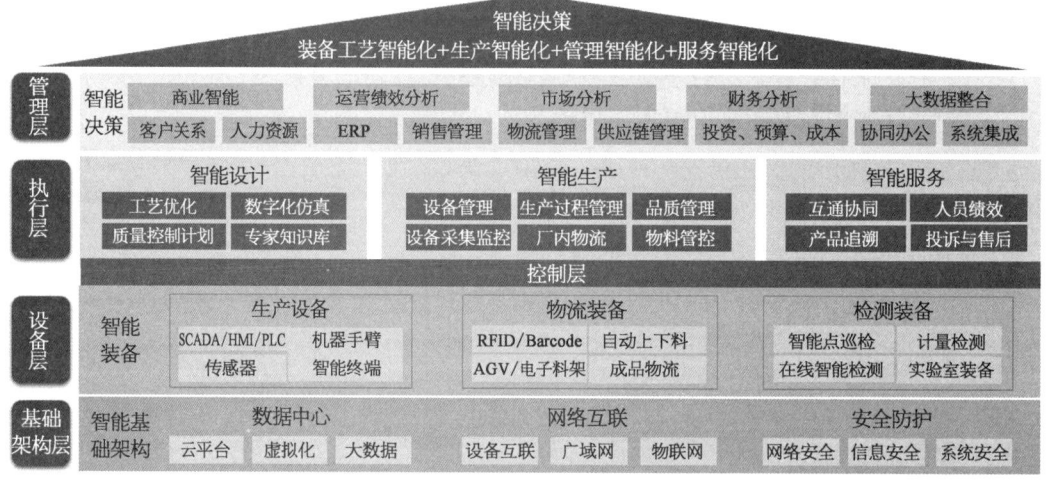

图3-14 富士康智能工厂总体架构

智能工厂通过对从设计源头、项目立项、设计、打样、量试、量产到最后退市整个过程的管理,从而实现虚拟系统与物理系统的结合。如图3-15所示。

结合PLC、传感器、机器人等硬件设施和物联网技术应用等,智能工厂以数字方式实现作业管理,建立了从流程规划、产品设计、NPI、设备自动生产、自动检测、机器人控制、数字化的质量控制,到远程协作的无缝衔接的标准化生产制造流程体系。智能工厂利用智能装备实现生产过程自动化,提升生产效率;同时通过工业生产物联网连接机台,实现机台的生产信息自动采集、机台互联,以及自动控制与数据传输。架构如图3-16所示。

基于平台集成的现场设备数据、生产管理数据和外部数据,运用机器学习、人工智能等大数据分析与挖掘技术,建立产品、工艺、设备、产线等数字化模型,提供生产工艺与流

第 3 章 智能化生产

图 3-15 富士康智能工厂虚实映射示意图

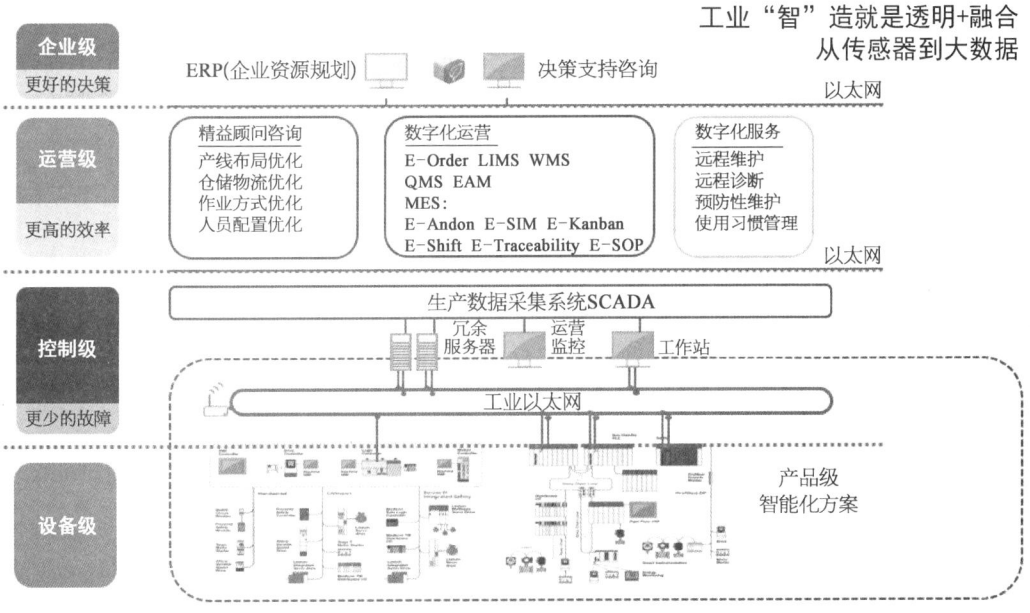

图 3-16 富士康数据融合架构

程优化、设备预测性维护、智能排产等新型工业应用。架构如图 3-17 所示。

(3) 项目创新点与成效

富士康(武汉)园区在现有设备自动化、物流自动化的基础上,通过采用智能网络和机器人,用自动化制程取代传统人工组装,并导入影像全记录、移动应用等解决方案,实现信息互通互联,达成全方位数字化和互联互通,有效减少人力投入,缓解招工不易、流动率高等问题,大幅提升工厂技术质量。

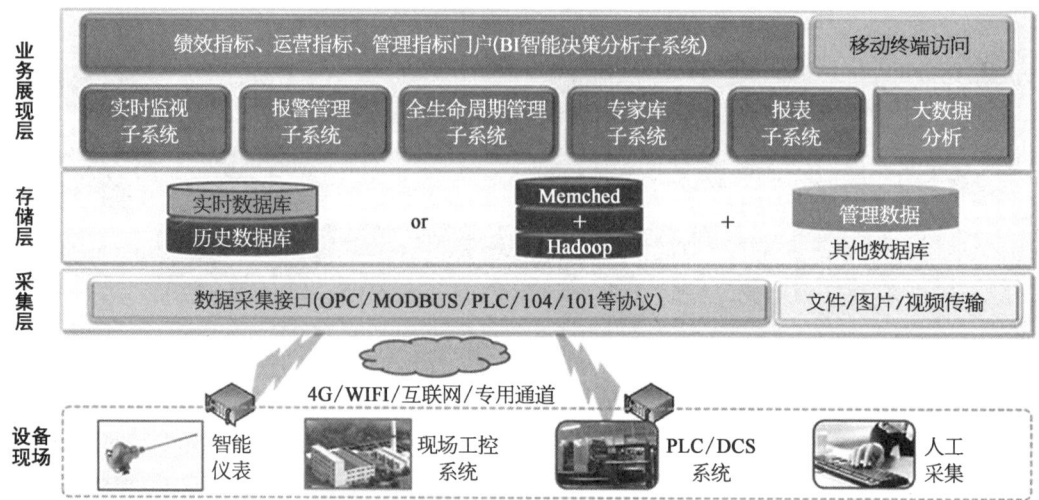

图 3-17 富士康系统集成及技术架构

配合智能工厂建设，富士康武汉园区同时启动智能办公系统建制，利用集团自主研发与集成的云门户、云桌面及视讯协同系统，构建应用云端化、办公移动化、视讯协同化智能办公系统，实现档案不落地、随时随地办公、远程视讯会议及异地文档协同等功能，不但能有效降低办公成本，提升工作效率及档案资料管理的安全性，还能减少人员出差概率，降低出差成本等。

目前，已经导入智能生产的车间，自动化提升比例达57%，车间生产管理时间成本减少70%，生产异常损失减少50%，响应速度提升70%。

参考文献

[1] 辛国斌，田世宏. 国家智能制造标准体系建设指南[M]. 北京：电子工业出版社，2016.

[2] 韦莎. 智能制造系统架构研究[J]. 标准化研究，2016(4)：50-54.

[3] 林魁. 以两化融合推进智能制造转型[J]. 现代信息科技，2017,1(4)：127-128.

[4] 中国两化融合服务联盟工业和信息化部两化融合管理体系联合工作组. 两化融合管理体系的理论和基本框架[R/OL]. (2017-01-16)[2018-9-24]. http://www.cspiii.com/xzzx/.

[5] 全面分析离散制造业的智能制造之路[EB/OL]. (2017-06-16)[2018-9-24]. http://gongkong.ofweek.com/2017-06/ART-310000-8420-30144222_3.html.

[6] 离散型制造业如何实现智能制造[EB/OL]. (2017-10-18)[2018-9-24]. http://www.sohu.com/a/198770732_816331.

[7] 罗敏行. 流程企业智能制造实践与探讨[J]. 石油化工建设，2016,38(1)：16-18.

[8] 作为钢铁业"大哥"，宝钢智能制造之路如何走[EB/OL]. (2017-06-21)[2018-9-24]. http://mini.eastday.com/a/170621183924103.

第4章

智能运维与服务

智能运维与服务作为智能制造模式的一种,是主动预防型运维、全生命周期运维和集成系统运维在集中化、共享化、智慧化趋势下的集中体现,是构筑制造业服务生态系统的最终目标。

智能制造(intelligent manufacturing,IM)是一种由智能机器和人类专家共同组成的人机一体化智能系统,它在制造过程中能进行智能活动,诸如分析、推理、判断、构思和决策等。通过人与智能机器的合作共事,去扩大、延伸和部分地取代人类专家在制造过程中的脑力劳动。当前,以智能制造为代表的新一轮产业变革迅猛发展,数字化、网络化、智能化日益成为制造业的主要趋势。

智能运维与服务是智能制造模式的典型应用之一,智能运维是运维服务在新一代信息技术与制造装备融合集成创新和工程应用发展到一定阶段的产物,它打破了人、物和数据的空间与物理界限,是智慧化运维在智能制造服务环节的集中体现。

智能运维与服务模式促使传统运维的三个转变:从被动的故障维修向主动的预测性运维转变;从间断式运维向全生命周期运维转变;从硬件设备运维向系统集成服务运行转变。

智能运维与服务模式的内涵包括以下内容。

① 广泛性、网络型的服务与仓储体系是业务支撑。

智能运维与服务存在一定的空间界性,一般适用于大型设备厂商,这就需要企业在线下布局自身或者第三方的仓储与物流运输体系,来支撑远程设备的运输、现场安装、现场检修与维护。

② 智能化技术和设备的改造与运用是服务基础。

智能运维与服务存在一定的物理界性,要实现装备物联化、监控在线化、诊断智能化、维护服务协同化,需要智能化技术和设备的改造与运用,将信息传感设备与互联网连接起来进行信息交换,为远程运维信息数据的搜集、分析等提供服务基础。

③ 大数据、云计算平台的建设与管理是技术保障。

智能运维与服务面临着海量的数据,如何对数据进行快速、精确处理与分析,决定着远程预警、检修和诊断的成败。

④ "智慧大脑"+"高效前台"的运维方案是价值核心。

企业提供智能运维需要长时间在技术、市场等领域深耕,获取客户、服务商、知识和信息等资源,形成以"智慧大脑"+"高效前台"为价值核心的服务模式,为客户提供系统集成的运维服务,如图4-1所示。

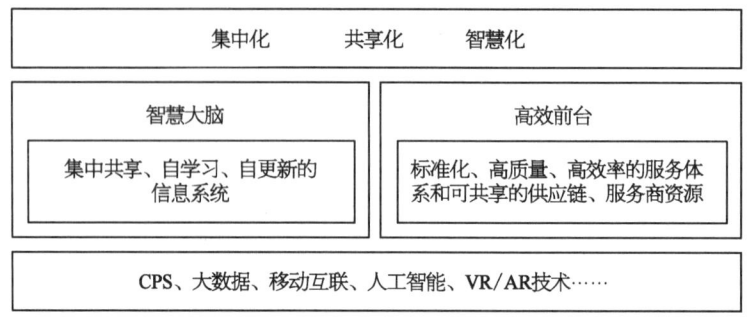

图4-1 智能运维服务模式

本章介绍了智能运维与服务体系,实施运维与服务的技术基础,以及相关案例。

4.1 智能运维与服务体系

构筑制造业服务生态系统的最终目标是,通过企业战略合作、集团内部优势整合、国际合作等,构建面向产品全生命周期的,涵盖产品设计、制造、销售、运营、维护等全产业链的智能运维与服务体系,如图4-2所示。

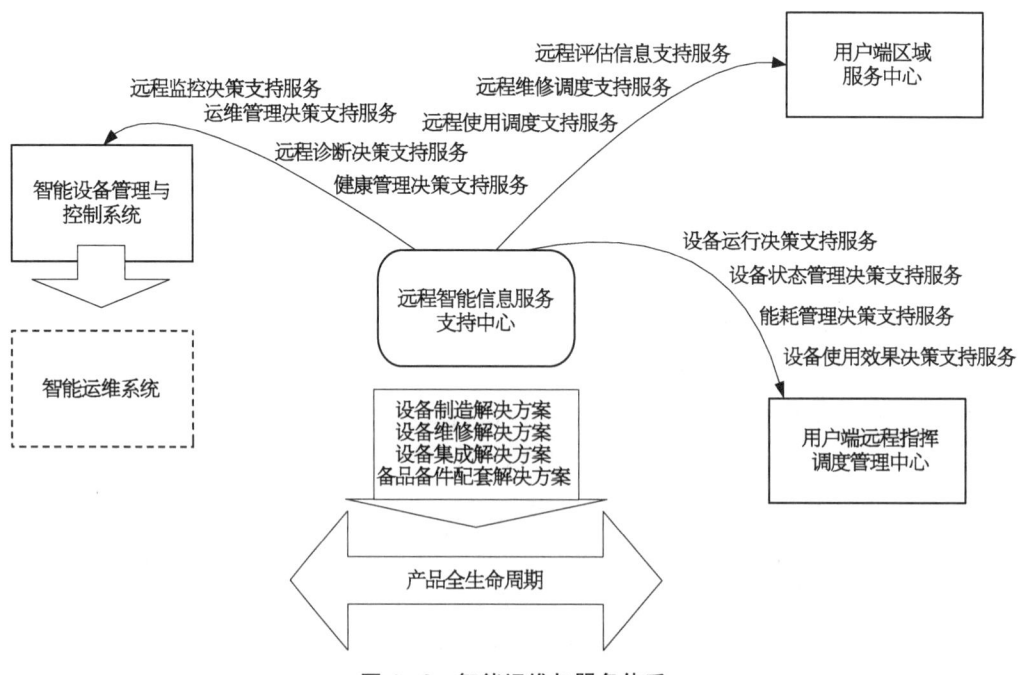

图4-2 智能运维与服务体系

智能运维与服务体系以远程智能信息服务支撑中心为核心,协调产品产业链上各关键环节;以智能运维系统等运维产品为依托,汇聚产品相关数据,开展相应的数据分析和决策支持工作,按照各类用户的实际需求,提供相应服务。

4.1.1 智能运维系统

美国智能维护系统(intelligent maintenance systems,IMS)中心在2000年率先提出了智能运维系统的概念:利用传感器从设备端采集数据,再利用本地的智能分析软件(由Watchdog Agent® 作为驱动内核)进行分析后获得设备当前的监控状态,对设备的健康状态进行预测后采用预测性维护方式,实现设备的零故障运行;同时将设备使用过程中积累的大量数据进行深度挖掘后形成的经验知识反馈到设计端作为改善的依据,从而形成设备闭环的全生命周期信息管理。图4-3所示为IMS提出的智能运维系统设计架构。

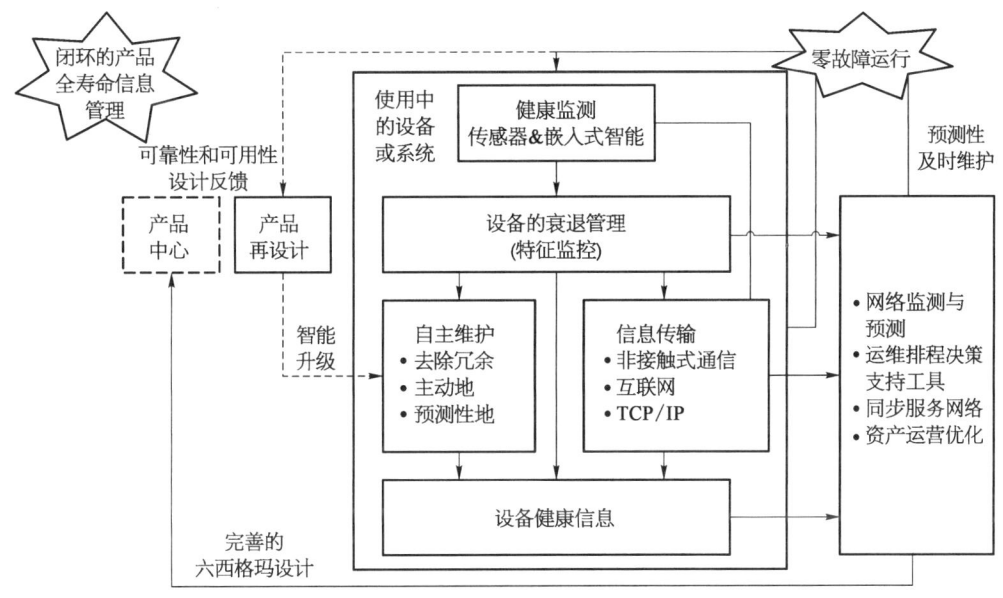

图4-3 智能运维系统设计架构

开展智能运维与服务所需的三个基本要素为智能设备、智能分析和智能决策。

(1) 智能设备

利用传感器和通信技术将分布在世界各地的设备、设施、集群、社区网络相连接;利用嵌入式智能、软件技术、控制技术等实现本地设备的智能化功能。

(2) 智能分析

将机理模型与智能数据分析工具相结合,建立虚拟与实体相互映射的分析模型;将专家知识、预测算法和自动化技术相结合,实现人工智能分析系统。

(3) 智能决策

通过先进的可视化工具和远程操作工具将人与设备进行连接,实现人在回路的控制决策支持；在运维、排程、诊断、安全保障等方面提供决策支持服务。

智能运维系统涵盖 5 个层次：连接（connect）、监控（monitor）、分析（analyze）、预测（predict）和优化（optimize）。

(1) 连接

从资产或生产过程记忆数据管理到设备价值的数据采集。

(2) 监控

重点帮助客户了解资产和生产流程的性能以及可视化。可视化使用户更加清楚地了解机器的操作情况和运行状况。如今的软件可以结合功能强大的操作界面解决方案，对实时决策、高性能和可靠性予以支持，可用的软件有 RXi display、Proficy HMI/SCADA-Ifix、Proficy HMI/SCADA-CIMPLICITY 等。

(3) 分析

基于历史和实时数据有助于确定问题的根本原因，从而了解其中的相关性和趋势，并能有效地解决问题。

(4) 预测

专注于提供先见之明成为迫在眉睫的问题，这样就可以防患于未然，避免出现问题，推动更宏观的过程的一致性和延长资产的正常运行时间。

(5) 优化

最大化资产和流程的性能，已达到所有期望的效果，并充分利用工业互联网优势的性能潜力。

4.1.2 智能服务

由于现代装备系统正变得越来越复杂，使用尖端、特殊材料制造，技术越来越专注，其运维工作越来富有挑战性。以维护、维修与大修为核心的维修业利润空间巨大，是许多运维企业及装备原产企业蜂拥切分的大蛋糕。

通过业务流程再造，面向行业提供社会化、专业化服务发展的模式，构筑覆盖产品全生命周期的新的服务生态系统，为解决传统售后市场商业模式根本利害冲突提供了一种双赢机制，这种机制就是服务型制造。

服务型制造是基于制造的服务和面向服务的制造，是基于生产的产品经济和基于消费的服务经济的融合，是制造与服务相融合的新产业形态。简单地说，服务型制造就是制造价值链上的企业，通过产品和服务的融合、合作伙伴和用户全程参与、企业相互提供生产性服务和服务型生产，实现分散化制造资源的整合与各自核心竞争力的高度协同，创新价值创造途径，如图 4-4 所示。

服务型制造意味着一方面，企业可以发挥自身优势，将优质资源以服务的形式参与到其他企业生产过程，完成价值共创；另一方面，企业也通过服务的形式，按需从市场获取专业化服务，取得更大的效益。

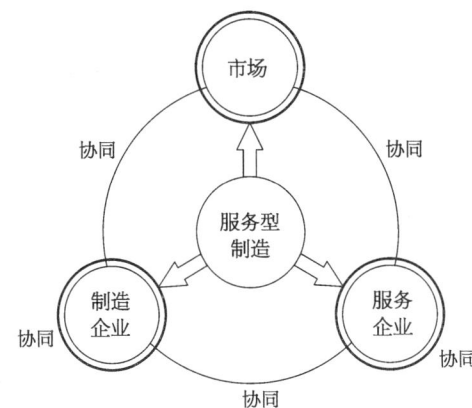

图 4-4　价值创造新途径

智能服务是指对智能制造各节点、各阶段提供数据挖掘服务和知识推送服务。通过智能服务，可以使智能制造过程围绕客户需求展开和延伸，更贴近客户需求；通过智能服务，可以获取装备运行的工况参数，借助大数据等技术，基于监控数据提供智能服务决策，使装备可靠运行。智能服务按服务对象不同可分为面向装备设计的需求获取与智能知识服务和面向装备服役的状态监测与远程运维服务。

(1) 面向装备设计的需求获取与智能知识服务

当前针对客户需求挖掘的算法主要有可视化、统计分析、遗传算法、粗糙集方法、决策树、神经网络、聚类等。

客户需求挖掘是知识发现过程中的一个特定步骤，也是核心步骤。一般来说，不存在一个普遍适用的客户需求挖掘算法。一个算法在某个领域非常有效，但在其他领域并不一定适用。例如，决策树在问题维数高的领域可以得到很好的分析结果，但对数据类之间的决策分界采用二次多项式描述的分类问题却不太适用。任何一个客户需求挖掘算法都有其优缺点。因此，选择方法要由具体应用的目标情况决定，不能仅仅由算法性能判断。

聚类方法和可视化方法也可以用于多个方面。在网络信息的知识发现中，对内容的挖掘可以采用关联分析、神经网络和分类挖掘等；对结构的挖掘可以采用关联分析、分类挖掘、聚类挖掘和可视化等；对使用记录的挖掘可以采用关联分析、分类挖掘和遗传算法等。在实际项目中，应考虑如何结合起来，互相取长补短，从而取得更好的效果。

图 4-5 所示是一个挖掘客户需求的智能服务平台架构，主要包括客户模糊需求转化与相似性检索、运行监控的大数据智能服务和设计大数据的设计服务与智能导航。挖掘客户需求的智能服务平台的支撑数据库包括客户需求实力库、传感器运行大数据和性能特性资源库。

通过搭建完整架构的云服务平台，将复杂装备行业涉及所需的各类设计资源，如设计手册、零件样本、产品模型等，进行收集、整理、归纳、整合，以服务的形式发布到云上，企业的设计人员作为平台的用户只需要通过设计资源共享平台门户网站，就可以访问和使用共享平台的各种服务。

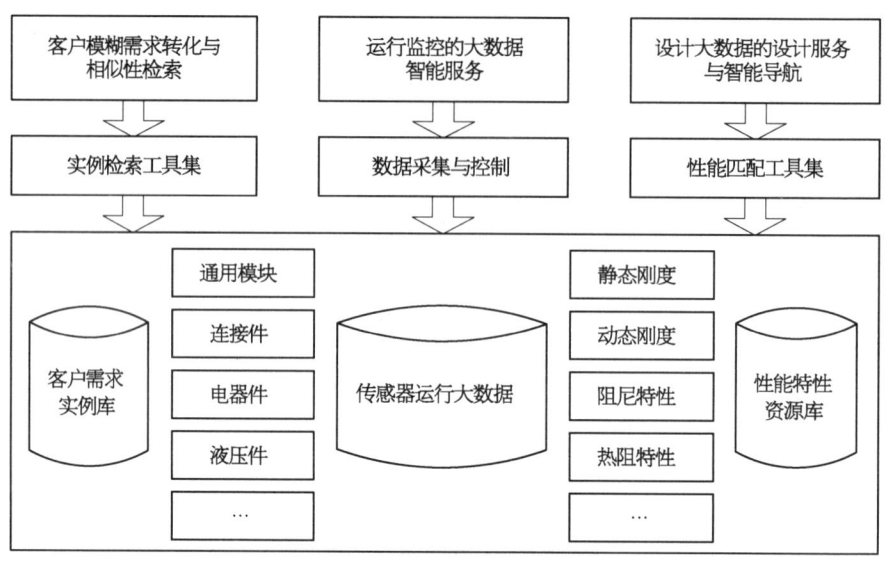

图 4-5 挖掘客户需求的智能服务平台架构图

(2) 面向装备服役的状态监测与远程运维服务

装备在运行时会出现各种状况，外界的干扰与装备自身的振动与摩擦可能会对装备产生一定影响，对装备的连续健康运行造成隐患。传统的现场停机检查使得生产维护成本提高，导致装备利用率低下。

配有传感器并接入物联网的智能产品的出现，改变了传统服务手工处理和离线处理的状态。通过安置在装备上的传感器实时感知装备运行的内部状态和外在环境相关的各类数据，实现对装备全生命周期的管理，并开展各类增值服务。如远程监测装备运行状态，判断其运行是否正常，利用远程监测系统，密切关注装备振动波动、运行趋势、报警事件等；通过对当前数据和历史数据的对比分析，利用图、谱、表等可视化手段，呈现装备运行状态，预测运行趋势，提供消除故障的思路；通过对装备长期运行监测，提供维护策略。

图 4-6 所示为较为通用的通过采集相关数据进行分析以提供相应的服务。

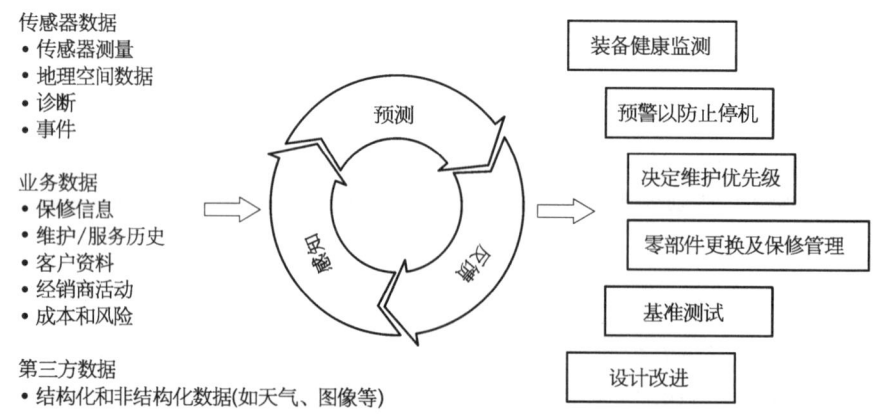

图 4-6 装备状态监测与服务

4.2 技术基础

4.2.1 边缘计算

(1) 边缘计算的概念及基本特点

边缘计算是在靠近物或数据源头的网络边缘侧,融合网络、计算、存储、应用核心能力的分布式开放平台,就近提供边缘智能服务,满足行业数字化在敏捷联接、实时业务、数据优化、应用智能、安全与隐私保护等方面的关键需求。它可以作为联接物理和数字世界的桥梁,使能智能资产、智能网关、智能系统和智能服务。边缘计算的基本特点包括以下几点。

① 联接性。

联接性是边缘计算的基础。所联接物理对象的多样性及应用场景的多样性,需要边缘计算具备丰富的联接功能,如各种网络接口、网络协议、网络拓扑、网络部署与配置、网络管理与维护。联接性需要充分借鉴吸收网络领域先进研究成果,如 TSN、SDN、NFV、Network as a Service、WLAN、NB-IoT、5G 等,同时还要考虑与现有各种工业总线的互联互通。

② 数据第一入口。

边缘计算作为物理世界到数字世界的桥梁,是数据的第一入口,拥有大量、实时、完整的数据,可基于数据全生命周期进行管理与价值创造,将更好地支撑预测性维护、资产效率与管理等创新应用;同时,作为数据第一入口,边缘计算也面临数据实时性、确定性、多样性等挑战。

③ 约束性。

边缘计算产品需适配工业现场相对恶劣的工作条件与运行环境,如防电磁、防尘、防爆、抗振动、抗电流/电压波动等。在工业互联场景下,对边缘计算设备的功耗、成本、空间也有较高的要求。边缘计算产品需要考虑通过软硬件集成与优化,以适配各种条件约束,支撑行业数字化多样性场景。

④ 分布性。

边缘计算实际部署天然具备分布式特征。这要求边缘计算支持分布式计算与存储、实现分布式资源的动态调度与统一管理,支撑分布式智能,具备分布式安全等能力。

⑤ 融合性。

OT 与 ICT 的融合是行业数字化转型的重要基础。边缘计算作为"OICT"融合与协同的关键承载,需要支持在联接、数据、管理、控制、应用、安全等方面的协同。

(2) 边缘计算参考架构

参考架构基于模型驱动的工程方法(model-driven engineering, MDE)进行设计。基于模型可以将物理和数字世界的知识模型化,从而实现以下功能。

① 物理世界和数字世界的协作。

对物理世界建立实时、系统的认知模型。在数字世界预测物理世界的状态、仿真物理世界的运行、简化物理世界的重构,然后驱动物理世界优化运行。能够将物理世界的全生命周期数据与商业过程数据建立协同,实现商业过程和生产过程的协作。

② 跨产业的生态协作。

基于模型化的方法,ICT 和各垂直行业可以建立和复用本领域的知识模型体系。ICT 行业通过水平化的边缘计算领域模型和参考架构屏蔽 ICT 技术复杂性,各垂直行业将行业 Know-How 进行模型化封装,实现 ICT 行业与垂直行业的有效协作。

③ 减少系统异构性,简化跨平台移植。

系统与系统之间、子系统与子系统之间、服务与服务之间、新系统与旧系统之间等基于模型化的接口进行交互,简化集成。基于模型,可以实现软件接口与开发语言、平台、工具、协议等解耦,从而简化跨平台的移植。

④ 有效支撑系统的全生命周期活动。

包括应用开发服务的全生命周期、部署运营服务的全生命周期、数据处理服务的全生命周期、安全服务的全生命周期等。

ICT 行业在网络、计算、存储等领域面临着架构极简、业务智能、降低 CapEx 和 OpEx 等挑战,正在通过虚拟化、SDN、模型驱动的业务编排、微服务等技术创新应对这些挑战。边缘计算作为 OT 和 ICT 融合的产业,其参考架构设计需要借鉴这些新技术和新理念。同时,边缘计算与云计算存在协同与差异,面临独特挑战,需要独特的创新技术。

基于上述理念,边缘计算机产业联盟(edge computing consortium,ECC)提出了如图 4-7 所示的边缘计算参考架构 2.0。

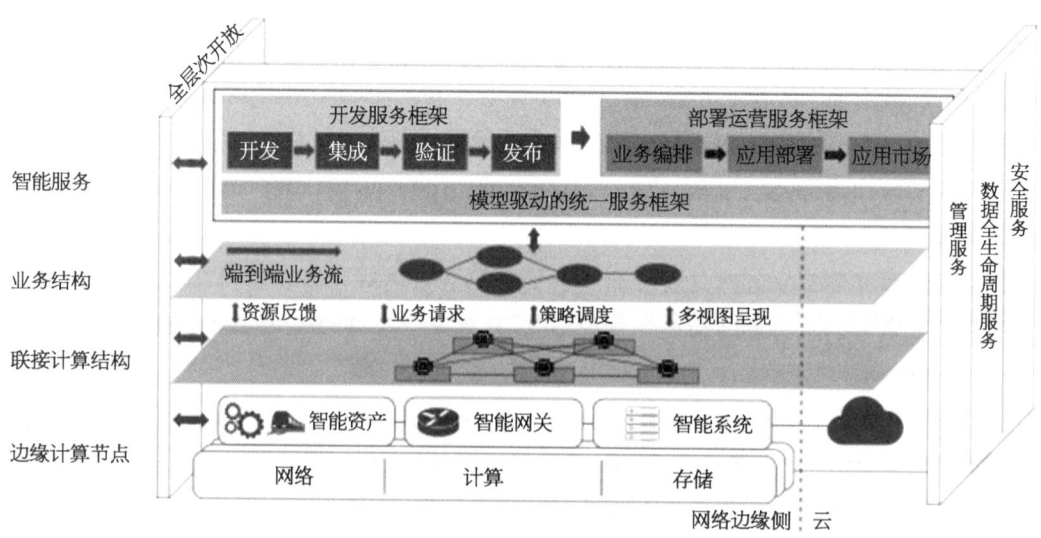

图 4-7 边缘计算参考架构 2.0

从架构的横向层次来看,具有如下特点:

① 智能服务基于模型驱动的统一服务框架,通过开发服务框架和部署运营服务框架实现开发与部署智能协同,能够实现软件开发接口一致和部署运营自动化;

② 智能业务编排通过业务结构定义端到端业务流,实现业务敏捷;

③ 联接计算(connectivity and computing fabric,CCF)实现架构极简,对业务屏蔽边缘智能分布式架构的复杂性;实现 OICT 基础设施部署运营自动化和可视化,支撑边缘计算资源服务与行业业务需求的智能协同;

④ 智能边缘计算节点(edge computing node,ECN)兼容多种异构联接、支持实时处理与响应、提供软硬一体化安全等;

⑤ 边缘计算参考架构在每层提供了模型化的开放接口,实现了架构的全层次开放;边缘计算参考架构通过纵向管理服务、数据全生命周期服务、安全服务,实现业务的全流程、全生命周期的智能服务。

(3) 智能运维与服务边缘计算应用框架

智能运维与服务是将生产设备等资源通过智能网关或智能资产连接到智能分布式系统中,实现生产设备在数字世界的虚拟化和模型化,通过边缘计算和云计算的协同完成网络资源、生产设备、生产工艺的智能编排,使能制造过程的自感知、自决策、自执行和可预测性维护等。智能运维与服务边缘计算应用框架如图 4-8 所示。

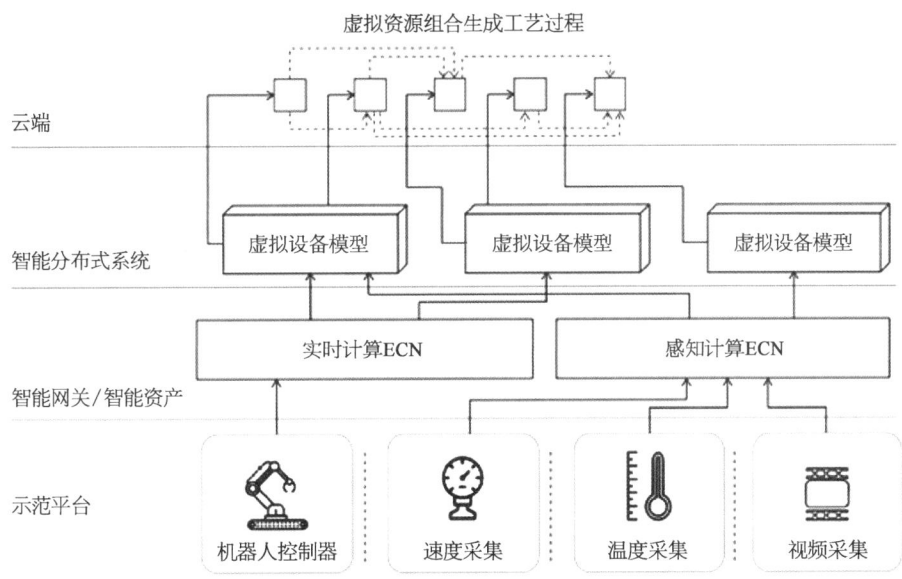

图 4-8 智能运维与服务边缘计算应用框架

4.2.2 信息物理系统

(1) 信息物理系统概念及特征

信息物理系统(cyber physical system,CPS)通过集成先进的感知、计算、通信、控制等信息技术和自动控制技术,构建了物理空间与信息空间中人、机、物、环境、信息等要素相互映射、适时交互、高效协同的复杂系统,实现系统内资源配置和运行的按需响应、快速迭代、动态优化。

一般将 CPS 定位为支撑两化深度融合的一套综合技术体系,这套综合技术体系包含硬件、软件、网络、工业云等一系列信息通信和自动控制技术,这些技术的有机组合与应用,构建起一个能够将物理实体和环境精准映射到信息空间并进行实时反馈的智能系统,作用于生产制造全过程、全产业链、产品全生命周期,重构制造业范式。

根据工业大数据环境中的分析和决策要求所设计的以 CPS 为核心的智能化体系,其特征主要体现在以下几个方面。

① 智能的感知:从信息来源、采集方式和管理方式上保证了数据的质量和全面性,建立支持 CPS 上层建筑的数据环境基础。

② 数据到信息的转化:可以对数据进行特征提取、筛选、分类和优先级排列,保证了数据的可解读性。

③ 网络的融合:将机理、环境与群体有机结合,构建能够指导实体空间的网络环境,包括精确同步、关联建模、变化记录、分析预测等。

④ 自我的认知:将机理模型和数据驱动模型相结合,保证数据的解读符合客观的物理规律,并从机理上反映对象的状态变化。同时结合数据可视化工具和决策化算法工具为用户提供面向其活动目标的决策支持。

⑤ 自由的配置:根据活动目标进行优化,进而通过执行优化后的决策实现价值的应用。

(2) 信息物理系统体系架构

系统之系统(systems of systems,SoS)级 CPS 主要实现数据的汇聚,从而对内进行资产的优化和对外形成运营优化服务,主要功能包括:数据存储,数据融合,分布式计算、大数据分析,数据服务,并在数据服务的基础上形成了资产性能管理和运营优化服务。CPS 体系架构如图 4-9 所示。

SoS 级 CPS 可以通过大数据平台,实现跨系统、跨平台的互联、互通和互操作,促成了多源异构数据的集成、交换和共享的闭环自动流动,在全局范围内实现信息全面感知、深度分析、科学决策和精准执行。这些数据部分存储在 CPS 智能服务平台,部分分散在各组成的组件内。对于这些数据进行统一管理和融合,并具有对这些数据的分布式计算和大数据分析能力,是这些数据能够提供数据服务、有效支撑高级应用的基础。

资产性能管理主要包括企业资产优化、预防性维护、工厂资产管理、环境安全和远程监控诊断等方面。运营优化服务主要包括个性化定制、供应链协同、数字制造管控和远程运维管理。通过智能服务平台的数据服务,能够对 CPS 内的每一个组成部分进行操控,对各组成部分状态数据进行获取,对多个组成部分协同进行优化,达到资产和资源的优化配置和运行。

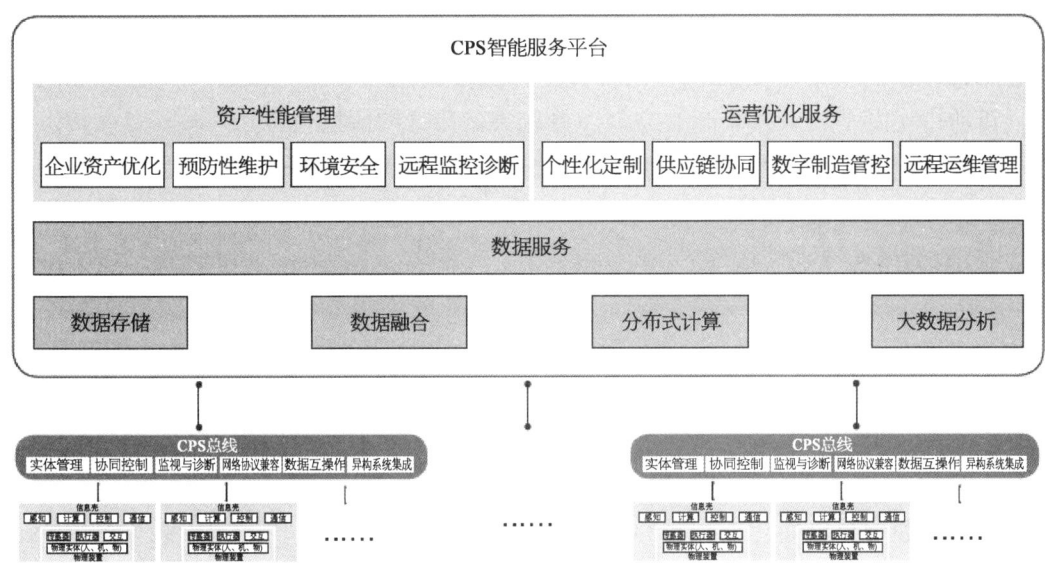

图 4-9 CPS 体系架构

(3) 智能运维与服务在信息物理系统的应用

通过在自身或是相关要素搭载具有感知、分析、控制能力的智能系统,采用恰当的频率对人、机、料、法、环相关数据进行感知、分析和控制,运用工业大数据、机器学习、故障预测与健康管理(prognostic and health management,PHM)、人工智能等技术手段,帮助企业解决装备健康监测、预防维护等问题,实现"隐形数据—显性数据—信息—知识"的循环优化。同时通过将不同的"小"智能系统按需求进行集成,构建一个面向群体或是 SoS 的装备的工业数据分析与信息服务平台,对群体装备间的相关多源信息进行大数据分析、挖掘,实现群体、SoS 之间数据和知识的共享优化,解决远程诊断、协同优化、共享服务等问题,同时通过云端的知识挖掘、积累、组织和应用,构建具有自成长能力的信息空间,实现"数据—知识—应用—数据"的良性循环。

通过 CPS 按照需要形成本地与远程云服务相互协作、个体与群体(个体)、群体与系统的相互协同一体化工业云服务体系,能够更好地服务于生产,实现智能装备的协同优化,支持企业用户经济性、安全性和高效性经营目标落实。

① 健康管理。

将 CPS 与装备管理相结合,通过应用建模、仿真测试、验证等技术建立装备健康评估模型,在数据融合的基础上搭建具备感知网络的智能应用平台,实现装备虚拟健康管理。通过智能分析平台对装备运行状态进行实时的感知与监测,并实时应用健康评估模型进行分析预演及评估,将运行决策和维护建议反馈到控制系统,为装备最优使用和及时维护提供自主认知、学习、记忆、重构的能力,实现装备健康管理。

② 智能维护。

应用建模、仿真测试及验证等技术,基于装备虚拟健康的预测性智能维护模型,构建装备智能维护CPS系统。通过采集装备的实时运行数据,将相关的多源信息融合,进行装备性能、安全、状态等特性分析,预测装备可能出现的异常状态,并提前对异常状态采取恰当的预测性维护。装备智能维护CPS系统突破传统的阈值报警和穷举式专家知识库模式,依据各装备实际活动产生的数据进行独立化的数据分析与利用,提前发现问题并处理,延长资产的正常运行时间。

③ 远程征兆性诊断。

传统的装备售后服务模式下,装备发生故障时需要等待服务人员到现场进行维修,将极大程度影响生产进度,特别是大型复杂制造系统的组件装备发生故障时,维修周期长,更是增加了维修成本。在CPS应用场景下,当装备发生故障时,远程专家可以调取装备的报警信息、日志文件等数据,在虚拟的设备健康诊断模型中进行预演推测,实现远程的故障诊断并及时、快速地解决故障,从而减少停机时间并降低维修成本。

④ 协同优化。

CPS通过搭建感知网络和智能云分析平台,构建装备的全生命周期核心信息模型,并按照能效、安全、效率、健康度等目标,通过对核心部件和过程特征等在虚拟空间进行预测推演,结合不同策略下的预期标尺线,筛选出最佳决策建议,为装备使用提供辅助决策,从而实现装备的最佳应用。以飞机运营为例,运营中对乘客人数、飞行时间、飞行过程环境数据、降落数据、机场数据等数据的采集,同步共享给相关方:飞机设计与制造部门通过飞机虚拟模拟模型推演出最优方案指导飞机操作人员、航空运营商提供最优路线方案给地勤运营等。

⑤ 共享服务。

通过在云端构建一个面向群体装备的工业数据分析与信息服务平台,将单一智能装备的信息与知识进行共享,正在运行的智能装备可以利用自身的感知和运算能力帮助其他智能装备进行分析运算,智能装备可依据云端群体知识进行活动优化。以船舶为例,将要开始某个具体航线活动的船舶可以向该区域内的船舶提出信息请求,正在进行该活动的船舶可以利用自身的感知与运算能力帮助前者进行分析运算,这样,前者可以依据这个结果选择航线、设定航速、躲避气象灾害。

4.2.3 工业云

(1) 工业云与工业集成框架

工业企业生产模式发展的主要方向是智能制造、大规模个性化定制、网络协同制造、服务型制造、云制造等新型制造模式。这些制造模式的发展具有复杂性、系统性,既涉及设计、生产、物流、销售、服务等产品全生命周期的产业链协作,又涉及执行设备层、控制层、管理层、企业层、协同层等企业内部集成。实现新的制造模式,需实现制造业产业链企业间的横向集成、企业内部业务的纵向集成和基于用户价值链的端到端的集成。基于工业云的横向集成、纵向集成与端到端集成如图4-10所示。

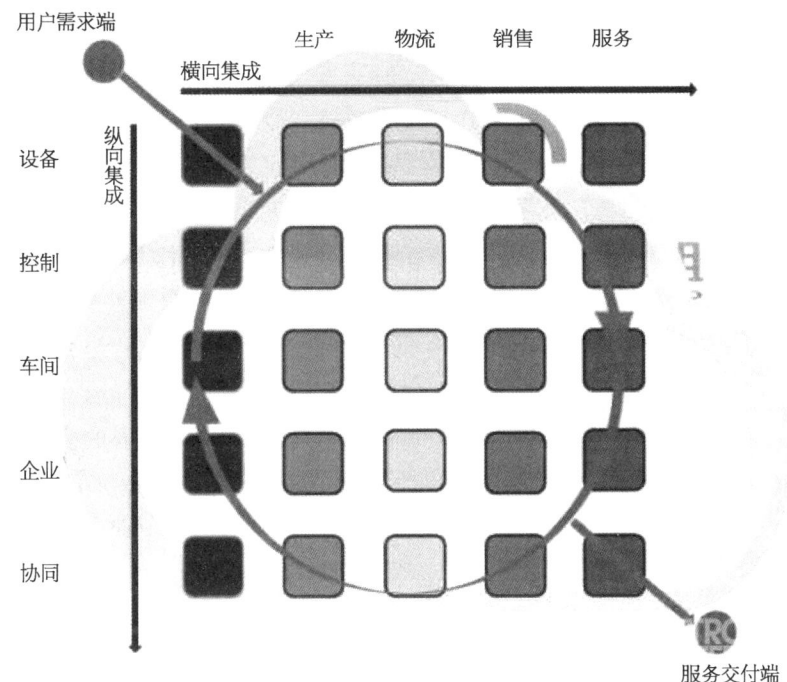

图 4-10 工业云与工业集成架构

工业云提供了工业领域所需的各种业务能力服务,这部分服务既涉及企业间的协同合作,也涉及企业内部各业务单元的高效协作。工业云将帮助工业实现三大集成,助力工业企业的转型升级。

① 工业云与横向集成。

横向集成是产业链企业之间通过价值链以及信息网络所实现的一种资源整合,为实现各企业间的无缝合作,提供实时产品与服务,推动企业间研产供销、经营管理与生产控制、业务与财务全流程的无缝衔接和综合集成,实现产品开发、生产制造、经营管理等在不同企业间的信息共享和业务协同。

工业云基于产品价值网络,以优化资源配置和增强要素流动为目标,提供了贯穿产品的全生命周期的业务能力服务,促进不同企业之间开展形式多样的合作。工业云为实现横向集成提供了面向行业或地域内的企业间的生产协同服务、供应链协同服务。

② 工业云与纵向集成。

纵向集成是企业内部业务流程的集成,贯穿企业内部管理、运行、控制及现场多个层级,是实现柔性生产、绿色生产的途径。

工业云提供工业企业内部所需工业软件及相关集成服务,贯穿企业内部各个业务单元,使企业高效运行。工业云提供的典型应用有工业数据集成服务和工业系统集成服务等。

工业数据集成服务基于工业物联技术,实现了工厂内不同层级的硬件设备,从最小的嵌入设备和基础元器件开始,到感知设备、制造设备、制造单元和生产线,相互间的互联互通,构建了"可测可控、可产可管"的纵向集成环境。

工业系统集成服务消除企业内部信息孤岛,实现不同业务流程及系统间的有机集成。

③ 工业云与端到端集成。

端对端集成是基于满足用户需求的价值链的集成,通过价值链上不同企业间及每个企业内部的资源的整合及协作,是实现个性化定制服务的根本途径。端到端集成可以是企业内部的纵向集成,可以是产业链中的横向集成,也可以是两者的交互融合。

(2) 工业云与服务型制造

服务型制造将物理资源或虚拟资源进行服务化封装,对封装的服务进行建模和描述并发布到云平台,提供生产性服务和服务性生产,实现分散化制造资源的整合和企业核心竞争力的高效利用,使得以传统产品制造为核心的模式向以提供服务为核心的模式转变。服务型制造可建立制造基地或业务流程外包,实现制造价值链中利益相关者价值增值,降低企业制造成本和增强产业竞争力,进而利于提高全要素生产率、产品附加值和市场占有率。

工业云因对产品全生命周期管理进行全面介入,可以有效地对产品全生命周期进行追踪和反馈,这些追踪和反馈构成了服务型制造的本质。因此,依托工业云形成的追踪反馈双向链条是服务型制造的关键所在。一方面,工业云服务按需获取的使用模式改变了生产制造长期以来面向生产、面向设备、面向订单、面向资源等的形态,把用户的需求放在产业价值链的首端,实现了真正的面向服务、面向需求的生产制造。这种转变是实现生产型企业向服务型企业转变、实现资源优化配置以提高资源利用率的关键。另一方面,服务型制造企业可以利用工业云提供的服务化技术对生产制造资源和能力进行重新封装和组合,形成制造过程所需要的设计、仿真、生产加工、管理和集成等服务,从而为用户提供优质廉价、按需使用的服务,并能提高制造系统的开放性、互操作性、敏捷性和集成能力,进一步有效节约企业运维成本,提升用户体验,大幅拓展产品的价值空间。

4.2.4 人工智能

人工智能(artificial intelligence,AI)是研究、开发用于模拟、延伸和扩展人的智能的理论、方法、技术及应用系统的一门新的技术科学。它企图了解智能的实质,并生产出一种新的能以人类智能相似的方式作出反应的智能机器。目前 AI 迈向了一个新的阶段——AI2.0。AI2.0 的主要特征包括:深度学习数据驱动的直觉感知能力的出现、基于互联网的群体智能和技术型人机混合增强智能的出现,以及跨媒体计算的兴起等。

较早将人工智能技术应用于智能运维与服务领域的智能机器是基于增强现实技术的智能眼镜。增强现实技术是通过将计算机生成的虚拟物体或信息和真实环境实时叠加在一起,给用户呈现一个感官效果真实、场景信息丰富的情景。这种虚拟零件和真实零件共存的特点,可以为用户在复杂的设备维护和检修中提供一种更灵活、直观的方法,从而使得非熟练工人能够正确地进行设备的维护与检修,达到缩短设备维护周期、提高维护效率质量、降低成本的目标。另一种应用是虚拟培训,一些企业已经开发出了虚拟的工厂操作培训模块。通过在该模块中建立虚拟现实的、基于数据的三维环境,在增强现实的眼镜支持下,给工厂员工提供应对紧急状况的培训。在这个虚拟现实的世界中,操作者可以通过单击行为与机器进行各种各样的交互,掌握相关的知识。

4.3 应用案例

4.3.1 海尔中央空调工业互联网云服务平台——海尔网器产品智能云服务

海尔承接"中国制造2025""互联网+"的国家战略,由原来以企业为中心转变为以用户为中心,积极探索基于"物联网"和"物联网"的网器互联。建立全球首项智能云服务平台,实现了中央空调从设备到网器的转变,聚集了设备及用户使用的大数据。对用户来说,可以通过平台实时监测及控制中央空调运转,节省一半机房管理人员;对资源方来说,以节能服务公司为例,可以实时监测设备的能耗数据,并根据推送的运营报告提高系统节能;对海尔来说,通过故障预警可以实现零停机,提升用户口碑;通过大数据分析可以帮我们了解行业用户的使用习惯实现产品的迭代引领。

通过智能云服务,产品可实现远程监测、智能维保、故障预警、节能服务,与用户、服务商等利益攸关方构建共创共享的智能服务生态圈。

(1) 项目总体方案

颠覆传统中央空调管理,由手动控制到人工智能主动控制,实现网器产品无人操控。通过云服务模块实现群控控制、远程控制,依据云平台+网器大数据,实现网器产品智能管控、交互、能耗分析。

云服务项目为行业首个大数据互联的智能云服务平台,实现与海尔、用户、服务商互联,依据大数据分析,实现网器智能管理。通过云服务平台智慧控制,节省一半机房管理人员。

(2) 平台整体架构

云平台从整体上可以分为数据采集层、业务处理层和功能展现层。平台整体结构图如图4-11所示,实现5类(研发、售后、供应商、客服、用户)实时可视和查询。

(3) 提供服务

① 基于工业互联网开展应用服务。

生态圈:聚焦了设备及用户使用大数据,数据实时可视,设备故障预警通知、大数据智能分析、产品KPI统计和新产品研发数据。

服务商:网器产品大数据分析、远程智能开关机、远程温度调节、实时能耗统计,定期推送运营报告。

用户:实时检测及控制中央空调运转,节省机房管理人员。

② 预测性防修。

传统的机房巡检,人为检查,机组出现预警、故障被动响应,现在可通过云服务平台实

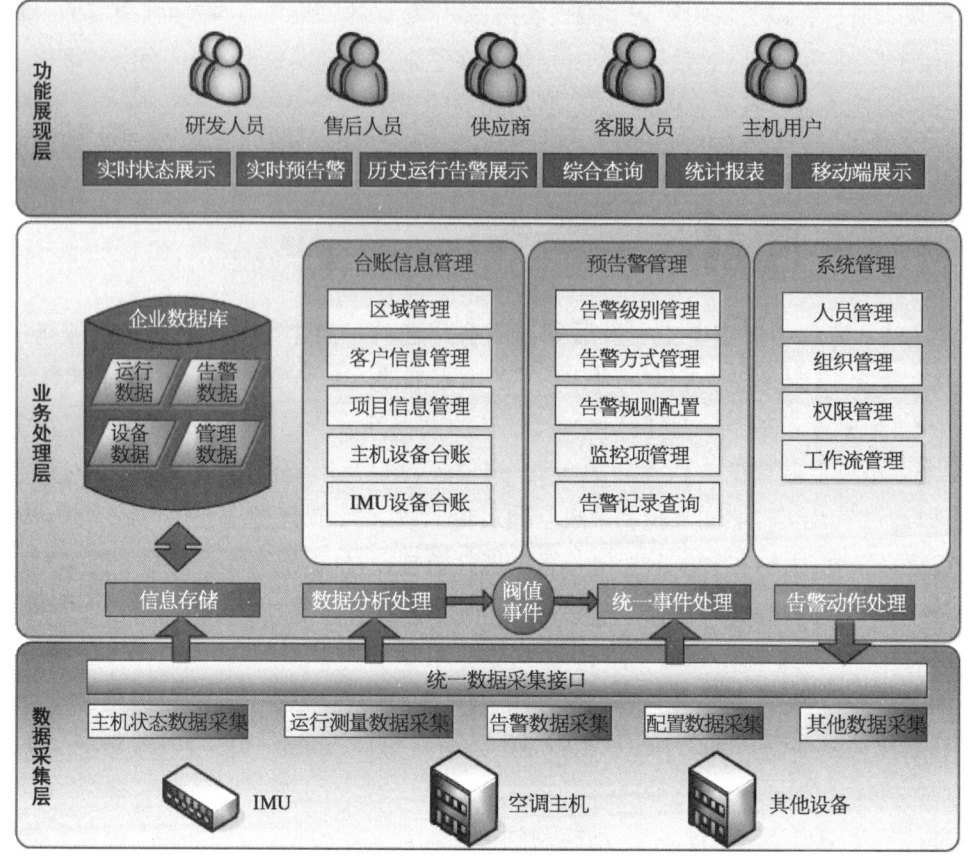

图 4-11 平台整体架构

时监测,实现预警故障的实时提醒,省去机房的往返奔波,防患于未然。系统实现远程机组启停、进出水控制、温度设定,安排专人运营及专家分析指导现场节能运行,真正满足用户无忧运营。

③ 共享节能服务。

海尔中央空调工业互联网云服务平台,为行业共享节能服务,现已服务行业品牌15个项目,云服务平台升级为多边平台,其他品牌安装云服务模块可实现远程控制、大数据可视,云服务平台还能提供免费检测、免费设计、免费改造。

4.3.2 中联重科智能运维与服务体系

中联重科股份有限公司创立于1992年,主要从事工程机械、农业机械等高新技术装备的研发制造。几年的创新发展,使中联重科逐步成长为一家全球化企业,主导产品覆盖9大类别、49个产品系列、800多个品种。中联重科先后实现深港两地上市,成为业内首家 A+H 股上市公司,注册资本达76.64亿元。目前,公司积极推进战略转型,打造集工程机械、农业机械和金融服务多位一体的高端装备制造企业。

2017年,为贯彻落实《中国制造 2025》,深入实施智能制造工程,助推制造业转型升级、提质增效,工信部、财政部联合开展了智能制造综合标准化与新模式应用项目工作。借此机会,中联重科针对我国农业机械行业现状,以"构建未来服务体系"战略方案为指导,联合上海理想等多家单位成功申报"现代农业装备远程运维服务新模式应用"项目,希望通过项目的实施提升农业机械板块的服务能力,并逐步将其成熟服务应用推广到其他板块,最终完成主动预警提示、客户自诊断自服务、现场智能诊断、远程专家会诊四层服务体系的构建。

中联重科未来的服务体系以产品的智能化终端设备为服务基础,延伸配备传感设备、生产环境感知设备,基站、导航卫星等无线传播设备,深入发掘产品作为信息化服务的基础作用;同时以物联网平台作为系统支撑,实现远程数据和信息的获取、大数据的分析和处理,提供精准服务和业务支撑;辅以专家系统和服务支持系统,以面向用户的移动互联网接入、个人电脑接入,为用户和产品之间建立"人—物"的管理、控制、交互渠道,实时掌控产品的健康状况,及时发现产品故障,实现未来服务体系相关应用;再结合实际作业服务和运维服务需求,通过服务业务过程数据的分析(机器学习),建立故障预测模型、故障诊断模型、元件寿命预测模型,完善故障数据库、服务知识库。中联重科未来服务体系架构如图 4-12 所示。

图 4-12 中联重科未来服务体系整体框架

(1) 设备健康管理、预诊断和设备残值预估等专项智能应用

通过建立性能衰退模型监控发动机性能下降状况,产生基于日常运行数据的发动机健康状态报告,为设备的残值估计模型提供更为准确的输入参数,为设备拥有者监控资产价值,如图 4-13 所示。

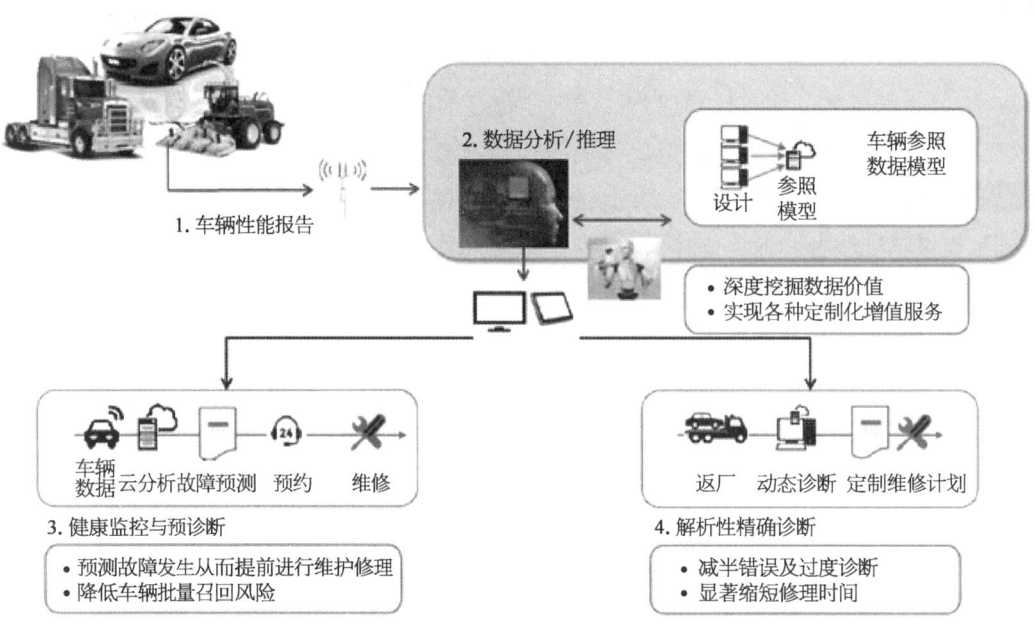

图 4-13 专业智能应用整体架构

(2) 农机远程运维新模式应用

通过企业内部管理信息系统与智能农机、物联网的集成深化,建设基于 CPS 的标准化农业装备信息采集与控制系统,搭建远程智能服务体系,建立基于云计算的大数据平台,形成产品故障数据库。通过总结和提炼专家经验,建立基于故障预测模型的专家知识库,结合移动应用提供远程故障诊断、工作环境预警等功能;通过农业装备智能化应用实现对运维服务的决策支持,完成从"被动响应"到"主动服务"和"预测性服务"的升级,满足服务全生命周期的智能化需求,逐步探索和实践有效的经验和模式并推广。

4.3.3 西奥电梯"北斗星"智能服务系统——梯网互联

杭州西奥电梯有限公司成立于 2004 年,是一家行业领先的集电梯研发、设计、生产、销售、安装及售后维保于一体的现代化综合型电梯制造服务商,年电梯销售超过 30 000 台,产品销往全球 70 多个国家和地区。

电梯健康和安全目前已经成为用户的核心关注点,为了更有效地服务客户,在物联网应用和智能服务方面,公司前瞻性的创新研发了"北斗星"智能服务系统,将电梯实时状态、客户需求和感知、主动式服务以及政府安全监管等关键需求融为一体,在极大提升服

务效率、服务质量的同时获得客户满意度的提高。

"北斗星"智能服务系统的主要功能有以下几方面。

(1) 梯联网/物联网数据采集

通过加装控制柜信号协议转换板与轿内红外摄像头，"北斗星"系统实现了便捷的电梯运行参数采集功能，并通过物联网服务端平台实现快速、准确的电梯故障报警。

在电梯发生关人故障时，通过轿内安装的物联网显示器，能够实现呼叫中心与轿内被困人员的实时对讲语音安抚；能够有效防止被困人员因情绪波动而造成二次伤害。

(2) 物业互动

通过先进、便捷的视频平台，"北斗星"系统能够实现与物业管理人员的实时视频互动，从而更便捷有效地了解并满足客户的需求，助力业务发展。

(3) 业主移动应用

为了更好地与电梯的最终用户进行互动，了解电梯真正用户的反馈需求，"北斗星"系统创造性地提出了业主移动应用端。电梯乘客只需扫描电梯中的相关二维码，就可以通过业主移动应用端实时了解所乘坐电梯的总体体检分数与各部件运行状态，并能够浏览保养西奥电梯的企业新闻；更重要的是能够通过业主移动应用端直接向西奥电梯提出改进意见与建议，从而将原来只能被动接受的业主也加入电梯服务的整个业务链中，更好地满足客户的多养护需求。

(4) 自动维保排班

通过高度智能的排班辅助引擎，"北斗星"系统能够实现全自动化的年度维保排班与周计划生成，最大限度地减轻服务工地一线管理人员（服务站长）的重复性文案工作，使得他们能够将更多的精力投入到维护管理工作中，从而更好地为客户提供服务。

而维保技师则可通过维保 App 端，自动接收到保养计划，并在线完成维保单的填写与反馈。

在维保技师完成保养单后，物业管理人员则可以通过物业 App 或直接使用维保技师工作手机中的维保 App 完成保养评价反馈与签字。无纸化保养单极大地方便了工地一线的操作，减少了纸张浪费，并免去了保养单丢失的风险。

(5) 自主召修

通过先进的物联网平台与移动应用平台，"北斗星"实现了多渠道的召修需求信息收集。由于电梯井道相对封闭的结构，当乘客被困在电梯中时很难向外呼救，发生这种情况时，最有可能发现此故障并发起召修的是物业管理人员。因此，"北斗星"系统在物业端 App 中加入了自主召修功能，能够帮助物业人员仅需要 3 步操作，就可以快速、精准、便捷地向呼叫中心发起召修。同时，当维保技师接受召修请求后，物业管理人员能够从 App 端查看维保技师所在位置，了解其动态与预计到达时间。

通过物联网平台不间断地实时分析电梯运行状态数据，"北斗星"系统自身能够在第一时间发现电梯可能存在的故障，并向呼叫中心自动发起召修请求。通过更及时地发现故障并接入维修,降低电梯发生重大事故的可能,提高电梯运行安全性。

维保技师在到达召修工地后,可根据现场情况,通过维保 App 反馈召修结果。维保工完成召修并提交召修反馈单后,物业管理人员可在可以通过物业 App 或直接使用维保技师工作手机中的维保 App 完成召修评价反馈与签字。

4.3.4 威派格智联供水设备远程数据采集与预测性维护

上海威派格智慧水务股份有限公司作为工业互联网产业联盟理事单位,以工业互联网理念进行二次供水智联设备的研发、生产、销售与服务和二次供水智慧管理平台系统的开发、部署、调试与维护,为城市二次供水的安全、节能及高效运营提供有力保障。

威派格通过发挥多年专注于水务行业的经验优势,持续改进创新产品与优化解决方案,积极落实国家《中国制造 2025》战略,并结合四部委发布的《建城[2015]31 号》文件,通过两化融合推动威派格由生产型制造向服务型制造转变。

威派格商业模式的创新将推动供水行业的发展,为水务运营企业创造更大价值,同时打造一个合作共赢的水务行业生态系统,实现中国的"智慧水务"。

作为物联网在工业领域各产业的应用,工业互联网是互联网的理念和技术在产业领域的自然延伸和发展。智联供水设备远程数据采集与预测性维护这一项目将推动威派格经营模式发生转型,使威派格从设备生产厂商变为智慧供水解决方案供应商,把企业的竞争力提升到一个全新的水平。该项目将成千上万套供水设备连接上网,与水务企业的原有信息系统、业务流程及工作人员紧密地融合在一起,打通信息孤岛,通过数据分析推动城市智慧供水,从而大幅提高水务企业营运的安全与效率,并起到节能降耗目的。

(1) 打通水务行业信息孤岛,提升城市供水运营管理水平

在技术方面,威派格着重推动云平台通用架构,实现水务低成本的业务应用目标,通过混合云技术突破水务企业信息孤岛所带来的障碍。在业务方面,威派格通过建立行业生态系统,提升工业互联网在供水领域的接纳度,加快工业互联网系统的实施和价值的实现,最终取得企业转型发展成效。

(2) 着眼于全生命周期,立足于远程在线运维

构建一套基于产品全生命周期理念的智能化生产与产品应用动态管理体系,此体系聚合了地理信息系统、数据采集与监控系统、实时数据的水力模型系统,打造管理人员、行业专家、智能化工厂、产品运营信息高度融合的集成管理环境,从而实现快速响应和优化决策。

(3) 打造供水智慧管理平台助力城市二次供水智慧管理

通过建立二次供水设备网络化信息化管理模型,让城市水务运营企业的一线人员随时掌握设备的运行状态与运行数据,让管理人员不断掌握生产偏差和成本变化,同时检验现有管理成果与优化管理内容,从而实现城市二次供水的智能运营和智慧决策,最终让城市水务运营企业成本实现精细化控制,对用户的服务质量持续改善,促进企业的价值得以

不断提升,最终实现运营管理的多方共赢。

4.3.5 Oglass AR 智能眼镜——汽车后市场新宠

AR 技术在汽车行业领域的应用十分广泛,在汽车设计、制造、销售、维修等各个环节都有很大的作用。目前世界上不少大型的汽车企业都已经开始利用 AR 技术协助技术人员的工作,大大提升了工作效率。

深圳增强现实技术有限公司将人工智能技术、增强现实技术与自主研发的 RealX 智能眼镜进行结合,设计了 Oglass AR 智能眼镜全终端工作辅助和培训系统(AR Smart Glasses Performance Support & Training System + Industry AR Smart Glasses,PSS),可以在工作、管理、培训和知识积累这几方面展示出智能化汽车维修培训的优势,并且首创了 4R 体系:即需(real-time demand)、即学(real-time learning)、即用(real-time assist)、即评(real-time assessment)。

(1) 实时指导

企业或者职校将现有的与维修培训相关的文字、图片、视频、语音信息导入 PSS 软件系统进行编辑和处理,智能眼镜将维修数字信息叠加在真实操作对象上,提示指引维修使用何种工具、何种操作姿势、如何搭配物料。

通过智能眼镜和增强现实技术可识别现实世界中要维修的对象,将全息 3D 动画与维修对象进行无缝贴合,使维修人员在复杂精密设备中迅速找到要操作的对象,并指引如何拆卸或者组装部件的细节,维修人员能够在双手握有工具的同时也能实时获得数字信息,打破了空间和时间的限制。

此外,PSS 还可对错误的操作进行提醒或报警,维修人员可展示第一视角场景给专业人员,无须专业人员到场就能实时获取指导,减少沟通成本,提高工作效率。

(2) 透明管理

PSS 能够通过人与智能眼镜之间的交互、第一视角采集图像、视觉算法识别等方式获取维修人员平时维修工作的细节,经软件系统中的数据模型进行对比得到其工作数据报表(比如维修效率周变化图)并给出针对个人的、具体到某个步骤的改进建议,由于数据都是来自平时记录的真实数据,所以评价更加客观,可以作为工作绩效或培训成绩的依据。

更加重要的是 PSS 能够通过分析积累的数据预防错误的发生,提前纠正错误,加深维修人员对错误操作的记忆,避免错误习惯的形成。同时,管理人员或老师能够自由选择维修人员的第一视角了解其真实动手维修过程,结合数据分析了解真正问题所在,优化培训课程,给出具体到某个操作细节的改进建议。

(3) 个人教练

将现有汽修课程系统与 PSS 培训系统连接,通过 PSS 将课程要求和操作指引可视化,流程规范化,让理论与实践无限接近直至重叠,真实场景互动训练让学员学习理论知识的同时体验实操感觉。利用智能眼镜特殊的图像呈现方式,PSS 犹如一名优秀的汽修培训教师站在学员的眼前,用最标准的动作、最规范的流程,教导学员识别每一个部件,完成每一个步骤。

增强现实技术能够对设备进行类似 X 光的透视扫描,给维修学员展现设备内部三维组织结构,并且能够让学员 360°进行观察。AR 智能眼镜还能对复杂部件进行分解或者对零部件进行集成,让学员了解复杂设备各个部件之间的关联性,并且对每个部件呈现其具体参数和详细介绍,让学员在动手操作的时候扎实理论知识,开阔其视野。

（4）知识沉淀

PSS 利用 AR 智能眼镜天然的第一视角和自然的交互方式,在软件和制度定义下采集维修学员培训数据(利用文字、语音、图片、视频、动作图像识别记录其工作过程中的每个细节),实时捕获学员操作过程中好的经验和技能,通过数据模型和大数据比对的分析,智能生成实战型课件。将隐性知识结构化,沉淀于平台,按需获取。结构知识行为化,固化操作行为,让系统成为知识管理的过滤器和沉淀器。

同时,利用 PSS 的中间件 SDK,可半自动生成实战型指引内容或课件(与传统的课件制作过程包含建模、动画渲染、输出等多个过程不同),只需将图片或者视频进行简单编辑(拖动、旋转、标记一些简单工具或者符号),快速简单地制作好实用的课件,帮助企业节省成本的同时降低了使用门槛。

参考文献

[1] 侯彦全,程楠,侯雪. 远程运维服务模式研究——以金风科技为例[J]. 工业经济论坛,2017,4(2):68-73.

[2] 刘士军. 工业4.0下的企业大数据——重新发现宝藏[M]. 北京:电子工业出版社,2016.

[3] （美）李杰(Lee J). 工业大数据:工业4.0时代的工业转型与价值创造[M]. 邱伯华,等,译. 北京:机械工业出版社,2015.

[4] 谭建荣,等. 智能制造:关键技术与企业应用[M]. 北京:机械工业出版社,2017.

[5] 刘莹旭. 智能运维中心信息集成技术研究[D]. 上海:上海交通大学,2013.

[6] 曾宇,王浩,吴锡兴,等. 工业云计算平台的研究与实践[J]. 中国机械工程,2012,23(1):69-74.

[7] 边缘产业架构联盟. 边缘计算参考架构 2.0[R/OL]. [2017-11-29],http://www.ecconsortium.org/.

[8] 施巍松,孙辉,曹杰,等. 边缘计算:万物互联时代新型计算模型[J]. 计算机研究与发展,2017,54(5):907-924.

[9] 中国电子技术标准化研究院. 人工智能标准化白皮书(2018)[R/OL]. (2018-01-17)[2018-01-24]. http://www.cesi.ac.cn/201801/3545.html.

[10] 郑树泉,宗宇伟,董文生,等. 工业大数据:架构与应用[M]. 上海:上海科学技术出版社,2017.

[11] 彭俊松. 工业4.0驱动下的制造业数字化转型[M]. 北京:机械工业出版社,2016.

第 2 篇

人工智能

人工智能是利用数字计算机或者数字计算机控制的机器模拟、延伸和扩展人的智能，感知环境，获取知识并使用知识获得最佳结果的理论、方法、技术及应用系统。人工智能由人类设计，为人类服务，其本质为计算，基础为数据。人工智能系统应能借助传感器等器件产生对外界环境（包括人类）进行感知的能力，可以像人一样通过听觉、视觉、嗅觉、触觉等接收来自环境的各种信息，对外界输入产生文字、语音、表情、动作（控制执行机构）等必要的反应，甚至影响到环境或人类。人工智能系统在理想情况下应具有一定的自适应特性和学习能力，即具有一定的随环境、数据或任务变化而自适应调节参数或更新优化模型的能力。

机器学习是一门多领域交叉学科，涉及概率论、统计学、逼近论、凸分析、算法复杂度理论等多门学科，专门研究计算机怎样模拟或实现人类的学习行为，以获取新的知识或技能，重新组织已有的知识结构使计算机不断改善自身的性能。机器学习是人工智能的核心，是使计算机具有智能的根本途径，其应用遍及人工智能的各个领域，它主要使用归纳、综合而不是演绎。

深度学习的概念源于人工神经网络的研究，含多隐层的多层感知器就是一种深度学习结构，深度学习通过组合低层特征形成更加抽象的高层表示属性类别或特征，以发现数据的分布式特征表示。深度学习是机器学习中一种基于对数据进行表征学习的方法，使用某些特定的表示方法更容易从实例中学习任务（例如人脸识别或面部表情识别）。深度学习的好处是用非监督式或半监督式的特征学习和分层特征提取高效算法来替代手工获取特征。同机器学习方法一样，深度机器学习方法也有监督学习与无监督学习之分，不同的学习框架下建立的学习模型很是不同。例如，卷积神经网络（convolutional neural networks，CNNs）就是一种深度的监督学习下的机器学习模型，而深度置信网（deep belief nets，DBNs）就是一种无监督学习下的机器学习模型。

人工智能是一个标准的众创型技术，每一个巧妙的算法、每一种灵光乍现的逻辑，都可能解开困扰整个人类的问题。所以带给开发者、研究者工具和环境，让他们施展自己的才华，就成了 AI 企业最主要的任务之一。随着深度学习技术的不断发展，越来越多的深度学习框架得到开发。目前，最受研究人员青睐的深度学习框架有 TensorFlow、Keras、CNTK、Caffe、MXNet 和 Torch。

第 5 章

人工智能概述

随着大数据的积聚、算法的演进、算力的提升，人工智能在很多应用领域取得了突破性进展，迎来了又一个繁荣时期。

在 1956 年达特茅斯学院的一次研讨会上，"人工智能"这一概念首次被提出。约翰·麦卡锡(John McCarthy)在会上提出：人工智能就是要让机器的行为看起来像是人所表现出的智能行为一样。这一概念最早可以追溯到 1950 年著名的图灵试验设想——"隔墙对话"，即你将不知道与你谈话的，是人还是电脑。在半个多世纪的发展历程中，由于受到智能算法、计算速度、存储水平等多方面因素的影响，人工智能技术和应用发展经历了三起三落。2006 年以来，以深度学习为代表的机器学习算法在机器视觉、语音识别、自然语言处理等领域实现了大突破，识别准确性大幅度提升，使人工智能再次受到学术界和产业界的广泛关注。云计算、大数据等技术在提升运算速度、降低计算成本的同时，也为人工智能发展提供了丰富的数据资源，协助训练出更加智能化的算法模型。人工智能的发展模式也从过去追求用计算机模拟人工智能，逐步转向以机器与人结合而成的增强型混合智能系统，用机器、人、网络结合成新的群智系统，以及用机器、人、网络和物结合成的更加复杂的智能系统。

目前，国内人工智能发展已具备一定的技术和产业基础，在芯片、数据、平台、应用等领域集聚了一批人工智能企业，在部分领域取得阶段性成果并向市场化发展。例如，人工智能在金融、安防、客服等行业领域已实现应用，在特定任务中语义识别、语音识别、人脸识别、图像识别技术的精度和效率已远超人工。

现阶段人工智能技术的发展仍然存在问题。在算法层面，深度学习算法模型存在可靠性及不可解释性问题；在数据层面，存在数据流通不畅、数据质量良莠不齐和关键数据集缺失等问题；在软件框架层面，实现深度学习应用落地的推断软件框架质量参差不齐，制约了业务开展；在编译器层面，各硬件厂商的中间表示层之争成为技术和产业发展的阻碍；而在 AI 计算芯片层面，云侧和终端侧对计算芯片提出了不同的要求。

本章将讨论人工智能的概念与特征、关键技术、产业链及应用。

5.1 人工智能的概念、特征与框架

5.1.1 人工智能的概念

人工智能作为一门前沿交叉学科,如何为其定义一直存有不同的观点。《人工智能——一种现代方法》中将已有的一些人工智能定义分为四类:像人一样思考的系统、像人一样行动的系统、理性地思考的系统、理性地行动的系统;维基百科上定义"人工智能就是机器展现出的智能",即只要是某种机器,具有某种或某些"智能"的特征或表现,都应该算作"人工智能";《大英百科全书》则限定人工智能是数字计算机或者数字计算机控制的机器人在执行智能生物体才有的一些任务上的能力;百度百科定义人工智能是"研究、开发用于模拟、延伸和扩展人的智能的理论、方法、技术及应用系统的一门新的技术科学",将其视为计算机科学的一个分支,指出其研究包括机器人、语言识别、图像识别、自然语言处理和专家系统等。

人工智能是利用数字计算机或者数字计算机控制的机器模拟、延伸和扩展人的智能,感知环境、获取知识并使用知识获得最佳结果的理论、方法、技术及应用系统。

人工智能的定义对人工智能学科的基本思想和内容作出了解释,即围绕智能活动而构造的人工系统。人工智能是知识的工程,是机器模仿人类利用知识完成一定行为的过程。根据人工智能是否能真正实现推理、思考和解决问题,可以将人工智能分为弱人工智能和强人工智能。

弱人工智能是指不能真正实现推理和解决问题的智能机器,这些机器表面看像是智能的,但是并不真正拥有智能,也不会有自主意识。迄今为止的人工智能系统都还是实现特定功能的专用智能,而不是像人类智能那样能够不断适应复杂的新环境并不断涌现出新的功能,因此都还是弱人工智能。目前的主流研究仍然集中于弱人工智能,并取得了显著进步,如语音识别、图像处理和物体分割、机器翻译等方面取得了重大突破,甚至可以接近或超越人类水平。

强人工智能是指真正能思维的智能机器,并且该智能机器是有知觉的和有自我意识的,这类机器可分为类人(机器的思考和推理类似人的思维)与非类人(机器产生了和人完全不一样的知觉和意识,使用和人完全不一样的推理方式)两大类。从一般意义来说,达到人类水平的、能够自适应地应对外界环境挑战的、具有自我意识的人工智能称为"通用人工智能""强人工智能"或"类人智能"。强人工智能不仅在哲学上存在巨大争论(涉及思维与意识等根本问题的讨论),在技术上的研究也具有极大的挑战性。强人工智能当前鲜有进展,美国私营部门的专家及国家科技委员会比较支持的观点是,至少在未来几十年内难以实现。其中一个主流看法是:即使有更高性能的计算平台和更大规模的大数据助力,人工智能的进步也还只是量变而不是质变,人类对自身智能的认识还处在初级阶段,在人类真正理解智能机理之前,不可能制造出强人工智能。理解大脑产生智能的机理是

脑科学的终极性问题,绝大多数脑科学专家都认为这是一个数百年乃至数千年甚至永远都解决不了的问题。

通向强人工智能还有一条"新"路线,称为"仿真主义"。这条新路线通过制造先进的大脑探测工具从结构上解析大脑,再利用工程技术手段构造出模仿大脑神经网络基元及结构的仿脑装置,最后通过环境刺激和交互训练使得仿真大脑实现类人智能,简言之,"先结构,后功能"。虽然完成这项工程相当困难,但它是有可能在数十年内被解决的工程技术问题,而不像解决"理解大脑"这个科学问题那样遥不可及。

仿真主义可以说是符号主义、连接主义、行为主义和统计主义之后的第五个流派,和前四个流派有着千丝万缕的联系,也是前四个流派通向强人工智能的关键一环。经典计算机是数理逻辑的开关电路实现,采用冯·诺依曼体系结构,可以作为逻辑推理等专用智能的实现载体;但要靠经典计算机并不可能实现强人工智能。要按仿真主义的路线"仿脑",就必须设计制造全新的软硬件系统,这就是"类脑计算机",或者更准确地称之为"仿脑机"。"仿脑机"是"仿真工程"的标志性成果,也是"仿脑工程"通向强人工智能之路的重要里程碑。

5.1.2　人工智能的特征

(1) 由人类设计,为人类服务,本质为计算,基础为数据

从根本上说,人工智能系统必须以人为本,这些系统是人类设计出的机器,按照人类设定的程序逻辑或软件算法通过人类发明的芯片等硬件载体来运行或工作,其本质体现为计算,通过对数据的采集、加工、处理、分析和挖掘,形成有价值的信息流和知识模型,为人类提供延伸人类能力的服务,实现人类期望的一些"智能行为"的模拟,在理想情况下必须体现服务人类的特点,而不应该伤害人类,特别是不应该有目的性地做出伤害人类的行为。

(2) 能感知环境,能产生反应,能与人交互,能与人互补

人工智能系统应能借助传感器等器件产生对外界环境(包括人类)进行感知的能力,可以像人一样通过听觉、视觉、嗅觉、触觉等接收来自环境的各种信息,对外界输入产生文字、语音、表情、动作(控制执行机构)等必要的反应,甚至影响到环境或人类。借助于按钮、键盘、鼠标、屏幕、手势、体态、表情、力反馈、虚拟现实/增强现实等方式,人与机器间可以产生交互与互动,使机器设备越来越"理解"人类乃至与人类共同协作、优势互补。这样,人工智能系统能够帮助人类做人类不擅长、不喜欢但机器能够完成的工作,而人类则适合于去做更需要创造性、洞察力、想象力、灵活性、多变性乃至用心领悟或需要情感投入的工作。

(3) 有适应特性,有学习能力,有演化迭代,有连接扩展

人工智能系统在理想情况下应具有一定的自适应特性和学习能力,即具有一定的随环境、数据或任务变化而自适应调节参数或更新优化模型的能力;并且,能够在此基础上通过与云、端、人、物越来越广泛深入数字化连接扩展,实现机器客体乃至人类主体的演化

迭代，以使系统具有适应性、鲁棒性、灵活性、扩展性，来应对不断变化的现实环境，从而使人工智能系统在各行各业产生丰富的应用。

5.1.3 人工智能参考框架

目前，人工智能领域尚未形成完善的参考框架。因此，本章基于人工智能的发展状况和应用特征，从人工智能信息流动的角度出发，提出一种人工智能参考框架，力图搭建较为完整的人工智能主体框架，描述人工智能系统总体工作流程，不受具体应用所限，适用于通用的人工智能领域需求。

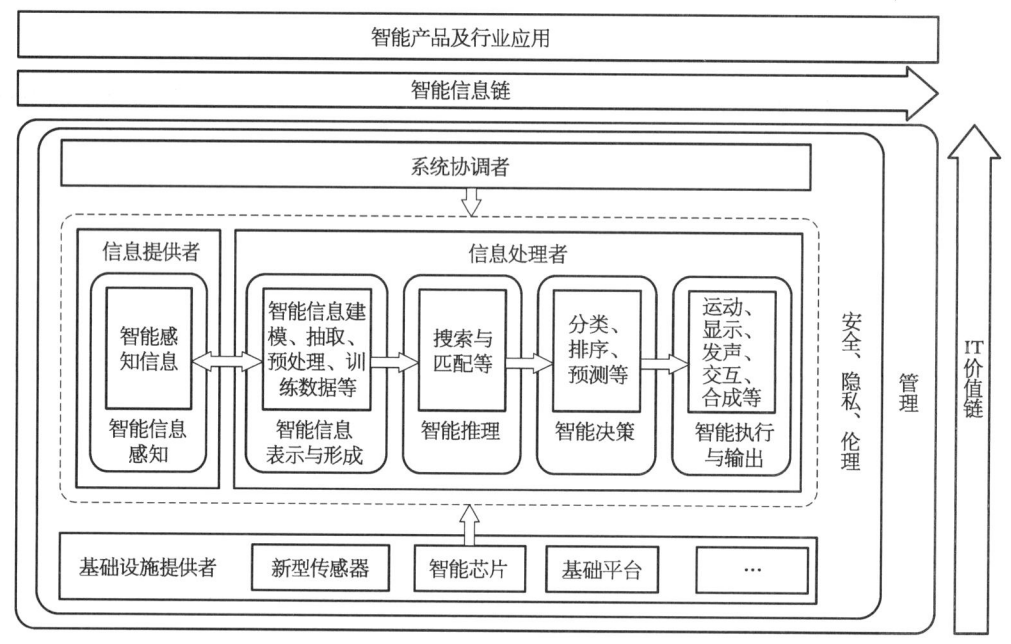

图 5-1 人工智能参考框架图

图 5-1 所示为人工智能参考框架图，人工智能参考框架提供了基于"角色—活动—功能"的层级分类体系，从"智能信息链"（水平轴）和"IT 价值链"（垂直轴）两个维度进行阐述。"智能信息链"反映从智能信息感知、智能信息表示与形成、智能推理、智能决策、智能执行与输出的一般过程。在这个过程中，智能信息是流动的载体，经历了"数据—信息—知识—智慧"的凝练过程。"IT 价值链"从人工智能的底层基础设施、信息（提供和处理技术实现）到系统的产业生态过程，反映人工智能为信息技术产业带来的价值。此外，人工智能系统还有其他非常重要的框架构件：安全、隐私、伦理和管理。人工智能系统主要由基础设施提供者、信息提供者、信息处理者和系统协调者四个角色组成，另外还有安全、隐私、伦理、管理等角色。

（1）基础设施提供者

基础设施提供者为人工智能系统提供计算能力支持，实现与外部世界的沟通，并通过基础平台实现支撑。计算能力由智能芯片(CPU、GPU、ASIC、FPGA 等硬件加速芯片以及其他智能芯片)等硬件系统开发商提供；与外部世界的沟通通过新型传感器制造商提供；基础平台包括分布式计算框架提供商及网络提供商提供平台保障和支持，即包括云存储和计算、互联互通网络等。

(2) 信息提供者

信息提供者在人工智能领域是智能信息的来源。通过知识信息感知过程由数据提供商提供智能感知信息，包括原始数据资源和数据集。原始数据资源的感知涉及图形、图像、语音、文本的识别，还涉及传统设备的物联网数据，包括已有系统的业务数据以及力、位移、液位、温度、湿度等感知数据。

(3) 信息处理者

信息处理者是指人工智能领域中技术和服务提供商。信息处理者的主要活动包括智能信息表示与形成、智能推理、智能决策及智能执行与输出。智能信息处理者通常是算法工程师及技术服务提供商，通过计算框架、模型及通用技术，例如一些深度学习框架和机器学习算法模型等功能进行支撑。智能信息表示与形成是指为描述外围世界所作的一组约定，分阶段对智能信息进行符号化和形式化的智能信息建模、抽取、预处理、训练数据等。智能信息推理是指在计算机或智能系统中，模拟人类的智能推理方式，依据推理控制策略，利用形式化的信息进行机器思维和求解问题的过程，典型的功能是搜索与匹配。智能信息决策是指智能信息经过推理后进行决策的过程，通常提供分类、排序、预测等功能。

智能执行与输出作为智能信息输出的环节，是对输入作出的响应，输出整个智能信息流动过程的结果，包括运动、显示、发声、交互、合成等功能。

(4) 系统协调者

系统协调者提供人工智能系统必须满足的整体要求，包括政策、法律、资源和业务需求，以及为确保系统符合这些需求而进行的监控和审计活动。由于人工智能是多学科交叉领域，需要系统协调者定义和整合所需的应用活动，使其在人工智能领域的垂直系统中运行。系统协调者的功能之一是配置和管理人工智能参考框架中的其他角色来执行一个或多个功能，并维持人工智能系统的运行。

(5) 安全、隐私、伦理

安全、隐私、伦理覆盖了人工智能领域的四个主要角色，对每个角色都有重要的影响作用。同时，安全、隐私、伦理处于管理角色的覆盖范围之内，与全部角色和活动都建立了相关联系。在安全、隐私、伦理模块，需要通过不同的技术手段和安全措施，构筑全方位、立体的安全防护体系，保护人工智能领域参与者的安全和隐私。

(6) 管理

管理角色承担系统管理活动，包括软件调配、资源管理等内容，管理的功能是监视各种资源的运行状况，应对出现的性能或故障事件，使得各系统组件透明且可观。

智能产品及行业应用指人工智能系统的产品和应用,是对人工智能整体解决方案的封装,将智能信息决策产品化、实现落地应用,其应用领域主要包括:智能制造、智能交通、智能家居、智能医疗、智能安防等。

5.2 人工智能的关键技术

图 5-2 所示即为人工智能的各项关键技术。

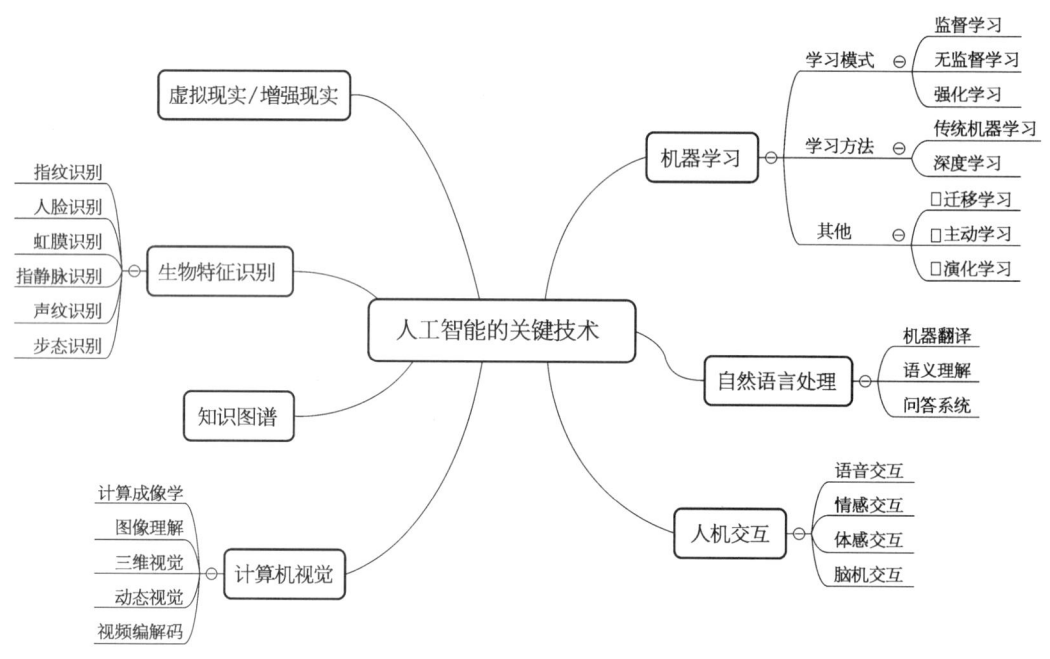

图 5-2 人工智能的关键技术

5.2.1 机器学习

机器学习(machine learning)是一门涉及统计学、系统辨识、逼近理论、神经网络、优化理论、计算机科学、脑科学等诸多领域的交叉学科,研究计算机怎样模拟或实现人类的学习行为,以获取新的知识或技能,重新组织已有的知识结构使之不断改善自身的性能,是人工智能技术的核心。基于数据的机器学习是现代智能技术中的重要方法之一,研究从观测数据(样本)出发寻找规律,利用这些规律对未来数据或无法观测的数据进行预测。根据学习模式、学习方法以及算法的不同,机器学习存在不同的分类方法:

① 根据学习模式将机器学习分类为监督学习、无监督学习和强化学习等;

② 根据学习方法可以将机器学习分为传统机器学习和深度学习;

③ 此外,机器学习的常见算法还包括迁移学习、主动学习和演化学习等。

5.2.2 知识图谱

知识图谱本质上是结构化的语义知识库，是一种由节点和边组成的图数据结构，以符号形式描述物理世界中的概念及其相互关系，其基本组成单位是"实体—关系—实体"三元组，以及实体及其相关"属性—值"对。不同实体之间通过关系相互联结，构成网状的知识结构。在知识图谱中，每个节点表示现实世界的"实体"，每条边为实体与实体之间的"关系"。通俗地讲，知识图谱就是把所有不同种类的信息连接在一起而得到的一个关系网络，提供了从"关系"的角度去分析问题的能力。

知识图谱可用于反欺诈、不一致性验证、组团欺诈等公共安全保障领域，需要用到异常分析、静态分析、动态分析等数据挖掘方法。特别地，知识图谱在搜索引擎、可视化展示和精准营销方面有很大的优势，已成为相关业界的热门工具。但是，知识图谱的发展还有很大的挑战，如数据的噪声问题，即数据本身有错误或者数据存在冗余。随着知识图谱应用的不断深入，还有一系列关键技术需要突破。

5.2.3 自然语言处理

自然语言处理是计算机科学领域与人工智能领域中的一个重要方向，研究能实现人与计算机之间用自然语言进行有效通信的各种理论和方法，主要应用于机器翻译、舆情监测、自动摘要、观点提取、文本分类、问题回答、文本语义对比等。

自然语言处理面临四大挑战：

① 在词法、句法、语义、语用和语音等不同层面存在不确定性；
② 新的词汇、术语、语义和语法导致未知语言现象的不可预测性；
③ 数据资源的不充分使其难以覆盖复杂的语言现象；
④ 语义知识的模糊性和错综复杂的关联性难以用简单的数学模型描述，语义计算需要参数庞大的非线性计算。

5.2.4 人机交互

人机交互主要研究人和计算机之间的信息交换，主要包括人到计算机和计算机到人的两部分信息交换，是人工智能领域的重要的外围技术。人机交互是与认知心理学、人机工程学、多媒体技术、虚拟现实技术等密切相关的综合学科。传统的人与计算机之间的信息交换主要依靠交互设备进行，主要包括键盘、鼠标、操纵杆、数据服装、眼动跟踪器、位置跟踪器、数据手套、压力笔等输入设备，以及打印机、绘图仪、显示器、头盔式显示器、音箱等输出设备。人机交互技术除了传统的基本交互和图形交互外，还包括语音交互、情感交互、体感交互及脑机交互等技术。

5.2.5 计算机视觉

计算机视觉是使用计算机模仿人类视觉系统的科学，让计算机拥有类似人类提取、处理、理解和分析图像以及图像序列的能力。自动驾驶、机器人、智能医疗等领域均需要通过计算机视觉技术从视觉信号中提取并处理信息。随着深度学习的发展,预处理、特征提取与算法处理渐渐融合,形成端到端的人工智能算法技术。根据解决的问题,计算机视觉可分为计算成像学、图像理解、三维视觉、动态视觉和视频编解码五大类。

目前,计算机视觉技术发展迅速,已具备初步的产业规模。未来计算机视觉技术的发展主要面临以下挑战:

① 如何在不同的应用领域和其他技术更好的结合,计算机视觉在解决某些问题时可以广泛利用大数据,已经逐渐成熟并且可以超过人类,而在某些问题上却无法达到很高的精度;

② 如何降低计算机视觉算法的开发时间和人力成本,目前计算机视觉算法需要大量的数据与人工标注,需要较长的研发周期以达到应用领域所要求的精度与耗时;

③ 如何加快新型算法的设计开发,随着新的成像硬件与人工智能芯片的出现,针对不同芯片与数据采集设备的计算机视觉算法的设计与开发成为新的挑战。

5.2.6 生物特征识别

生物特征识别技术是指通过个体生理特征或行为特征对个体身份进行识别认证的技术。从应用流程看,生物特征识别通常分为注册和识别两个阶段。注册阶段通过传感器对人体的生物表征信息进行采集,如利用图像传感器对指纹和人脸等光学信息、麦克风对说话声等声学信息进行采集,利用数据预处理以及特征提取技术对采集的数据进行处理,得到相应的特征进行存储。识别过程采用与注册过程一致的信息采集方式对待识别人进行信息采集、数据预处理和特征提取,然后将提取的特征与存储的特征进行比对分析,完成识别。从应用任务看,生物特征识别一般分为辨认与确认两种任务,辨认是指从存储库中确定待识别人身份的过程,是一对多的问题;确认是指将待识别人信息与存储库中特定单人信息进行比对,确定身份的过程,是一对一的问题。

生物特征识别技术涉及的内容十分广泛,包括指纹、掌纹、人脸、虹膜、指静脉、声纹、步态等多种生物特征,其识别过程涉及图像处理、计算机视觉、语音识别、机器学习等多项技术。目前生物特征识别作为重要的智能化身份认证技术,在金融、公共安全、教育、交通等领域得到广泛应用。

5.2.7 虚拟现实/增强现实

虚拟现实(virtual reality,VR)/增强现实(augmented reality,AR)是以计算机为核心的新型视听技术,结合相关科学技术,在一定范围内生成与真实环境在视觉、听觉、触感等方面高度近似的数字化环境。用户借助必要的装备与数字化环境中的对象进行交互,相互影响,获得近似真实环境的感受和体验,通过显示设备、跟踪定位设备、触力觉交互设备、数据获取设备、专用芯片等实现。

虚拟现实/增强现实从技术特征角度,按照不同处理阶段,可以分为获取与建模技术、分析与利用技术、交换与分发技术、展示与交互技术以及技术标准与评价体系五个方面。获取与建模技术研究如何把物理世界或者人类的创意进行数字化和模型化,难点是三维物理世界的数字化和模型化技术;分析与利用技术重点研究对数字内容进行分析、理解、搜索和知识化方法,其难点在于内容的语义表示和分析;交换与分发技术主要强调各种网络环境下大规模的数字化内容流通、转换、集成和面向不同终端用户的个性化服务等,其核心是开放的内容交换和版权管理技术;展示与交换技术重点研究符合人类习惯数字内容的各种显示技术及交互方法,以期提高人对复杂信息的认知能力,其难点在于建立自然和谐的人机交互环境;标准与评价体系重点研究虚拟现实/增强现实基础资源、内容编目、信源编码等的规范标准以及相应的评估技术。

目前虚拟现实/增强现实面临的挑战主要体现在智能获取、普适设备、自由交互和感知融合四个方面。在硬件平台与装置、核心芯片与器件、软件平台与工具、相关标准与规范等方面存在一系列技术问题;总体来说虚拟现实/增强现实呈现虚拟现实系统智能化、虚实环境对象无缝融合、自然交互全方位与舒适化的发展趋势。

5.3 人工智能产业链

人工智能产业链包括三层:基础层、技术层和应用层。其中,基础层为人工智能产业奠定网络、算法、硬件铺设、数据获取等基础;技术层以模拟人的智能相关特征为出发点,构建技术路径;应用层集成一类或多类人工智能基础应用技术,面向特定应用场景需求而形成的软硬件产品或解决方案。图5-3所示为人工智能产业链架构层。

在基础开源框架方面的优势企业如谷歌、亚马逊、脸书都已加快部署机器学习、深度学习底层平台,建立产业事实标准。目前业内已有近40个各类AI学习框架,生态竞争异常激烈。

在技术开放平台方面的典型企业如科大讯飞、商汤科技等,利用技术优势建设开放技术平台,为开发者提供AI开发环境,建设上层应用生态。

图5-4所示为技术层的产业竞争。

5.3.1 基础层

基础层主要涉及数据的收集与运算,这是人工智能发展的基础,主要包括AI芯片、传感器、大数据与云计算。其中,传感器及大数据主要负责数据的收集,AI芯片和云计算负责运算。

(1) AI芯片

AI芯片是人工智能的"大脑",市场规模呈快速增长态势。早期人工智能运算主要借

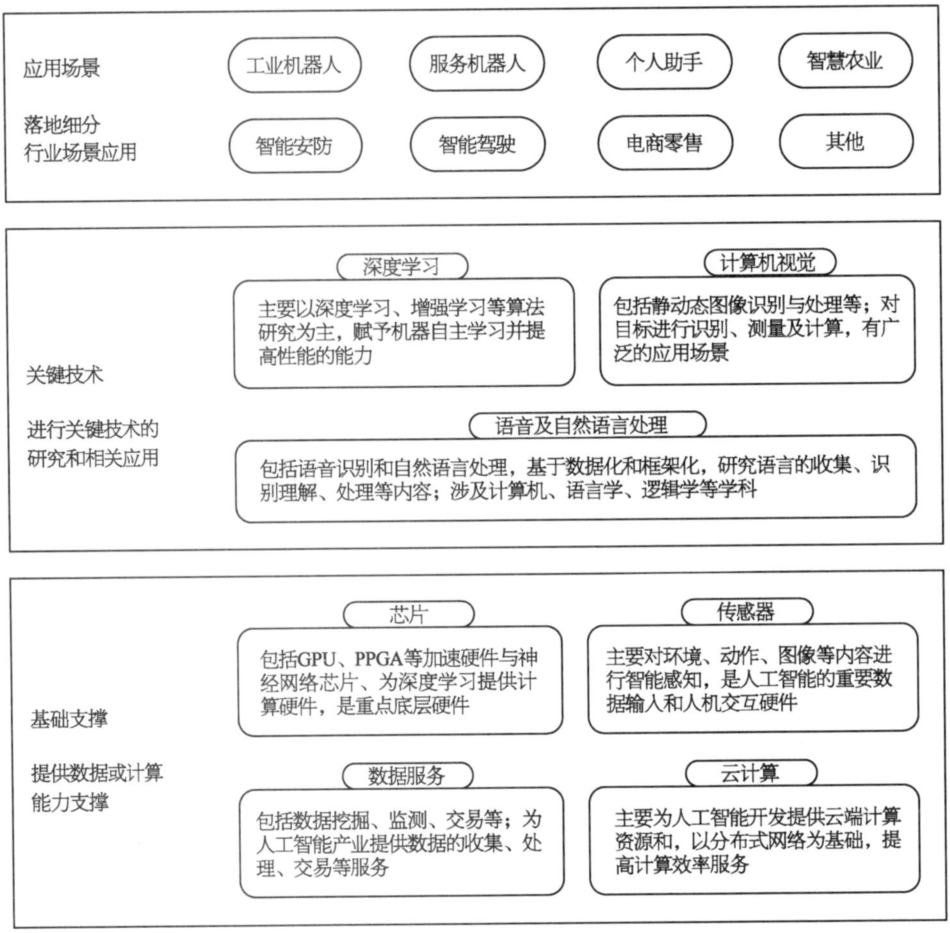

应用场景
落地细分行业场景应用

- 工业机器人
- 服务机器人
- 个人助手
- 智慧农业
- 智能安防
- 智能驾驶
- 电商零售
- 其他

关键技术
进行关键技术的研究和相关应用

深度学习：主要以深度学习、增强学习等算法研究为主，赋予机器自主学习并提高性能的能力

计算机视觉：包括静动态图像识别与处理等；对目标进行识别、测量及计算，有广泛的应用场景

语音及自然语言处理：包括语音识别和自然语言处理，基于数据化和框架化，研究语言的收集、识别理解、处理等内容；涉及计算机、语言学、逻辑学等学科

基础支撑
提供数据或计算能力支撑

芯片：包括GPU、PPGA等加速硬件与神经网络芯片，为深度学习提供计算硬件，是重点底层硬件

传感器：主要对环境、动作、图像等内容进行智能感知，是人工智能的重要数据输入和人机交互硬件

数据服务：包括数据挖掘、监测、交易等；为人工智能产业提供数据的收集、处理、交易等服务

云计算：主要为人工智能开发提供云端计算资源和，以分布式网络为基础，提高计算效率服务

图 5-3 人工智能产业链架构层

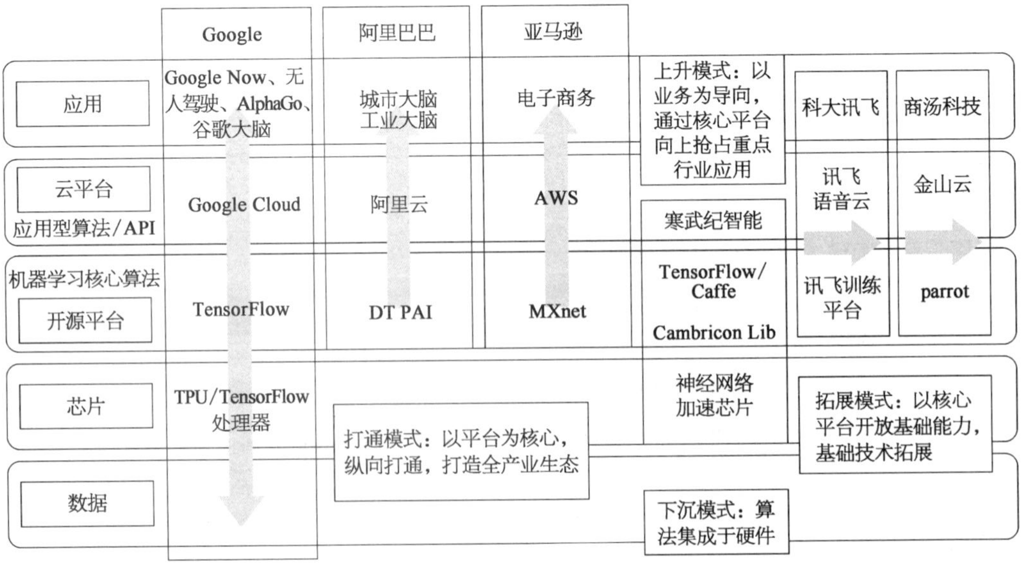

	Google	阿里巴巴	亚马逊			
应用	Google Now、无人驾驶、AlphaGo、谷歌大脑	城市大脑 工业大脑	电子商务	上升模式：以业务为导向，通过核心平台向上抢占重点行业应用	科大讯飞	商汤科技
云平台 应用型算法/API	Google Cloud	阿里云	AWS	寒武纪智能	讯飞语音云	金山云
机器学习核心算法 开源平台	TensorFlow	DT PAI	MXnet	TensorFlow/Caffe Cambricon Lib	讯飞训练平台	parrot
芯片	TPU/TensorFlow 处理器	打通模式：以平台为核心，纵向打通，打造全产业生态		神经网络加速芯片	拓展模式：以核心平台开放基础能力，基础技术拓展	
数据				下沉模式：算法集成于硬件		

图 5-4 技术层的产业竞争

助云计算平台和传统 CPU 相互结合的方式;随着深度学习等对大规模并行计算需求的提升,开始了针对 AI 专用芯片的研发。目前 AI 芯片的主要类型有图形处理器(GPU)、现场可编辑门阵列(FPGA)、专用定制芯片(ASIC)和类人脑芯片四种。预计至 2021 年,人工智能芯片市场有望达到 111 亿美元,CAGR 达 20.99%,见图 5-5。

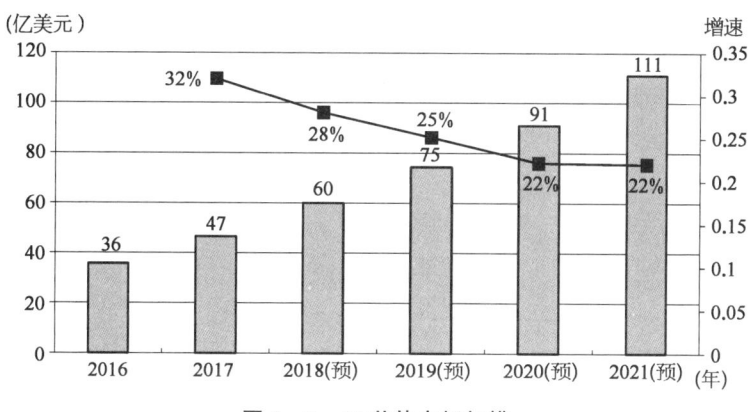

图 5-5 AI 芯片市场规模

AI 芯片技术发展呈现功能模仿与结构逼近两个方向。GPU、FPGA 及 ASIC 是从功能层面模仿大脑能力,而类脑芯片则是从结构层面去逼近大脑。虽然在结构上模仿大脑运算是 AI 芯片终极目标,但受制于技术上的限制,当前 AI 芯片主流产品是在功能层面上的模仿。

目前,GPU 和 FPGA 等通用芯片是人工智能领域的主要芯片,但由于它们起初并非针对深度学习而设计,在性能与功耗等方面存在天然的缺陷。因此,针对神经网络算法的专用芯片 ASIC 正被英特尔、谷歌、英伟达和众多初创公司陆续推出,有望在今后数年内取代当前的通用芯片成为人工智能芯片的主力。

我国 AI 芯片产业处于起步阶段,但已呈现崛起之势。目前我国专注于 AI 芯片的企业较少,且总体技术水平与发达国家有较大差距,高端芯片还主要依赖国外进口;但目前也涌现了景嘉微、寒武纪科技等一批明星创业企业。国产 AI 芯片的崛起不仅为我国人工智能的发展带来计算能力的提升,同样可以起到降低成本的作用。

(2) 云计算

传统实现移动终端人工智能的方法是通过网络把终端数据传送至云端,云端计算后再把结果发回终端,例如苹果的 Siri 服务;当前人工智能主要的计算平台还是云计算。根据部署模式或服务形式的不同,云计算可分为基础设施即服务(IAAS)、平台即服务(PAAS)、软件即服务(SAAS)三类。

IAAS 分为公有云、私有云和混合云三种形态,提供给客户的服务是基础设施的使用,包括处理器、存储和网络等基本计算资源,用户能够部署和运行操作系统、应用软件等程序。

PAAS将软件研发的平台作为一种服务,用户可以在此平台研发、存储各种软件或应用程序。

SAAS提供给客户的服务是运行在基础设施上的应用程序,用户可以在各种设备上通过互联网访问,如浏览器等。

5.3.2 技术层

技术层是人工智能产业发展的核心。技术层主要依托基础层的运算平台和数据资源进行海量识别训练和机器学习建模,以开发面向不同领域的应用技术,包括感知智能和认知智能。

感知智能通过传感器、搜索引擎和人机交互等实现人与信息的连接,获得建模所需数据,如语音识别、图像识别、自然语音处理和生物识别等;认知智能对获取的数据进行建模运算,利用深度学习等类人脑的思考功能得出结果。可见,只有在技术层基础上,人工智能才能够掌握"看"与"听"的基础性信息输入与处理能力,才能面向用户演变出更多的应用型产品。

国内的人工智能技术层主要聚焦于计算机视觉、自然语言处理以及机器学习领域。

在计算机视觉领域,动静态图像识别和人脸识别是主要研究方向,目前由于动态检测与识别的技术门槛限制,静态图像识别与人脸识别的研究暂时处于领先位置,代表企业如百度、旷视科技、格灵深瞳等。

自然语言处理包括语音与语义识别两方面。语音识别的关键是基于大量样本数据的识别处理,国内大多数语音识别技术商都在平台化的方向上发力,以通过不同平台以及软硬件方面的数据和技术积累不断提高识别准确率。在通用识别率上,各企业的成绩基本维持在95%左右,真正差异化在于对垂直领域的定制化开发,代表企业如科大讯飞、思必驰、云知声等。

机器学习目前重点谋求在算法领域实现突破,当前主流算法如深度神经网络、卷积神经网络及循环神经网络等都需要构建庞大的神经元体系,投入非常大,因此该领域主要为互联网巨头公司布局。由于巨头公司业务领域和战略不同,机器学习侧重方向也略有不同,各公司在基础算法研究的同时也会注重在特定行业的应用,例如京东DNN实验室研究神经网络算法,但主要方向在智能客服领域。

5.3.3 应用层

应用层是建立在基础层与技术层基础上,实现与传统产业的融合发展以及不同场景的应用。随着深度学习、计算机视觉、语音识别等人工智能技术的快速发展,人工智能与终端和垂直行业的融合将持续加速,对传统的家电、机器人、医疗、教育、金融、农业等行业将进行重塑。

据麦肯锡公司预计,到2025年,人工智能将催生10万亿美元以上的市场规模。以下重点选择当前及未来几年较为火热的 AI+领域进行分析,包括 AI+安防、AI+金融、AI+家居、AI+汽车、AI+医疗、AI+机器人。人工智能应用聚焦在智能医疗、机器人、智能家居、汽车电子等领域,当前正处于由专业应用向通用应用过渡的发展阶段。

5.4 人工智能应用

"AI+传统行业"加快融合创新,推动社会转型升级。人工智能从个人消费到安防、医疗、交通、家居等众多领域渐次渗透,当前处于行业应用大规模起量阶段。智慧社会可分为社会治理、民生服务和产业转型三部分。

5.4.1 安防

智能安防技术是一种利用人工智能对视频、图像进行存储和分析,从中识别安全隐患并对其进行处理的技术。智能安防与传统安防的最大区别在于智能化,传统安防对人的依赖性比较强,非常耗费人力,而智能安防能够通过机器实现智能判断,从而尽可能实现实时的安全防范和处理。当前,高清视频、智能分析等技术的发展,使得安防从传统的被动防御向主动判断和预警发展,行业也从单一的安全领域向多行业应用发展,进而提升生产效率并提高生活智能化程度,为更多的行业和人群提供可视化及智能化方案。用户面对海量的视频数据,已无法简单利用人海战术进行检索和分析,需要采用人工智能技术作专家系统或辅助手段,实时分析视频内容,探测异常信息,进行风险预测。从技术方面来讲,目前国内智能安防分析技术主要集中在两大类:一类是采用画面分割前景提取等方法对视频画面中的目标进行提取检测,通过不同的规则来区分不同的事件,从而实现不同的判断并产生相应的报警联动等,例如:区域入侵分析、打架检测、人员聚集分析、交通事件检测等;另一类是利用模式识别技术,对画面中特定的物体进行建模,并通过大量样本进行训练,从而达到对视频画面中的特定物体进行识别,如车辆检测、人脸检测、人头检测(人流统计)等应用。主要功能包括:目标跟踪检测与异常行为分析,视频质量诊断与摘要分析,人脸识别与特征提取分析,车辆识别与特征提取分析等。

智能安防目前涵盖众多的领域,如街道社区、道路、楼宇建筑、机动车辆的监控、移动物体监测等。今后智能安防还要解决海量视频数据分析、存储控制及传输问题,将智能视频分析技术、云计算及云存储技术结合起来,构建智慧城市下的安防体系。

5.4.2 交通

人工智能应用于交通领域可以提高生产与交通效率,缓解劳动力短缺,达到安全、环保、高效的目的;其应用之一即是自动驾驶,自动驾驶技术目前处于驾驶的 LV2—LV3 阶段,传统车企和互联网企业均在向高度或完全自动化方向突破。自动驾驶的方案商也在推动人工智能芯片、视觉、语音方案等方面研发应用。

根据自动驾驶的拟人化研发思路,自动驾驶系统原理可理解为感知—认知—决策—控制—执行共五层,通过传感器实现感知作用,并根据所感知的信息完成处理与融合,对信息达成一定的认知和理解,在形成全局整体理解后,通过算法得出决策结果并传递给控制系统生成执行指令。在整个过程中,汽车能够通过V2X(vehicle to everything)通信实现车与外界(如道路设施、其他车辆等)的信息交换,帮助车辆实时获取更大范围的环境信息,解决"我在哪儿,周围有什么,环境将发生什么变化,我该怎么做"这四个问题。

自动驾驶技术大规模应用,其安全性必须优于人类司机驾驶。自动驾驶汽车主要由车辆本身、内部硬件(传感器、计算机等)以及用于做出驾驶决策的自动驾驶软件三个子系统组成。车辆本身需由OEM认证;内部硬件需在各种极端条件下充分测试其稳定性,达到车规级要求;自动驾驶软件方面,相关系统需经过百亿甚至千亿千米以上的测试来充分验证其安全性。另外,大规模路测也是收集相关场景数据以便改进感知、决策等智能技术的必要手段。仿真环境下的虚拟路测与不涉及实际控制的影子模式可作为常规测试的补充,能够有效降低路测成本。

半自动驾驶将起步于限定场景。以国际汽车工程师协会制定的自动驾驶级别划分为衡量指标,自动化驾驶已由LV1/LV2弱驾驶辅助逐步发展至LV3半自动驾驶。弱驾驶辅助中,视觉监控系统可对车内互动娱乐。半自动驾驶中,由于在清晰简单的限定场景中,规则更容易总结,数据更容易收集,相关算法也因而越容易达到安全性要求。所以,相比开放环境下大众乘车出行的一般场景,自动驾驶技术将现在高速货运、低速摆渡、特定生产等场景落地应用。在大众出行领域中,自动驾驶也会逐步在特定速度限制下(60 km/h内的L3级自动驾驶汽车已有量产)、停车场、高速或环线等相对简单的封闭道路如何理解人类意图、如何与人工驾驶车辆的司机沟通交互将成为巨大挑战。

5.4.3 智慧城市

随着物联网、云计算、人工智能、智能互联网的全面融合,给万物赋予"智能",把人类带入到了智能社会。智能社会不再是单一的系统或是简单的系统堆砌,而是按照社会的发展需求去获取数据、汇聚数据、分析数据、引导数据,形成与信息时代、知识社会相适应的面向服务、以用户为中心、以人为本的开放社会环境。

烽火"城市大脑"以云计算、大数据能力为基础,将人工智能技术与垂直性行业知识库进行融合,基于类脑神经网络架构理论,以政务大数据平台为基础,构建多元异构数据融合的城市运行管理体系,开发适于政府服务与决策的人工智能平台,研制面向开放环境的决策引擎。烽火在东湖新技术开发区参与了"网上办"、综合监管信息化项目等,"智慧光谷"政务云平台网上审批系统的正式上线,落实企业设立"一口式"审批、产业项目"一体化"审批、政府投资项目"一条龙"审批的工作,涵盖不动产预约、商事登记预约、生活服务、充值缴费、车主之家等便民服务,秉持"让群众得到更多方便实惠"的理念,从根本上解决群众"办事难、办事慢"的问题。

5.4.4 智能制造

智能制造是基于新一代信息通信技术与先进制造技术深度融合,贯穿于设计、生产、管理、服务等制造活动的各个环节,具有自感知、自学习、自决策、自执行、自适应等功能的新型生产方式。智能制造对人工智能的需求主要表现在以下三个方面：一是智能装备,包括自动识别设备、人机交互系统、工业机器人以及数控机床等具体设备,涉及跨媒体分析推理、自然语言处理、虚拟现实智能建模及自主无人系统等关键技术;二是智能工厂,包括智能设计、智能生产、智能管理以及集成优化等具体内容,涉及跨媒体分析推理、大数据智能、机器学习等关键技术;三是智能服务,包括大规模个性化定制、远程运维以及预测性维护等具体服务模式,涉及跨媒体分析推理、自然语言处理、大数据智能、高级机器学习等关键技术。例如,现有涉及智能装备故障问题的纸质化文件,可通过自然语言处理,形成数字化资料,再通过非结构化数据向结构化数据的转换,形成深度学习所需的训练数据,从而构建设备故障分析的神经网络,为下一步故障诊断、优化参数设置提供决策依据。

伴随年轻人从事重复性体力劳动的意愿降低的现状,相关领域的劳动力成本极速上升,工业制造领域对联网化、智能自动化设备的需求日益凸显,为人工智能技术在该领域的研发落地提供了市场基础。

人工智能应用于工业领域,可以显著促进优化制造周期和效率,改善产品质量,降低人工成本。工业机器人是人工智能在工业领域的应用之一,工业机器人可以代替人类完成重复性、危险性的体力劳动,如完成焊接、组装、液体物质填充、涂胶、喷涂、搬运等作业。

5.4.5 医疗、教育、金融

(1) 医疗

在国务院关于印发新一代人工智能发展规划的通知中,提出建设安全便捷的智能社会。通过推广应用人工智能治疗新模式新手段,建立快速精准的智能医疗体系。探索智慧医院建设,开发人机协同的手术机器人、智能诊疗助手,研发柔性可穿戴、生物兼容的生理监测系统,研发人机协同临床智能诊疗方案,实现智能影像识别、病理分型和智能多学科会诊。基于人工智能开展大规模基因组识别、蛋白组学、代谢组学等研究和新药研发,推进医药监管智能化,加强流行病智能监测和防控,实现智能医疗。

在全世界范围内,专业高质量的医疗资源是稀缺的。在很多缺乏专科医生的相对贫困的地方,许多人对自己的疾病状况不自知;即使在相对发达的城市区域,由于城市人口多、人口老龄化、慢性病发病率增高等导致病人数量庞大,而对应的专科医生供不应求,也使得大量病人不能及时转诊就医,从而延误就诊治疗的最佳时机。

目前,人工智能技术在智能诊疗、医疗机器人、智能影像识别、智能药物研发、智能健康管理等领域中均得到应用。2012年,医疗与大健康领域人工智能创新公司不到50家,但截至2017年初,已增加至106家(不包括跨界公司建立的内部人工智能研发部门)。我国政府部门也高度重视医疗人工智能的发展。2017年2月,国家卫生和计划生育委员会发布四份医疗领域应用人工智能的规范标准,从国家层面鼓励人工智能在辅助诊断和治疗技术等应用领域的发展,同时为人工智能医疗的规模化应用提供了基础保障。中国的阿里巴巴、腾讯等大型互联网企业也积极参与到医疗大脑采用深度学习的技术、中国人基因信息收集分析、人工智能医学影像等研究中。人工智能技术的应用不仅提高了医疗机构和人员的工作效率、降低了医疗成本,而且使人们可以在日常生活中科学有效的检测预防、管理自身健康。

① 人工智能辅助诊疗。IBM Watson是目前最成熟的案例。2012年,Watson通过了美国职业医师资格考试,并在美国多家院提供辅助诊疗服务,诊治的病种包括乳腺癌、肺癌、结肠癌、前列腺癌、膀胱癌、卵巢癌、子宫癌等多种癌症。Watson可以在17 s内阅读3 469本医学专著、24.8万篇论文、69种治疗方案、61 540次试验数据、10.6万份临床报告。通过海量汲取医学知识,包括300多份医学期刊、200多种教科书及近1 000万页文字,IBM Watson在短时间内可以迅速成为拥有更强大脑的癌症专家。2017年2月4日(世界癌症日),Watson第一次在中国"出诊",仅用10 s就开出了癌症处方。

广州市妇女儿童医疗中心对外宣布,其研发出一个能诊断眼病和肺炎两大类疾的人工智能系统。这套AI系统在区分肺炎和健康状态时,准确性达到92.8%,灵敏性达到93.2%,特异性达到90.1%,ROC曲线下面积达到96.8%;甚至在区分细菌性肺炎和病毒性肺炎的准确性达到90.7%,灵敏性达到88.6%,特异性达到90.9%,ROC曲线下面积达到94%。同时,视网膜OCT在糖尿病视网膜病变和黄斑变形的诊断上可以量化从而能够指导治疗。该AI系统可以准确判断患者是哪种眼疾,哪些需要"紧急转诊",哪些"常规转诊",从而帮助医生快速判断哪些患者属于重症患者需要及时治疗,以避免疾病对患者造成不可逆的伤害。该项技术将能应用到包括初级保健、社区医疗、家庭医生、专科医院等,形成大范围的自动化分诊系统,为医生提供一种辅助诊断的方法,并可用于监测和维护人类健康,从而提高人类生活质量。

② 人工智能医学影像。以宫颈癌玻片为例,一张片上至少3 000个细胞,医生阅读一张片子通常需要5～6 min,但人工智能阅读后圈出重点视野,医生复核则只要2～3 min。一般来讲,具有40年读片经验的医生累计阅数量不超过150万张,但人工智能不会受此限制,只要有足够的学习样本,人工智能都可以学习,因此在经验上人工智能超过病理医生。腾讯在2017年8月发布了其首款AI+医疗产品"腾讯觅影",可实现对食道癌、肺结节、糖尿病等多个病种的筛查,且保证高准确率,目前该产品已在全国超过100家三甲医院应用。

③ 人工智能药物挖掘,主要包括新药研发、老药新用、药物筛选、药物副作用预测、药物跟踪研究等内容。人工智能在挖掘方面的作用主要体现在分析药物的化学结构与药效的关系,以及预测小分子药物晶型结构。2015年,Atomwise基于现有的候选药物,利用

AI技术,在不到一天的时间内对现有7 000多种药物进行了分析测试,成功地寻找出能控制埃博拉病毒的两种候选药物,并且成本不超过1 000美元,以往类似研究需要耗时数月甚至数年时间并且成本要上亿乃至数十亿美元。

④ 人工智能健康管理,是以预防和控制疾病发生与展,降低医疗费用,提高生命质量为目的,筛查健康及亚健康人群的生活方式相关的健康危险因素,通过健康信息采集、健康检测、健康评估、个性化监管方案、健康干预的手段持续加以改善的过程和方法。如爱尔兰创业公司Nuritas将人工智能与生物分子学相结合,进行肽的识别,根据每个人不同的身体健康状况,使用特定的肽激活健康抗菌分子,改变食物成分,消除食物副作用,从而帮助个人预防糖尿病等疾病的发生。

此外,由于追踪活动和心率的可穿戴医疗设备越来越便宜,消费者现在可自己检测自身的健康状况。人们越来越多使用可穿戴设备意味着网上可以获取大量日常健康数据。大数据和人工智能预测分析师可在出现更多重大医疗疾病前持续检测并提醒用户。

(2) 教育

在教育领域中,以自然语言处理技术为代表的人工智能技术已经应用于学习管理、学习评测、教学辅导、教学认知思考四个环节,可细分到教育评测、拍照答题、智能教学、智能教育、智能阅卷、AI自适应学习等落地场景。自然语言处理技术在教育上的应用主要有两个方面:一是作为辅助工具应用到语言教学上,即计算机辅助语言教学(computer assisted language learning,CALL);二是作为人机交互手段应用到智能教学系统上。在CALL领域,我国一大批系统进入实用状态,例如,科大讯飞语音系统被广泛应用在汉语、英语教学和考试评测上;批改网批改了全国的三亿多篇英语作文,减轻了英语老师的批改负担,为学生提供了全天候、个性化的辅助写作服务。人工智能技术的应用使得因材施教成为可能,有助于提升教学与学习质量,促进教育均衡化、可负担化。

人工智能促进人类学习方式的变革,丰富多样的网络资源、日益成熟的人工智能技术正在提供越来越快速、便捷的技术支撑,这使得我们可以进行适应性、个性化的学习,而不局限于在正规学校里发生、进行的传统学习。

① 借助"网脑"搜索所需要的任何领域的知识。维基百科、百度百科等网上知识库的内容几乎可说是无所不包,并且准确性、正确性和及时性越来越高,其可以提供与任何学科有关的资料。

② 借助机器翻译系统阅读和学习外文资料。随着我国国际化程度的进一步提高,经济、社会、教育、文化、体育等各个领域的国际交流日益广泛,需要我们阅读一定的外文资料。谷歌翻译、百度翻译等网上多种语言翻译系统的翻译效果越来越好,可以帮助我们翻译单词、句子和篇章,并提供词汇解释和例句、合成语音等辅助学习功能。即使没有学过某种外语,我们也可以了解该语种资料的大致含义。

③ 借助语言技术学习外语。比如,使用"批改网"等系统提交英语作文,在得到系统即时反馈后多次修改拼写、语法和修辞等错误直到满意为止;借助"讯飞畅言语音系统"

"英语流利说""英语模仿秀"等系统学习英语发音。

④ 借助智能机器人学习编程,培养计算思维和创造性思维。"乐高机器人""能力风暴"等智能机器人系统都提供了与硬件配套的可视化、模块化编程环境,如 Scratch 等。这便于我们学习控制机器人的传感器和行动装置,学习顺序、分支、循环等程序结构和并发计算,并在此基础上发挥我们的想象力和创造力,设计、搭建、开发出富有创意的作品。

⑤ 借助智能教学系统进行某个学科的深入学习。比如在数学方面,可以借助"乐学一百""可汗学院""数学盒子""洋葱数学"等智能学习平台,找到与本人知识阶段相应的内容;或者借助平台的自动推荐功能,深入学习代数、几何等某个领域的知识,通过平台的自测功能看到自己的进步与不足,甚至是具体形象的学科画像,然后继续学习系统推荐的微课或者阅读材料等内容;或者参与系统推荐的练习,直到自己牢固掌握这些知识为止。

⑥ 用适合自己学习风格的方式进行学习。学习风格作为影响学生学习的一种个性化要素,受到教育研究者广泛关注。Keefe 定义学习风格为"认知的、情感的和生理上的因素的组合,能够相对稳定地表明一个学习者如何感知学习环境,与环境交互及做出反应"。不同学习风格的学习者,会对一定的学习媒体产生不同的偏好。例如,Memletics 学习风格量表将学习风格划分为七个维度:视觉、听觉、言语、逻辑、社会、个体、身体,每个维度的取值在$[0, 20]$。智能教学系统会根据学习者的过程数据或者调查反馈结果,确定学习者的学习风格,并据此向学习者推荐合适的学习媒体、方法与路径。

(3) 金融

目前,人工智能在金融领域的应用包括智能投顾、征信风控、金融搜索引擎、保险、身份验证和智能客服等。人工智能技术与金融行业相融合,通过基于大数据的人工智能技术驱动金融科技智能化升级。在前台,可以用于为用户提供更舒适、便利与安全的服务;在中台,可以为金融业务中的交易、授信与分析等提供决策辅助功能;在后台,可以提高金融系统对各类风险的识别、预警与防控能力。人工智能技术将助力金融服务更加人性化、智能化。

① 在投资顾问方面的应用。人工智能在金融投资顾问方面的运用,通常被称为智能投顾,主要是指为客户提供基于算法的在线投资顾问和资产管理服务。一方面,智能投顾拥有主动投资的特点,可以主动选择合适的标的类型以及投资风格;另一方面,智能投顾具有量化投资的优势。目前,世界上最著名的两大"机器人投资顾问"公司 Wealthfront 和 Betterment 位于美国,其中,Wealthfront 掌控的资金已超过 20 亿美元。其他发达国家也涌现了大量"机器人投资顾问"公司,如英国的 Money on toast、德国的 Finance Scout 24、法国的 Marie Quantier 等。根据花旗集团 2016 年发布的研究报告指出,智能投顾所掌握的资产在 2015 年底达到 187 亿美元。智能投顾是一个复杂的大型人工智能系统,具有可以不断学习完善的运行模式。

② 在交易预测方面的应用。全球第一个以纯人工智能驱动的基金 Rebellion 曾预测了 2008 年股市崩盘,并在 2009 年 9 月给希腊债券 F 评级,比惠誉提前了一个月。日本三

菱公司发明的机器 Senoguchi,每月 10 日预测日本股市在 30 天后将上涨还是下跌。经过 4 年左右的测试,该模型的正确率高达 68%。掌管 900 亿美元的对冲基金 Cerebellum 也使用人工智能技术进行交易预测,自 2009 年以来一直处于盈利状态。国内长信基金旗下的量化先锋混合基金,运用模型智能选股也取得了良好业绩。截至 2016 年 3 月 15 日,长信量近一年的收益率为 39.23%,居同类 451 只基金的第 2 位;2014—2015 年的收益率为 125.57%,居同类 428 只基金第 1 位。

③ 在提供便利服务方面的应用。阿里旗下的蚂蚁金服已将人工智能运用于互联网小贷、保险、征信、资产配置、客户服务等领域并取得良好效果。腾讯优图是腾讯旗下人脸检测应用,与腾讯征信、微众银行、财付通开展合作,实现了对用户的信用评估。招商银行的可视柜台,通过人机互动可以实现一卡通开户、卡片激活、定期业务、转账汇款等 20 余项非现金银行业务,处理业务的效率是柜面的 1.8 倍。交通银行在 2015 年年底推出国内首个智慧型人工智能服务机器人"娇娇",目前已在上海、江苏、广东、重庆等近 30 个省市的营业网点上岗。该款机器人采用了全球领先的智能交互技术,交互准确率达 95% 以上,是国内第一款真正"能听会说、能思考会判断"的智慧型服务机器人。

参考文献

[1] 李杰,刘云璐,刘宗长,田丰. 云上工业智能[M]. 北京:中信出版社,2016.

[2] 洪泰智造工场. 一文看懂我国人工智能产业链[EB/OL]. (2018-04-16)[2018-09-27]. http://www.eefocus.com/industrial-electronics/408043/r0.

[3] 中国电子技术标准化研究院. 人工智能标准化白皮书[R/OL]. (2018-01-24)[2018-09-27]. http://www.cesi.ac.cn/201801/3545.html.

[4] 贾积有. 人工智能赋能教育与学习[J]. 远程教育杂志,2018(1):39-47.

[5] 中国人民银行武汉分行办公室课题组. 人工智能在金融领域的应用及应对[J]. 武汉金融,2016(7):46-47.

[6] 中国信通院. 2018 世界人工智能产业发展蓝皮书[R/OL]. (2018-09-18)[2018-09-27]. http://www.caict.ac.cn/kxyj/qwfb/bps/201809/t20180918_185384.htm.

[7] 中国信通院. 人工智能发展白皮书——技术架构篇(2018)[R/OL]. (2018-09-06)[2018-09-27]. http://www.caict.ac.cn/kxyj/qwfb/bps/201809/t20180906_184679.htm.

第 6 章

机器学习

　　机器学习是近 20 年兴起的一门多领域交叉学科，涉及概率论、统计学、逼近论、凸分析、计算复杂性理论等多门学科。

　　机器学习理论主要是设计和分析一些让计算机可以自动"学习"的算法。机器学习算法是一类从数据中自动分析获得规律，并利用规律对未知数据进行预测的算法。因为学习算法中涉及了大量的统计学理论，机器学习与推断统计学联系尤为密切，也被称为统计学习理论。很多推论问题属于无程序可循难度，所以部分的机器学习研究是开发容易处理的近似算法。机器学习已广泛应用于数据挖掘、计算机视觉、自然语言处理、生物特征识别、搜索引擎、医学诊断、检测信用卡欺诈、证券市场分析、DNA 序列测序、语音和手写识别、战略游戏和机器人等领域。

　　本章将讨论机器学习定义、主要算法及其在工业领域的相关应用。

6.1 机器学习的定义和分类

6.1.1 机器学习的定义

　　随着计算机技术的发展，人们现在已经拥有存储和处理海量数据以及通过计算机网络从远程站点访问数据的能力。目前大多数的数据存取设备都是数字设备，记录的数据也很可靠。但是，只有分析这些数据，并且将它们转换为可以利用的信息后，这些存储的数据才能变得有用。尽管人们不清楚数据产生过程（例如顾客行为）的细节，但是，人们知道数据产生不是完全随机的，数据中存在确定的模式。

　　人们也许不能够完全识别数据产生的过程，但人们能够构造一个好的并且有用的近似。尽管这样的近似还不可能解释一切，但其仍然可以解释数据的某些部分；尽管识别全部过程也许是不可能的，但仍然能够发现某些模式或规律。这正是机器学习的定位。这些模式可以帮助人们理解数据产生的过程，人们可以使用这些模式进行预测：假定将来，至少是不远的将来，情况与收集样本数据时没有很大的不同，则未来的预测也将有望是正确的。

机器学习方法在大型数据库中的应用称为数据挖掘(data mining)。在数据挖掘中，需要处理大量的数据以构建简单有用的模型，例如具有高精度的预测模型。数据挖掘的应用领域非常广泛：除零售业以外，在金融业，银行分析他们的历史数据，构建用于信用分析、诈骗检测、股票市场等方面的应用模型；在制造业，学习模型可以用于优化、控制以及故障检测等；在医学领域，学习程序可以用于医疗诊断等；在电信领域，通话模式的分析可用于网络优化和提高服务质量；在科学研究领域，比如物理学、天文学以及生物学的大量数据只有用计算机才可能得到足够快的分析。

然而，机器学习不仅仅是数据库一个方面的问题，它也是人工智能的组成部分。为了智能化，处于变化环境中的系统必须具备学习的能力。如果系统能够学习并且适应这些变化，那么系统的设计者就不必预见所有的情况，并为它们提供解决方案了。机器学习使用实例数据或过去的经验训练计算机，以优化某种性能标准。模型可以是预测性的，用于未来的预测；或者是描述性的，用于从数据中获取知识；也可以两者兼备。

机器学习在构建数学模型时利用了统计学理论，因为其核心任务就是从样本中推理。计算机科学的角色是双重的：第一，在训练时，我们需要求解优化问题以及存储和处理通常所面对的海量数据的高效算法；第二，一旦学习得到了一个模型，它的表示和用于推理的算法解也必须是高效的。在特定的应用中，学习或推理算法的效率，即它的空间复杂度和时间复杂度，可能与其预测精确度同样重要。

6.1.2 机器学习的分类

机器学习一般根据处理的数据是否存在人为标注可分为监督学习和无监督学习。监督学习用有标签的数据作为最终学习目标，通常学习效果好，但获取有标签数据的代价是昂贵的；无监督学习相当于自学习或自助式学习，便于利用更多的数据，同时可能会发现数据中存在更多模式的先验知识有时会超过手工标注的模式信息，但学习效率较低。两者的共性是通过建立数学模型为最优化问题进行求解，通常没有完美的解法。监督学习的数据集包括初始训练数据和人为标注目标，希望根据标注特征从训练集数据中学习到对象划分的规则，并应用此规则在测试集数据中预测结果，输出有标记的学习方式。因此，监督学习的根本目标是训练机器学习的泛化能力。监督学习的典型算法有：逻辑回归、多层感知机、卷积神经网络等；典型应用有：回归分析、任务分类等。无监督学习，用于处理未被分类标记的样本集数据并且事先不需要进行训练，希望通过学习寻求数据间的内在模式和统计规律，从而获得样本数据的结构特征，因此，无监督学习的根本目标是在学习过程中根据相似性原理进行区分。无监督学习更近似于人类的学习方式，被 Andrew Ng 誉为：人工智能最有价值的地方。无监督学习的典型算法有自动编码器、受限玻尔兹曼机、深度置信网络等；典型应用有：聚类和异常检测等。总之，机器学习就是计算机在算法的指导下，能够自动学习大量输入数据样本的数据结构和内在规律，给机器赋予一定的智慧，从而对新样本进行智能识别，甚至实现对未来的预测。机器学习的一般流程如图 6-1 所示。

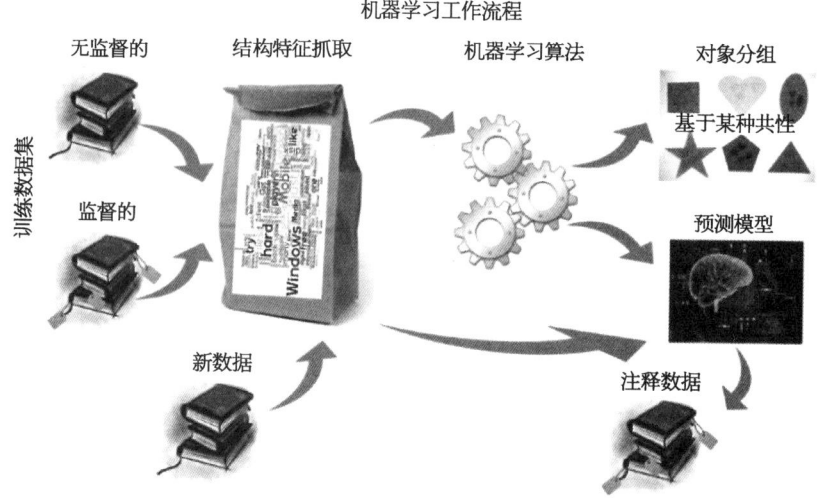

图 6-1 机器学习流程图

从当前研究的发展趋势看,机器学习今后将有如下几个热点的研究方向:从人类自身出发找出大脑本身生物学习机制,通过严格数学化应用于机器学习;在已有的人工智能方法的基础上不断优化发展和改良现有学习算法,同时展开新的研究算法的开发工作;令众多的机器学习算法走出"象牙塔",建立实用的机器学习的算法应用系统,特别是在互联网领域开展多种学习方法集成化的研究;多种机器学习算法的同步协调使用,利用多种算法是优势规避其中的不足,改善学习系统性能。

6.2 机器学习的算法

机器学习的目标就是在一定的网络结构基础上,构建数学模型,选择相应的学习方式和训练方法,学习输入数据的数据结构和内在模式,不断调整网络参数,通过数学工具求解模型最优化的预测反馈,提高泛化能力、防止过拟合。机器学习算法主要是指通过数学及统计方法求解最优化问题的步骤和过程。

6.2.1 kNN 算法

kNN 算法最初由 Cover 和 Hart 于 1968 年提出的,是最近邻算法的一种推广,广泛应用于机器学习和数据分类。kNN 算法是一种基于向量空间模型的预测性分类算法,通过计算向量之间的距离来确定待检测样本的类别。kNN 算法的核心思想是:如果一个待检测样本在特征空间中的 k 个最相邻的样本中的大多数属于某一个类别,则该样本也属于这个类别,并具有这个类别上样本的特性。因此,kNN 算法不具有显式学习的过程,而是利用样本集对向量空间进行划分。kNN 算法原理如下。

输入：样本集
$$T=\{(x_1, y_1), (x_2, y_2), \cdots, (x_n, y_n)\}$$
其中，$x_i \in X \subseteq T$ 为样本集的特征向量；
$y_i \in Y = \{c_1, c_2, \cdots, c_n\}$ 为样本的类别；
$i = 1, 2, \cdots, N$；
X 为待检测样本的特征向量。
输出：待检测样本所属类别 y。

① 根据选取的距离函数，在样本集 T 中找出与 x 最近距离的 k 个点，这 k 个点的邻域记作 $N_k(x)$；

② 在 $N_k(x)$ 中根据多数表决的判定规则，判断 x 的类别 y；
$$y = \mathrm{argmax} x_{cj} \sum_{yi \in NK(x)} I(yi = cj), i, j = 1, 2, \cdots, N$$
式中 I 为指示函数，k 为近邻个数，即当 $yi = cj$ 时，$I = 1$。

kNN 算法中影响算法准确率的因素有距离函数和 k 值的选择，图 6-2 为选取不同 k 值分类的效果图。

样本集共两类：四方形和三角形，图中测试样本是圆形。运用 kNN 分类算法时，不同的 k 值影响分类结果：当 $k=1$ 时，离其最近的一个样本是四方形，圆被判定为四方形一类；当 $k=4$ 时，离其最近的四个样本中，三角形占 3/4，圆被归为三角形一类；当 $k=8$ 时，离其最近的 8 个样本中，四方形占 5/8，圆被归为四方形一类。这

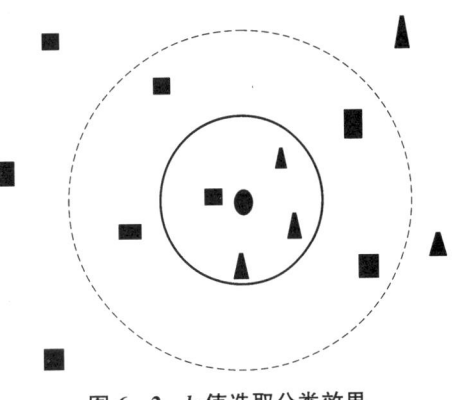

图 6-2　k 值选取分类效果

就是对 kNN 分类原理的一个直观描述，也说明 k 值的选择直接影响分类的准确性。

kNN 算法在处理大数据样本时是一种较好的分类算法，主要优点有：

① 思路简单直观，方便实现，准确率高，传统的 kNN 算法无需对样本训练；

② 没有过多的数据规则需要描述，分类过程直接利用样本与样本之间距离的关系，避免了其他因素对结果的影响，可以大幅减少误差，体现了分类规则独立性，特别适合类别特征不明显的分类问题；

③ 在执行分类的过程中只与少量的 k 个最相邻样本相关，特别适合多类别、大样本数据的分类计算。

kNN 方法的不足之处主要有：

① 对样本集依赖性较强，样本集中样本的多少以及样本类别的多少都会影响到 kNN 算法在实际的应用，由于在确定分类决策上只依据最邻近几个样本类别来决定待检测样

本所属的类别,当样本不平衡,如一类样本容量很大,而其他类样本容量很小时,有可能导致造成不论 k 值多大,k 个邻居样本大多数属于大容量类的,计算分类结果缺乏说服力;

② 分类速度慢,kNN 算法在进行分类计算时,是按照距离函数逐一计算待分类样本与样本集中的样本的距离,然后根据距离的大小进行分类,当样本的维数和规模比较大时,算法的复杂度较高,导致分类速度大幅度降低;

③ k 值的选择,由于 kNN 算法中几乎所有的计算都发生在分类阶段,而 k 值的大小直接关系到最终的分类准确率,一般情况下,k 越大,分类的结果越准确;但是如果 k 值选择过大,且样本集较小时,会增加计算量,导致分类准确率下降;k 值选择过小,得到的近邻数过少,也会降低分类精度;k 值没有确定公式,一般通过人工取多个 k 值进行多次训练,取分类结果误差最小的 k 值。

6.2.2 聚类分析

聚类分析是一种原理简单、应用广泛的机器学习技术。聚类分析就是把若干事物按照某种标准归为几个类别,其中较为相近的聚为一类,不那么相近的聚于不同类。

聚类分析在客户分类、文本分类、基因识别、空间数据处理、卫星图片分析、医疗图像自动检测等领域有着广泛的应用。聚类分析的研究是一个蓬勃发展的领域,数据挖掘、统计学、机器学习、空间数据库技术、生物学和市场学也推动了聚类分析研究的进展。聚类分析已成为机器学习研究中的一个热点。

聚类算法种类繁多,本节将选取普及性最广、最实用、最具有代表性的 5 种聚类算法进行介绍,其中包括:

- k-均值聚类(k-means);
- k-中心点聚类(k-medoids);
- 密度聚类(densit-based spatial clustering of application with noise,DBSCAN);
- 系谱聚类(hierarchical clustering,HC);
- 期望最大化聚类(expectation maximization,EM)。

需要说明的是,这些算法本身无所谓优劣,最终运用于数据的效果却存在好坏差异,这在很大程度上取决于数据使用者对于算法的选择是否得当。本节我们将对这 5 种算法的基本原理和各自的特点进行简要介绍,并以图示方式辅助理解来指导算法选择。

(1) k-均值聚类

k-均值聚类算法是最早出现的聚类分析算法之一,它是一种快速聚类方法,但对于异常值或极值敏感,稳定性差,因此较适合处理分布集中的大样本数据集。

k-均值聚类的思路是以随机选取的 A(预设类别数)个样本作为起始中心点,将其余样本归入相似度最高中心点所在的簇(cluster),再确立当前簇中样本坐标的均值为新的中心点,依次循环迭代下去,直至所有样本所属类别不再变动。算法的计算过程非常直观,图 6-3 所示为以将 10 个点聚为 3 类为例展示算法步骤。

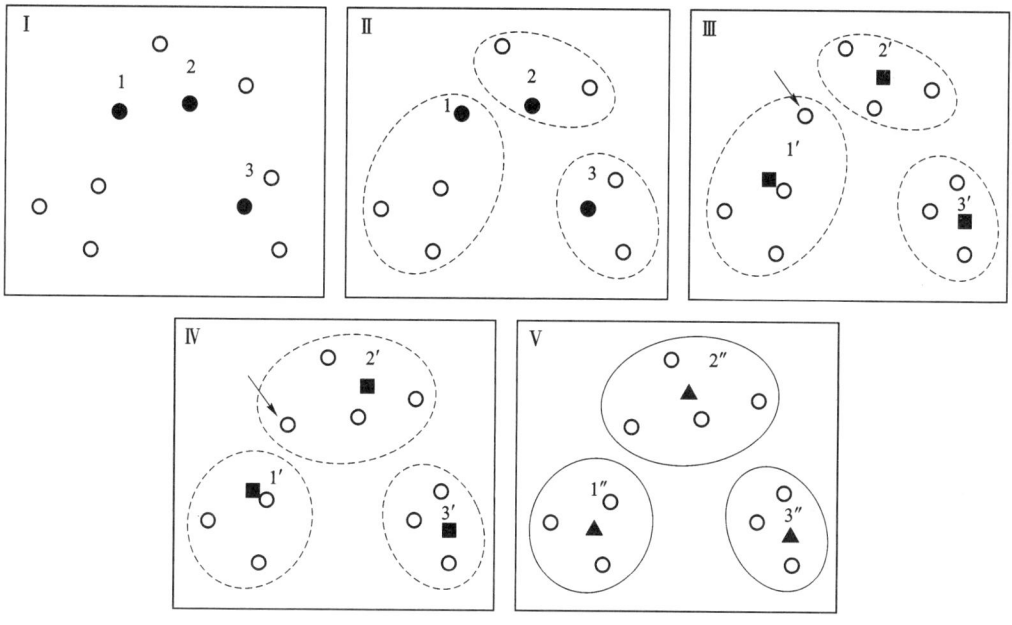

图 6-3 k-均值聚类算法步骤示例

（2）k-中心点聚类

k-中心点算法与k-均值算法在原理上十分相近，它是针对k-均值算法易受极值影响这一缺点的改进算法。在原理上的差异在于选择各类别中心点时不取样本均值点，而在类别内选取到其余样本距离之和最小的样本为中心。

图6-4所示为该算法的基本运行步骤。

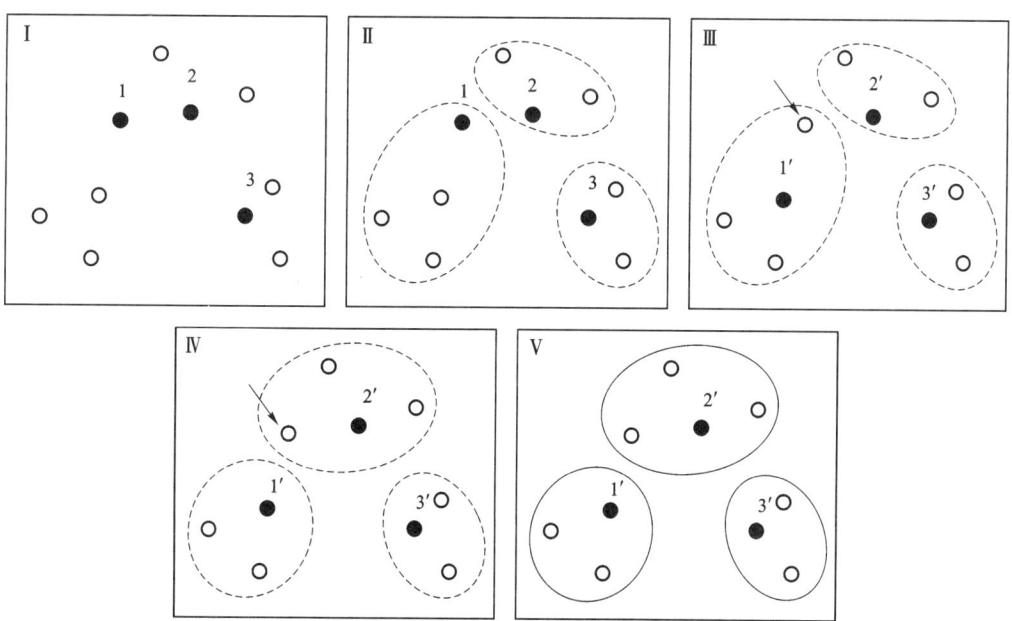

图 6-4 k-中心点聚类算法步骤示例

（3）系谱聚类

系谱聚类的过程可以通过类似于系谱图的形式呈现出来。相对于 k-均值算法与 k-中心点算法，系谱算法的突出特点在于不需事先设定类别数 k，这是因为它每次迭代过程仅将距离最近的两个样本/族聚为一类，其运作过程将自然得到 $k=1$ 至 $k=n$（n 为待分类样本总数）个类别的聚类结果，如图 6-5 所示。

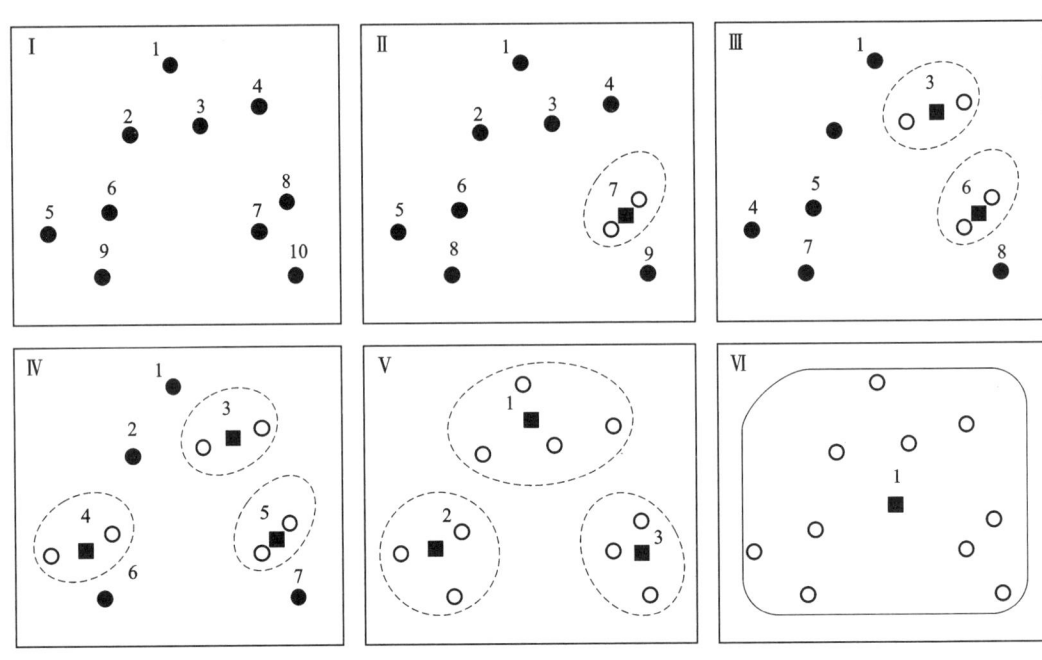

图 6-5 系谱聚类算法步骤示例

（4）密度聚类

密度聚类算法是基于密度的聚类方法中最常用的代表算法之一，另外还有 OPTICS 算法、DENCLUE 算法等，读者可自行学习。

基于密度的聚类算法相对于如前所说的 k-均值、k-中心点，以及系谱聚类这些基于距离的聚类算法，其优势在于弥补了它们只能发现"类圆形"聚类簇的缺陷，该类算法由于是基于"密度"来聚类的，可以在具有噪声的空间数据库中发现任意形状的簇。

以密度聚类算法来详细说明，该方法将"簇"看作是数据空间中被低密度区域分割开的"稠密区域"，即密度相连样本点的最大集合。为了理解其思想，可参照图 6-6 来说明算法步骤，首先应明确其输入值为待聚类数据集、半径 E（即为图中各圆形的半径大小）与密度阈值 MinPts（图中取 3），具体步骤如下：

① 从数据集中选择一个未处理的样本点，如我们第一次选择图Ⅰ中的点 1；

② 以点 1 为圆心，作半径为 E 的圆，由于圆内圈入点的个数为 3，满足密度阈值 MinPts，因此称点 1 为核心对象（用黑色实心圆点表示），且将圈内的 4 个点形成一个簇，其中点 1 直接密度可达周围的 3 个灰色实心圆点；

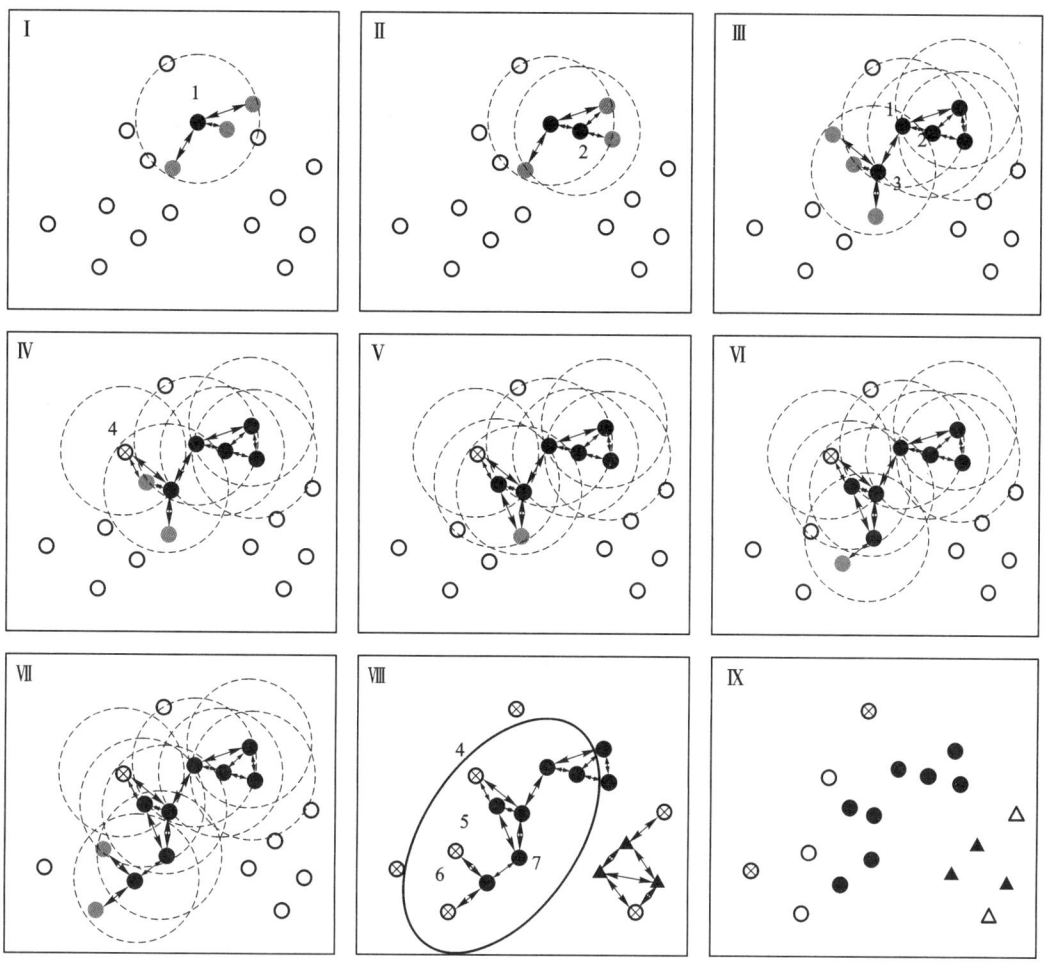

图 6-6 密度聚类算法步骤示例

③ 同理考察其他样本点，重复步骤②若干次，得到图Ⅲ，其中点 1 直接密度可达核心对象 3，且点 2 密度可达点 3；

④ 当该过程进行到图Ⅳ，我们发现点 4 的 E 邻域内仅有 2 个点，小于阈值 MinPts，因此，点 4 为边缘点（非核心对象），暂标记为，然后继续考察其他点；

⑤ 当所有对象都被考察，该过程结束，得到图Ⅷ，看到椭圆形内有若干核心对象和边缘点，这些点都是密度相连的；

⑥ 最后一步即为将各点归类，见图Ⅸ，点集●相互密度可达，属于类别 1，点集▲相互密度可达，属于新的一类，记类别 2；点集○与类别 1 样本点密度相连，属于类别 3；点集 A 与类别 2 样本点密度相连，属于类别 4；点⊕即非核心对象，也不与其他样本点密度相连，为噪声点。

密度聚类算法的不足之处在于，它对于用户定义参数半径 E 及密度阈值 MinPts 很敏感，参数取值细微的不同可能会导致差别很大的结果，而且参数的选取无规律可循，只能不断尝试靠经验确定。

(5) 期望最大化聚类

期望最大化算法的思路十分巧妙,在使用该算法进行聚类时,它将数据集看作一个含有隐性变量的概率模型,并以实现模型最优化,即获取与数据本身性质最契合的聚类方式为目的,通过"反复估计"模型参数找出最优解,同时给出相应的最优类别数而"反复估计"的过程即是期望最大化算法的精华所在,这一过程由 E-step(expectation)和 M-step(maximization)这两个步骤交替进行来实现。

该算法相比于前面介绍的几种聚类算法更为抽象,图 6-7 中,图Ⅱ是对图Ⅰ中的 10 个样本点随机聚类的初始结果,可以明显看到聚类效果很差;随后进行第一、二次迭代,聚类结果分别如图Ⅲ、图Ⅳ所示,每一次都比前一次更契合数据,至图Ⅴ完成第三次迭代,聚类结束。

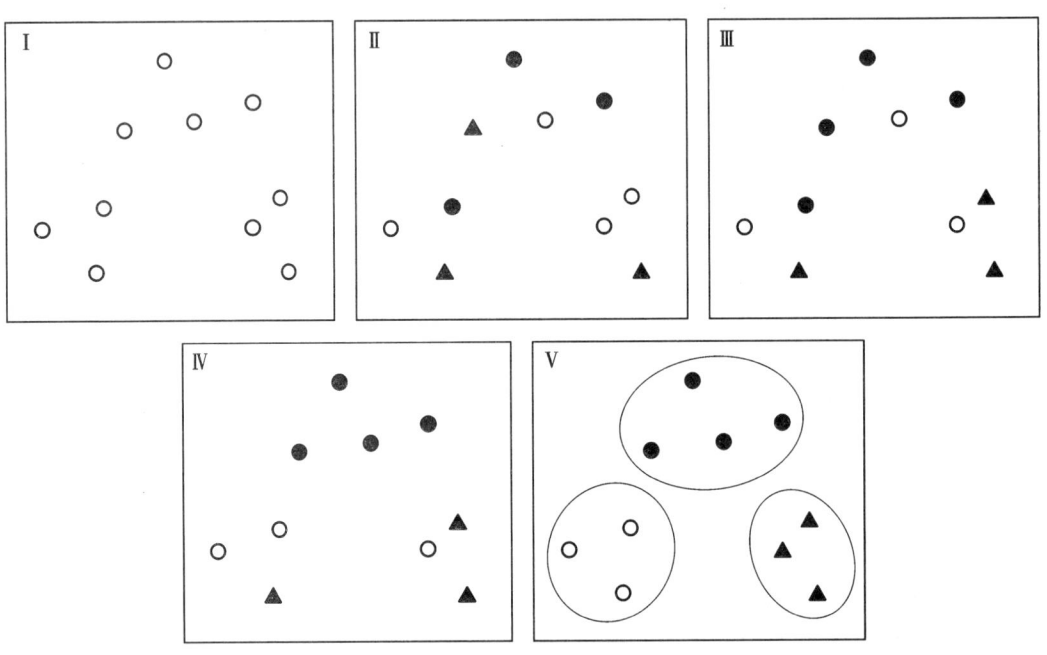

图 6-7 期望最大化聚类算法步骤示例

6.2.3 决策树

决策树是最经典的机器学习方法之一,它以树形结构将决策/分类过程展现出来,简单直观、解读性强,根据适用情况的不同,有时也被称为分类树或回归树。

简单来说,建立决策树的目的即是根据若干输入变量的值构造出一个相适应的模型,从而预测出目标/输出变量的值,并以树形结构呈现。

决策树呈现倒置的树形,即最上端为树的根,最下端为树的叶。从理论上概述决策树的构建过程,包括决策树的生成和生成树的剪枝两个步骤。

(1) 决策树的生成

这一过程将初始的包含大量信息的数据集，按照一定的划分条件逐层分类至不可再分或不需再分，充分生成树。具体的，在每一次分类中，先找出各个可以作为分类变量的自变量的所有可能的划分条件，再对每一个自变量，比较在各个划分条件下所得的两个分支的差异大小，选出使得分支差异最大的划分条件作为该自变量的最优划分，再将各个自变量在最优划分下所得的两个分支的差异大小进行比较，选出差异最大者作为该节点的分类变量，并采用该变量的最优划分。

(2) 生成树的剪枝

由于以上过程是没有停止条件的，所得到的生成树可能会非常大，对训练集很可能存在过拟合，即对训练数据有非常高的分类准确率，但是对于新数据的分类准确率较差。因此，为了保证生成树的推广能力，需要通过剪枝过程对复杂树的节点进行删减，控制树的复杂度，并由树的叶节点数来衡量复杂度。具体的，先找出固定叶节点数下拟合效果最优的树，即局部最优模型，再比较各个叶节点数下的局部最优模型，最终选择出全局最优模型。

机器学习中的决策树可以分为两个主要类型：分类树和回归树。分类树是针对目标变量为离散型的情况，即最终目标是预测各样本的所属类别，如根据天气预报来预测人们是否会打高尔夫；回归树则适用于目标变量为连续型，如预测出某人的月收入，可以建立回归树；当预测其月收入所属区间([1 000, 2 000]? [2 000, 3 000])，则属于分类树范畴。

有两种使用最为普遍的决策树算法：CART(classification and regression trees)和C4.5(successor of ID3)。分类回归树 CART 是既可以建立分类树，也可构造回归树的算法，它是许多集成分类算法的基分类器，虽然各式分类算法不断涌现，但 CART 仍是使用最为广泛的分类技术。C4.5 是 ID3(iterative dichotomiser 3) 的改进算法，两者都以熵(entropy)理论和信息增益(information gain)理论为基础，其算法的精髓所在，就是使用熵值或者信息增益值来确定使用哪个变量作为各节点的判定变量，而 C4.5 是为了解决 ID3 只能用于离散型变量，即仅可以构建分类树，且确定判定变量时偏向于选择取值较多的变量这两项主要缺陷而提出的。虽然目前已有了在运行效率等方面进一步完善的算法 C5.0，但由于 C5.0 多用于商业用途，C4.5 仍是更为常用的决策树算法。

6.2.4 随机森林

在当今的现实生活中存在着很多种微信息量的数据，如何采集这些数据中的信息并进行利用，成为了数据分析领域里一个新的研究热点。机器学习方法是处理这样的数据的理想工具。随机森林以它自身固有的特点和优良的分类效果在众多的机器学习算法中脱颖而出。随机森林算法的实质是基于决策树的分类器集成算法，其中每一棵树都依赖于一个随机向量，森林中的所有的向量都是独立同分布的。

随机森林是一种比较新的机器学习模型。经典的机器学习模型是神经网络，神经网络预测精确，但是计算量很大。20 世纪 80 年代，Breiman 等人发明分类树的算法，通过反复二分数据进行分类或回归,计算量大大降低。2001年,Breiman把分类树组合成随机森林,即在变量(列)的使用和数据(行)的使用上进行随机化,生成很多分类树,再汇总分类树的结果。

随机森林在运算量没有显著提高的前提下提高了预测精度。随机森林对多元共线性不敏感,结果对缺失数据和非平衡的数据比较稳健,可以很好地预测多达几千个解释变量的作用,被誉为当前最好的算法之一。

随机森林是一个树型分类器的集合。其中元分类器是用CART算法构建的没有剪枝的分类决策树;森林的输出采用简单多数投票法,或者是单棵树输出结果的简单平均得到。其中简单集成分类回归树多数投票法主要针对分类模型,单棵树输出结果的简单平均主要针对回归模型。

随机森林是通过自助法(boot-strap)重采样技术,从原始训练样本集 N 中有放回地重复随机抽取 k 个样本生成新的训练集样本集合,然后根据自助样本集生成 k 个决策树组成的随机森林,新数据的分类结果按决策树投票多少形成的分数而定。随机森林的实质是对决策树算法的一种改进,将多个决策树合并在一起,每棵树的建立依赖于一个独立抽取的样本,森林中的每棵树具有相同的分布,分类误差取决于每一棵决策树的分类能力和它们之间的相关性。特征选择采用随机的方法去分裂每一个节点,然后比较不同情况下产生的误差,能够监测到内在估计误差、分类能力和相关性决定选择特征的数目。单棵决策树的分类能力可能很小,但在随机产生大量的决策树后,一个测试样本可以通过每一棵树的分类结果经统计后选择最可能的分类。

随机森林其实可以通俗地理解为由许多棵决策树组成的森林,而每个样本需要经过每棵树进行预测,然后根据所有决策树的预测结果最后确定整个随机森林的预测结果。随机森林中的每一棵决策树都为二叉树,其生成遵循自顶向下的递归分裂原则,即从根节点开始依次对训练集进行划分。在二叉树中,根节点包含全部训练数据,按照节点不纯度最小原则,分裂为左节点和右节点,它们分别包含训练数据的一个子集,按照同样的规则,节点继续分裂,直到满足分支停止规则而停止生长。

随机森林在建立模型以及进行预测的具体步骤如图6-8所示。

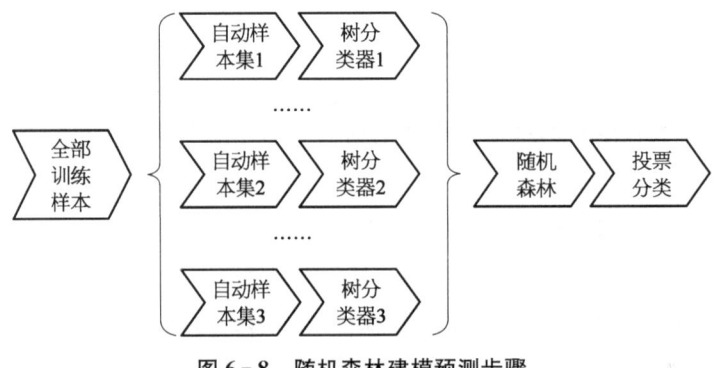

图6-8 随机森林建模预测步骤

① 用 N 表示原始训练集样本的个数,用 M 表示变量的数目。

② 需要确定一个定值 m,该值被用来决定当在一个节点上做决定时会使用到多少个变量,确定时需要注意 m 应小于 M。

③ 应用自助法有放回地随机抽取 k 个新的自助样本集,并由此构建 k 棵决策树,每次未被抽到的样本组成了 k 个袋外数据(out-of-bag,OOB)。

④ 每个自助样本集生长为单棵决策树。在数的每个节点处从 M 个特征中随机挑选 m 个特征(m 小于 M),按照节点不纯度最小的原则从这 m 个特征中选出一个特征进行分支生长。这棵决策树进行充分生长,使每个节点的不纯度达到最小,不进行通常的剪枝操作。

⑤ 根据生成的多个决策树分类器对需要进行预测的数据进行预测,根据每棵决策树的投票结果取票数最高的一个类别。

在随机森林的构建过程中,自助样本集用于每一个树分类器的形成,每次抽样生成的 OOB 被用来预测分类的正确率,对每次预测结果进行汇总得到错误率的 OOB 估计,然后评估组合分类的正确率。此外,在随机森林中,生成每一棵决策树时,所应用的自助样本集从原始的训练样本集中随机选取,每一棵决策树所应用的变量也是从所有变量 M 中随机选取,随机森林通过在每个节点处随机选择特征进行分支,最小化了各棵决策树之间的相关性,提高了分类精确度。因为每棵树的生长很快,所以随机森林的分类速度很快,并且很容易实现并行化。这也是随机森林的一个非常重要的优点和特点。

随机森林分类性能的主要因素如下:

① 森林中单棵树的分类强度——在随机森林中,每一棵决策树的分类强度越大,即每棵树枝叶越茂盛,则整体随机森林的分类性能越好;

② 森林中树之间的相关度——在随机森林中,树与树之间的相关度越大,即树与树之间的枝叶相互穿插越多,则随机森林的分类性能越差。

随机森林的两个重要参数如下:

① 树节点预选的变量个数;

② 随机森林中树的个数。

以上两个参数是在构建随机森林模型过程中的两个重要参数,这也是决定随机森林预测能力的两个重要参数,其中第一个参数决定了单棵决策树的情况,而第二个参数决定了整片随机森林的总体规模。换言之,上述两个参数分别从随机森林的微观和宏观层面上决定了整片随机森林的构造。

6.2.5 支持向量机

随着科学技术的飞速发展,以及计算机、互联网的日益普及,越来越多的复杂、非线性、高维度数据需要进行分析和处理,这无疑对传统的统计学方法提出了严峻的挑战。

从数据中发现知识是分析复杂数据、建立决策系统的基石,而模式分析和回归分析则是知识发现中的重要内容，也是处理许多其他问题的核心。支持向量机是机器学习中的一项新技术，是借助于最优化方法来解决机器学习问题的新工具，开始成为克服维数灾难和过学习等困难的强有力的手段。它在解决小样本、非线性及高维度模式识别中表现出许多优势，并能够推广应用到函数拟合等其他机器学习问题中。

传统统计学研究的内容是样本无穷大时的渐进理论，即当样本数据趋于无穷多时的统计性质，而实际问题中的样本数据往往是有限的。因此，假设样本数据无穷多，并依此为基础推导出的各种算法很难在样本数据有限时取得理想的应用效果。当样本数据有限时，本来具有良好学习能力的学习机器有可能表现出很差的泛化能力。

支持向量机方法建立在统计学理论的 VC 维理论和结构风险最小原理基础之上，根据有限样本在模型的复杂性和学习能力之间寻求最佳折中，以期获得最好的推广能力。其中，模型的复杂性指对特定训练样本的学习精度，学习能力是指无错误地识别任意样本的能力。

支持向量机的定义是，根据给定的训练集：

$$T = \{(x_1, y_1), (x_2, y_2), \cdots, (x_l, y_l)\} \in (X \times Y)^l$$

其中，$x_i \in X = R^n$，X 称为输入空间，输入空间中的每一个点 x_i 由 n 个属性特征组成，$y_i \in Y = \{-1, 1\}$，$i = 1, \cdots, l$。寻找 R^n 上的一个实值函数 $g(x)$，以便用分类函数：

$$f(x) = \text{sgn}(g(x))$$

推断任意一个模式 x 相对应的 y 的值的问题为分类问题。

在介绍结构风险最小(structural risk minimization)原理之前，首先对机器学习的本质做简要介绍。

机器学习本质上就是一种对所研究问题真实模型的逼近，通常会假设一个近似模型，然后根据适当的原理将这个近似模型不断逼近真实模型。毫无疑问的是，真实模型一定是不知道的，所以所选择的近似模型与真实模型之间究竟有多大的差距也就无从得知了，这也就引进了结构风险最小原理。

这个近似模型与真实模型之间的误差，通常称之为风险。在选择出一个近似模型之后，由于真实模型的未知性，所以真实误差也就无从得知，但是可以用某些可以掌握的量来逼近它。最直观的想法就是使用分类器在样本数据上的分类结果与真实结果之间的差值来表示，这个差值统计上称之为经验风险 $R_{\text{emp}}(W)$。

在过去的机器学习方法中，通常将经验风险最小化作为努力的目标，但是在实际的使用过程中却看到了这一方法的不足。通常很多分类函数能够在样本集上轻易达到百分之百的正确率，但是在投入实际具体问题中后却是错误百出，即模型无推广能力。在出现上述问题后，大家不难发现，由于所取得的样本数相对于现实世界的总体来说是非常渺小的，经验风险最小化原则只在占很小比例的样本上做到没有误差，但不能保证在更大比例的实际总体上也没有误差,所以这便是使用经验风险最小化原则建立的模型无推广能力的原因。

统计学习因而引入了泛化误差界的概念。所谓泛化误差界是指真实风险应该由两部分内容刻画:一是经验风险,代表了分类器在给定样本上的误差;二是置信风险,代表了我们在多大程度上可以信任分类器在未知样本上分类的结果。

泛化误差界的公式表示如下:
$$R(W) \leqslant R_{\text{emp}}(W) + \varphi(n/h)$$

式中,$R(W)$ 是真实风险,$R_{\text{emp}}(W)$ 是经验风险,$\varphi(n/h)$ 是置信风险。统计学习的目标从经验风险最小化变为了寻求经验风险与置信风险之和最小化,即结构风险最小化。

支持向量机正是这样一种努力最小化结构风险的算法。

在了解函数间隔及接下来将要介绍的几何间隔之前,首先应了解 Logistic 回归所使用的回归模型,通过对 Logistic 回归模型的相应替换,得到支持向量机模型,并讨论支持向量机模型中的函数间隔及几何间隔。

在支持向量机模型中使用的结果标签是 $y=-1$ 和 $y=1$,以此替换在 Logistic 回归中使用的 $y=0$ 和 $y=1$;同时将系数 θ 替换由 W 和 b 表示,即以前的 $\theta^{\text{T}} x = \theta_0 + \theta_1 x_1 + \theta_2 x_2 + \cdots + \theta_n x_n$(认为 $x_0 = 1$),替换 θ_0 为 b,后面的 $\theta_1 x_1 + \theta_2 x_2 + \cdots + \theta_n x_n$ 替换为 $w_1 x_1 + w_2 x_2 + \cdots + w_n x_n$(即 $w^{\text{T}} x$)。这样,让 $\theta^{\text{T}} x = w^{\text{T}} x + b$,进一步 $h_\theta(x) = g(\theta^{\text{T}} x) = g(w^{\text{T}} x + b)$。也就是说,除了 y 由 $y=0$ 变为 $y=-1$,只是标记不同外,与 Logistic 回归的形式化表示没有区别。

再明确一下假设函数:
$$h_{\theta, b}(x) = g(w^{\text{T}} x + b), 令 Z = w^{\text{T}} x + b$$

对于这个假设函数,我们只需要考虑 $\theta^{\text{T}} x$ 的正负问题,而不用关心 $g(z)$,因此这里将 $g(z)$ 做一个简化,将其简单映射到 $y=-1$ 和 $y=1$ 上。映射关系如下:
$$g(z) = \begin{cases} 1 & z \geqslant 0 \\ -1 & x < 0 \end{cases}$$

给定一个训练样本 $(x^{(i)}, y^{(i)})$,x 是特征变量,y 是结果标签,i 表示第 i 个样本。定义函数间隔如下:
$$\bar{\gamma}^{(i)} = y^{(i)} (W^{\text{T}} x^{(i)} + b)$$

刚刚定义的函数间隔是针对某一个样本的,现在定义全局样本函数间隔如下:
$$\bar{\gamma}^{(i)} = \min(\bar{\gamma}^{(i)})$$

其中,$i = 1, \cdots, m$。

其实,对于函数间隔最直接的看法就是在训练样本上分类正例和负例确信度最小的那个函数间隔。

针对上述函数间隔的介绍,继续考虑 W 和 b,如果同时加大 W 和 b,比如在 $(W^T x^{(i)} + b)$ 前面乘个系数,假设乘以 2,那么所有点的函数间隔都会增大变为原来的两倍,这对求解问题是不会产生影响的,因为要求解的是 $W^T x^{(i)} + b = 0$,同时扩大 W 和 b 对结果是无影响的。这样,为了限制 W 和 b,可能需要加入归一化条件,毕竟求解的目标是确定唯一一组 W 和 b,而不是多组线性相关的向量。这个归一化的结果便是支持向量机的几何间隔。

由此可以得到支持向量机几何间隔的定义如下:

$$\gamma^{(i)} = y^{(i)} \left(\frac{W^T}{\|W\|} \right) x(i) + \frac{b}{\|W\|}$$

由几何间隔的定义式可以看出,当 $\|W\| = 1$ 时,几何间隔便等于函数间隔。所以,无论 W 和 b 同时扩大多少倍,$\|W\|$ 都会跟随 W 和 b 同步扩大相同倍数,从而对结果无影响。所以可以定义全局的几何间隔为:

$$\gamma = \min(\gamma^{(i)})$$

其中,$i = 1, \cdots, m$。

之前讨论的情况都是建立在样例线性可分的假设上,当样例线性不可分时,可以尝试使用核函数来将特征映射到高维,这样很可能就可分了。正如图 6-9 中所示,原始特征是线性不可分的,但是通过对原始特征进行高斯变换后,得到的新特征就是线性可分的了,这便是对核函数最直接的理解。

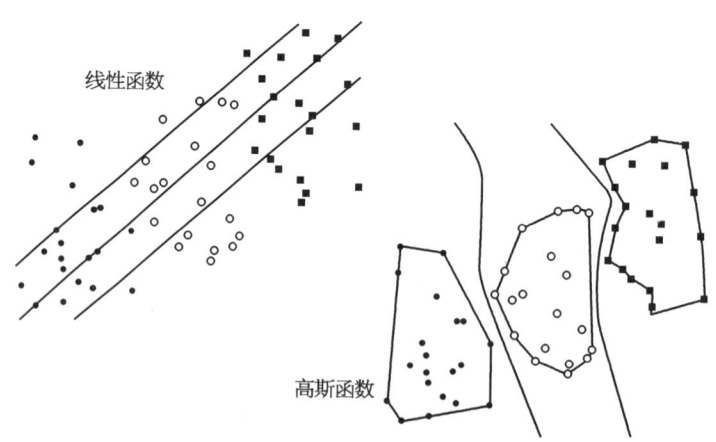

图 6-9 高斯核函数对数据的转换

所以可以将核函数形式化的定义为:如果原始特征内积是 (x, z),映射后为 $[\varphi(x), \varphi(z)]$,那么核函数为:

$$K(x, z) = \varphi(x)^T \varphi(z)$$

6.3 应用案例

6.3.1 高速列车智能驾驶

在我国高速铁路飞速发展的基础上，高速列车的运营密度与运行速度有了巨大提升，目前高速列车仍处于人工驾驶阶段，难以满足高速铁路安全高效运行的基本要求。列车自动驾驶运用计算机技术可以对列车进行实时控制，不仅可以保证列车的精确停车和准点到站，还可以保证乘客的舒适性以及降低运行能耗。通过分析实际高速铁路人工驾驶数据，发现有经验的、优秀的司机可以将列车安全、准时、精确地停在指定位置，整个驾驶过程也比较平稳。因此，建立高速列车智能驾驶模型，运用集成分类回归树算法归纳总结优秀司机的驾驶策略，并将其转变为计算机可以识别的智能控制语言进而控制高速列车的运行。

采集人工驾驶数据所用的实验动车组车型CRH2，数据的采集主要依靠差分GPS技术和车轮速度传感器。在工业控制计算机上，能够得到采样周期为0.1 s的列车的经纬度、高程、公里标、速度、加速度等信息。固定限速可以通过列控工程数据表得到。

得到以上信息后，首先对这些信息进行处理，数据处理的目标是得到以下八个属性的信息分别是：限速、坡度、运行速度、剩余时间、剩余距离、距下一限速变化的距离、下一限速的大小、加速度，前七个数据作为输入数据，最后一个作为输出数据。将所有数据处理完毕以后，对这些数据进行筛选。所要使用的驾驶数据必须满足最基本的驾驶策略：考虑舒适性即列车的加速度（减速度）的绝对值不能太大，加速度（减速度）的变化率不能太高，列车工况切换的次数不能过多；考虑节能性即尽可能多的进行列车的惰行，可以有效地降低能耗；考虑停车精确性即在停车阶段，根据列车与目标点之间的距离，选择合适的制动大小，使列车能够精确停车；考虑准时性即列车的运行速度应该尽量接近最大允许运行速度。表6-1和表6-2即为模型中将要用到的一组数据。

表6-1 列车行驶实时数据

限速(m/s)	运行速度(m/s)	坡度(°)	剩余距离(m)	剩余时间(s)	加速度(m/s²)
22	0	0	45 450	1 140	0
22	0	0	45 450	1 139.9	0
22	0	0	45 450	1 139.8	0.407 058 785
22	0.040 705 9	0	45 450	1 139.7	0.406 179 014
22	0.081 323 801	0	45 449.995 93	1 139.6	0.401 388 552
22	0.121 462 657	0	45 449.989 83	1 139.5	0.403 031 753
22	0.161 765 832	0	45 449.979 69	1 139.4	0.401 426 892
22	0.201 908 521	0	45 449.965 53	1 139.3	0.404 906 762

续　表

限速(m/s)	运行速度(m/s)	坡度(°)	剩余距离(m)	剩余时间(s)	加速度(m/s²)
22	0.242 399 197	0	45 449.947 34	1 139.2	0.404 345 839
22	0.282 833 781	0	45 449.925 13	1 139.1	0.409 747 636
22	0.323 808 545	0	45 449.898 87	1 139	0.400 271 793
22	0.363 835 724	0	45 449.868 53	1 138.9	0.400 479 302
22	0.403 883 654	0	45 449.834 15	1 138.8	0.409 692 859
22	0.444 852 94	0	45 449.795 77	1 138.7	0.407 571 546
22	0.485 610 095	0	45 449.753 33	1 138.6	0.405 860 444
22	0.526 196 139	0	45 449.706 81	1 138.5	0.406 773 401
…	…	…	…	…	…
22	20.165 513 59	0	44 190.251 55	1 050.1	0

表6-2　线路限速及坡度信息

位置(m)	限速(m/s)	位置(m)	坡度(°)
0	22	0	0
		500.2	−0.001
		1 900.8	0
1 269.84	56	2 979.99	0.001
		8 326.82	0.002
		9 133.79	0.003
41 964.73	22	31 853.61	0.002
		35 373.96	0.001
		39 556.5	0
45 450	0	42 981.89	0.001

通过集成分类回归树算法从大量的优秀的人工驾驶数据中进行挖掘和学习,可以得出一个挖掘模型,当仿真运行时,输入限速信息、实时速度、坡度、剩余距离、剩余时间,通过该挖掘模型可以得出列车的实时加速度,再与阻力加速度相加即可得到实时控制器输出。具体步骤如下所示:

① 导入人工驾驶数据包括:限速、速度、坡度、剩余距离、剩余时间、加速度;

② 利用集成分类回归树算法对该数据进行挖掘,挖掘出输入限速、速度、坡度、剩余距离、剩余时间,输出加速度的模型;

③ 输入新的限速、速度、坡度、剩余距离、剩余时间时即可得到列车需要的加速度,与阻力加速度相加即为实时控制器输出。

高速列车智能驾驶模型系统结构如图6-10所示。

高速列车智能驾驶模型的仿真数据来自汉宜高速铁路,数据的格式和所包含信息已在前文列出。选取枝江北到宜昌从这一区间展示高速列车智能驾驶模型的仿真结果,并将仿

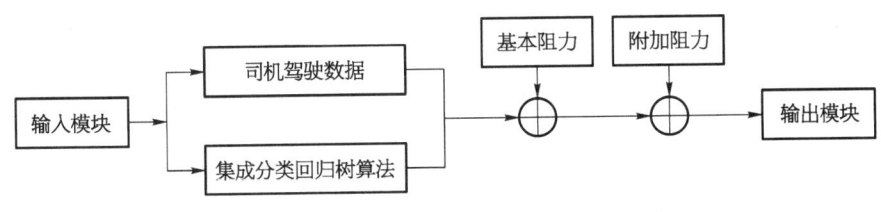

图 6-10　高速列车智能驾驶模型系统结构

真结果与人工驾驶进行对比。仿真软件可以生成速度时间和速度位置两种曲线,当设定固定运行时间时,用速度时间曲线可以更好地观察列车的实时运行状况;当设定复杂限速或复杂坡度时,用速度位置曲线可以更好地查看各点的限速和坡度变化;如图 6-11 所示。

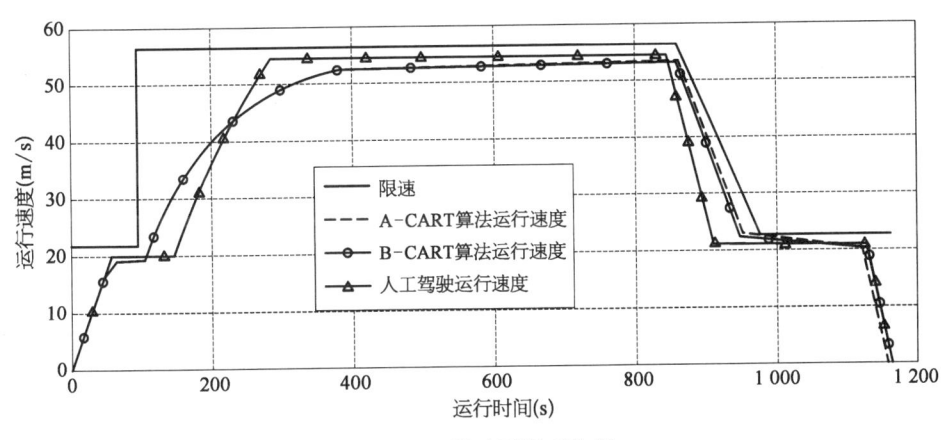

图 6-11　速度时间对比图

从时间速度曲线和控制器输出曲线可以看出,A-CART 算法和 B-CART 算法都可以较好地对人工驾驶数据进行学习。两者的速度曲线比较接近,速度曲线也都比较平滑,列车运行比较平稳。

人工驾驶、A-CART 算法、B-CART 算法仿真的各项性能指标如表 6-3 所示。

表 6-3　人工驾驶、A-CART 算法、B-CART 算法仿真各项性能指标对比

	时间误差(s)	停车误差(m)	工况切换次数(次)	冲击率(舒适度)	单位质量能耗(J)
人工驾驶	21.8	0.341	7	0.018	29 319.08
A-CART 算法	18.9	0.139	7	0.007	27 495.12
B-CART 算法	20.3	0.15	7	0.006	27 737.4

通过性能指标对照表,我们可以定量地看出不同驾驶方式的优缺点。除了工况切换次数相同外,总体来说智能驾驶在各项性能的表现都要优于人工驾驶,这也验证了高速列车智能驾驶模型的有效性。该模型的两种算法性能比较也比较明显,A-CART 算法除了舒适度稍微差一些,但也满足舒适的基本要求,在准时性、停车精确性和节能性上都要

优于 B-CART 算法。综上所述,建立的高速列车智能驾驶模型可以使列车舒适、准时、精确、低能耗的平稳运行。

6.3.2 银行设备故障告警

银行设备的正常运行对银行业务正常运作非常重要,银行运维系统的集中构建是对这些设备进行监控从而保障系统正常运行最重要的一环,目前银行对这些运维系统中产生的大量告警以及性能数据没有充分利用,告警的产生往往通过捕获而非预测。通过机器学习算法对这些数据进行挖掘进而告警预测,可以对银行故障进行主动告警排查,最大限度保证银行业务的正常运作。

虽然目前的监控系统已经取得了一定的成效,在生产系统的正常运行以及故障排查中起到了很好的作用,但是仍需要进一步深化改善,以加强运维系统的监控告警功能,从而提升整个生产系统的安全管理需求。银行系统目前项目中采用的系统预警机制是基于传统阈值管理的概念,通过人为设置预警的阈值,当采集的指标达到或者超过设定的阈值时进行告警,但是这种情况下的告警基本已经是事后告警,无法达到提前进行处置排除故障的要求,一旦出现了重要系统的告警信号,往往已经对业务造成了极大的影响。通过对监控的历史数据进行深度挖掘,应用机器学习算法包括朴素贝叶斯、支持向量机以及最大期望值算法等对数据进行学习预测,并进行后续迭代优化,并通过软件系统开发,搭建架构系统,实现对业务级系统性能告警数据的监控与可视化展示,从而搭建一整套银行运维管理所需要的智能化故障告警系统,这样就可以制定系统的主动式故障预测与预防的一体化解决方案,建立运维故障告警预测的高可用性机制,提高对银行故障告警预测的管控能力,最大限度保证银行信息系统的稳定运行以及银行核心业务的正常持续进行。

该银行故障告警系统设计的技术架构与系统总体架构是相对应的,该系统软件开发框架分为前台交互系统与后台服务系统构成,如图 6-12 所示。

在该系统中主要有两个机器学习引擎:一是对交易超时故障的分析预测;二是对硬件故障告警的分析预测。两者的不同主要体现在不同的业务领域,具有不同的特征值,而总的学习流程大体相同,具体如图 6-13 所示。

系统中机器学习模型的生成主要有以下几个步骤:

① 从数据库读取性能和告警数据,并对这些数据进行聚合,得到数据集 A;

② 将数据集 A 作为样本数据,并进行特征选择与提取,选取对模型建立起最大支撑作用的属性值,得到数据集 B;

③ 对数据集 B 中的数据进行缺失数据填补,得到数据集 C;

④ 将数据集 C 作为最终学习样本输入到机器学习算法中进行学习,找到模型的参数,并输出模型 M;

⑤ 将模型 M 保存到数据库中以供将来直接对数据进行预测或者直接由前端分析平台调用进行数据分析。

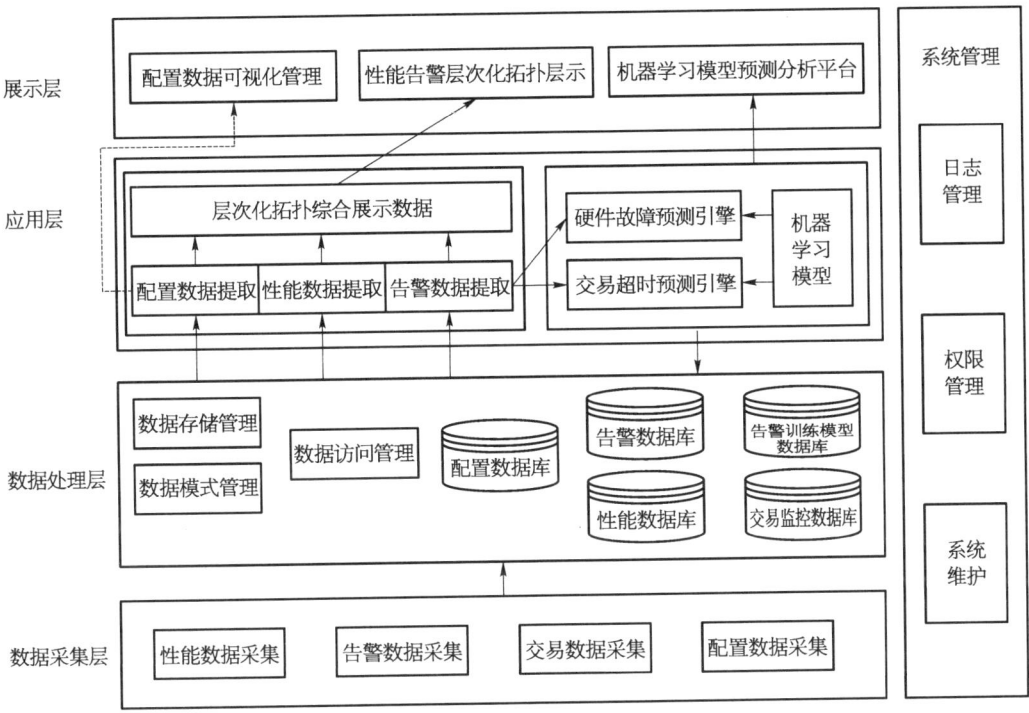

图 6-12 银行故障告警系统架构

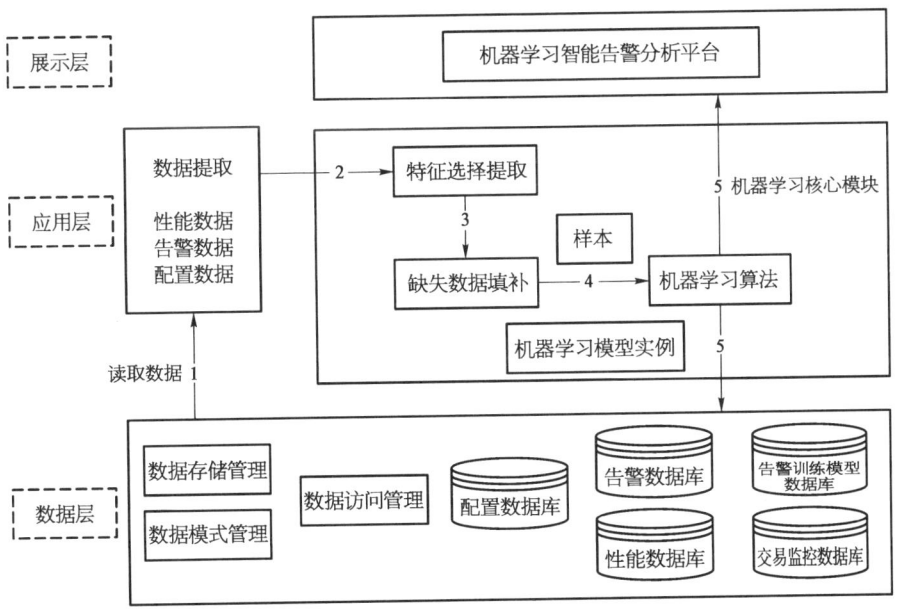

图 6-13 机器学习模拟生成流程示意图

该系统中数据的特性：数据量很大，属性之间可以近乎满足独立性并且数据有一定的缺失，选择朴素贝叶斯、支持向量机和 EM 的组合算法作为该系统的机器学习算法。结合特征选择算法，机器学习流程图如图 6-14 所示。

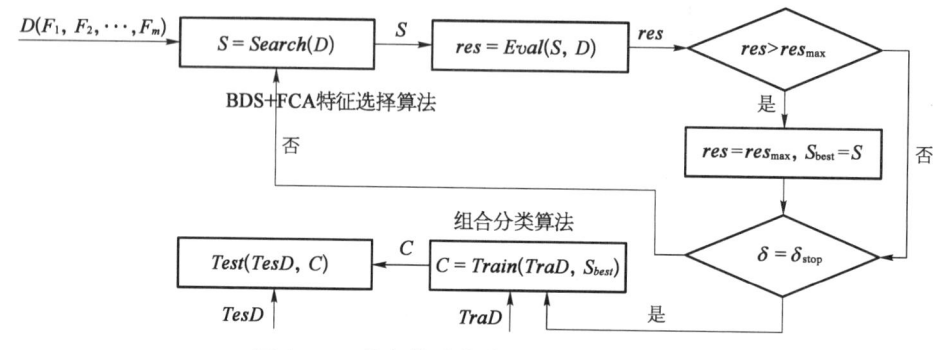

图 6-14 银行故障告警系统机器学习流程

其中，$D(F_1, F_2, \cdots, F_m)$ 为包括个特征的数据集，$S = Search(D)$ 为在特征空间通过启发式搜索找到特征子集，$res = Eval(S, D)$ 表示通过评价函数对选择的特征子进行评估，如果评估结果更好，则更新以及表示迭代停止的条件，如果达到停止对条件，则停止特征选择流程，并用选择的特征进行分类器的训练；若停止条件没有达到，则进行继续启发式搜索查询最优特征子集，最后对分类器进行测试，评估准确率、时间性能等指标。

对于该机器模型的有效性测试主要分两部分：对所设计的特征选择算法在系统中性能表现的评估；对机器学习算法在业务故障以及硬件故障定位中的准确率与时间性能的评估。

从表 6-4 可以看出，特征选择算法在特征子集优良性以及模型学习时间性能方面表现良好，其中优良性越好，所选特征子集在分类模型预测中准确率较高。

表 6-4 不同特征选择算法对数据处理的效果比较

搜索算法	原始数据特征数	选择特征数	模型分类准确率	模型训练耗时
序列前向选择	31	10	0.896	0.342 s
序列后向选择	31	10	0.896	0.355 s
双向搜索	31	9	0.887	0.26 s
BDS+FCA	31	8	0.898	0.232 s
CFS	31	9	0.882	2.056 s
穷举搜索	31	—	—	>2 min
线性向前搜索	31	10	0.876	0.358 s
随机搜索	31	—	—	>2 min
离散搜索	31	12	0.876	0.223 s

从表 6-5 中可以看出,在银行运维数据量达到之前,SVM 算法的模型学习时间比朴素贝叶斯要少,而大于 15 000 时,朴素贝叶斯有更好的时间效率,并且随着数据量增大,SVM 耗费时间的增长率要明显大于朴素贝叶斯。虽然此时模型的预测准确率比 SVM 稍微低些,但是准确率已经足够高,并且时间效率比 SVM 要高很多,所以综合性能更高。此外 15 000 的数据量在实际系统中相当于 5 个多月的数据量(实际系统每 15 分钟或 1 分钟采集一次数据),这些数据已经可以反映系统的大体运行状态。

从表 6-6 中可以看出,整体来说算法比朴素贝叶斯在对银行告警数据有更好的预测准确率,随着学习样本数目的增大,朴素贝叶斯预测准确率与算法的差距越来越小;算法与朴素贝叶斯组合在大多数情况下,对银行设备告警预测准确率会比单独使用算法或朴素贝叶斯要高,银行缺失数据填补对预测是有效果的。

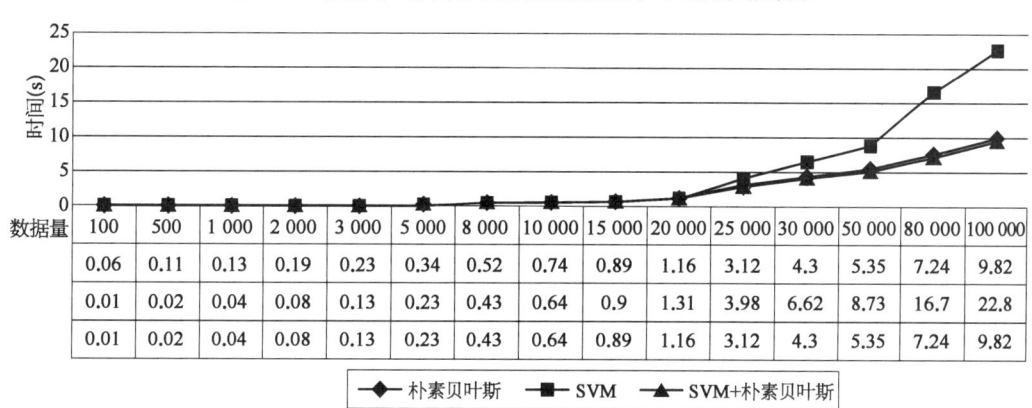

表 6-5 机器学习算法对银行运维数据学习时间性能展示

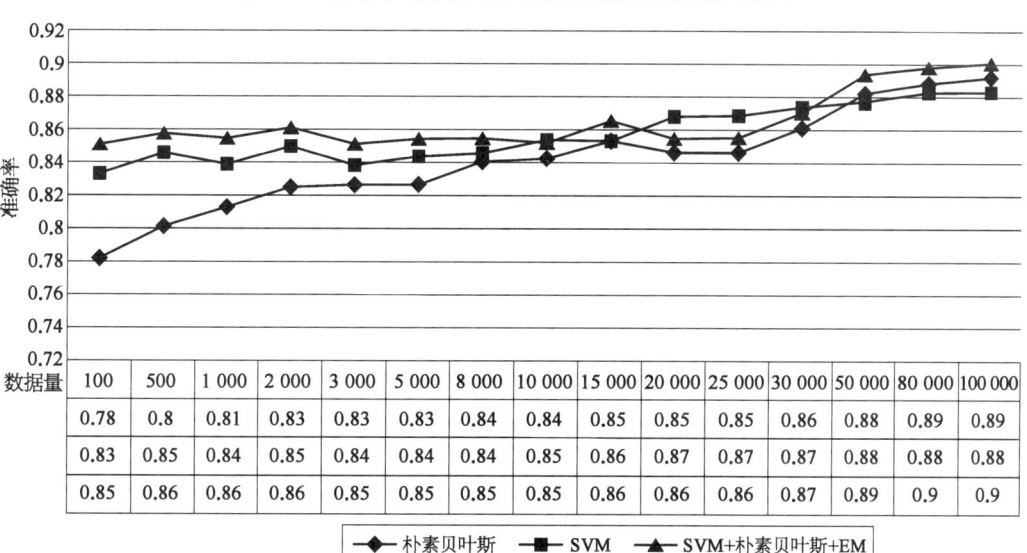

表 6-6 机器学习算法对银行运维数据分类准确率展示

表 6-7 展示了使用机器学习算法前后对银行运维人员处理故障效率的影响。

表6-7 使用机器学习算法前后银行运维人员处理故障效率的比较

	故障正确预防率	平均故障处理时间	故障错误预防率
使用机器学习算法前	30%	>2 min	0
使用机器学习算法后	85%	约10 s	16%

综合来看,使用机器学习算法后,故障正确预防率有了明显提升,通过机器学习算法主动预测故障,使得故障在发生之前得到密切关注,一经发现马上处理,有的甚至在未发生时就处理,从而显著降低了故障的平均处理时间。

6.3.3 区域电力需求预测

伴随着电力系统的市场化和商品化,电力负荷预测的精度对电力系统国民经济发展和安全经济运行具有重要的作用和意义。一个电力企业的管理能否达到现代化的显著标志之一就是电力负荷预测工作的水平是否能达标。特别在我国电力事业空前发展的这些年,用电管理已经走向市场,电力负荷预测的问题已经是我们面临的艰巨而又重要的工作。电力负荷预测是否能达到合理精度,影响着电力系统规划、计划等管理部门的工作。

电力系统的重要组成部分是电力负荷。它可以指用电量或者电力需求量,需求量指的是能量的时间变化率,也就是功率。因此,电力负荷预测同时包含着两个方面的含义,即对未来用电量预测和对未来的需求量功率预测。对能量预测决定了应当去安装哪一种型号的发电容量;而对于功率预测是用以决定发电设备容量,还有相应的配电与输电的容量。

电力系统电力负荷预测依照预测的内容能够分成母线负荷预测和系统负荷预测。母线电力负荷预测一般由系统电力负荷预测来取得某一个时间的系统负荷值,并且把它分配至每一条母线上,系统电力负荷的预测是对所研究系统的未来的电力负荷需求进行预测。

通常来讲,长期负荷预测提供的主要是电力公司发电量的长期规划,作为电力事业未来经营策略以及电厂增设的根据;中期负荷预测主要用于电力分配以及检修排程,从而能使既定发电量被充分利用;短期负荷预测是负载管理、经济调度、发电预定及提供机组协调等的重要根据;超短期负荷预测主要用于网络安全分析和系统中的实时操作。因此,精确的负荷预测,能够避免造成限电危机或资源闲置和浪费,降低了运转的成本和提高供电的可靠度,并且提供较正确的检修排程和规划。电力需求预测类型及其用途如表6-8所示。

表6-8 电力需求预测类型及其用途

电力负荷预测类型	预测的周期	用　　途
长　期	5年以上	电网规划、电源规划
中　期	1个月至5年	检修排程、电力分配
短　期	1小时至1周	负载管理、经济调度、发电预定以及机组协调
超短期	数分钟至1小时	网络安全分析、实时矫正、状态估计、实时调度决策系统

山西省 1983—2012 年的全网供电最大负荷如表 6-9 所示;山西省 2003—2008 年月度电力负荷如表 6-10 所示。

表 6-9 山西省 1983—2012 年的全网供电最大负荷　　　　　　（万 kW）

年　份	年最大负荷	年　份	年最大负荷	年　份	年最大负荷
1983	109.3	1993	380.3	2003	804
1984	120	1994	525.8	2004	1 050
1985	130.9	1995	569.1	2005	1 212
1986	141.1	1996	595.2	2006	1 367
1987	155.5	1997	624.9	2007	1 792
1988	185.1	1998	651.6	2008	1 723
1989	210.5	1999	601.7	2009	1 786
1990	230.1	2000	638.8	2010	1 919
1991	260.2	2001	667.6	2011	2 185
1992	300.1	2002	750.9	2012	2 338.9

注:根据历年《山西省电力年鉴》整理。

表 6-10 山西省 2003—2008 年月度电力负荷　　　　　　（万 kW）

月＼年	2003	2004	2005	2006	2007	2008
1 月	775.4	861.6	957.3	1 125	1 408.1	1 619.2
2 月	785.4	872.6	969.6	1 125	1 375.6	1 446.3
3 月	810.4	900.5	1 000.5	1 165	1 370.3	1 548.6
4 月	781.7	868.5	965	1 169	1 404.6	1 557.4
5 月	792	880	977.8	1 165	1 421.8	1 558.6
6 月	818	908.9	1 009.9	1 214	1 497	1 514.7
7 月	875.9	973.3	1 081.4	1 213	1 400	1 489.5
8 月	873.6	970.7	1 078.5	1 203	1 521.6	1 533
9 月	840.2	933.6	1 037.3	1 264	1 456.9	1 467.2
10 月	880.4	978.2	1 086.9	1 277	1 521.9	1 408.7
11 月	936.9	1 041	1 156.7	1 314	1 595.6	1 431
12 月	974.8	1 083.1	1 203.4	1 460.3	1 646.6	1 452.7

注:根据历年《山西省电力年鉴》整理。

基于支持向量机构建负荷预测模型,通过 MATLAB 对模型进行仿真。以山西月度最大负荷为例,以 2003—2007 年的月度数据作为测试集,以 2008 年的数据作为预测对象，运用模型验证其精度。图 6-15 所示为软件仿真之后得出来的预测值与真实值的曲线对比图，可以看出预测值与真实值是非常接近的。

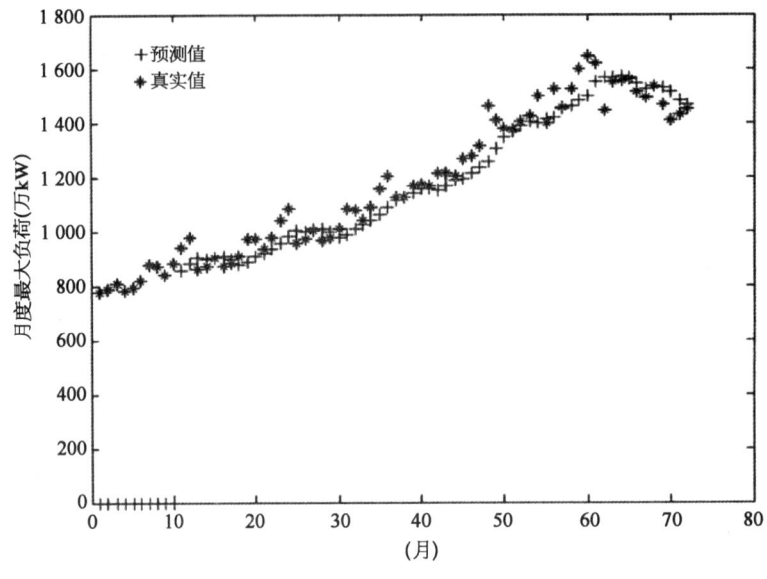

图 6-15　SVR 预测负荷结果(2003—2008 年)

综上，从预测结果和分析可以看出，采用支持向量机这种智能算法来预测电力负荷精度较高，效果较好，满足要求。支持向量机这种智能电力负荷预测方法是一种值得推广使用的预测方法。

参考文献

[1] ETHEM A. 机器学习导论[M]. 2 版. 北京：机械工业出版社，2014.
[2] 黄文，王正林. 数据挖掘：R 语言实战[M]. 北京：电子工业出版社，2014.
[3] 盖伟龙. 基于集成分类回归树算法的高速列车智能驾驶[D]. 北京：北京交通大学，2015.
[4] 陈建华. 基于机器学习的银行设备故障告警系统的设计[D]. 北京：北京邮电大学，2015.
[5] 尹立. 基于支持向量机的某区域电网电力需求的预测研究[D]. 北京：北京交通大学，2014.

第7章
深度学习

目前,世界各国都开始重视深度学习的发展。2016年5月,美国白宫发表了《为人工智能的未来做好准备》;2016年12月,英国发布《人工智能:未来决策制定的机遇和影响》;2017年4月,法国制定了《国家人工智能战略》;2017年5月,德国颁布全国第一部自动驾驶的法律;2017年6月29日,首届世界智能大会在天津召开,中国工程院院士潘云鹤在大会主论坛作了题为《中国新一代人工智能》的主题演讲,报告中概括了世界各国在人工智能研究方面的战略。据不完全统计,2017年在中国运营的人工智能公司接近400家,行业巨头百度、腾讯、阿里巴巴等都不断在人工智能领域发力。从数量、投资等角度来看,自然语言处理、机器人、计算机视觉成为了人工智能最为热门的三个产业方向。

深度学习起源于对神经网络的研究,20世纪60年代,受神经科学对人脑结构研究的启发,为了让机器也具有类似人一样的智能,人工神经网络被提出用于模拟人脑处理数据的流程,最著名的学习算法称为感知机。

20世纪80年代中期,反向传播算法(back propagation,BP)的提出,提供了一条如何学习含有多隐层结构的神经网络模型的途径,让神经网络研究得以复苏。

由于增加了隐层单元,多层神经网络比感知机具有更灵活且更丰富的表达力,可以用于建立更复杂的数学模型,但同时也增加了模型学习的难度,特别是当包含的隐层数量增加的时候,使用BP算法训练网络模型时,常常会陷入局部最小值,而在计算每层节点梯度时,在网络底层方向会出现梯度消失的现象。因此,训练含有许多隐层的深度神经网络一直存在困难,导致神经网络模型的深度受到限制,制约了其性能。

深度学习是科技发展的必然趋势,是一种实现人工智能的强大技术,已经在图像视频处理、语音处理、自然语言处理等领域取得了大量成功应用案例,并对学术界和工业界产生了非常广泛的影响。

7.1 深度学习的发展历程

2006年之前,大多数机器学习仍然在探索浅层结构架构,这种架构上包含了一层典型的非线性特征变换的单层,而缺乏自适应非线性特征的多层结构,如常规的隐马尔科夫模型、线性或非线性动态系统、条件随机域、最大熵模型、支持向量机、逻辑回归、内核回归和具有单层隐含层的多层感知器神经网络。这些浅层学习模型有一个常见属性,就是由仅有的单层组成的简单架构负责转换原始输入信号或输入特征为特定问题特征空间时,其过程不可观察。

深度结构学习,或者通常更多人称之为深度学习,从2006年开始作为一个新兴的领域出现在机器学习研究当中。深度学习的概念是2006年左右由Geoffrey Hinton等人在《Science》上发表的一篇文章《Reducing the dimensionality of data with neural networks》提出来的,开启了深度学习在学术界和工业界的浪潮。自2006年以来,机器学习领域,取得了突破性的进展。图灵试验至少不是那么可望而不可即了,至于技术手段,不仅仅依赖于云计算对大数据的并行处理能力,而且依赖于算法,这个算法就是深度学习算法。借助于深度学习算法,人类终于找到了如何处理"抽象概念"这个亘古难题的方法。

2012年6月,《纽约时报》披露了Google Brain项目,吸引了公众的广泛关注。这个项目是由著名的斯坦福大学的机器学习教授Andrew Ng和在大规模计算机系统方面的世界顶尖专家Jeff Dean共同主导,用16 000个CPU Core的并行计算平台训练一种称为"深度神经网络"(deep neural networks,DNN)的机器学习模型,在语音识别和图像识别等领域获得了巨大的成功。项目负责人之一Andrew称:"我们没有像通常做的那样自己框定边界,而是直接把海量数据投放到算法中,让数据自己说话,系统会自动从数据中学习。"另外一名负责人Jeff则说:"我们在训练的时候从来不会告诉机器说'这是一只猫',系统其实是自己发明或者领悟了'猫'的概念。"

2012年11月,微软在中国天津的一次活动上公开演示了一个全自动的同声传译系统,讲演者用英文演讲,后台的计算机一气呵成自动完成语音识别、英中机器翻译和中文语音合成,效果非常流畅。据报道,后面支撑的关键技术就是DNN,或者说是深度学习。

2013年1月,在百度年会上,创始人兼CEO李彦宏高调宣布要成立百度研究院,其中第一个成立的就是"深度学习研究所"(Institute of Deep Learning,IDL)。

2014年,微软公司推出了一款实时口译系统,可以模仿说话者的声音并保留其口音;微软公司发布全球第一款个人智能助理微软小娜;亚马逊发布至今为止最成功的智能音箱产品Echo和个人助手Alexa。

2016年,谷歌AlphaGo机器人在围棋比赛中击败了世界冠军李世石。

2017年,苹果公司在原来个人助理Siri的基础上推出了智能私人助理Siri和智能音响Home Pod。

7.2 深度学习特征提取

7.2.1 人脑视觉机理

深度学习之所以这么火,都是基于先辈们不懈努力取得的。

1981年的诺贝尔医学奖颁发给了David Hubel、Torsten Wiesel和Roger Sperry。前两位的主要贡献是"发现了视觉系统的信息处理",可视皮层是分级的,如图7-1所示。

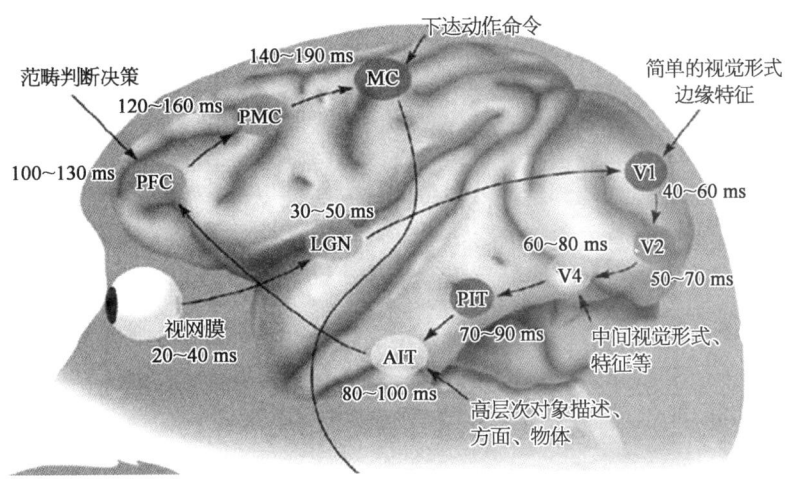

图7-1 可视皮层分级图

1958年,David Hubel 和 Torsten Wiesel 在约翰霍普金斯大学(John Hopkins University)研究瞳孔区域与大脑皮层神经元的对应关系。他们在猫的后脑头骨上,开了一个 3 mm 的小洞,向洞里插入电极,测量神经元的活跃程度。然后,他们在小猫的眼前,展现各种形状、各种亮度的物体。并且,在展现每一件物体时,还改变物体放置的位置和角度。他们期望通过这个办法,让小猫瞳孔感受不同类型、不同强弱的刺激。

之所以做这个试验,目的是去证明一个猜测——位于后脑皮层的不同视觉神经元,与瞳孔所受刺激之间,存在某种对应关系,一旦瞳孔受到某一种刺激,后脑皮层的某一部分神经元就会活跃。经历了很多天反复枯燥的试验,David Hubel 和 Torsten Wiesel 发现了一种被称为"方向选择性细胞(orientation selective cell)"的神经元细胞。当瞳孔发现了眼前物体的边缘,而且这个边缘指向某个方向时,这种神经元细胞就会活跃。这个发现激发了人们对于神经系统的进一步思考。神经—中枢—大脑的工作过程,或许是一个不断迭代、不断抽象的过程,这里的关键词有两个:抽象、迭代,从原始信号,做低级抽象,逐渐向高级抽象迭代。人类的逻辑思维,经常使用高度抽象的概念,例如,从原始信号摄入开始(瞳孔摄入像素),接着做初步处理(大脑皮层某些细胞发现边缘和方向),然后抽象(大脑判定眼前物体的形状是圆形的),然后进一步抽象(大脑进一步判定该物体是只气球)。

这个生理学的发现,促成了计算机人工智能,在四十年后的突破性发展。总的来说,人的视觉系统的信息处理是分级的,从最低级的区提取边缘特征,再到次低级区的形状或者目标的部分等,再到更高层,直到整个目标及目标的行为等。也就是说高层的特征是低层特征的组合,从低层到高层的特征表示越来越抽象,越来越能表现语义或者意图。抽象层面越高,存在的可能猜测就越少,就越利于分类。例如,单词集合和句子的对应是多对一的,句子和语义的对应又是多对一的,语义和意图的对应还是多对一的,这是个层级体系。为了模拟和刻画深度学习网络,也采用分层的结构思想。

7.2.2 初级(浅层)特征表示

因为要学习的是特征的表达,那么关于特征,或者说关于这个层级特征,人们需要了解得更深入些。特征是机器学习系统的原材料,对最终模型的影响是毋庸置疑的。如果数据被很好地表达成了特征,通常线性模型就能达到满意的精度。

学习算法在一个什么粒度上的特征表示才能发挥作用,就一个图片来说,像素级的特征根本没有价值,例如摩托车,从像素级别根本得不到任何信息,无法进行摩托车和非摩托车的区分。如果特征是一个具有结构性(或者说有含义)的时候,比如是否具有车把手,是否具有车轮,就很容易把摩托车和非摩托车进行区分,学习算法才能发挥作用。

Bruno Olshausen 和 David Field 两位学者试图同时用生理学和计算机的手段,研究视觉问题。他们发明了一个算法——稀疏编码。对于稀疏编码,经过几次迭代后,最佳的组合被遴选出来了。令人惊奇的是,被选中的最佳的组合,基本上都是照片上不同物体的边缘线,这些线段形状相似,区别在于方向。也就是说,复杂图形往往由一些基本结构组成。比如图 7-2,一个图可以通过用 64 种正交的边缘线(可以理解成正交的基本结构)来线性表示。比如样例的 x 可以用 $1 \sim 64$ 个边缘线中的三个按照 $0.8, 0.3, 0.5$ 的权重调和

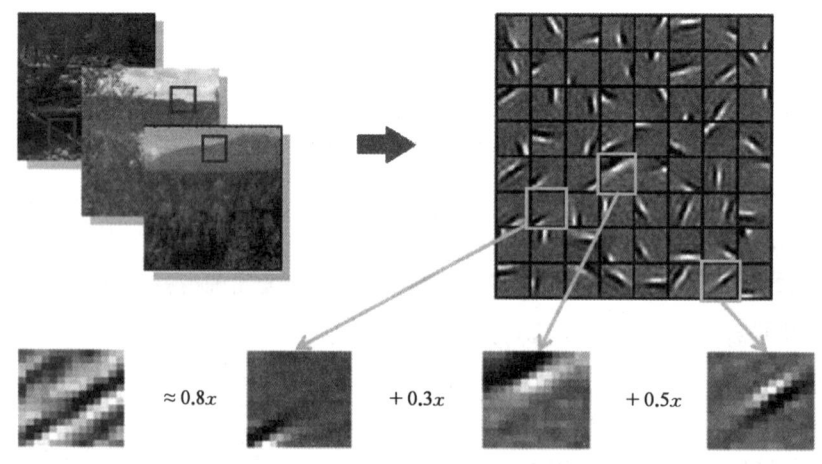

$[a1, \cdots, a64] = [0, 0, \cdots, 0, 0.8, 0, \cdots, 0, 0.3, 0, \cdots, 0, 0.5, 0]$

图 7-2 视觉学习样例

而成,其他基本边缘线没有贡献,因此均为0。

另外,研究学者们还发现,不仅图像存在这个规律,声音也存在。他们从未标注的声音中发现了20种基本的声音结构,其余的声音可以由这20种基本结构合成。

7.3 神经网络与深度学习

7.3.1 浅层学习

浅层学习是机器学习的第一次浪潮。20世纪80年代末期,用于人工神经网络的反向传播算法的发明,给机器学习带来了希望,掀起了基于统计模型的机器学习热潮,这个热潮一直持续到今天。人们发现,利用BP算法可以让一个人工神经网络模型从大量训练样本中学习统计规律,从而对未知事件做出预测。这种基于统计的机器学习方法比起过去基于人工规则的系统,在很多方面显出优越性。这个时候的人工神经网络,虽也被称作多层感知机(multi-layer perceptron),但实际是种只含有一层隐层节点的浅层模型。

20世纪90年代,各种各样的浅层机器学习模型被相继提出,例如支撑向量机(support vector machines,SVM)、Boosting、最大熵方法(logistic regression,LR)等,这些模型的结构基本上可以看成带有一层隐层节点(SVM、Boosting),或没有隐层节点(LR)。这些模型无论是在理论分析还是应用中都获得了巨大的成功。相比之下,由于理论分析的难度大,训练方法又需要很多经验和技巧,这个时期浅层人工神经网络相对沉寂。

7.3.2 深度学习基本思想

假设我们有一个系统S,它有n层$(S1, \cdots, Sn)$,它的输入是I,输出是O,可形象地表示为:I => S1 => S2 => $\cdots$ => Sn => O,如果输出O等于输入I,即输入I经过这个系统变化之后没有任何的信息损失。研究表明,这是不可能的。信息论中有个"信息逐层丢失"的说法(信息处理不等式),设处理a信息得到b,再对b处理得到c,可以证明:a和c的互信息不会超过a和b的互信息。这表明信息处理不会增加信息,大部分处理会丢失信息。当然了,如果丢掉的是没用的信息那多好,有用保持不变,这意味着输入I经过每一层Si都没有任何的信息损失,即在任何一层Si,它都是原有信息的另外一种表示。回到深度学习的主题,人们需要自动地学习特征,假设有一堆输入I(如一堆图像或者文本),设计一个系统S(有n层),通过调整系统中参数,使得它的输出仍然是输入I,那么我们就可以自动地获取得到输入I的一系列层次特征,即$S1, \cdots, Sn$。

对于深度学习来说,其思想就是堆叠多个层,也就是说这一层的输出作为下一层的输入。通过这种方式,就可以实现对输入信息进行分级表达了,前面是假设输出严格地等于输入,这个限制太严格,可以略微地放松这个限制,例如只要使得输入与输出的差别尽可能地小即可,这个放宽会导出另外一类不同的深度学习方法。上述就是深度学习的基本思想。

7.3.3 深度学习的优势

深度学习是机器学习的第二次浪潮。2006 年,加拿大多伦多大学教授、机器学习领域的泰斗 Geoffrey Hinton 和他的学生 Ruslan Salakhutdinov 在《科学》上发表了一篇文章,开启了深度学习在学术界和工业界的浪潮。这篇文章有两个主要观点:

① 多隐层的人工神经网络具有优异的特征学习能力,学习得到的特征对数据有更本质的刻画,从而有利于可视化或分类;

② 深度神经网络在训练上的难度,可以通过"逐层初始化"(layer-wise pretraining)来有效克服,在这篇文章中,逐层初始化是通过无监督学习实现的。

当前多数分类、回归等学习方法均为浅层结构算法,其局限性在于有限样本和计算单元情况下对复杂函数的表示能力有限,针对复杂分类问题其泛化能力受到一定制约。深度学习可通过学习一种深层非线性网络结构,实现复杂函数逼近,表征输入数据分布式表示,展现了强大的从少数样本集中学习数据集本质特征的能力,多层的好处是可以用较少的参数表示复杂的函数,如图 7-3 所示。

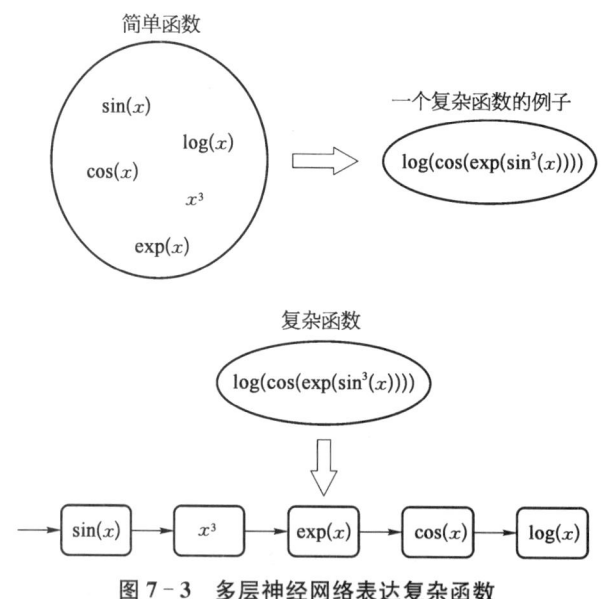

图 7-3 多层神经网络表达复杂函数

深度学习的实质是通过构建具有很多隐层的机器学习模型和海量的训练数据来学习更有用的特征,从而最终提升分类或预测的准确性。因此深度模型是手段,特征学习是目的。区别于传统的浅层学习,深度学习的不同在于:

① 强调了模型结构的深度,通常有 5 层、6 层,甚至 10 多层的隐层节点;

② 明确突出了特征学习的重要性,也就是说,通过逐层特征变换,将样本在原空间的

特征表示变换到一个新特征空间,从而使分类或预测更加容易;与人工规则构造特征的方法相比,利用大数据来学习特征,更能够刻画数据的丰富内在信息;深度学习通过组合低层特征形成更加抽象的高层表示属性类别或特征,以发现数据的分布式特征表示。

深度学习与传统的神经网络之间有相同的地方也有很多不同。两者的相同在于深度学习采用了神经网络相似的分层结构,系统由包括输入层、隐层(多层)、输出层组成的多层网络,只有相邻层节点之间有连接,同一层以及跨层节点之间相互无连接,每一层可以看作是一个逻辑斯特回归模型,这种分层结构,是比较接近人类大脑的结构的。

为了克服神经网络训练中的问题,深度学习采用了与神经网络很不同的训练机制。传统神经网络中,采用的是反向传播算法的方式,简单来讲就是采用迭代的算法来训练整个网络,随机设定初值,计算当前网络的输出,然后根据当前输出和实际输出之间的差去改变前面各层的参数,直到收敛(整体是一个梯度下降法)。深度学习整体上是一个由许多智能的隐含层构成的训练机制,这样做可以更大限度地刻画和模拟现实中各种非线性目标函数。

7.4 深度学习训练过程

7.4.1 传统神经网络缺点

BP算法作为传统训练多层网络的典型算法,实际上在仅含几层网络的时候,该训练方法就已经很不理想。深度结构(涉及多个非线性处理单元层)非凸目标代价函数中普遍存在的局部最小是训练困难的主要来源。

BP算法存在的问题如下。

① 梯度越来越稀疏:从顶层越往下,误差校正信号越来越小;

② 收敛到局部最小值:尤其是从远离最优区域开始的时候,随机值初始化会导致这种情况的发生;

③ 一般来说,只能用有标签的数据来训练:但大部分的数据是没标签的,而大脑可以从没有标签的数据中学习。

7.4.2 深度网络训练

如果对所有层同时训练,时间复杂度会太高;如果每次训练一层,偏差就会逐层传递。这会面临跟上面监督学习中相反的问题,会严重欠拟合,因为深度网络的神经元和参数太多了。

2006年,Hinton提出了在非监督数据上建立多层神经网络的一个有效方法,简单来说可分为两步:一是每次训练一层网络,二是调优,使原始表示x向上生成的高级表示r和该高级表示r向下生成的x'尽可能一致。方法是:

① 逐层构建单层神经元,这样每次都是训练一个单层网络;

② 当所有层训练完后,Hinton 使用 wake-sleep 算法进行调优。

将除最顶层的其他层间的权重变为双向的,这样最顶层仍然是一个单层神经网络,而其他层则变为了图模型。向上的权重用于"认知",向下的权重用于"生成";然后使用 wake-sleep 算法调整所有的权重。让认知和生成达成一致,也就是保证生成的最顶层表示能够尽可能正确的复原底层的结点。比如顶层的一个结点表示人脸,那么所有人脸的图像应该激活这个结点,并且这个结果向下生成的图像应该能够表现为一个大概的人脸图像。wake-sleep 算法分为醒(wake)和睡(sleep)两个部分。

① wake 阶段:认知过程,通过外界的特征和向上的权重(认知权重)产生每一层的抽象表示(结点状态),并且使用梯度下降修改层间的下行权重(生成权重);也就是"如果现实跟我想象的不一样,改变我的权重使得我想象的东西就是这样的"。

② sleep 阶段:生成过程,通过顶层表示(醒时学得的概念)和向下权重,生成底层的状态,同时修改层间向上的权重;也就是"如果梦中的景象不是我脑中的相应概念,改变我的认知权重使得这种景象就是这个概念"。

深度学习训练过程具体如下。

① 使用自下向上非监督学习(从底层开始,一层一层往顶层训练)。

采用无标定数据(有标定数据也可)分层训练各层参数,这一步可以看作是一个无监督训练过程,是和传统神经网络区别最大的部分,这个过程可以看作是特征学习的过程。

先用无标定数据训练第一层,训练时先学习第一层的参数,这一层可以看作是得到一个使得输出和输入差别最小的三层神经网络的隐层,由于模型容量的限制以及稀疏性约束,使得得到的模型能够学习到数据本身的结构,从而得到比输入更具有表示能力的特征;在学习得到第 $n-1$ 层后,将 $n-1$ 层的输出作为第 n 层的输入,训练第 n 层,由此分别得到各层的参数。

② 自上向下的监督学习,就是通过带标签的数据去训练,误差自上向下传输,对网络进行微调。

基于第①步得到的各层参数进一步调整整个多层模型的参数,这一步是一个有监督的训练过程;第①步类似神经网络的随机初始化初值过程,由于深度学习的第①步不是随机初始化,而是通过学习输入数据的结构得到的,因而这个初值更接近全局最优,从而能够取得更好的效果;所以深度学习效果好很大程度上归功于第①步的特征学习过程。

7.5 深度学习模型

7.5.1 自动编码器

深度学习最简单的一种方法是利用人工神经网络的特点,人工神经网络本身就是具有层次结构的系统,如果给定一个神经网络,假设其输出与输入是相同的,然后训练调整其参数,得到每一层中的权重。自然地,我们就得到了输入 I 的几种不同表示(每一层代表一种表示),这些表示就是特征。自动编码器就是一种尽可能复现输入信号的神经网络。为了实现这种复现,自动编码器就必须捕捉可以代表输入数据的最重要的因素,就像主成分分析那样,找到可以代表原信息的主要成分。具体过程简单的说明如下。

(1) 给定无标签数据,用非监督学习特征

在之前的神经网络中,输入的样本是有标签的,即(输入值,目标值),这样根据当前输出和实际值之间的差去改变前面各层的参数,直到收敛。但现在只有无标签数据,没有对应的实际值作比较,那么这个误差怎么得到呢?

将输入值输入到一个编码器,就会得到一个编码,这个编码也就是输入的一个表示,为了确定这个编码表示的就是输入值,我们加一个解码器,这时候解码器就会输出一个信息,那么如果输出的这个信息和一开始的输入信号输入值是很像的(理想情况下就是一样的),那很明显,人们就有理由相信这个编码是可靠的。所以,就通过调整编码器和编码器的参数,使得重构误差最小,这时候就得到了输入值信号的第一个表示了,也就是编码了。因为是无标签数据,所以误差的来源就是直接重构后与原输入相比得到。

(2) 通过编码器产生特征,然后训练下一层。这样逐层训练

上面得到第一层的编码,重构误差最小让这个编码就是原输入信号的良好表达了,或者说,它和原信号是一模一样的,虽然表达不一样,但反映的是一个东西。第二层和第一层的训练方式没有差别,将第一层输出的编码当成第二层的输入信号,同样最小化重构误差,就会得到第二层的参数,并且得到第二层输入的编码,也就是原输入信息的第二个表达了。其他层用同样的方法进行。

(3) 有监督微调

经过上面的方法,就可以得到很多层。至于需要多少层需要自己试验调整。每一层都会得到原始输入的不同的表达。

此时,这个自动编码器还不能用来分类数据,因为它还没有学习如何去联结一个输入和一个类。它只是学会了如何去重构或者复现它的输入而已;或者说,它只是学习获得了一个可以良好代表输入的特征,这个特征可以最大程度代表原输入信号。为了实现分类,可以在自动编码器的最顶的编码层添加一个分类器(如逻辑斯特回归、SVM 等),然后通过标准的多层神经网络的监督训练方法(梯度下降法)去训练。

7.5.2 稀疏编码

如果把输出必须和输入相等的限制放松,同时利用线性代数中基的概念,即 $O = a_1\Phi_1 + a_2\Phi_2 + \cdots + a_n\Phi_n$,$\Phi_i$ 是基,a_i 是系数,可以得到这样一个优化问题:

$$\text{Min} |I-O|$$

其中,I 表示输入,O 表示输出。

通过求解这个最优化式子,我们可以求得系数 a_i 和基 Φ_i,这些系数和基就是输入的另外一种近似表达。

$$X = \sum_{i=1}^{k} a_i \Phi_i$$

因此,它们可以用来表达输入 I,这个过程也是自动学习得到的。如果在上述式子上加上 L1 的 Regularity 限制,得到:

$$\text{Min} |I-O| + u(|a_1|+|a_2|+\cdots+|a_n|)$$

这种方法被称为稀疏编码(sparse coding)。通俗地说,就是将一个信号表示为一组基的线性组合,而且要求只需要较少的几个基就可以将信号表示出来。"稀疏性"定义为:只有很少的几个非零元素或只有很少的几个远大于零的元素。要求系数 a_i 是稀疏的意思就是说,对于一组输入向量,只想有尽可能少的几个系数远大于零。选择使用具有稀疏性的分量来表示输入数据是有原因的,因为绝大多数的感官数据,比如自然图像,可以被表示成少量基本元素的叠加,在图像中这些基本元素可以是面或者线。同时,比如与初级视觉皮层的类比过程也因此得到了提升,人脑有大量的神经元,但对于某些图像或者边缘只有很少的神经元兴奋,其他都处于抑制状态。

稀疏编码算法是一种无监督学习方法,它用来寻找一组"超完备"基向量来更高效地表示样本数据。虽然形如主成分分析(principal component analysis,PCA)技术能方便地找到一组"完备"基向量,但是这里想要做的是找到一组"超完备"基向量来表示输入向量,基向量的个数比输入向量的维数要大。超完备基的好处是它们能更有效地找出隐含在输入数据内部的结构与模式。然而,对于超完备基来说,系数 a_i 不再由输入向量唯一确定。因此,在稀疏编码算法中,另加了一个评判标准"稀疏性"来解决因超完备而导致的退化(degeneracy)问题。

比如在图像特征提取的最底层要做边缘检测器的生成,那么这里的工作就是从原始图片中随机选取一些小块,通过这些小块生成能够描述他们的"基",如图 7-2 右边的 $8\times 8=64$ 个主成分组成的主成分,然后给定一个测试小块,可以按照上面的式子通过主成分的线性组合得到,而稀疏矩阵就是 a,a 中有 64 个维度,其中非零项只有 3 个,故称"稀疏"。

把底层作为边缘检测器,不同方向的边缘能够描述出整幅图像,所以不同方向的边缘自然就是图像的主成分了,而上上层又是上一层的组合主成分。

稀疏编码分为两个部分。

1) 训练阶段:给定一系列的样本图片 $[x_1, x_2, \cdots]$,需要学习得到一组基 $[\Phi_1,$

Φ_2,…],也就是字典。

稀疏编码是 k-means 算法的变体,其训练过程也差不多,最大期望(expectation maximization,EM)算法的思想:如果要优化的目标函数包含两个变量,如 $L(W,B)$,那么可以先固定 W,调整 B 使得 L 最小,然后再固定 B,调整 W 使 L 最小,这样迭代交替,不断将 L 推向最小值。训练过程就是一个重复迭代的过程,按上面所说,交替的更改 a 和 Φ 使得下面这个目标函数最小。

$$\min_{a,\Phi} \sum_{i=1}^{m} \left\| x_i - \sum_{j=1}^{k} a_{i,j} \Phi_j \right\|^2 + \lambda \sum_{i=1}^{m} \sum_{j=1}^{k} |a_{i,j}|$$

每次迭代分两步:

① 固定字典 $\Phi[k]$,然后调整 $a[k]$,使得上式,即目标函数最小,即解最小绝对收缩和选择算法(least absolute shrinkage and selection operator,LASSO)问题。

② 固定住 $a[k]$,调整 $\Phi[k]$,使得上式即目标函数最小,即解凸二次规划(quadratic programming,QP)问题。

不断迭代,直至收敛。这样就可以得到一组可以良好表示这一系列 x 的基,也就是字典。

2) 编码阶段:给定一个新的图片 x,由上面得到的字典,通过解一个 LASSO 问题得到稀疏向量 a。这个稀疏向量就是这个输入向量 x 的一个稀疏表达。

7.5.3 限制玻尔兹曼机

在深度学习领域中,玻尔兹曼机(Boltzmann machine,BM)与自编码器一样,是深度学习中常用的预训练模型和无监督学习模型。玻尔兹曼机是一种典型的无向概率图模型,也是一个完全图结构,所有的节点通过无向边相连,它将节点集划分为可视节点集 v 和隐藏层节点集 h。其中可视层成为输入层,用于接收可观察的样本数据集合;隐藏层则是对输入数据的抽象,通常能起到隐藏特征提取、降维等作用。BM 具有强大的无监督学习能力,能够学习到输入数据中复杂的规则。

当不是所有变量都能被观察到时,玻尔兹曼机变得更强大。在这种情况下,潜变量类似于多层感知机中的隐藏单元,并模拟可见单元之间的高阶交互。正如添加隐藏单元将逻辑回归转换为 MLP,导致 MLP 成为函数的万能近似器,具有隐藏单元的玻尔兹曼机不再局限于建模变量之间的线性关系。相反,玻尔兹曼机变成了离散变量上概率质量函数的万能近似器。

对于 BM,无差别的全连接结构,使得其训练的代价非常昂贵。受限玻尔兹曼机(restricted Boltzmann machine,RBM),既可以被看成是神经网络结构,也可以看成是概率图模型,在 BM 的网络结构基础上,仅保留了可视层神经元与隐藏层神经元之间的连接,但可视层神经元之间以及隐藏层神经元之间互不相连,这样就把网络结构从完全图简化为完全二分图,把这种网络结构成为受限玻尔兹曼机。

RBM 的每一个可视层神经元的输入数据类型,可以取二进制数值 0 或 1,也可以取任意实数值。隐藏层单元是用来提取可视层数据的隐式特征,一般是二进制数值,当神经元的值为 1 时,称神经元处于激活状态;当神经元的值为 0 时,称神经元处于非激活或抑制状态。隐藏层单元的取值服从伯努利分布。

这个模型因为是二部图,所以在已知 v 的情况下,所有的隐藏节点之间是条件独立的(因为节点之间不存在连接),即 $p(h|v)=p(h_1|v)=\cdots=p(h_n|v)$。同理,在已知隐藏层 h 的情况下,所有的可视节点都是条件独立的。同时又由于所有的 v 和 h 满足 Boltzmann 分布,因此,当输入 v 的时候,通过 $p(h|v)$ 可以得到隐藏层 h,而得到隐藏层 h 之后,通过 $p(v|h)$ 又能得到可视层,通过调整参数,使得从隐藏层得到的可视层 v_1 与原来的可视层 v 如果一样,那么得到的隐藏层就是可视层另外一种表达,因此隐藏层可以作为可视层输入数据的特征,所以它就是一种深度学习方法。

RBM 的概率分布通过能量来定义,学习算法通常基于最大似然。当基于最大似然的学习规则训练时,连接两个单元的特定权重的更新仅仅取决于这两个单元在不同分布下收集的统计信息。网络的其余部分参与塑造这些统计信息,但权重可以在完全不知道网络其余部分或这些统计信息如何产生的情况下更新。这意味着学习规则是"局部"的,这使得玻尔兹曼机的学习似乎在某种程度上是生物学合理的。我们可以设想每个神经元都是玻尔兹曼机中随机变量的情况,那么连接两个随机变量的轴突和树突只能通过观察与它们的物理上实际接触细胞的激发模式来学习。

7.5.4 深度信念网络

深度信念网络(deep belief networks,DBNs)是一个概率生成模型,与传统的判别模型的神经网络相对,生成模型是建立一个观察数据和标签之间的联合分布,对 P(Observation|Label) 和 P(Label|Observation) 都做了评估,而判别模型仅仅评估了后者,也就是 P(Label|Observation)。对于在深度神经网络应用传统的 BP 算法的时候,DBNs 遇到了以下问题:

① 需要为训练提供一个有标签的样本集;

② 学习过程较慢;

③ 不适当的参数选择会导致学习收敛于局部最优解。

DBNs 由多个 RBM 层组成,一个典型的神经网络类型如图 7-4 所示。这些网络被"限制"为一个可视层和一个隐层,

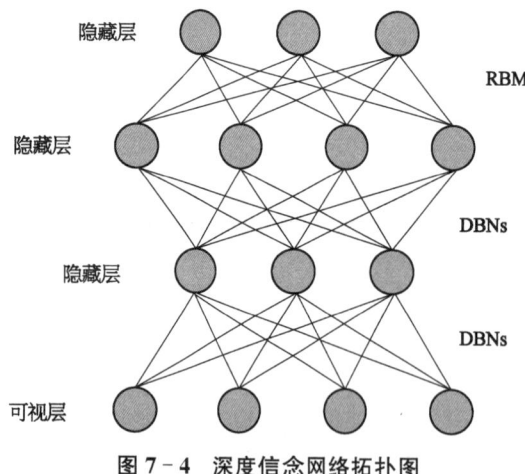

图 7-4 深度信念网络拓扑图

层间存在连接,但层内的单元间不存在连接。隐层单元被训练去捕捉在可视层表现出来的高阶数据的相关性。

首先,先不考虑最顶构成一个联想记忆(associative memory)的两层,一个 DBNs 的连接是通过自顶向下的生成权值来指导确定的,RBM 就像一个建筑块一样,相比传统和深度分层的 sigmoid 信念网络,它能易于连接权值的学习。

最开始的时候,通过一个非监督贪婪逐层方法去预训练获得生成模型的权值,非监督贪婪逐层方法被 Hinton 证明是有效的,并被其称为对比分歧(contrastive divergence)。

在这个训练阶段,在可视层会产生一个向量 v,通过它将值传递到隐层。反过来,可视层的输入会被随机的选择,以尝试去重构原始的输入信号。最后,这些新的可视的神经元激活单元将前向传递重构隐层激活单元,获得 h。在训练过程中,首先将可视向量值映射给隐单元,然后可视单元由隐层单元重建,这些新可视单元再次映射给隐单元,这样就获取新的隐单元,执行这种反复步骤叫做吉布斯(Gibbs)采样。这些后退和前进的步骤就是我们熟悉的 Gibbs 采样,而隐层激活单元和可视层输入之间的相关性差别就作为权值更新的主要依据。

训练时间会显著减少,因为只需要单个步骤就可以接近最大似然学习。增加进网络的每一层都会改进训练数据的对数概率,这可以理解为越来越接近能量的真实表达。这个有意义的拓展和无标签数据的使用,是任何一个深度学习应用的决定性的因素。

在 DBN 框架最高两层,权值被连接到一起,这样更低层的输出将会提供一个参考的线索或者关联给顶层,这样顶层就会将其联系到它的记忆内容。最后得到的就是判别性能。

在预训练后,DBN 可以通过利用带标签数据用 BP 算法去对判别性能做调整。在这里,一个标签集将被附加到顶层(推广联想记忆),通过一个自下向上的,学习到的识别权值获得一个网络的分类面。这个性能会比单纯的 BP 算法训练的网络好。这可以很直观地解释,DBNs 的 BP 算法只需要对权值参数空间进行一个局部的搜索,这相比前向神经网络来说,训练是要快的,而且收敛的时间也少。

7.5.5 卷积神经网络

卷积神经网络(convolutional neural networks,CNN)是对 BP 神经网络的改进,与 BP 一样,都采用了前向传播计算输出值,反向传播调整权重和偏置,CNN 与普通神经网络的区别在于,CNN 包含了一个由卷积层和子采样层(池化层)构成的特征抽取器。CNN 相邻层之间的神经单元也并不是全连接,而是部分连接,某个神经单元的感知区域来自于上层的部分神经单元,而不是像 BP 那样与所有的上层神经单元相连接。

在 CNN 的一个卷积层中,通常包含若干个特征平面(feature map),每个特征平面由一些矩形排列的神经元组成,同一特征平面的神经元共享权值,这里共享的权值就是卷积核。卷积核一般以随机小数矩阵的形式初始化,在网络的训练过程中卷积核将学习得到合理的权值。

共享权值(卷积核)带来的直接好处是减少网络各层之间的连接,同时又降低了过拟合的风险。子采样也叫做池化(pooling),通常有均值子采样(mean pooling)和最大值子采样(max pooling)两种形式。子采样(池化)可以看作一种特殊的卷积过程。卷积和子采样大大简化了模型复杂度,减少了模型的参数,提高了模型的泛化能力。

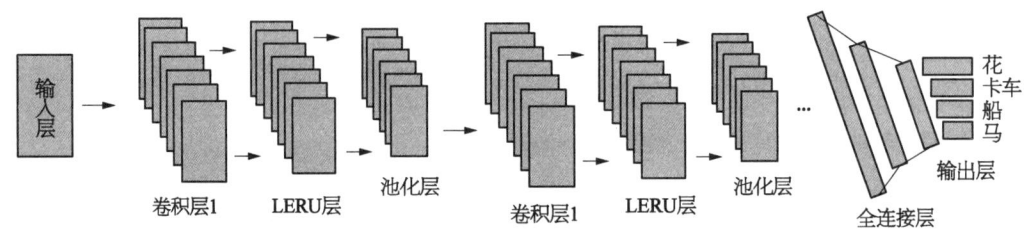

图 7-5 卷积神经网络

一种典型的 CNN 网络,主要由输入层、卷积层、LERU 层、池化层、全连接层以及输出层共六部分组成,如图 7-5 所示。卷积层是 CNN 的核心结构,通过局部感知和参数共享两个原理,实现了对高维输入数据降维处理,并且能够自动提取原始数据的优秀特征。激活层的作用与传统 DNN 网络的激活层一样,把上一层的线性输出,通过非线性的激活函数进行处理,既可以采用传统的 sigmoid 激活函数,也可以采用单侧抑制的 ReLU 激活函数。在深度学习领域,ReLU 的单侧抑制激活函数普遍比传统的 sigmoid 函数效果更好。池化层也称为子采样层或下采样层,是 CNN 网络的另一个核心结构层。通过对输入数据的各个维度进行空间的采样,可以进一步降低数据规模,并且对输入数据具有线性转换的不变形,增强网络的泛化能力。全连接层等价于传统的多层感知机 MLP,经过前面的卷积层和池化层的反复处理后,一方面,输入数据的维度已经下降至可以直接采用前馈网络来处理;另一方面,全连接层的输入特征是经过反复提炼的结果,因此比直接用原始数据作为输入所取得的效果更好。

局部感受野是卷积核窗口在上一层图像上的映射,为了降低参数的维度以及防止过拟合出现,CNN 中神经元并不是对上一层图像的全局进行感知,而是每个神经元只对卷积核窗口大小的局部区域进行感知,然后在更高层将局部的信息综合起来得到全局的信息。

CNN 中每一层由多个特征图(map)组成,每个 map 由多个神经单元组成,同一个 map 所有的神经单元共用一个卷积核(即权重),卷积核跟上一层图像卷积往往得到图像的一个特征,权值共享策略减少了需要训练的参数,使得训练出来的模型的泛化能力更强。权值共享也实现了特征与位置的无关性,图像的一部分的统计特性与其他部分是一样的。意味着在这一部分学习的特征也能用在另一部分上,所以对于这个图像上的所有位置,都能使用同样的学习特征。每个卷积都代表了一种特征提取方式,就像一个筛子,将图像中符合条件(激活值越大越符合条件)的部分筛选出来。局部感受野其实是一个滤波的过程,也是一个对图像降维的过程。

一个卷积核代表了对图像上一个隐含特征的提取,为了充分理解和表达图像,需要使用多个卷积核,比如 32 个卷积核,可以提取并学习到 32 种图像的隐含特征。每个卷积核跟图像卷积后,生成另一幅图像,即特征图(feature map)。对输入图像的第一个卷积层,包含 N 个特征图像,不同特征图像是使用不同卷积核与原图像卷积的结果,每个卷积核代表了一种特征提取方式。

池化是对特征向量的下采样,进一步降低了特征的维度,减少了计算量,并且使训练不容易出现过拟合现象。池化也是一种滤波。

CNN 的训练遵循"前向传输,逐层波浪式的传递输出值;逆向反馈,反向逐层调整权重和偏置"的规则,所不同的是,传统神经网络训练的目的是为了获取神经元间传递的权重和偏置,CNN 训练的目的是为了获取神经元间卷积核的形式和偏置,即 CNN 中卷积层的权重更新过程本质是卷积核的更新过程。

7.6 应用案例

7.6.1 感应电动机故障诊断

感应电动机作为一种必不可缺的驱动装置,在现代工业生产中占据着重要地位。一旦电动机出现故障,不仅影响生产设备的整体生产效率,造成经济损失,严重时可能会引发灾难性的事故。因此为了保障生产系统的安全运行,及时发现问题并进行维修以减少生产损失,对感应电动机进行状态检测与故障诊断具有非常重要的意义。

随着人工智能、机器学习方法的兴起和不断发展,从数据本身自动学习数据有效内在表达的思想和方法为感应电动机状态检测和故障诊断提供了切实有效的研究应用新思路。

利用稀疏自编码和去噪自编码,把它们结合到一个自动编码器模型上,提出基于稀疏去噪自动编码的感应电动机故障诊断方法。利用非监督特征学习算法实现的稀疏自动编码器,完成对深度神经网络的初始化,然后利用编码器学习到的稀疏特征表达训练最后一层神经网络分类器,最后完成整个深度神经网络的训练与微调。为获取更好的特征表达,体现稀疏自动编码算法的良好噪声包容性,在稀疏编码的基础上加入了去噪编码,共同训练得到能够提取数据更具有鲁棒性特征的稀疏去噪自动编码器,用于更好地构建深度神经网络,实现有效的感应电动机故障诊断。由于稀疏去噪自动编码器是一种非监督特征学习方法,所以其构建的深度神经网络在训练过程中可以从大量的无标签数据中挖掘数据内在特征,大大扩展了训练样本的数量,非常适用于实现感应电动机设备的大数据挖掘,对于感应电动机的状态检测与故障诊断具有重要的意义。

对于编码器来说,隐含层就是提取到的特征层,而隐含层的表达式以连接权值 W 和

偏移 b 为参数的函数,因此得到最优化的 W 和 b 参数,就能够按编码器的参数初始化深度神经网络,提取标签数据简明有效的特征表达。编码器模型是一个一个训练的,然后堆叠在一起可以构成深度神经网络,编码器的训练相当于是对深度神经网络的预训练,可以取得较好的训练结果,避免了传统神经网络在层数递增时容易陷入局部最优的缺陷,大大增强了网络的性能。由于 Coates 等人通过实验指出深度神经网络模型中隐含层神经元的数量可能比特征学习算法以及模型深度更加重要,研究发现在隐层神经元数量合适的情况下能取得和深层网络近似的效果。因此我们的案例主要针对一层稀疏去噪自动编码器实现的深度神经网络进行了研究,并利用 dropout 方法增加了网络特征提取的能力,减少过拟合现象。实现的深度神经网络的整个训练流程如图 7-6 所示。

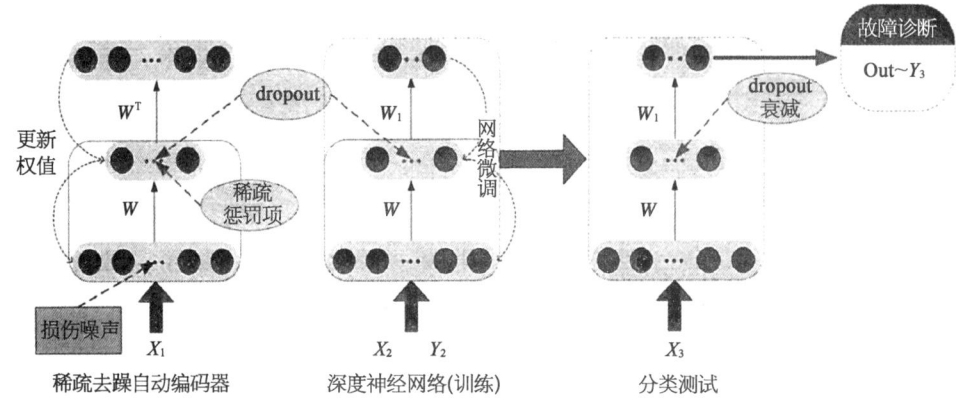

图 7-6 深度神经网络训练流程图

主要描述可分为以下 3 个步骤。

步骤 1:用不带标签电机振动数据 X_1 训练稀疏去噪自动编码器。

① 构建自动编码器模型,设置网络学习率 ε、稀疏参数 ρ、去噪参数、dropout 参数等,随机初始化模型连接权值 W 和偏移 b;

② 设置前向传播算法中批量训练数、迭代次数等,执行前向传播算法,计算平均激活量 ρ_j;

③ 利用编码器网络输出,计算稀疏代价函数;

④ 执行反向传播算法,并更新连接权值。

步骤 2:用带标签的电机振动数据 (X_2, Y_2) 训练深度神经网络进行监督分类。

① 构建对应层次的深度神经网络,将步骤 1 中得到的稀疏去噪编码器权值 W 和偏移 b 等参数用来初始化深度神经网络的第一层参数;

② 设置网络的学习率、批量训练数和迭代次数、dropout 参数等,训练网络,提取特征并进行分类;

③ 计算深度神经网络的代价函数和均方误差;

④ 执行与之前相同的反向传播算法过程(仅稀疏项置零),网络迭代一次更新一次权

值,对整个网络进行微调。

步骤 3:用测试数据集(X_3,Y_3)测试网络性能。

① 将测试数据输入训练好的深度神经网络,网络隐层输出值会按照 dropout 比例衰减,深度神经网络自行分类,得到输出分类层;

② 将网络输出数据与标签输出数据对比,统计每类的分类错误率。

利用三轴环形式的工业加速度传感器配合 NI-PCI6259 数据采集系统用来采集六种不同运行状态下感应电机振动信号。一般情况下振动信号都伴随着能量聚集,而当电动机出现故障时,振动信号的能量分布就会发生相应的变化,这些变化都会在采集到的振动数据中以某种形式体现。利用稀疏去噪编码学习振动数据内在特征并完成深度神经网络的训练,对感应电动机进行故障诊断。在调试模型时,随机抽取每类总样本数据的 2/3 作为训练数据,剩下的 1/3 作为测试数据,最终每类数据都有 400 组训练样本、200 组测试样本,每一组训练样本都含有 2 000 个连续的数据采样点。

数据模型是基于稀疏去噪自动编码器的深度神经网络(DSAE-DNN),编码器输入层、隐含层和输出层节点分别设置为 2 000、600 和 2 000,因为主要研究的是一层编码器的效果,并且要分类的电动机运行状态有六种,所以相应的深度神经网络结构为 2000-600-6。深度神经网络利用稀疏去噪自动编码器去学习数据稀疏有效的内在特征,然后进行分类训练,最后利用反向传播算法对整个网络进行真题微调,获得最优网络用于故障模式识别。

为了更好地证明提出的稀疏去噪自动编码器构建的深度神经网络可以更加有效地实现感应电动机故障的诊断,可设置基本 BP 神经网络作为对比,根据上述实现的深度神经网络的结构,考虑三种结构的 BP 神经网络。前两种都是只含一层隐层的神经网络,隐层节点数分别设置为 100 和 600,表示为(NN100)和(NN600);另一个是含有两层隐含层的 BP 神经网络,隐层节点分别为 100 和 600,表示为(NN600-100),输入和输出层节点设置与构建的深度神经网络一致。考虑更全面的展示稀疏去噪自动编码器能有效地提取感应电动机振动数据的内在特征,分别在稀疏去噪自动编码器顶层加上另外两种分类器,支持向量机(support vector machine,SVM)分类器和 softmax 分类器,对编码器学习到的特征进行分类。为了结果的公平性,实验中所用的 DSAE 模型设置都保持一致,只是 SVM 分类器和 softmax 分类器在这里都是一层分类器不能对 DSAE 模型的连接参数进行整体微调。

如表 7-1 所示,实验结果都是通过 10 次随机实验取平均值的结果。通过分类结果对比,可以很明显地看到由稀疏去噪自动编码器实现的深度神经网络具有最好的故障分类结果。对于传统神经网络模型,效果相对较好的是含有两层隐含层的 BP 神经网络,考虑是增加了网络的层次使得数据的表达能力增强造成的,但是这种浅层网络单靠增加层次会引起网络的不稳定问题。表中结果也可以看到不论 BP 神经网络的隐层神经元的数量是与稀疏去噪自动编码器隐层神经元数量一致(600)还是不一致(100),由稀疏去噪自动编码器实现的深度神经网络对故障的分类都根据准确,一层的 BP 神经网络不能很好地在原始振动数据上实现感应电动机的故障识别和分类,而且通过结果也可以分析出,BP 网络隐层神经元数量越多,其分类效果不一定越好,可能会导致过拟合。由稀疏去噪自动编码实现的深度神经网络即时在标签训练样本只有 40 组的情况下仍有 85% 左右的平均故障分类正确率,仍高于 BP 神经网络在标签训练样本为 400 组(10 倍)时约 80% 的平均故障分类正确率,这再次说明深度神经网络非监督特征学习的优势,这点对于机械设备的大数据特征挖掘和故障检测诊断的有效实现具有重要意义。

表 7-1 电梯故障预测结果

分类方法	Health	BRB	BRM	RMAM	SSTM	UBM	平均
NN(100)	78.00%	92.50%	70.40%	81.70%	87.40%	70.25%	80.04%
NN(600)	74.00%	97.50%	73.50%	71.00%	95.00%	35.00%	73.33%
NN(600-100)	88.78%	99.56%	100.00%	99.94%	92.72%	97.33%	96.39%
DSAE-SVM	92.50%	96.50%	100.00%	100.00%	91.00%	98.50%	96.42%
DSAE-softmax	83.50%	94.00%	100.00%	100.00%	81.50%	97.50%	92.75%
DSAE-DNN	92.68%	99.91%	100.00%	100.00%	93.50%	99.55%	97.61%

本案例利用稀疏自编码和去噪自编码,把它们结合到一个自动编码器模型上,提出基于稀疏去噪自动编码的感应电动机故障诊断方法。利用大量无标签电动机振动数据训练稀疏去噪自动编码器,提取数据的内在简明且稀疏的特征,进行有效的无监督特征学习,进而用于深度神经网络的构建,实现感应电动机的大数据特征挖掘与故障诊断。深度学习模型的智能感应电动机故障诊断方法,用于多工况下的感应电动机故障诊断。

7.6.2 交互式问答客服

针对客户问句与客服回答之间的匹配问题,本案例分别构建了基于 CNN 的语义匹配模型和基于 RNN 的生成模型,模型的输入层是句子的词向量矩阵,输出层是问答匹配的置信度。分别在 Semeval-2016 社区问答数据和在线客服对话数据上进行了不同模型的性能对比。同时对问句的完整性、生成模型的不同结构、阈值选择以及客服数据的抽取方式等进行了对比实验分析。

基于数据统计分析,根据电商客服对话数据的特点,我们选择了由 Mikolov 等人提出的词嵌入的方式,将词表征为低维稠密的实数值向量。针对词向量的训练,这里我们选择了连续词袋模型(continuos bag of words,CBOW)作为训练词向量的模型。词向量的训练不需要人工标注的有监督数据,因此可以尽量扩充与实验数据相关的词向量训练语聊,获取语义信息表达更丰富的词向量。这里我们主要选择了 wiki 英文语料、电商客服对话数据语料和百度知道问答通用语料。Wiki 英文语料和百度知道语料的规模比较大,达到了十多 GB,电商客服的数据相对比较少。

本案例在使用基于 CNN 的匹配模型时,将问题或者答案的选择人物当做句子对间的语义匹配关系分类任务进行模型的构建,模型如图 7-7 所示。图中,q 表示问句,a 表示答句。

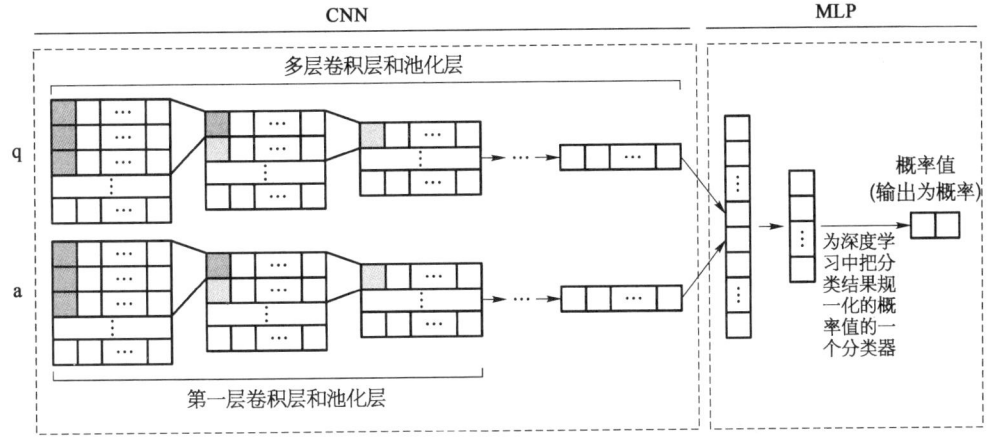

图 7-7 基于 CNN 的问答匹配关系识别模型结构图

与常规的检索和语义匹配不同,对话数据中的问答匹配存在着丰富的场景信息,仅通过简单句对匹配,未必能够捕获到句子和句子之间的上下文关联信息。循环神经网络主要是捕捉序列之间的特征信息,因此根据我们的对话数据特点,设计并构建了一个基于双层循环神经网络的匹配模型。对于循环神经网络结构,在不断克服其缺点的过程中,衍生了很多变体,主要是对其循环单元提出了不同的计算方式。比较著名的有长短期记忆网络(long short term memory,LSTM)和门限循环单元(gated recurrent unit,GRU)。相对于长短期记忆网络,GRU 具有与之相对的实验效果,同时运算参数更加简洁,计算速度更快。因此,最终选择了 GRU 作为模型循环计算单元。由于句子的词与词之间和同一组对话的句子与句子之间均存在着丰富的场景信息,因此构建了层级的循环神经网络分别对每个句子和句子组进行建模。模型基本结构如图 7-8 所示。其中 q 表示问句,a 表示答句,当然 q 也可以表示答句,此时对应的 a 则表示问句,w 表示对应句子中的字或词向量,h 表示计算单元

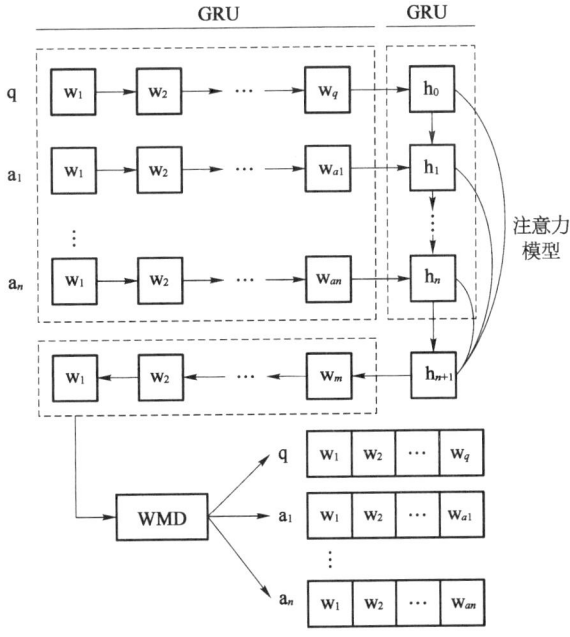

图 7-8 基于 RNN 的问答匹配关系识别模型

的输出状态。模型主要包括三个方面：基于 GRU 的句子建模，基于注意力模型的信息自动归纳以及答案置信度排序与阈值选择。

实验结果表明，在社区问答数据中，本案例中基于 CNN 的匹配模型优于 RNN 生成模型；在客服对话数据中，基于 RNN 的序列学习模型能够更好地学习到场景对话中的上下文信息。在基于每轮对话且问句完整的数据上，MAP 达到了 84.41%。针对交互式问答中连续语句之间存在的上下文相关联的潜在语义补充关系，本案例研究了句子补充关系的识别。在深度模型上，构建了并行 CNN 和串联 LSTM 对句子对进行抽象语义特征提取和建模。分别采用支持向量机、基于 CNN 的模型和基于 RNN 的模型，对句子对的补充关系进行分类。实验结果表明，基于 CNN 的识别方法优于其他对比方法，其 F1 值达到了 67.8%。最终，将补充关系识别和匹配关系识别相结合应用于交互式问答语义匹配。

7.6.3 搜索广告点击率预测

目前已有的工作大多基于浅层模型进行搜索广告的点击率预测，浅层模型在特征学习方面是直接使用统计学习方法计算得到的特征，特征中每一维的含义固定并且孤立，不能表达内部之间的关系。本案例的目标是通过给定的信息预测搜索广告的点击率，通过使用深度学习模型，挖掘更多的特征之间的关系，从而能更有效地提高预测的结果。

我们采用的数据集为 KDD Cup2012 中 Track2 提供的，该数据由腾讯公司下的搜索品牌搜搜(SOSO)搜索引擎提供，因为涉及公司商业信息，数据经过哈希处理。由于数据量过大并且正负样本不平衡，故而采用随机采用的方法，从训练集中抽取 10% 作为本案例模型训练的训练集，即使用随机函数生成对应的样本序号，抽取出对应的样本，这样既缩小了样本空间，同时随机采样也保持了原始数据的分布信息。我们分别对 AdIDas、AdvertiserID、QueryID、KeywordID、TitleID、DescriptionID、UserID、DisplayURL 这 8 个属性进行了特征扩展，最终得到的特征维度超过千万，虽然维度非常高，但非零值只有 8 个，称之为类别稀疏特征。

深度神经网络与浅层学习模型相比，浅层学习模型的学习能力表达有限，尤其是在复杂函数分类问题上，浅层学习模型的泛化能力非常有限，而面对复杂的函数，深度神经网络的参数则比较简洁，能更好地完成对特征的学习。深度神经网络是深度学习中最为简单的模型，它由多层人工神经网络的堆叠而成，与浅层学习模型对比，在表达复杂函数时，深度神经网络使用的参数更少更简洁，更好地完成对特征的学习。为了防止过拟合，可采用 dropout 方法来解决，并利用多计算单元集成的 GPU 来提高模型训练的速度。

然而，深度神经网络虽然在一定程度上刻画出了特征之间的关系，但却比较粗糙，并没有从局部到整体的认识层次来学习特征。本案例对基于 CNN 的 CTR 预测进行研究，通过卷积与亚采样操作的结合，能更好地学习出数据特征之间的关系，不仅解决了线性模型无法模拟真实广告数据场景的问题,也解决了一般非线性模型无法深入挖掘特征相互关系的问题,并且较之于传统的神经网络,CNN能更好地理解特征之间的关系。基于CNN的广告点击率预测模型结构如图7-9所示。

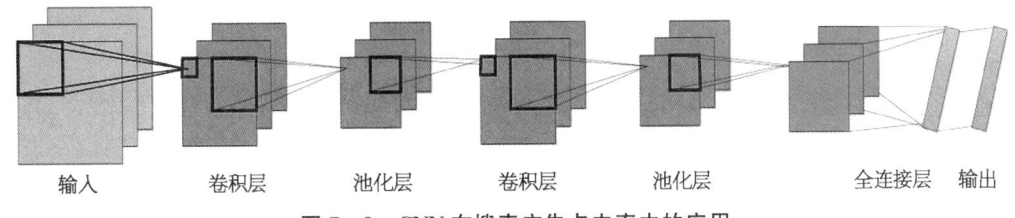

图7-9 CNN在搜索广告点击率中的应用

预测模型分别设置了一层输入层、两层卷积层、两层亚采样层、一层全连接层和一层输出层。

首先,从样本数据提供的历史日志中提取相应的特征,构建得到输入,对局部感受野即卷积的窗口大小进行设置,并设置好窗口滑动的步长,然后对输入特征进行卷积操作。每一次卷积是将局部感受野中的所有值与卷积滤波器相进行加权求和,然后通过激活函数进行求值的过程,其实质相当于对窗口内所有值的组合,因此卷积过程相当于特征融合过程。经过卷积操作后得到的结果作为输入传递给亚采样层。在亚采样层,同样需要先设定好亚采样窗口的大小,以及窗口滑动步长,多数情况下,在亚采样层的窗口滑动不是重叠的,即滑动的步长等于窗口的长度。设置亚采样的参数后进行亚采样操作,即选取窗口中值最大节点值的代表整个窗口的输出值,可以理解为选取出窗口中的最优表达能力的特征值来表示整个窗口的特征,因此亚采样过程相当于特征的萃取过程。亚采样的输出将作为输入传递给下一层卷积层,此后的卷积操作和亚采样操作安装前面叙述的过程以此进行。随后,将特征经过两层卷积层和两层亚采样层后得到的输出作为输入传递给全连接层。在全连接层,上一层亚采样的结果不再按照局部窗口进行计算,而是将它们全部展开。最后,全连接层与输出层进行全连接,得到最终的预测结果。

具体地,本案例主要包含如下三方面的研究内容:第一,本文从搜索广告点击率预测的定义出发,分析了数据集的数据的分布和特点并对数据集进行了预处理,在此基础上,本案例根据对搜索广告的认识和在实际应用中的特性,提取了六类不同的特征;第二,使用基于深度神经网络模型的搜索广告点击率预测的方法,我们使用dropout方法来降低在训练时过拟合造成的影响,实验结果表明,在特征相同的情况下,本案例使用的深度神经网络模型方法能取得比主流方法更好的预测结果;第三,本案例利用了面向搜索广告点击率预测的卷积神经网络模型,通过基于局部窗口概念的卷积操作和亚采样操作,完成了从局部到整体的特征学习。

在KDD Cup 2012中Track 2数据集上的实验结果表明,本案例所使用的基于CNN的搜索广告点击率预测的方法能有效地提高点击率预测的结果。

7.6.4 电影票房预测

目前已有大量电影票房预测研究的相关案例,但大部分都是在传统的统计方法和传统神经网络层面上分析。多元线性回归模型在预测精度上不如神经网络,但是回归可以清楚地解释影响因素对票房的影响程度;神经网络模型在电影票房的预测上的精确度要高于回归模型,但是各变量对电影票房的影响程度不好解释。因此,神经网络模型被称为"黑盒子"。本案例的目标是基于中国电影市场特性,依据历史电影票房数据,创新性地提出将深度学习模型中的 CNN 应用在电影票房预测中。

本案例主要是针对中国国产电影的,根据巴瑞·李特曼的研究,并结合中国大陆电影市场的特点,选择了想看人数、是否为续集或改编、电影类型、电影制式、上映档期、导演、主演及发行公司这些影响因素作为自变量。

案例的数据来源于豆瓣电影、艺恩咨询、时光网以及百度百科等网站,数据是 2012—2017 年 6 年中电影院票房超过 5 000 万的电影,最终样本数据共有 254 条。在数据的获取上,利用了 Java 爬虫技术抓取所需数据。

由于深度神经网络天然的拟合复杂函数的优势,再考虑到 CNN 的卷积层和池化层的优秀特征提取机制,采用卷积神经网络 CNN 作为电影票房预测模型,其结构如图 7 - 10 所示。

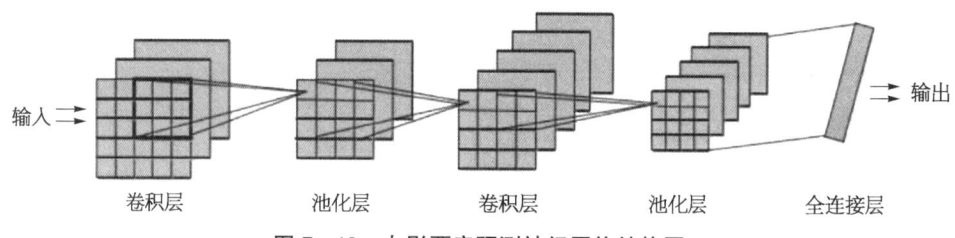

图 7 - 10 电影票房预测神经网络结构图

因为发行公司的取值有 11 个类别,为了利用 one-hot 标记输入样本,将每一个输入变量进行扩展包含 11 个元素的一维特征向量,在物理结构上类似于图像数据,形式为 8×11,然后按照 CNN 处理图像数据的方式,将所有变量依次连接构成一维向量,作为 CNN 的输入数据。CNN 中,设置了一个输入层,两个卷积层,两个池化层,两个全连接层和一个输出层。

欲预测电影票房,首先需要从相关网站上获取票房数据以及影响电影票房的相关变量,并对原始数据进行清洗等预处理操作,然后将处理后的数据作为 CNN 的输入。当网络中的数据经过输入层后,会传递到第一层卷积层,在发生卷积操作的时候,需要指定卷积窗口的大小、卷积核的大小以及滑动步长,通过卷积过滤器与局部感知区域中的数据加权求和再交给激活函数,经过激活函数的处理后再输出到下一层,也就是池化层,在池化层主要是发生了采样处理,采样的处理主要包括取固定窗口内的最大或者均值,能起到降维的作用,减少模型的复杂度。接着再将池化层的数据输出到下一层的卷积层,以及池化层,过程同上所述。然后,当卷积层和池化层结束后将结果输出到全连接层,全连接层将前面得到的特征融合,最后由全连接层和输出层进行全连接,经过加权与激活函数作用后输出到输出层,从而得到预测结果。

本案例的目标是基于中国电影市场特性,依据历史电影票房数据,创新性地提出将深度学习模型中的CNN应用在电影票房预测中。实验结果表明,多元回归模型预测效果精确度较低,BP神经网络和CNN预测的效果都没有CNN效果好,预测精度和性能都是传统预测的模型典范。

7.6.5 工件缺陷自动检测

铸造技术因其成本低廉,可制造复杂部件的优势在汽车工业、航空航天领域都有广泛的应用。工件缺陷自动检测算法作为提高工件生产效率的重要部分,解决这一关键难题具有非常重要的实用价值。工件缺陷自动检测由于不同型号的工件之间结构差异大,不同种类的缺陷区域之间特征相差大,缺陷区域出现位置随机等,在模式识别领域一直是研究难点和热点。CNN因其模拟人脑视觉处理机制,具有自动学习样本特征的特点,因此在图像处理领域相比其他深度学习模型有比较大的性能优势。基于CNN模型的区域定位网络结构模型(regions with CNN,R-CNN)以及R-CNN网络结构模型的改进模型Fast R-CNN和Faster R-CNN在目标检测方面都比传统的目标检测算法有了很大的提升。基于Faster R-CNN的工件缺陷检测算法,可以避免工件缺陷区域难以有效检测的难题,但同时又具有训练难以有效收敛的难题。

目前在实际生产中的工件射线图存在干扰噪声大,缺陷区域面积、形状多样化,缺陷种类多,背景区域复杂的特点,使得大部分的缺陷检测算法很难实现。本案例针对轮毂工件缺陷检测,利用基于Faster R-CNN网络结构模型算法,实现了对于工件缺陷区域的自动定位以及分类。工件缺陷检测系统在训练阶段首先使用样本图像训练Faster R-CNN网络结构模型。在检测阶段用训练好的Faster R-CNN网络结构模型对待检测图像进行缺陷区域检测,标记出缺陷区域的位置以及缺陷的种类进行分类,并根据缺陷检测的结果,将工件分为合格或不合格产品。工件缺陷自动检测系统框架如图7-11所示。

本案例采用的工件缺陷样本数据集为实际生产线中采集的工件缺陷样本,在准备训练集以及测试集的过程中将工件缺陷分为气孔(air hole)、缩孔(dense defect)以及疏松(sparse defect)三种,并且记录下每张工件缺陷样本图所包含的缺陷具体位置,工件缺陷样本数据集的数量一共为528张工件缺陷图,将其中随机的476张图像作为Faster R-CNN网络结构模型的训练数据集,剩余的52张图像作为训练后的Faster R-CNN网络结构模型的测试数据集。

Faster R-CNN网络结构模型对于每个候选区域分别计算属于每个类别的概率以及变换参数,在对候选区域进行变换之后,还需要跟进候选区域属于各类别的概率进行筛选,筛选步骤如下:

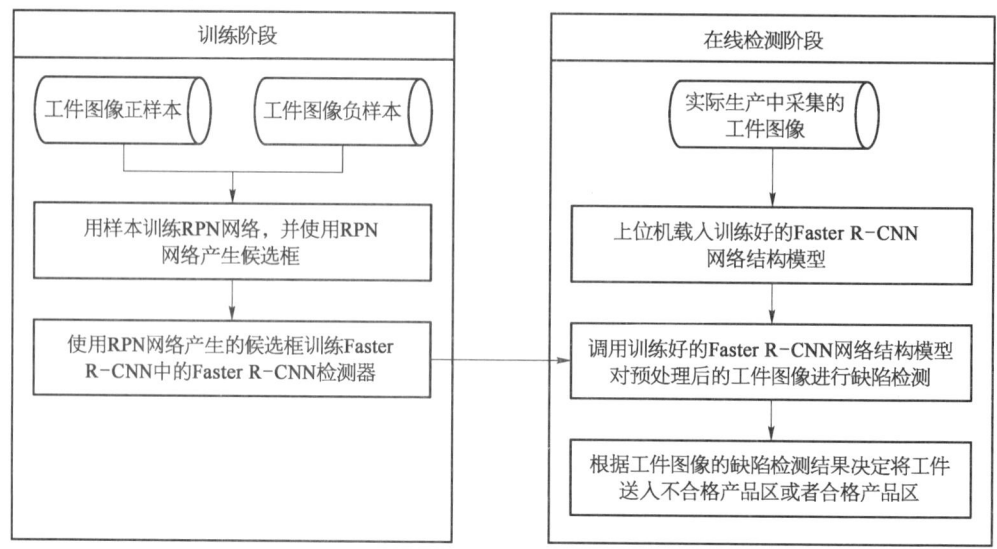

图 7-11 工件缺陷自动检测系统框架

① 选出所有候选区域属于类别 i 的概率；

② 根据候选区域属于类别 i 的概率进行非极大值抑制，滤除候选区域相互重叠面积大的区域，避免重复选择，阈值取 0.3；

③ 对步骤②筛选后的候选区域，滤除概率小于 CONF_THRESH 候选区域，本模型 CONF_THRESH 值为 0.8；

④ 重复步骤①～④直到所有的类别都经过筛选。

工件缺陷检测算法流程图如图 7-12 所示。

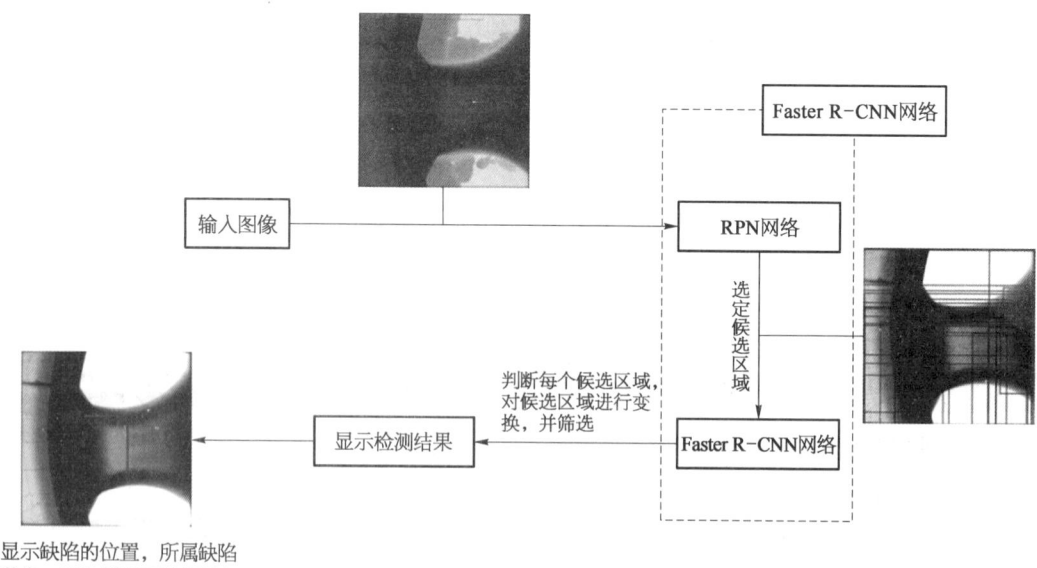

图 7-12 工件缺陷检测算法流程图

针对候选区域网络(region proposal networks,RPN)模型以及选择搜索(selective search)算法对于候选框的提取进行质量测试实验,绘制了 RPN 网络与选择搜索算法提取的候选框的质量曲线图,指出了 RPN 网络提取的候选框具有更好的质量。针对 Faster R-CNN 网络模型对于尺寸较小的缺陷区域检测准确率不高的问题,提出了一种适用于工件缺陷检测的锚框设定方案,采用这种锚框设定方案,能够提高 Faster R-CNN 网络模型对于尺寸较小缺陷区域的检测准确率。针对本案例的工件缺陷测试集样本,实验结果表明,采用本案例锚框设定方案的 Faster R-CNN 网络结构模型检测时间多了 50 ms,对于尺寸较小的气孔缺陷区域检测准确率从 64% 提高到 100%,验证了本案例方法的有效性。通过与基于水平集的工件缺陷区域分割算法以及基于 CNN 的工件缺陷区域分类算法的对比实验表明,采用 Faster R-CNN 网络模型能够取得较高的检测准确率以及较快的检测速度,解决了缺陷区域分割检测的难题,并在实际生产环境中得到应用。

参考文献

[1] 张思琦,张文兰,李宝.国外近十年深度学习的研究现状与发展趋势——基于引文分析及共词矩阵的知识图谱分析[J].远程教育杂志,2016,35(2):64-72.
[2] 樊雅琴,王炳皓,王伟,等.深度学习国内研究综述[J].中国远程教育,2015(6):27-33.
[3] 郭华.深度学习及其意义[J].课程.教材:教法,2016(11):25-32.
[4] 郭丽丽,丁世飞.深度学习研究进展[J].计算机科学,2015,42(5):28-33.
[5] 邓力,俞栋,谢磊.深度学习[M].北京:机械工业出版社,2016.
[6] Martin T H, Howard B D. 神经网络设计[M].北京:机械工业出版社,2002.
[7] 埃森哲.人工智能[M].上海:上海交通大学出版社,2016.
[8] 孙文珺.基于深度学习模型的感应电机故障诊断方法研究[D].南京:东南大学,2017.
[9] 颜伟鑫.深度学习及其在工件缺陷自动检测中的应用研究[D].广州:华南理工大学,2016.
[10] 李思琴.基于深度学习的搜索广告点击率预测方法研究[D].哈尔滨:哈尔滨工业大学,2015.
[11] 张雪.基于深度学习卷积神经网络的电影票房预测[D].北京:首都经济贸易大学,2017.
[12] 陈静.交互式问答中的语句关系识别方法[D].哈尔滨:哈尔滨工业大学,2017.
[13] 余仕敏.基于递归神经网络的广告点击率预估[D].杭州:浙江理工大学,2016.
[14] 吴岸城.神经网络与深度学习[M].北京:电子工业出版社,2016.

第 8 章

人工智能开发框架

随着深度学习技术的不断发展,越来越多的深度学习框架得到开发。目前,最受研究人员青睐的深度学习框架有 TensorFlow、Keras、CNTK、Caffe、MXNet 和 Torch。TensorFlow 框架作为一个用于机器智能的开源软件库,以其高度的灵活性、强大的可移植性等特点而成为目前深度学习的主流框架之一;Keras 是一个高层神经网络 API,Keras 由纯 Python 编写而成并基 Tensorflow、Theano 以及 CNTK 后端;CNTK 是一款免费的、易于使用的开源商业级工具包,可以训练深度学习算法,以便使人类大脑一样学习;对于 Caffe,研究者可以按照该框架定义各种各样的卷积神经网络框架,该框架以表达方便、速度快、组件模块化等优势成为当今常用的深度学习网络框架;MXNet 是一个以高效和灵活为目的设计的开源深度学习框架,支持命令式编程和声明式编程;Torch 是一个广泛支持机器学习算法的科学计算框架,其使用简单快速的脚本语言 LuaJIT 以及底层的 C/CUDA 进行实现,因此以易于使用且高效的特点而成为当下流行的深度学习框架。

人工智能是一个标准的众创型技术,每一个巧妙的算法、每一种灵光乍现的逻辑,都可能解开困扰整个人类的问题。所以为开发者、研究者提供适宜的工具和环境,让他们施展自己的才华,就成为了 AI 企业最主要的任务之一。

最早提起深度学习平台的是加州大学伯克利分校推出的 Caffe,其创造性地将卷积神经融入开发环境,构建了相对高效清晰的深度学习框架。2015 年年底,谷歌开源了此前在内部使用的 TensorFlow。随着数次版本更新,一举打破了 Caffe 的垄断地位,成为了最活跃的深度学习框架。尤其随着 DeepMind 全面使用,其社区资源得到了广泛认可。为了争夺开发者生态,Facebook、微软、OpenAI 等公司相继推出了深度学习的开发平台,试图颠覆谷歌的霸主地位。目前世界上主流的深度学习平台依旧有十几个之多。

开发者环境有多重要,从 Facebook 凭借 PyTorch 在 AI 界得到的话语权提升就能知道。拥有良性的深度学习架构,是堆积 AI 开发生态的基础。

这一点国内的企业也并未落后。百度最先推出了 PaddlePaddle,宣布了国内企业进入这一领域。阿里云推出了 PAI,主打与主流框架的环境友好度与便捷迁移。

从目前来看,国内深度学习框架正在凭借开发环境、社区资源和企业激励计划,逐渐对欧美主流开发平台形成冲撞。至少在 AI 研发的核心环节中,中国已经抢回了关键分。

8.1 人工智能主流开发框架概述

8.1.1 TensorFlow

谷歌公司不仅是大数据和云计算的领导者,在机器学习和深度学习领域也有很好的实践和积累,其内部使用的深度学习框架 TensorFlow 使深度学习爱好者的学习门槛越来越低。TensorFlow 作为一个用于机器智能的开源软件库,是目前深度学习的主流框架之一,广泛应用于学术界与工业界。TensorFlow 自开源至今,相继推出了分布式版本、服务器框架、可视化 Tensorboard 以及不胜枚举的模型在该框架下的实现。

(1) TensorFlow 诞生

2015 年 11 月 9 日,谷歌工程师发布人工智能系统 TensorFlow 并宣布开源,将此系统的参数公布给业界工程师、学者和具有编程能力的技术人员。谷歌工程师认为机器学习是未来新产品和新技术的一个关键部分,这个领域的研究是全球性、高速度的,但缺少一个通用型的工具。因此,TensorFlow 应运而生。

(2) TensorFlow 特点

TensorFlow 是谷歌基于 DistBelief 研发的第二代人工智能学习系统,其命名来源于自身的运行原理。TensorFlow 是一个采用数据流图(data flow graph)用于数值计算的开源软件库。数据流图用节点(node)和线(edge)的有向图来描述数学计算。节点一般用来表示施加的数学操作,但也可以表示数据输入(feed in)的起点/输出(push out)的终点,或者是读取/写入持久变量(persistent variable)的终点。线表示节点之间的输入/输出关系。这些数据线可以传输大小可动态调整的多维数据数组,即张量(tensor)。张量从图中流过的直观过程是这个工具取名为 TensorFlow 的原因。一旦输入端的所有张量准备好,节点将被分配到各种计算设备以完成异步操作,并行地执行运算。它灵活的架构让用户可以在多种平台上展开计算,如台式计算机中的一个或多个 CPU(或 GPU)、服务器、移动设备等。TensorFlow 最初用于机器学习和深度神经网络方面的研究,由于系统的通用性使其也可广泛用于其他计算领域。

TensorFlow 的特点如下。

① 高度的灵活性。TensorFlow 不是一个严格的神经网络库。只要用户可以将计算表示为一个数据流图,就可以使用 TensorFlow 来构建图,描写驱动计算的内部循环。TensorFlow 提供了有用的工具来帮助用户组装子图(常用于神经网络),用户也可以在 TensorFlow 的基础上编写自定义的上层库。定义顺手好用的新复合操作与写一个 Python 函数一样容易,而且也不用担心性能损耗。

② 真正的可移植性。TensorFlow 既可以在 CPU 和 GPU 上运行,又可以运行于台

式机、服务器、笔记本电脑等。TensorFlow 还可以将训练好的模型作为产品的一部分用于手机 App。TensorFlow 同样可以将模型作为云端服务运行在自己的服务器上,或者运行于 Docker 容器。

③ 科研与产品无缝对接。谷歌科学家利用 TensorFlow 尝试新的算法,其产品团队则用 TensorFlow 来训练和使用计算模型,并直接提供给在线用户。应用型研究者使用 TensorFlow 将想法迅速运用于产品中,其也可以让学术性研究者更直接地分享代码,从而提高科研产出率。

④ 自动求微分。基于梯度的机器学习算法受益于 TensorFlow 自动求微分的能力。用户只需要定义预测模型的结构,将这个结构和目标函数(objective function)结合在一起并添加数据,TensorFlow 将自动为用户计算相关的微分导数。

⑤ 多语言支持。TensorFlow 有一个合理的 C++ 使用界面和一个易用的 Python 使用界面来构建和执行指定的"图"。用户可以直接写 Python/C++ 程序,也可以用交互式的 iPython 界面来使用 TensorFlow 尝试新想法,它可以帮助用户将笔记、代码、可视化等有条理地归置好。此外 TensorFlow 还支持用户创造自己喜欢的语言界面,比如 Go、Java、Lua、JavaScript 或者是 R 语言。

⑥ 性能最优化。TensorFlow 对线程、队列、异步操作等给予了最佳支持,使其计算潜能得以有效发挥。TensorFlow 可以将硬件的计算潜能全部发挥出来,可充分利用多个 CPU 和多个 GPU。

8.1.2 Keras

Keras 是一个高层神经网络 API,Keras 由纯 Python 编写而成并基 Tensorflow、Theano 以及 CNTK 后端。Keras 为支持快速实验而生,能够把用户的 idea 迅速转换为结果。

(1) Keras 的设计原则

① 用户友好。Keras 遵循减少认知困难的最佳实践:Keras 提供一致而简洁的 API,能够极大减少一般应用下用户的工作量;同时,Keras 提供清晰和具有实践意义的 bug 反馈。

② 模块性。模型可理解为一个层的序列或数据的运算图,完全可配置的模块可以用最少的代价自由组合在一起。具体而言,网络层、损失函数、优化器、初始化策略、激活函数、正则化方法都是独立的模块,用户可以使用它们来构建自己的模型。

③ 易扩展性。添加新模块超级容易,只需要仿照现有的模块编写新的类或函数即可。创建新模块的便利性使得 Keras 更适合于先进的研究工作。

④ 与 Python 协作。Keras 没有单独的模型配置文件类型,模型由 Python 代码描述,使其更紧凑和更易 debug,并提供了扩展的便利性。

(2) Keras 的优点

Keras 使用最少的程序代码、花费最少的时间就可以建立深度学习模型,进行训练、评估准确率,并进行预测。

(3) Keras 的工作方式

Keras 是一个模型级的深度学习链接库,它只处理模型的建立、训练、预测等功能。深度学习底层的运行,例如张量运算,Keras 必须配合"后端引擎"进行运算。目前 Keras 提供了两种后端引擎:Theano 和 TensorFlow。

(4) Keras 程序设计模式

Keras 的程序设计模式建立一个深度学习模型很简单,就好像做一个多层蛋糕。首先,建立一个蛋糕架;然后,需要用户自己做每一层蛋糕,可以选择现成的蛋糕层,例如水果蛋糕层、巧克力蛋糕层等,用户可以指定每一层的"内容",例如指定装饰水果种类与数量,只需要将每一层蛋糕加入蛋糕架即可;最后,就可以做出一个好吃又美观的多层蛋糕。

如图 8-1 所示,用户将建立多层感知器模型,输入层(x)共有 784 个神经元,隐藏层(h)共有 256 个神经元,输出层(y)共有 10 个神经元。建立这样的模型很简单,只需先建立一个蛋糕架,然后将神经网络层一层一层加上去即可。

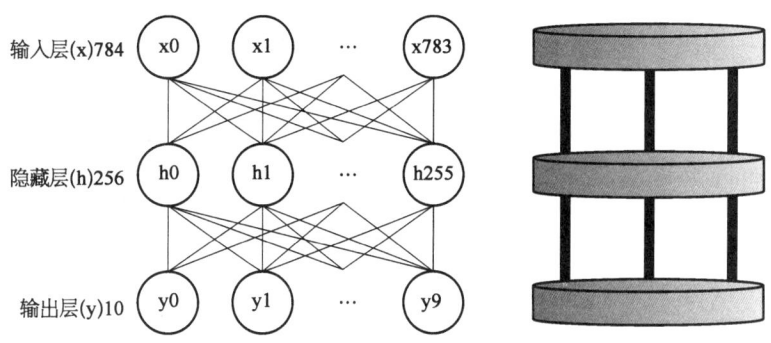

图 8-1 多层感知模型

(5) Keras 与 TensorFlow 的比较

Keras 与 TensorFlow 比较见表 8-1。

表 8-1 Keras 与 TensorFlow 比较

比较项目	Keras	TensorFlow
学习难易度	简单	比较困难
使用弹性	中等	高
开发生产力	高	中等
执行能力	高	高
适合用户	初学者	高级用户
张量运算	不需要自行设计	需自行设计
模块集成度	高	中等

初学者学习 TensorFlow,就好像没有任何摄影经验的人开始使用单反相机且使用手动(M)模式,必须学习一大堆有关光圈、快门等的知识,研究了半天,还是没办法拍出一张像样的照片,会有很大的受挫感。

初学者学习 Keras,就好像单反相机的初学者先以自动(Auto)模式来学习界面的构图等,这样就可以很容易地拍出一张张照片,再慢慢使用 P 模式、A 模式、S 模式等,学习步骤自行设定,最后就可以使用 M 模式。

8.1.3 CNTK

CNTK 是一款免费的、易于使用的开源商业级工具包,可以训练深度学习算法,以便使人类大脑一样学习。

CNTK 是一个统一的深度学习工具包,通过有向图将神经网络描述为一系列计算步骤。在这个有向图中,叶节点表示输入值或网络参数,而其他节点表示对其输入的矩阵运算。CNTK 允许用户轻松实现并结合流行的模型类型,如前馈 DNN,卷积网络 CNN 和循环网络 RNN/LSTM。它实现了跨多个 GPU 和服务器的随机梯度下降学习,并具有自动分化和并行化功能。自 2015 年 4 月以来,CNTK 已经获得了开源许可证。

(1) CNTK 特点

① 速度和可扩展性。CNTK 比其他工具包更快速地训练和评估深度学习算法,在保持准确性的同时,在各种环境(从 CPU 到 GPU 到多台机器)中进行高效扩展。

② 商业级质量。CNTK 内置有复杂的算法和生产读取器,可以与海量数据集一起可靠工作。Skype、Cortana、Bing、Xbox 和行业领先的数据科学家已经使用 CNTK 开发商业级 AI。

③ 兼容性。CNTK 提供了最具表现力,易于使用的体系结构。使用用户熟悉的语言和网络,如 C++和 Python,它可以让用户自定义任何内置的训练算法,或者使用用户自己的。

(2) CNTK 特征

① 高度优化的内置组件:
- 组件可以处理来自 Python、C++或 BrainScript 的多维稠密或稀疏数据;
- FFN、CNN、RNN/LSTM,批量标准化;
- 强化学习,生成式对抗网络,监督和无监督学习;
- 能够使用 Python 在 GPU 上添加新的用户定义的核心组件;
- 自动调整超参数;
- 为海量数据集优化的内置阅读器。

② 有效的资源使用:
- 通过 1 位 SGD 和 Block Momentum 在多个 GPU/机器上实现并行;
- 内存共享和其他内置方法,以适应在 GPU 内存中运行的最大的模型。

③ 轻松表达自己的网络:
- 完整的 API 用于定义网络、学习者、读者、来自 Python、C++和 BrainScript 的培

训和评估；
- 用 Python、C++、C♯和 BrainScript 评估模型；
- 与 NumPy 配合使用；
- 高级 API 和低级 API 都具有易用性和灵活性；
- 根据用户的数据进行自动形成推论；
- 全面优化的 RNN 循环(不需要展开)。

④ 使用 Azure 进行培训和托管：
- 与 Azure GPU 和 Azure 网络一起使用时，可以充分利用高速资源；
- 在 Azure 上轻松托管受过训练的模型，并根据需要添加实时训练。

（3）CNTK 架构图

图 8-2 所示是 CNTK 的总体架构，简单地分几部分论述，分别是上中下和左中右两种理解逻辑。

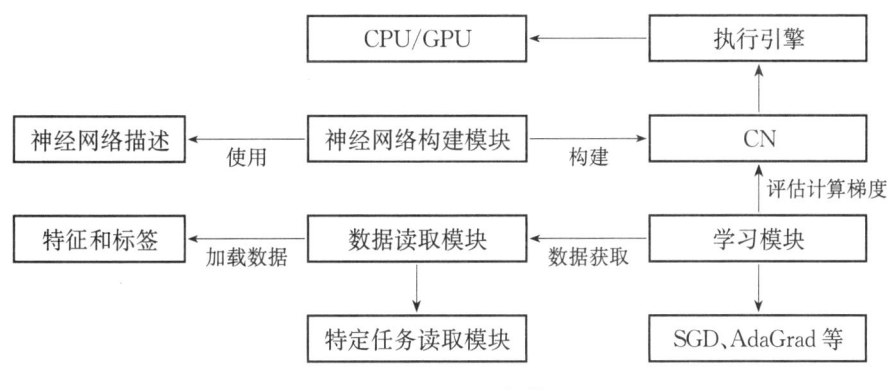

图 8-2 CNTK 架构图

① 上中下。最下面包含 IDataReader 的一层可以理解为基础的数据。想训练一个典当行的孩子鉴别古董的真假，需要先拿一些真真假假的古董让他自己去领会，这个就是学习的过程，也是初始数据的输入过程。学习的结果就是第二层包含 CN 的东西，这里的 CN 应该是 computational network 或者是神经网络的模型。可以理解为典当行孩子通过真真假假的古董所领悟到大脑的知识。最上面的 IExecutionEngine 可以理解为是这个典当行孩子的个人行为，顾客拿了一个古董，让其鉴别其真假，这就是最上层的作用。

② 左中右。最左边是输入的原始数据引入了 CN Description 也就是网络的描述，可以理解为典当行孩子的师傅给予的指导性意见或者是古董鉴别教科书，而 Features & Labels 中的 Features 就是样本或者古董，Labels 可以理解是古董样本上标明真真假假的标签。中间的是 ICNBuilder 是学习的行为的驱使，IDataReader 是仔细观察并且检验所学内容行为的驱使。最右边的 ILeaner 是学习方法，CN 是学习的成果，IExecutionEngine 也就是最终拿来真正东西进行检验的行为。

CNTK 的总体架构描述了一个典当行孩子的从入门到精通的学习过程，也就是从样本训练自己,形成自己的能力,然后使用其所学。

8.1.4 Caffe

Caffe(convolutional architecture for fast feature embedding)是目前常用的一种深度学习网络开源框架,研究者可以按照该框架定义各种各样的卷积神经网络结构。由于该框架具有表达方便、速度快、组件模块化等突出优势,因此在视觉、语音以及多媒体等多个领域得到了广泛的应用。

(1) Caffe 的特点

Caffe 是一个清晰、高效并且开源的深度学习框架。Caffe 是纯粹的 C++/CUDA 架构,支持命令行、Python 和 Matlab 接口,既可以在 CPU 上运行,也可以在 GPU 上运行。

Caffe 是一种开源软件框架,内部提供了一套基本的编程框架,或者说一个模板框架,用以实现 GPU 并行架构下的深度学习算法,允许开发者使用已有模块构建不同结构的神经网络,并且可以在此框架下增加用户自定义的模块设计新的算法。Caffe 可以应用于视觉和语音识别、机器人、神经科学和天文学。Caffe 提供了一个完整的工具包,用来训练、测试、微调和部署模型。

Caffe 有如下 5 个特点。

① 表达方便。模型和优化办法的表达用的是纯文本表达,而不是代码,易于理解,并且设置 GPU 加速或者 CPU 加速仅需一条单独的命令即可。

② 速度快。无论是对于研究人员还是工业级应用来说,对计算速度的要求一直存在。在大规模数据处理过程中,速度也成为模型性能评估的一个重要指标。近期工作研究表明,Caffe 模型能够以 4 ms/张的速度处理图片,甚至更快。

③ 模块化。多个不同的模块按照其功能独立设置与存放,当新任务出现时,设置灵活性和可扩展性强。

④ 开放性。从 Caffe 模型推出至今,已有大量的研究者做过大量的科学研究并取得较为优秀的模型或者结果,这些源码和模型公开可见,易于开发者的交流与讨论。同时,科学研究和应用程序可调用同样的代码。

⑤ 社区性。在视觉、语音以及多媒体等多个领域都存在不同的社区供开发者讨论,如 Caffe-users group 和 Github。

(2) Caffe 框架结构

Caffe 由三个基本的原子单位组成:Blob、Layer 和 Net。深度学习网络的组成模式表示为数据块工作的内部连接层的集合。在一个特定的模型中,Caffe 定义了从低端到顶层、从输入数据到分类损失、以层为单位构建的(layer-by-layer)模型。

在 Caffe 中,数据以 Blobs 形式进行存储、通信和信息操作,并出现在网络的前向传播和反向传播过程中。Blob 是标准阵列和统一内存接口框架。Blob 用来存储数据、参数以及分类损失值。Layer 是网络模型和计算的基础,是网络的基本单元。Net 作为 Layer 的连接和集合,实现网络的搭建。Blob 详细描述了 Layer 与 Layer 或 Net 是如何进行信息存储和通信的。

① Blob 数据存储。Caffe 通过"Blobs"即以四维数组(图像数 N,通道数 K,图像高 H,图像宽 W)的方式存储和传递数据。在布局上,Blob 存储以行为主,因此在网络前向传播过程中,最右边维度变化得最快。例如,在一个 4 维 Blob 中,索引 (n, k, h, w) 的值的物理位置索引是 $((nK+k)H+h)W+w$。一个 Blob 存储两块内存,即 data 和 diff,前者是前向传播的特征数据,后者是通过网络反向计算的梯度。

Blobs 提供了一个统一的内存接口,用于批量处理图像或其他数据、网络参数存储或参数更新。Blob 是对要处理的实际数据的封装,Blobs 使用 SyncedMem 类隐藏了计算和混合 CPU/GPU 的操作,根据需要从主机 CPU 到设备 GPU 进行同步的开销。主机和设备的内存按需分配。大型数据存储在 LevelDB 数据库中。

② Layer 网络基本单元。Layer 是模型的本质和计算的基本单元。采用一个或多个 Blobs 作为输入(bottom blobs),并产生一个或多个 Blobs 作为输出(top blobs)。Layer 可以完成多种操作,如卷积滤波、池化操作、取内积、激活输出(非线性激活函数/线性激活函数)和其他元素转换、归一化、载入数据以及计算分类损失。在整体网络操作中,Layer 有两个关键职责,即前向传播,需要输入并产生输出;反向传播,取梯度作为输出,通过参数和输入计算梯度。Caffe 提供了一套完整的层类型。

③ Net 网络搭建与运行。Caffe 保留所有有向无环图,确保正确地进行前向传播和反向传播。Caffe 中典型的网络模型是一个开始于数据层、结束于分类损失层的端到端的学习系统,可以使用 CPU 或者 GPU 进行加速计算,分类性能良好并且结果具有可重现性。

图 8-3 所示为 Caffe 整体架构。

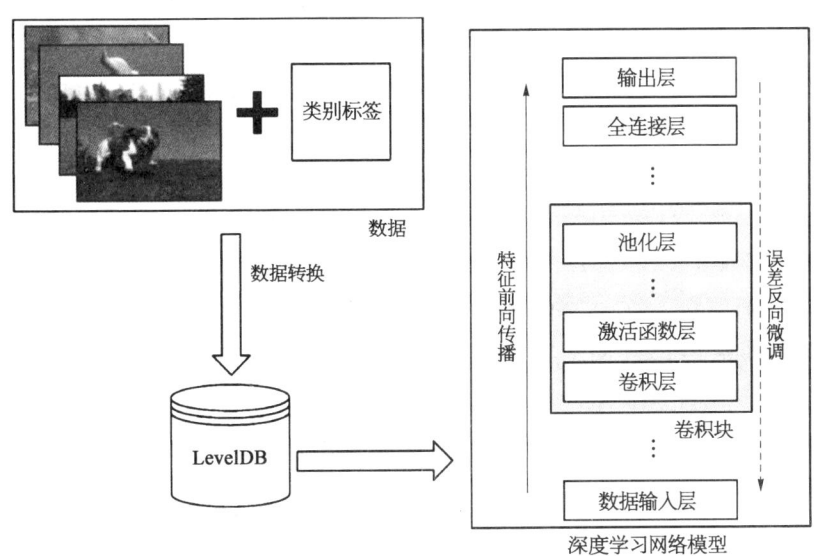

图 8-3 Caffe 整体架构

8.1.5 MXNet

(1) MXNet 基础知识

MXNet 是一个高效、灵活的开源深度学习框架,支持命令式编程和声明式编程。MXNet 支持多个 CPU 和 GPU 设备自动地并行化处理,计算表示为符号图。关于 MXNet 的具体内容,以及命令式编程和声明式编程等内容将在下面做出详细说明。

对于优秀的深度学习系统或者优秀的科学计算系统来说,最重要的是编程接口的设计。这些系统都采用将一个领域特定语言(domain specific language)嵌入到一个主语言中。例如 NumPy(Numeric Python,功能强大的 N 维数组对象 Array,Python 的一种开源数值计算扩展)将矩阵运算嵌入到 Python(一种面向对象的解释型计算机程序设计语言)中。这类嵌入一般分为两种:一种嵌入得较浅,其中每条语句都按原来的意思执行,且通常采用命令式编程(imperative programming),NumPy 和 Torch 就属于命令式编程。另一种则使用一种较深的嵌入方式,提供一整套针对具体应用的语言。这种通常使用声明式编程(declarative programing),即用户只需要声明做什么,而具体执行则由系统完成,这类系统包括 Caffe、Theano 和 TensorFlow,命令式编程和声明式编程的比较如表 8-2 所示。

表 8-2 命令式编程和声明式编程的比较

项 目	较浅嵌入,命令式编程	较深嵌入,声明式编程
如何执行 $a=b+1$	需要 b 已经被赋值,立即执行加法,将结果保存在 a 中	返回对应的计算图,之后对 b 进行赋值,然后再执行加法运算
优点	语义上容易理解,灵活,可以精确控制行为; 通常可以无缝地域主语言交互,方便地利用主语言的各类算法、工具包、代码调试和性能调试器	在真正开始计算时已经得到整个计算图,所以可以对计算图进行一系列优化来提升性能; 实现辅助函数也容易,例如对任何计算图都提供 forward 和 backward 函数,对计算图进行可视化,将图保存到硬盘和从硬盘读取
缺点	实现统一的辅助函数和提供整体优化都很困难	很多主语言的特性都用不上,某些在主语言中实现很简单,但在这里却非常麻烦,如 if-else 语句; 调试程序也很麻烦,例如监视一个复杂的计算图中某个节点的中间结果也不简单

目前现有的系统比如 Caffe、Torch 等大部分都采用以上两种编程模式的一种。与这些系统不同的是,MXNet 尝试将两种编程模式结合起来。在命令式编程上 MXNet 提供张量运算,而声明式编程中 MXNet 支持符号表达式。关于张量运算和符号表达式将会在编程接口部分详细介绍。通过这两种编程方式的结合,用户可以自由地使用这种结合来快速实现自己的想法。例如可以用声明式编程来描述神经网络,并利用系统提供的自动求导来训练模型。另外,模型的迭代训练和更新模型法则中可能涉及大量的控制逻辑,这些都可以用命令式编程来实现。

MXNet 和目前流行的深度学习系统在语言和编程模式等方面的比较如表 8-3 所示。

表 8-3 深度学习系统在语言和编程模式等方面的比较

系统	主语言	从语言	硬件	分布式	命令式	声明式
Caffe	C++	Python/MATLAB	CPU/GPU	×	×	√
Torch	Lua		CPU/GPU/FPGA	×	√	×
Theano	Python		CPU/GPU	×	√	×
TensorFlow	C++	Python	CPU/GPU/Mobile	√	×	√
MXNet	C++	Python/R/Julia/Go	CPU/GPU/Mobile	√	√	√

MXNet 的系统框架从上到下分别为各种主语言的嵌入、编程接口(矩阵运算,符号表达式,分布式通信)、两种编程模式的统一系统实现,以及各硬件的支持。不同的编程模式有各自的优势,以往的深度学习框架往往着重于灵活性或者性能,MXNet 则通过融合的方式把两种编程模式整合在一起,试图最大化各自的优势,并且通过统一的轻量级运行引擎进行执行调度,使得用户可以直接复用稳定高效的神经网络模块,并且可以通过 Python 等高级语言进行快速扩展。

(2) MXNet 系统实现

① 计算图。

首先对计算图进行介绍,一个已经赋值的符号表达式可以表示成一个计算图。如图 8-4 所示是定义的多层感知机的部分计算图,包含 forward 和 backward 计算。

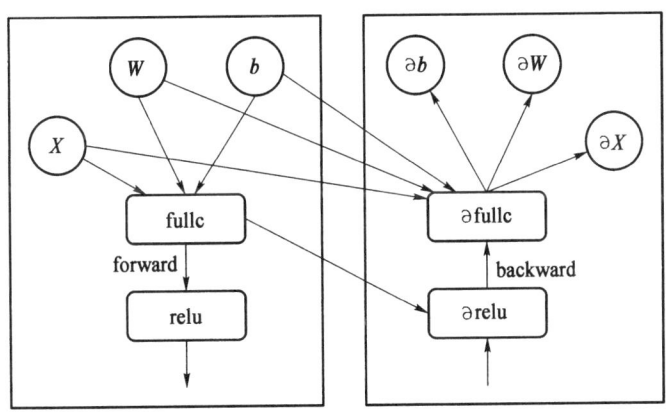

图 8-4 多层感知机的部分计算图

图 8-4 中圆圈表示变量,比如 W 表示权重向量,b 表示偏置,方框表示操作子,fullc 表示全连接,relu 表示激活函数,箭头表示数据依赖关系。在执行之前,MXNet 会对计算图进行优化,以及为所有变量提前申请空间。下面详细讲一下计算图优化和内存申请。

计算图优化主要有三个方面。第一,注意需要提前声明哪些是输出变量,这样就只需要计算这些输出需要的操作。例如,在预测时则不需要计算梯度,所以整个 backward 图都可以忽略;而在特征提取中,可能只需要某些中间层的输出,从而可以忽略后面的计算。

第二,可以对一些操作进行合并。例如 $ab+1$ 只需要一个 BLAS(基础线性代数子程序库)或者 cuda 函数即可,而不需要将其表示成两个操作。第三,可以实现一些"大"操作,如一个卷积层就只需要一个操作子,这样可以大大减小计算图的大小,并且方便手动地对这个操作进行优化。

内存通常是一个重要的瓶颈,尤其是对 GPU 和智能设备而言,而神经网络计算时通常需要大量的临时空间,如存储每个层的输入和输出变量。对每个变量都申请一段独立的空间会带来高额的内存开销,但是可以从计算图推断出所有变量的生存期,即这个变量从创建到被使用的时间段,从而可以对两个不交叉的变量重复使用同一内存空间。

② 引擎。

在 MXNet 中,所有的任务,包括张量计算、符号表达式执行、数据通信都会交由引擎来执行。首先,所有的资源单元,如 NDArray、随机数生成器和临时空间,都会在引擎处注册一个唯一的标签。然后每个提交给引擎的任务都会标明它所需要的资源标签。引擎则会跟踪每个资源,如果某个任务所需要的资源已经可用,产生这个资源的上一个任务已经完成,那么引擎则会调度和执行这个任务。

通常一个 MXNet 运行实例会使用多个硬件资源,包括 CPU、GPU、PCIe 通道、网络和磁盘,所以引擎会使用多线程来调度,即任何两个没有资源依赖冲突的任务都可能会被并行执行,以求最大化资源利用。

与通常的数据流引擎不同的是,MXNet 的引擎允许一个任务修改现有的资源。为了保证调度的正确性,提交任务时需要分开标明哪些资源是只读、哪些资源会被修改。这个附加的修改可以带来很多便利。例如可以方便实现在 numpy 以及其他张量库中常见的数组修改操作,同时也使得内存分配时更加容易,比如操作子可以修改其内部状态变量而不需要每次都到内存申请。其次,假如要用同一个种子生成两个随机数,那么可以标注这两个操作会同时修改种子,从而使得引擎不用并行执行,也使得代码的结果可以很好地被重复。

③ 可移植性。

轻量和可移植性是 MXNet 的一个重要目标。MXNet 核心使用 C++实现,并提供 C 风格的头文件。因此方便系统移植,也使得其很容易被其他支持 C FFI 的语言调用。此外,还提供一个脚本将 MXNet 核心功能的代码连同所有依赖打包成一个只有数万行的 C++源文件,使得其在一些受限的平台,如智能设备上也可以很方便地编译和使用。

(3) MXNet 的关键特性

① 轻量级调度引擎案例。

MXNet 在数据流调度的基础上引入了读写操作调度,并且使得调度和调度对象无关,用以直接支持动态计算和静态计算的统一多 GPU 多线程调度,使得上层实现更加简洁灵活。

② 支持符号计算。

MXNet 支持基于静态计算图的符号计算。计算图不仅使设计复杂网络更加简单快捷,而且基于计算图 MXNet 可以更加高效地利用内存。同时进一步优化了静态执行的规划,内存需求比并行的深度神经网络计算库(cxxnet)还要少。

③ 混合执行引擎。

相比 cxxnet 的全静态执行、并行深度学习引擎(minerva)的全动态执行,MXNet 采用动静态混合执行引擎,可以把 cxxnet 静态优化的效率和 NDArray 动态运行的灵活性结合起来,把高效的 C++库更加灵活地与 Python 等高级语言结合在一起。

④ 弹性灵活。

在 MShadow C++(其采用表达式模板的技巧增强了 C++矩阵库的性能)表达式模板的基础上,符号计算和 NDArray 使得在 Python 等高级语言内编写优化算法、损失函数和其他深度学习组件并高效无缝支持 CPU/GPU 成为可能。用户无须关心底层实现,在符号和 NDArray 层面完成逻辑即可进行高效的模型训练和预测。

⑤ 代码简洁高效。

由于大量使用 C++11 特性,MXNet 可利用最少的代码实现尽可能最大的功能,如用约 11K 行 C++代码(加上注释 4K 行)实现了引擎调度、符号计算等核心功能。

⑥ 开源用户和设计文档。

MXNet 提供了非常详细的用户文档和设计文档以及样例,所有的代码都有详细的文档注释,并且会持续更新代码和系统设计细节,希望对广大深度学习系统开发和爱好者有所帮助。

⑦ 社区活跃度。

DMLC 是国内最大的开源分布式机器学习项目,DMLC 的相关代码直接托管在 GitHub(https://github.com/dmlc)中,并采用 Apache 2.0 协议进行维护。

8.1.6 Torch

Torch 是由 Facebook 公司开发的一个广泛支持机器学习算法的科学计算框架,该框架主要使用 GPU 进行科学计算。Torch 使用简单快速的脚本语言 LuaJIT 以及底层的 C/CUDA 进行实现,因此易于使用且高效。

Torch 的目标是让用户在使用该框架构建科学算法的过程中能够拥有最大的灵活性和速度,同时使构建科学算法的过程变得简单。Torch 在机器学习、计算机视觉、信号处理、并行处理、图像处理等方面拥有一个大型的资源包,并建立在 Lua 之上。

Torch 的核心是当下流行的神经网络和优化库,在实现复杂的神经网络拓扑方面 Torch 不仅易于使用,而且具有最大的灵活性。在 Torch 中可以构建神经网络的任意模型,并以高效的方式并行化 CPU 和 GPU。目前 Torch 在许多学校的实验室以及在 Google、Twitter、NVIDIA、AMD、Intel 等公司大量使用。

Torch 的核心特征有以下几点。

① 拥有强大的 n 维数组。Torch 中唯一的数据结构就是 Tensor,其实就是多维矩

阵,支持矩阵的各种操作。该结构简洁并且强大,非常适合进行矩阵类的数值计算。这里需要强调 Lua 中的数组下标是从 1 开始的,因此 Tensor 对象的下标也是从 1 开始。

② 提供很多实现索引、切片的例程。Torch 中内置了很多索引、切片的例程以方便调用,使用者在不知道内部原理的前提下也可以快速得到想要的结果。

③ 通过 LuaJIT 向 C 提供了强大的接口。LuaJIT 是采用 C 语言写的 Lua 代码的解释器。LuaJIT 保留了 Lua 的轻量级、高效和可扩展的特点。LuaJIT 兼容 Lua5.1,而且接受同样的源代码或预编译字节码,支持所有标准语言的语义。

④ 提供线性代数例程。通过线性代数例程可以对向量、向量空间、线性变换和有限维的线性方程组进行操作。由于科学研究中的非线性模型通常可以被近似为线性模型,使得线性代数被广泛地应用于科学研究中。

⑤ 提供神经网络模型。Torch 提供了神经网络包 nn,使用该神经网络包可以方便地构建神经网络模型,并执行相关的操作。

⑥ 提供数值优化例程。数值优化通过迭代的方式解决优化问题,是数学建模中关键的一环。建模过程需要确定优化目标、目标所依赖的变量以及变量之间的约束关系,最后通过优化算法解决问题。

⑦ 快速高效的 GPU 支持。Torch 中有 CUDA 的对应实现,可以在 NVIDIA GPU 上进行相关的运算。

⑧ 可嵌入、可移植到 iOS、Android 等的后台。方便嵌入到后台可以避免开发者重复编写代码,大大增加开发的效率。

8.2 TensorFlow 详细介绍

8.2.1 TensorFlow 架构图

TensorFlow 的架构图如图 8-5 所示。

处理器:TensorFlow 可以在 CPU、GPU、TPU 中执行。

平台:TensorFlow 具备跨平台能力,可以在目前主流的平台执行。

TensorFlow 分布式执行引擎(distributed execution engine):在深度学习中,最花时间的就是模型的训练,尤其大型的深度学习模型必须使用大量数据进行训练,需要数天乃至数周之久,TensorFlow 具备分布式计算能力,可同时在数百台机器上执行训练模型,大幅缩短模型训练的时间。

前端程序语言:TensorFlow 可以使用多种前端语言,例如 Python、C++等,但对 Python 的支持是最好的,Python 具有程序代码简明、易学习、高生产力的特质,面向对象、函数式的动态语言,应用非常广泛。

高级 API:TensorFlow 是比较低级的深度学习 API,所以用程序设计模型时必须自

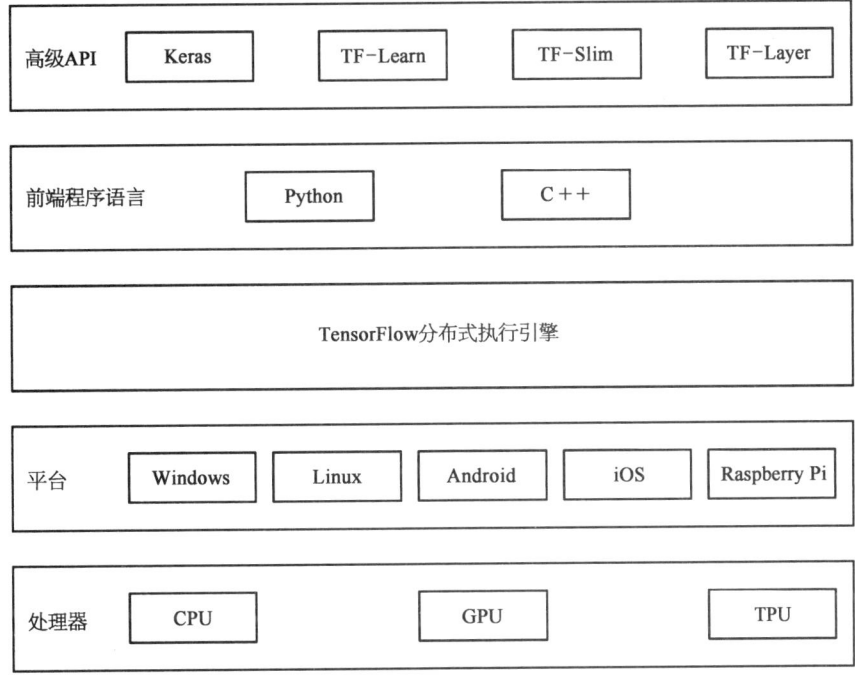

图 8-5 TensorFlow 架构图

行设计(张量乘积、卷积等底层操作),好处是我们可以自行设计各种深度学习模型,但是缺点是开发时需要编写更多的程序代码,并且需要花更多的时间,所以网上的开发社区以 TensorFlow 为底层开发很多高级的深度学习 API,例如 Keras、TF-Learn、TF-Slim、TF-Layer 等,这样让开发者使用更简洁、更可读性的程序代码就可以构建出各种复杂的深度学习模型。

8.2.2 TensorFlow 基本概念

(1) 张量

在数学里,张量是一种几何实体或广义上的"数量",在此"数量"包含"标量、向量或矩阵"。零维的张量为标量,一维的张量是向量,二维以上的张量是矩阵,如图 8-6 所示。

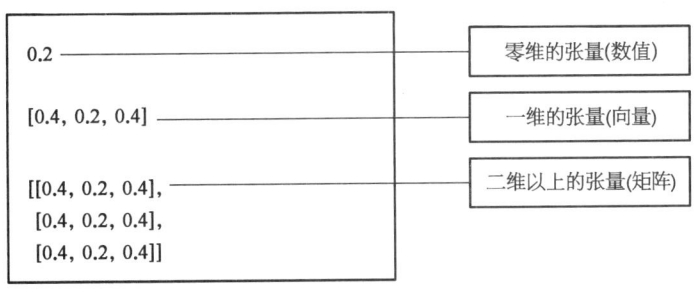

图 8-6 张量的表现形式

(2) 数据流

为了让 TensorFlow 可以支持不同的程序设计程序语言接口，并且让 TensorFlow 程序可以在各种平台执行，所有的 TensorFlow 程序都是先建立"计算图"，这是张量运算和数据处理的流程。

可以使用 TensorFlow 提供的模块以不同的程序设计语言建立"计算图"。TensorFlow 提供的模块非常强大，可以设计张量运算流程，并且构建各种深度学习或机器学习模型。检来"计算图"完成后，可以在不同的平台上执行"计算图"。

如图 8-7 所示，这是典型的"计算图"功能很简单，其算式为 $y = \text{MatMul}(x, w) + b$。其中，$x$、$w$、$b$ 都是张量，w 与 b 线使用随机数进行初始化，使用 MatMul 将 x 与 w 进行张量乘积，再加上 b，最后结果是 y。

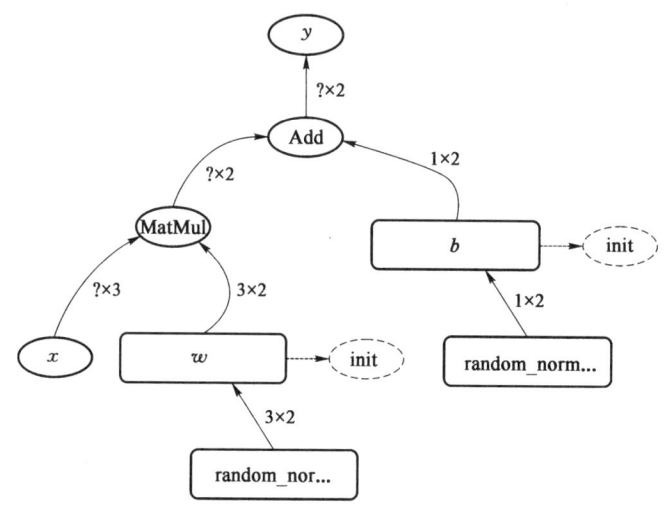

图 8-7 TensorFlow 计算图

在上面的"计算图"中：节点(node)代表运算，而边(edge)代表张量的数据流。可以想象边就是管线，张量(数据)在管线中流动。经过节点运算后，转换成不同的张量(数据)。

8.2.3 TensorFlow 中的模型

TensorFlow 有三种主要模型：计算模型、数据模型和运行模型。

(1) 计算模型

计算图(graph)是 TensorFlow 中一个最基本的概念，是 TensorFlow 的计算模型。TensorFlow 中的所有计算都会被转化为计算图上的节点，可以把计算图看作一种有向图，TensorFlow 中的每一个计算都是计算图上的一个节点，而节点之间的边描述了计算之间的依赖关系。例如，通常在构建阶段创建一个计算图来表示和训练神经网络，然后在执行阶段反复执行图中的训练操作，使得参数不断优化。在图的构建阶段，本质是各种操作的拼接组合,操作之间流通的张量由源操作产生,只有输出张量,没有输入张量。TensorFlow 支持通过 tf.graph( )函数来生成新的计算图。

图 8-8 中的每一个节点都是一个运算,每一条边都代表了计算之间的依赖,箭头方向代表依赖关系。例如,运算 a 和运算 b 不依赖任何关系,而有一条由 a 指向 Add 的边和一条由 b 指向 Add 的边,表示 Add 运算是依赖于运算 a 和运算 b 的。

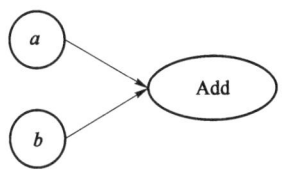

图 8-8 可视化向量相加图

在 TensorFlow 程序中,系统会维护一个默认的计算图,通过 tf.get_default_graph( )函数可以获取当前默认的计算图,不同的计算图上的张量和运算不会共享。有效地整理 TensorFlow 中的资源同样也是计算图的重要功能之一。在一个计算图中,可以通过集合(collection)来管理不同类别的计算资源,比如通过 tf.add_to_collection 函数可以将资源加入集合中,然后通过 tf.get_collection 获取集合中的资源。

(2) 数据模型

张量(tensor)是 TensorFlow 中一个非常重要的概念,是 TensorFlow 的数据模型。在 TensorFlow 程序中,所有数据都可以通过张量的形式来表示。张量的最基本属性是维度,其中零维张量表示为标量(scalar),一维张量表示为向量(vector),当维数 $n > 2$ 时,张量就可以理解为 n 维数组,但在 TensorFlow 中张量并不是以数的形式实现的,只是对 TensorFlow 中运算结果的引用。在张量中保存的是如何得到数据的计算过程,而不是真正保存这些数据。

一个张量中主要保存的是其名字(name)、维度(shape)和类型(dtype)。例如,张量名字作为张量的唯一标识符,描述了张量是如何计算出来的。张量维度描述的是张量的维度信息,比如维度为零,则张量就可以表示为标量。每一个张量都有一个唯一的张量类型,在对张量进行运算前,TensorFlow 首先会对张量进行类型检查,当发现类型不匹配时就会保存。对于张量的使用,其可以作为中间计算结果进行引用,当一个计算包含很多中间结果时,使用张量可大大提高代码的可读性;同样,在计算图构造完成之后,也可以用张量来获得结果。

(3) 运行模型

会话(session)是拥有并管理 TensorFlow 程序运行时所有资源的概念,是 TensorFlow 的运行模型。当所有计算完成之后,需要关闭会话来帮助系统回收计算资源,否则就可能产生资源泄漏的问题。TensorFlow 中使用会话的模式一般有两种:一种模式需要明确调用会话生成函数和会话关闭函数,当所有计算完成之后,需要明确调用会话关闭函数以释放资源,然而,当程序因为异常退出时,会话关闭函数可能不会被执行而导致资源的泄漏;另一种模式是利用 Python 上下文管理器的机制,只要将所有的计算放在 with 中即可。上下文管理器退出时会自动释放所有资源,这样既解决了因为异常退出时资源释放的问题,同时也解决了忘记调用会话关闭函数而产生的资源泄漏问题。在交互式环境下,通过设置默认会话的方式获取张量的取值更加方便,所以 TensorFlow 提供了一种在交互式环境下直接构建默认会话的函数,使用此函数会自动将生成的会话注册为默认会话。

8.2.4 深度学习模型在 TensorFlow 中的体现

深度学习模型在 TensorFlow 中的体现如表 8-4 所示。

表 8-4 深度学习模型在 TensorFlow 中的体现

层 的 名 称	模 块 名 称
激活函数	tf.keras.activations(model)
损失函数	tf.keras.losses(model)
池化层	tf.keras.layers.MaxPool2D(class)
卷积层	tf.keras.layers.Conv2D(class)
RNN 层	tf.keras.layers.RNN(class)
LSTM 层	tf.keras.layers.LSTM(class)

8.3 应用案例

8.3.1 MNIST 手写数字识别

MNIST 数据集是由 Yann LeCun 所搜集的,MNIST 数字文字识别数据集数据量不会太多,而且是单色的图像,比较简单,很适合深度学习的初学者用来练习模型、训练、预测。

MNIST 数据集共有训练数据 60 000 项、测试数据 10 000 项。MNIST 数据集的每一项数据都由图像(images)与真实的数字(labels)所组成,如图 8-9 所示。

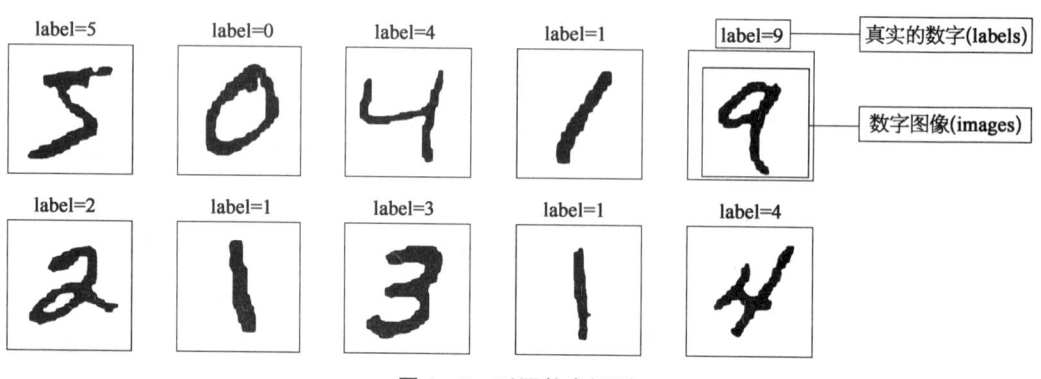

图 8-9 手写数字识别

(1) 数据预处理

① 导入所需模块。

```
from keras.utils import np_utils
from keras.datasets import mnist
import matplotlib.pyplot as plt
from keras.models import Sequential
from keras.layers import Dense
from keras.layers import Dropout
import pandas as pd
```

② 读取 MNIST 数据。

```
(x_train_image, y_train_label), (x_test_image, y_test_label) = mnist.load_data()
```

③ 将数字图像特征值(feature)使用 reshape 转换,将原本的 28×28 的数字图像转换成 784 个 float 数字。

```
x_train = x_train_image.reshape(60000, 784).astype('float32')
x_test = x_test_image.reshape(10000, 784).astype('float32')
```

④ 将 feature 标准化,标准化可以提高模型预测的准确度。

```
x_train_normalize = x_train / 255
x_test_normalize = x_test / 255
```

⑤ label 以 one-hot endoding 进行转换。

```
y_trainOneHot = np_utils.to_categorical(y_train_label)
y_testOneHot = np_utils.to_categorical(y_test_label)
```

(2) 建立模型

① 建立 Sequential 模型。

```
model = Sequential()
```

② 建立"输入层"和"隐藏层"。

```
model.add(Dense(units=256, input_dim=784,
kernel_initializer='normal', activation='relu'))
```

③ 建立"输出层"。

```
model.add(Dense(units=10, kernel_initializer='normal',
activation='softmax'))
```

(3) 进行训练

① 定义训练方式。

```
model.compile(loss='categorical_crossentropy',
optimizer='adam', metrics=['accuracy'])
```

② 开始训练。

```
train_history = model.fit(x = x_train_normalize,
y = y_trainOneHot, validation_split = 0.2, epochs = 10,
batch_size = 200, verbose = 2)
```

(4) 以测试数据评估模型准确率

```
scores = model.evaluate(x_test_normalize, y_testOneHot)
print('accuracy =', scores[1])
```

(5) 进行预测

```
prediction = model.predict_classes(x_test_normalize)
```

预测结果会放在 prediction 中,可以与 y_test_label 进行比对,查看预测效果。

8.3.2 CIFAR-10 图像识别

CIFAR-10 是由 Alex Krizhevsky、Vinod Nair 与 Geoffrey Hinton 收集的一个用于图像识别的数据集,共有 10 种分类:飞机、汽车、鸟、猫、鹿、狗、青蛙、马、船、卡车。CIFAR-10 数据集与之前的 MNIST 数据集相比,它的色彩、颜色噪声点比较多,同一类(如卡车)大小不一、角度不同、颜色不同。所以 CIFAR-10 图像识别的难度比 MNIST 数据集高很多。

CIFAR-10 数据集中每个分类有 6 000 个图像,共有 60 000 个 32×32 的彩色图像,有 50 000 个训练图像和 10 000 个测试图像。

(1) 数据预处理

① 导入所需模块。

```
from keras.utils import np_utils
from keras.datasets import cifar10
import matplotlib.pyplot as plt
from keras.models import Sequential
from keras.layers import Dropout, Dense, Flatten, Conv2D, MaxPooling2D
import pandas as pd
```

② 读取 CIFAR-10 数据。

```
(x_train, y_train), (x_test, y_test) = cifar10.load_data()
```

③ 将 feature 转换为思维矩阵;将 feature 以 reshape 转换为 6 000×28×28×1 的四维矩阵。

```
x_train4D = x_train.reshape(x_train.shape[0], 28, 28,
1).astype('float32')
x_test4D = x_test.reshape(x_test.shape[0], 28, 28,
1).astype('float32')
```

④ 将 feature 标准化，标准化可以提高模型预测的准确度。

x_train4D_normalize = x_train4D / 255

x_test4D_normalize = x_test4D / 255

⑤ label 以 one-hot endoding 进行转换。

y_trainOneHot = np_utils.to_categorical(y_train)

y_testOneHot = np_utils.to_categorical(y_test)

(2) 建立模型

① 建立 Sequential 模型。

model = Sequential()

② 建立卷积层1。

model.add(Conv2D(filters = 16, kernel_size = (5, 5),

padding = 'same', input_shape = (28, 28, 1), activation = 'relu'))

③ 建立池化层1。

model.add(MaxPooling2D(pool_size = (2, 2)))

④ 建立卷积层2。

model.add(Conv2D(filters = 36, kernel_size = (5, 5),

padding = 'same', activation = 'relu'))

⑤ 建立池化层2。

model.add(MaxPooling2D(pool_size = (2, 2)))

⑥ 建立平坦层。

model.add(Flatten())

⑦ 建立隐藏层。

model.add(Dense(units = 128, activation = 'relu'))

⑧ 建立输出层。

model.add(Dense(units = 10, activation = 'softmax'))

(3) 进行训练

① 定义训练方式。

model.compile(loss = 'categorical_crossentropy',

optimizer = 'adam', metrics = ['accuracy'])

② 开始训练。

train_history = model.fit(x = x_train4D_normalize,

y = y_trainOneHot, validation_split = 0.2, epochs = 3,

batch_size = 300, verbose = 2)

(4) 以测试数据评估模型准确率

scores = model.evaluate(x_test4D_normalize, y_testOneHot)

```
print('accuracy=', scores[1])
```

(5) 进行预测

```
prediction = model.predict_classes(x_test4D_normalize)
```

预测结果会放在 prediction 中,可以与 y_test 进行比对,查看预测效果。

8.3.3 IMDb 电影评论情感分析

情感分析又称为意见挖掘,是使用"自然语言处理"、文字分析等方法找出作者某些话题上的态度、情感、评价或情绪。情感分析的商业价值在于,可提早得知顾客对公司或产品的观感,以调整销售策略的方向。

IMDb 网络电影数据库是一个与电影相关的在线数据库。IMDb 开始于 1990 年,自 1998 年起称为亚马逊旗下的网站,至今已经累积大阿玲的电影信息。IMDb 收录了共 400 多万部电影作品数据。

IMDb 数据集共有 50 000 项"影评文字",分为训练数据和测试数据各 25 000 项,每一项"影评文字"都标记为"正面评价"或"负面评价"。经过大量"影评文字"训练后,此模型可以用于预测"影评文字"是"正面评价"或"负面评价"。

(1) 数据预处理

① 导入所需模块。

```
from keras.preprocessing import sequence
from keras.preprocessing.text import Tokenizer
from keras.models import Sequential
from keras.layers import Dense, Dropout, Flatten
from keras.layers.embeddings import Embedding
import numpy as np
import re
```

② 下载 IMDb 数据。

```
url = "http://ai.stanford.edu/~amaas/data/sentiment/aclImdb_v1.tar.gz"
filepath = "data/aclImdb_v1.tar.gz"

if not os.path.isfile(filepath):
    result = urllib.request.urlretrieve(url, filepath)
    print('downloaded:', result)
```

③ 解压 IMDb 数据。

```
if not os.path.exists("data/aclImdb"):
```

```python
tfile = tarfile.open("data/aclImdb_v1.tar.gz", 'r:gz')
result = tfile.extractall('data/')
```

④ 读取 IMDb 数据函数。

```python
def rm_tags(text):
    re_tag = re.compile(r'<[^>]+>')
    return re_tag.sub('', text)


def read_files(filetype):
    path = "data/aclImdb/"
    file_list = []

    positive_path = path + filetype + "/pos/"
    for f in os.listdir(positive_path):
        file_list += [positive_path + f]

    negative_path = path + filetype + "/neg/"
    for f in os.listdir(negative_path):
        file_list += [negative_path + f]

    print('read', filetype, 'files:', len(file_list))

    all_labels = ([1] * 12500 + [0] * 12500)
    all_texts = []

    for fi in file_list:
        with open(fi, encoding='utf-8') as file_input:
            all_texts += [rm_tags(" ".join(file_input.readlines()))]
    return all_labels, all_texts
```

⑤ 读取 IMDb 数据。

```python
y_train, train_text = read_files("train")
y_test, test_text = read_files("test")
```

⑥ 建立 token。

```python
token = Tokenizer(num_words=2000)
token.fit_on_texts(train_text)
```

⑦ 将"影评文字"转换成"数字列表"。

x_train_seq = token.texts_to_sequences(train_text)

x_test_seq = token.texts_to_sequences(test_text)

⑧ 截长补短让所有"数字列表"的长度都为 100。

x_train = sequence.pad_sequences(x_train_seq, maxlen = 100)

x_test = sequence.pad_sequences(x_test_seq, maxlen = 100)

(2) 建立模型

① 建立 Sequential 模型。

model = Sequential()

② 将"嵌入层"加入模型。

model.add(Embedding(output_dim = 32, input_dim = 2000, input_length = 100))

③ 将"平坦层"加入模型。

model.add(Flatten())

④ 将"隐藏层"加入模型。

model.add(Dense(units = 256, activation = 'relu'))

⑤ 将"输出层"加入模型。

model.add(Dense(units = 1, activation = 'sigmoid'))

(3) 进行训练

① 定义训练方式。

model.compile(loss = 'binary_crossentropy', optimizer = 'adam', metrics = ['accuracy'])

② 开始训练。

train_history = model.fit(x_train, np.array(y_train), validation_split = 0.2, epochs = 10, batch_size = 100, verbose = 2)

(4) 以测试数据评估模型准确率

scores = model.evaluate(x_test, np.array(y_test), verbose = 1)

print(scores[1])

(5) 进行预测

predict = model.predict_classes(x_test)

预测结果会放在 prediction 中,可以与 y_test 进行比对,查看预测效果。

8.3.4 基于汉语依存句法的主观题评分系统

考试是日常教学和各类评审选拔活动中的重要环节,文字类考题分为客观题和主观题两类。目前,针对客观题的自动评分技术已经相当成熟,但是对于各类主观题,如简答、论述、写作题等,由于其使用自然语言描述而成,它的自动评分过程涉及自然语言处理、人工智能、模式识别等知识领域,实现起来相当困难。如何利用计算机对主观题进行自动评分一直是考试系统自动化要解决的关键问题,也是自然语言处理领域中的一个研究热点。

在考察国内外已有的主观题自动评分系统的基础上,将主观题自动评分技术研究的着眼点放在了比较考生答案和参考答案的语义相符程度上,提出了一种新的基于依存句法分析结果的主观题自动评分模型。该模型在利用自然语言处理领域的分词、词性标注和句法分析技术对考生答案和参考答案文本进行预处理的基础上,首先去掉了与答案相似度计算无关的虚词和标点符号,然后结合词语语义相似度的计算方法,通过构建词语相似度矩阵计算得到考生答案和参考答案的语义相似度,并最终给出主观题的自动评分结果。

(1) 主观题自动评分系统总体结构

主观题自动评分系统主要包括四个功能模块:文本预处理模块、相似度计算模块、分值转换模块、结果输出模块。

① 文本预处理模块。这一模块文本预处理的四个方面组成,即中文分词、词性标注、依存句法分析、虚词及标点过滤。这一部分主要是借助哈工大 LTP 语言技术平台来实现的。

② 相似度计算模块。文本相似度的计算是在词语语义相似度的基础上完成的。

③ 分值转换模块和结果输出模块。

组成主观题自动评分系统的各主要模块及模块间的依赖关系如图 8-10 所示。

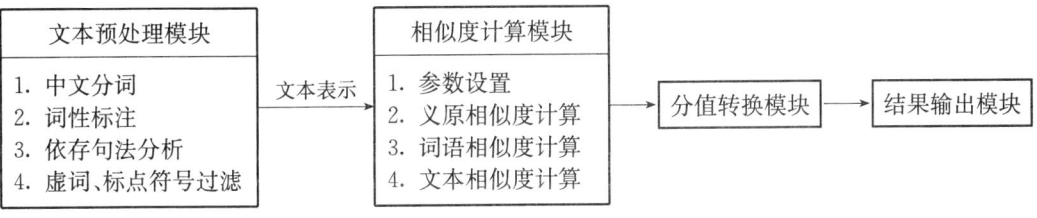

图 8-10 自动评分系统总体结构

(2) 主观题自动评分系统功能模块设计

主观题自动评分系统包括两个子系统:答案库子系统和自动评分子系统。答案库子系统用于存储对应题号的考生答案和参考答案,作为系统的输入项存在。主观题自动评分处理过程由自动评分子系统来完成,这个子系统包括:

① 文本预处理模块,包含 LTP 的分词、词性标注、依存句法分析等子模块,以及去虚词和标点符号的处理;

② 相似度计算模块,从最底层的义原相似度计算开始,依次经历义项相似度计算、词语语义相似度计算、文本相似度计算;

③ 分值转换模块;

④ 评分结果输出块。

整个自动评分系统的结构图如图 8-11 所示。

```
                        自动评分系统
                    ┌────────┴────────┐
              答案库子系统          自动评分子系统
              ┌─────┴─────┐     ┌─────┬─────┬─────┬─────┐
            考生       参考    文本预   相似度   分值转换  评分结果
           答案库     答案库   处理模块  计算模块   模块    输出模块
                            ┌─┬─┬─┬─┐  ┌─┬─┬─┬─┐
                            分 词 依 去  义 义 词 文
                            词 性 存 虚  原 项 语 本
                               标 句 词  相 相 语 相
                               注 法 及  似 似 义 似
                                  分 标  度 度 相 度
                                  析 点  计 计 似 计
                                         算 算 度 算
                                               计
                                               算
```

图 8-11 自动评分系统功能模块

(3) 主观题自动评分系统处理流程

主观题自动评分处理流程简述如下：首先从考生答案库和参考答案库分别取出对应题号的考生答案和参考答案作为整个系统的输入，从经过文本预处理后的结果中抽取考生答案和参考答案的语义信息，然后应用本文所述的相似度计算方法计算考生答案和参考答案的语义相符程度，经分值转换模块的处理，输出最终的自动评分结果。主观题自动评分系统工作流程图如图 8-12 所示。

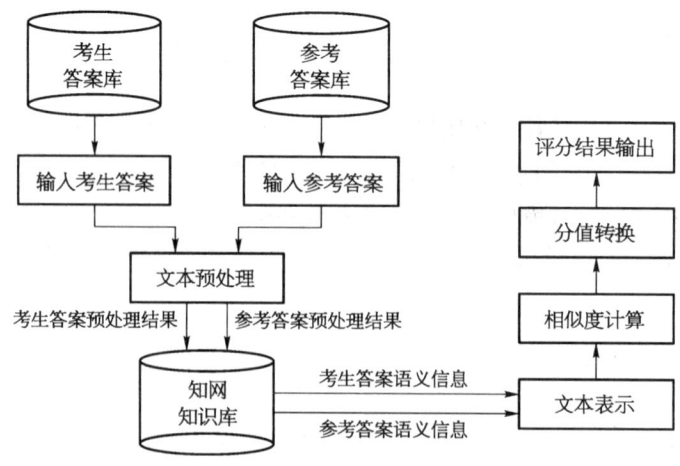

图 8-12 自动评分系统处理流程

8.3.5 基于推荐算法的智慧餐饮系统

推荐系统是一种对海量数据进行挖掘分析预测的系统,它通过采用不同的推荐引擎对用户的历史行为进行分析,通过量化计算用户与信息之间关系实现信息预测,并通过推荐策略对信息进行提取并向用户进行展示。所以推荐系统的作用可以分为两个部分:对于用户来讲可以实现用户历史信息的挖掘与兴趣建模,通过推荐服务使用户提高信息检索与信息收集的效率;对于信息来说可以把信息优先向与信息关联度高的用户进行展示,提高信息的利用率。随着推荐系统的逐渐成熟,其在新闻推送、影视作品推荐、电子商务、音乐导航等领域得到了大量的应用。

推荐系统的基本架构如图8-13所示,可以看出推荐系统在功能模块上主要分为:用户反馈行为采集模块、推荐引擎模块与推荐解释模块。

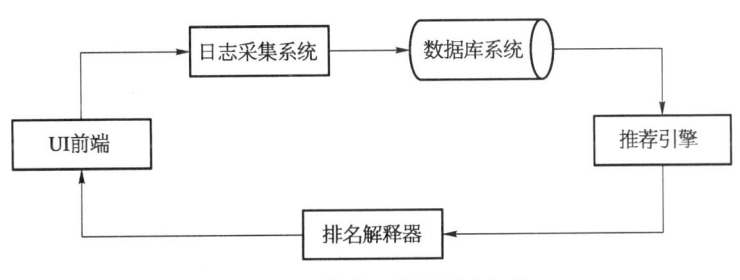

图8-13 推荐系统的基本架构

① 用户反馈行为采集模块。该模块的主要功能是通过系统中的日志采集或登录访问等信息记录来完成用户的反馈行为信息的采集,这些信息主要包括用户的点击、收藏、打分、购买等。用户的反馈行为一般分为两种:用户显性反馈行为与用户隐性反馈行为。用户显性反馈行为主要是指用户在网络中的购买、收藏、评价等行为,这些行为可以较为准确表达用户的兴趣;用户隐性反馈行为主要是指用户在网络中的浏览、点击等行为,这些行为只能在一定程度上对用户的兴趣需求进行表现。用户反馈行为采集模块则是通过对不同的用户行为数据进行采集,并进行数值化与持久化保存,完成用户反馈行为的采集。

② 推荐引擎模块。推荐引擎模块是推荐系统的核心模块,通过量化计算用户与信息之间的关联度,实现用户数据的挖掘与用户兴趣的建模,得到推荐参考信息。

③ 推荐解释模块。该模块是把推荐引擎中得到的推荐参考信息进行过滤、排名、推荐解释选择等处理,再采用一定的推荐策略对信息进行排序向用户进行发送,完成最终的推荐结果。

在当今餐饮行业的发展中,餐饮行业发展方向已经由传统模式转化成为了互联网模式,人们对餐饮信息获取的手段也已经由原来的传统媒体变成了网络获取。随着餐饮行业与互联网的融合,网络中餐饮数据的规模呈现出了快速增长的态势,餐饮信息过载成为了制约餐饮行业发展的关键问题。在餐饮管理中餐饮业务流程以及餐厅基本信息管理混乱在一定程度上也影响了餐饮行业的发展。本案例针对餐饮行业中存在的问题，提出了基于推荐算法的智慧餐饮系统的设计思想，并对其进行了实现。

系统中采用的推荐算法是基于协同过滤的思想，针对其处理稀疏数据能力差、可扩展性差这两个影响推荐质量的关键问题，提出了一种基于 SVD 与 GSOM 的协同过滤推荐算法。其主要思想是首先通过采用 SVD 矩阵分解，实现对稀疏原始数据的降维与填充；其次运用改进的 GSOM 聚类的方法将相似用户进行聚类，从而达到缩小近邻用户搜索范围的目的；最后通过引入时间衰减因子对用户的相似度量进行修正，再通过近邻用户的评分与修正的相似度量对目标用户进行评分预测与推荐。

系统整体架构图如图 8-14 所示，从系统的结构设计图中可以看出，用三层架构设计，分别为 UI 交互层、逻辑处理层以及网络交互层。

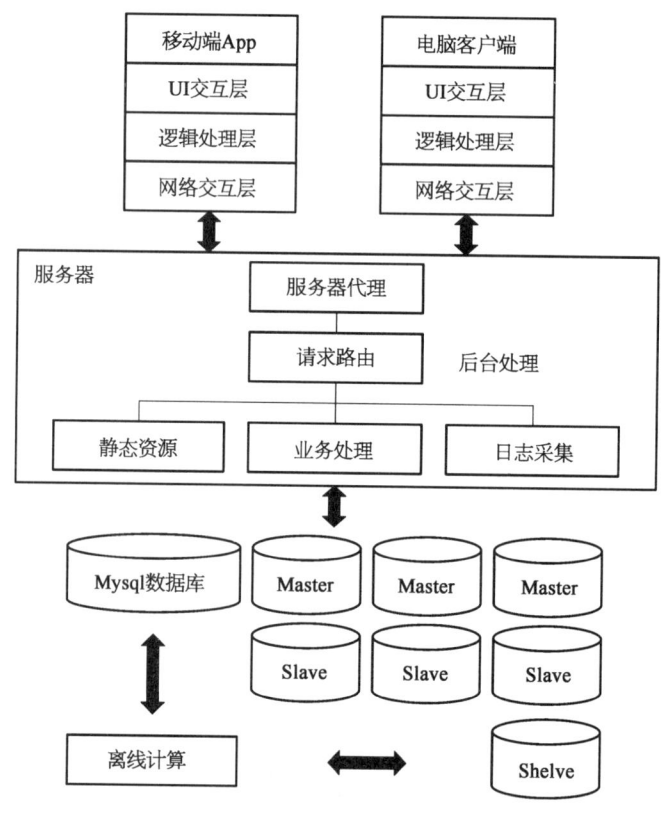

图 8-14　系统整体架构图

服务器架构上，采用了 4 层架构，分别为服务代理、路由模块、后台处理模块以及数据存储模块。服务器代理采用 Nginx+uwsgi 架构，对网络请求实现转发至后台。整体后台处理框架采用 Django 服务器框架，分为路由模块与后台处理模块。路由模块采用正则表达式把不同功能的服务请求进行划分路由至后台处理中的处理函数，并对静态资源进行整理，划分专门的路由接口实现静态资源的访问，实现功能服务的功能路由。后台处理功能，划分为业务处理以及日志采集两部分。日志采集模块是对用户的反馈信息实现采集，通过后台采集处理流程,采用 Mysql 结合 Redis 集群对不同的用户反馈行为进行分类采集记录。业务处理根据功能分为两大部分,一部分是实现餐饮的业务流程,一部分是实现餐饮的推荐服务。餐饮业务通过路由功能对不同功能需求的请求路由至需求的后台处理函数上,实现餐饮业务的处理,并对处理结果在服务器上实现持久化存储。推荐服务主要实现对登录用户的推荐信息列表推送,通过服务器对 Redis 集群的连接,对不同的访问用户提供对应的推荐列表信息,通过 Json 数据形式发送到手机 App 实现用户的推荐列表信息的展示。数据存储模块采用了 Redis 集群以及 Mysql 关系型数据库对服务器的处理结果与数据模型实现持久化存储功能。

离线计算模块采用 Peewee+Redis 集群+shelve 架构,通过数据收集与数据数值化对不同用户的各类反馈行为进行收集,生成用户评价矩阵,之后采用本文提出的基于 SVD 与 GSOM 的协同过滤推荐算法对用户数据进行数据挖掘,提取出用户的推荐信息,最后传输到 Redis 集群中形成推荐列表,在用户登录访问时为用户提供推荐服务。

参考文献

[1] 林大贵. TensorFlow+Keras 深度学习人工智能实践应用[M]. 北京:清华大学出版社,2018.
[2] 赵涓涓,强彦. 深度学习:主流框架和编程实战[M]. 北京:机械工业出版社,2018.
[3] 谢梁,鲁颖,劳虹岚. Keras 快速上手:基于 Python 的深度学习实战[M]. 北京:电子工业出版社,2017.
[4] 赵白玉. 基于汉语依存句法分析的主观题自动评分研究[D]. 长沙:湖南大学,2012.
[5] 杜俊. 基于 TensorFlow 手写数字识别模型设计与实现[J]. 甘肃科技,2017,33(21):14-16.
[6] 章敏敏,徐和平,王晓洁,等. 谷歌 TensorFlow 机器学习框架及应用[J]. 微型机与应用,2017,36(10):58-60.
[7] 袁文翠,孔雪. 基于 TensorFlow 深度学习框架的卷积神经网络研究[J]. 微型电脑应用,2018(2).
[8] 李崭. 基于推荐算法的智慧餐饮系统的设计与实现[D]. 成都:电子科技大学,2018.

第 3 篇 工业智能应用

新一代人工智能正在全球范围内蓬勃兴起,为经济社会发展注入了新动能,深刻改变人们的生产生活方式。制造业是人工智能创新技术的重要应用领域,人工智能与制造业的深度融合正在引发影响深远的产业变革。工业智能是人工智能在制造领域的应用,是制造业数字化、网络化、智能化转型发展的重要内容。随着人工智能技术的快速发展,结合机理模型、工程知识及工业大数据积累,形成制造领域的人工智能模型,并与工业软件、工业互联网平台相集成,将形成一系列融合创新的技术、产品与模式。人工智能赋能制造业领域,将优化提升生产效率、改善产品质量、降低生产成本,将促进产业模式发生革命性的变化,全面重塑制造业价值链,极大提高制造业的创新力和竞争力。

目前互联网用户数据冗杂,不能很好地从中提取有效信息。用户画像是根据用户社会属性、生活习惯和消费行为等信息而抽象出的一个标签化的用户模型。应用用户画像可以对大量的用户数据进行有效分析,从而更好地定位产品,精准投放产品并进行一系列的个性化服务。

机器视觉技术是一门涉及人工智能、神经生物学、心理物理学、计算机科学、图像处理、模式识别等诸多领域的交叉学科。机器视觉主要用计算机来模拟人的视觉功能,从客观事物的图像中提取信息,进行处理并加以理解,最终用于实际检测、测量和控制。人脸识别借助于摄像设备进行人的面部图像采集或者直接分析含有人脸图像(或视频流)的数据信息,利用计算机人脸识别算法进行图像检测和追踪的一种生物识别技术。

调度问题研究的是将资源分配给在一定时间内的不同任务,其目的是优化一个或多个目标。组织中的资源和任务会呈现为多种形式,如车间里的机器、机场的跑道、建筑场所的工作团队、计算机中的处理单元等,都可以看作资源,任务则可能是生产过程中的工件工序、机场飞机的起飞与着陆、建筑项目的各个阶段、计算机程序的执行等。调度是一个决策过程,在大多数的生产制造系统以及信息处理环境中扮演着重要的角色,同样存在于运输和配送设施以及其他类型的服务业中。

预测性维护,是以状态为依据(condition based)的维护,在机器运行时,对其主要(或需要)部位进行定期(或连续)的状态监测和故障诊断,判定设施设备所处的状态,预测设施设备状态未来的发展趋势,依据其发展趋势和可能的故障模式,预先制定维护计划,确定设施设备应该修理的时间、内容、方式和必需的技术和物资支持。预测性维护集设施设备状态监测、故障诊断、故障预测、维修决策支持和维修活动于一体,是人工智能在工业领域的应用与实现。

第9章

用户画像

目前互联网用户数据冗杂,不能很好地从中提取有效信息而用户画像是根据用户社会属性、生活习惯和消费行为等信息而抽象出的一个标签化的用户模型。应用用户画像可以对大量的用户数据进行有效分析,从而更好地定位产品,精准投放产品并进行一系列的个性化服务。

用户画像是真实用户的虚拟代表,是建立在一系列真实数据之上的目标用户模型,是一种描述目标用户、了解用户特点与需求方向的有效工具。简单说就是使用标签来量化用户特征属性,达到描述用户目的的一个大数据分析应用的典型实现。在很多传统行业中,商家为了提高用户量,经常会分析用户的生命周期和价值、用户的忠诚度、地域等信息来进行商业决策。比如电商行业,商家会对用户的年龄分布、地区、性别、星座、消费能力、家庭收入等方面对用户进行分析,判断用户将来会给商家带来的利润,从而进行商业决策。分析用户的整体消费情况可以了解用户的消费偏好,进行商品的推送服务,例如短信推送、邮件推送等,这样就形成了比较成熟的用户行为与消费习惯分析体系,为商家如何长远获得利益与吸引新用户打下坚实的基础。随着信息技术的不断发展,人们对客户和潜在客户的分析越来越重视,很多大型互联网公司和各类大型企业都推出了自己的分析体系,如淘宝、京东、中国电信、中国移动等。电网客户画像系统建设的目的和其他行业类似,都是为相关营销人员和客户人员提供一套工具,更好地了解用户特征,挖掘用户潜在需求,实现差异服务,提升用户满意度。

用户画像是根据用户社会属性、生活习惯和消费行为等信息而抽象出的一个标签化的用户模型。作为一种勾画目标用户、联系用户诉求与设计方向的有效工具,用户画像在各领域得到了广泛的应用。在实际操作的过程中往往会以最为浅显和贴近生活的话语将用户的属性、行为与期待联结起来。作为实际用户的虚拟代表,用户画像所形成的用户角色并不是脱离产品和市场之外所构建出来的,形成的用户角色需要有代表性能、产品的主要受众和目标群体。

应用用户画像可以使产品的服务对象更加聚焦、更加专注。纵览成功的产品案例,他们服务的目标用户通常都非常清晰、特征明显,体现在产品上就是专注、极致,能解决核心问题。比如苹果的产品,一直都为有态度、追求品质、特立独行的人群服务,赢得了很好的用户口碑及市场份额。又比如豆瓣,专注文艺事业十多年,只为文艺青年服务,用户黏性非常高,文艺青年在这里能找到知音、找到归宿。所以,给特定群体提供专注的服务,远比给广泛人群提供低标准的服务更接近成功。

9.1 用户画像的发展背景及意义

9.1.1 发展背景

随着人们使用智能手机的时长和频数的增加,其用户行为数据呈指数级增加。且从智能终端收集的数据具有大数据量、实时性、准确性、空间性、动态性的基本特征。美国互联网数据中心指出,网络上的数据每年将增50%,每两年将翻一倍,而目前世界上90%以上的数据是近几年才产生的。移动互联能将我们的用户设备信息与用户位置信息、用户行为信息、用户消费信息很好地结合与关联,创造出一个用户对于网络而言是透明的理想状态。要使得用户对于网络,对于 App 应用方是一个透明状态,很好地利用用户数据信息,对用户进行用户画像的刻画过程显得尤为重要。

网络用户与移动终端用户的增加,用户消费行为与使用行为数据的搜集,给用户以合理的画像刻画,可以为后续的数据建模、用户群体划分、用户与产品的关联与推荐等作为分析数据使用,所以用户画像有着极其重要的应用场景和使用基础。因此,完整体系的刻画用户画像有着重要的实践意义与应用价值。对用户、产品、市场等分领域的进行用户画像建立,从用户行为与自然属性的结合,到产品动态标签与多级标签的结合,从更加全面的角度为用户建立基础数据,从而全面地建立用户画像,使之更为准确、高效。

9.1.2 发展意义

由于移动终端地不断发展,人们越来越多地使用网络带来的便捷服务,如移动终端的网络购物、新闻阅读、外卖配送、金融理财、游戏休息、社交媒体等。有了用户,就有消费,企业才能发展。所以,更好地研究用户,发现用户的群体特征,为用户定制服务、细化服务,改变与影响人们的生活方式与生活习惯,从而更好地创造价值。

用户画像的分析与挖掘中,用户行为的分析显得更为重要。从用户行为分析中可以发现用户的使用模式、使用偏好、使用习惯。在电子商务领域,如阿里巴巴的淘宝、天猫、京东、苏宁等电商平台等通过用户画像了解不同用户需求,进行有针对性的推送,提高商品购买率,有效提升销售额,改善服务质量。对于不同行业,用户的使用特征与企业想从用户身上得到的信息是不完全相同的,如购物类可能更关心用户下次消费的时间和金额,而金融类则可能更偏重于用户的征信程度,再如社交媒体类企业更关注用户的兴趣与用户喜欢看的新闻文章。所以,不同企业有着不同的业务需求与业务逻辑,企业对用户感兴趣的点或者想要从用户获取的数据信息不同,导致不同企业有着自己特有的用户画像模型。本书列举了电网方面的用户画像与社交网络的用户画像建立逻辑。通过对不同行业用户画像的研究与分析,本书从统计学角度出发,探索用户画像建立的各个阶段与过程,从中归纳与总结出较为通用的用户画像建立的模式、用户画像建立的步骤、用户画像的各个阶段较为适用的统计方法与统计模型。

9.2 用户画像的体系结构

9.2.1 用户画像的定义

在用户画像的研究中,一般认为其主要构成有用户属性、用户行为、用户流失三个主要层次。三个层次分别对应着用户画像的全貌,用户属性是用户的出生,用户行为是用户的一生,用户的流失是用户的消失。所以,三个方面集中刻画与描述了用户行为的一生。

由于不同的应用场景,用户所呈现出的状态有所不同,所以用户画像的定义各有千秋。互联网行业多年来的经验可以这样定义用户画像:用户画像是根据用户社会属性、生活习惯和消费行为等信息抽象出的一个标签化的用户模型。由此可知,构建用户画像的核心工作就是给用户"贴标签",而标签则是通过对用户各种行为信息分析而来的高度精练的特征标识。

David Travis 认为一个令人信服的用户角色包含七个基本属性,即 PERSONA。P 代表基本性(primary research),指该用户角色是否基于对真实用户的情景访谈;E 代表移情性(empathy),指用户角色中包含姓名、照片和产品相关的描述,该用户角色是否引起同理心;R 代表真实性(realistic),指对那些每天与顾客打交道的人来说,用户角色是否看起来像真实人物;S 代表独特性(singular),每个用户是否是独特的,彼此很少有相似性;O 代表目标性(objectives),该用户角色是否包含与产品相关的高层次目标,是否包含关键词来描述该目标;N 代表数量(number),用户角色的数量是否足够少,以便设计团队能记住每个用户角色的姓名,以及其中的一个主要用户角色;A 代表应用性(applicable),设计团队是否能使用用户角色作为一种实用工具进行设计决策。

从以上两种定义可以得知,用户画像从广义与抽象的角度来说,是反映了用户信息全貌的一个标签集合;从用途角度和狭义一点的角度来解释,用户画像是勾画、连接、应用的一个实体,反映了用户画像在现实中的存在形式。从统计学的角度出发,查阅相关资料,本书认为,用户画像的定义可以这样被定义:用户画像是对现实世界中用户的数学建模。标签是某一种用户特征的符号表示,用户画像可以用标签的集合来表示。将用户画像推广到数学邻域,则标签是特征空间中的维度,用户画像是特征空间中的稀疏向量。

用户画像的定义告诉我们,用户画像是由标签集合构成的。用户画像是标签体系所构成的特征空间中的向量特征。其中,标签体系是一个层级目录,其每一级都是对空间的一个划分,如一级目录是对整个用户画像所构成的特征空间的一个划分,从具体业务出发,将用户画像的特征空间划分为人口属性、资产特征、营销特征、兴趣爱好、购物偏好、需求特征;其中,每一个一级特征又具体地细分为二级标签和三级标签、四级标签。

9.2.2 用户画像体系的建立

传统用户画像数据仅来自业务系统、事件系统、关系信息等,多类信息缺失或不全,很难形成准确、全方位的画像。大数据背景下,能获取到的数据维度更多、信息更全,加之移动互联网、物联网的快速发展,不同渠道的数据信息可交易得到,可以对用户构建一个全方位的用户画像。不仅是个人可以成为用户,一个企业、一件事物也可刻画为用户,所以,通过对一个个不同的事物进行用户信息刻画,通过统计指标将其进行关联、匹配,从而在基于用户画像的基础之上,衍生出推荐系统、物联系统、精准营销系统、广告推送系统等一系列依照客户需求、进行完美服务的体系结构。而且,用户画像和衍生出的一系列系统可以做到互相补充,基于用户信息推荐,依据推荐内容的用户反馈,进一步完善和丰富用户的信息。可以说,用户画像不仅仅是对用户的潜在研究,而且是对用户的持续性研究,是对用户的实时研究,用户是企业的生命线,用户画像的研究就是企业整个经营路上贯穿始终、必不可少的部分。

用户信息可以刻画的维度随着业务的需求以及数据的获取与挖掘,将得到不断地完善和修正,所能描述的维度也在不断地增加和准确。标签体系的建立,在一定程度上需要人工的总结与概括,需要人工结合数据和业务信息,有目的有概括性地进行总结。从数据角度出发,结合统计分析方法,将用户画像的刻画指标明确,将主观的刻画转变为有量度指标的主观程度刻画。将标签体系的建立与基于用户数据的分类特征相结合,将用户标签刻画得更加准确与贴近用户群体信息。通过研究与实践,使用统计方法与统计指标,将用户画像的建立做到更为准确,从而为后续的用户推荐与精准营销打好坚实的基础。

9.2.3 标签体系

标签是某一种用户特征的符号表示,有两个重要特征:一是它要具有一定的种群性,须在一定程度上抽样与归纳事物的特征;另一个特征是,它是使用符号来表示用户的一类特征,这个符号可以是中文,也可以是数字。用户画像的核心工作是为用户打标签,打标签的重要目的之一是为了让人能够理解并且方便计算机处理。

用户画像主要来源于标签的描述与刻画,合理准确的构建标签体系显得十分重要。从原始数据到最终的业务标签,从数据清洗到数据挖掘与机器学习,让建模方法能做到理解、了解人,并且从中得到归纳。参考许多案例与企业实践文档,本书认为标签体系应该具备如图 9-1 所示的层级结构。

标签是某一种用户特征的符号表示,是一种内容组织方式,是一种关联性很强的关键字,能方便地帮助人们找到合适的内容及内容分类。它解决的是描述(或命名)问题,但在

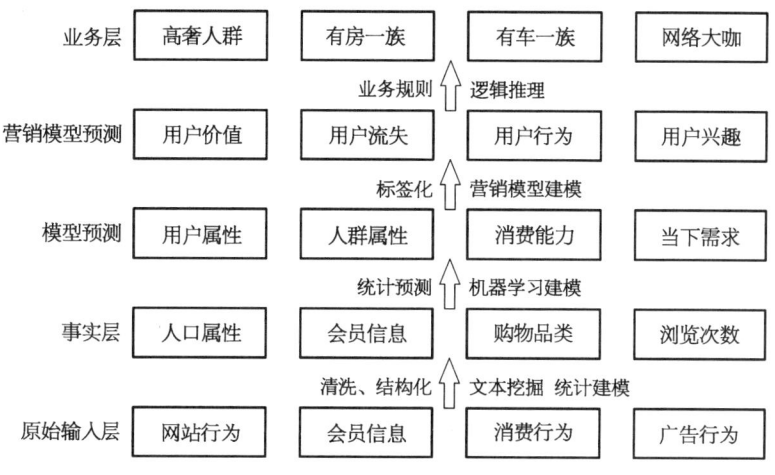

图 9-1 标签体系建立来源层级图

实际应用中,还需要解决数据之间的关联,所以通常将标签作为一个体系来设计,以解决数据之间的关联问题。一般来说,将能关联到具体用户数据的标签,称为叶子标签。对叶子标签进行分类汇总的标签,称为父标签。父标签和叶子标签共同构成标签体系,但两者是相对概念。例如,表 9-1 中,地方、型号在标签体系中相对于省份、品牌,是叶子标签。

表 9-1 多级标签表

一级标签	二级标签	三级标签	四级标签
移动属性	用户所在地	省 份	地 方
	手机品牌	品 牌	型 号
业务属性	用户等级	普 通	
		普通音乐会员	
		高级音乐会员	
		VIP 音乐会员	

用户画像标签体系创建后一般要包含以下几个方面的内容:标签分类、标签级别、标签命名、标签赋值、标签属性。

用户画像标签可以大体分为基础属性标签和行为属性标签。由于基于一个目标的画像,其标签是在动态扩展的,所以其标签体系也没有统一的模板,在大分类上,与自身的业务特征有很大的关联,在整体思路上可以从横纵两个维度展开思考:横向是产品内数据和产品外数据,纵向是线上数据和线下数据。正中间则是永恒不变的"人物基础属性"。如果说其他的分类因企业特征而定,那么只有人物特征属性是各家企业不能缺失的板块。所谓人物基础属性指的是:用户客观的属性而非用户自我表达的属性,也就是描述用户真实人口属性的标签。所谓非"自我表达",举例来说,某产品内个人信息有性别一项,用户填写为"女性",而通过用户上传的身份证号,以及用户照片,用户购买的产品,甚至用户打来的客服电话,都发现该用户性别是"男性",那么在人物基础属性中的性别,应该标识的是"男性"。

标签分级有两个层面的含义:其一是指标到最低层级的涵盖的层级;其二是指标的运算层级。标签从运算层级角度可以分为三层:事实标签、模型标签、预测标签。事实标签是指通过对于原始数据库的数据进行统计分析而来的,比如用户投诉次数,是基于用户一段时间内实际投诉的行为做的统计;模型标签是指以事实标签为基础,通过构建事实标签与业务问题之间的模型,进行模型分析得到。比如,结合用户实际投诉次数、用户购买品类、用户支付的金额等,进行用户投诉倾向类型的识别,方便客服分类处理;预测标签则是在模型的基础上做预测,比如针对投诉倾向类型结构的变化,预测平台舆情风险指数。

标签属性可以理解为针对标签进行的再标注,这一环节的工作主要目的是帮助内部理解标签赋值的来源,进而理解指标的含义。一个明确的标签体系大致有五种属性:

① 固有属性,是指这些指标的赋值体现的是用户生而有之或者事实存在的,不以外界条件或者自身认知的改变而改变的属性,比如性别、年龄、是否生育等;

② 推导属性,由其他属性推导而来的属性,比如星座可以通过用户的生日推导,而品类偏好则可以通过日常购买来推导;

③ 行为属性,产品内外实际发生的行为被记录后形成的赋值,比如用户的登录时间、页面停留时长等;

④ 态度属性,用户自我表达的态度和意愿,比如通过一份问卷向用户询问一些问题,并形成标签,如询问用户是否愿意结婚,是否喜欢某个品牌等;当然在大数据的需求背景下,利用问卷收集用户标签的方法效率显得过低,更多的是利用产品中相关的模块做了用户态度信息收集;

⑤ 测试属性,来自用户的态度表达,但并不是用户直接表达的内容,而是通过分析用户的表达,结构化处理后,得出的测试结论;比如,用户填答了一系列的态度问卷,推导出用户的价值观类型等。

9.3 用户画像的实现流程

业内有很多关于创建用户画像的方法,比如 Alen Cooper 的"七步人物角色法"、Lene Nielsen 的"十步人物角色法"等。事实上,了解了这些方法之后,就会发现这些方法从流程上可以分为三个步骤:基础数据采集及处理、分析建模、结果呈现。

9.3.1 基础数据采集及处理

用户画像涉及大量的数据处理和特征提取工作,往往需要用到很多数据源,且多人并行处理数据和生成特征。数据不说谎,数据是构建用户画像的核心依据,建立在客观数据基础上的用户画像才是有说服力的。在基础数据采集方面,可以通过列举法,先列举出构建用户画像所需要的基础数据。构建用户画像是为了还原用户信息,因此数据来源于所有用户相关的数据。对于用户相关数据的分类,引入一种重要的分类思想,即封闭性的分类方式。如,世界上分为两种人:一种是学英语的人,一种是不学英语的人;客户分三类:高价值客户,中价值客户,低价值客户;产品生命周期分为:投入期、成长期、成熟期、衰退期;所有的子分类构成了类空间的全部集合。

这样的分类方式有助于后续不断枚举并迭代补充遗漏的信息维度,不必担心架构上对每一层分类没有考虑完整而造成维度遗漏留下扩展性隐患。另外,不同的分类方式根据应用场景和业务需求的不同,按需划分即可。参考相关案例及推荐,可以将用户数据划分为静态信息数据、动态信息数据两大类。

用户数据分类如图9-2所示。

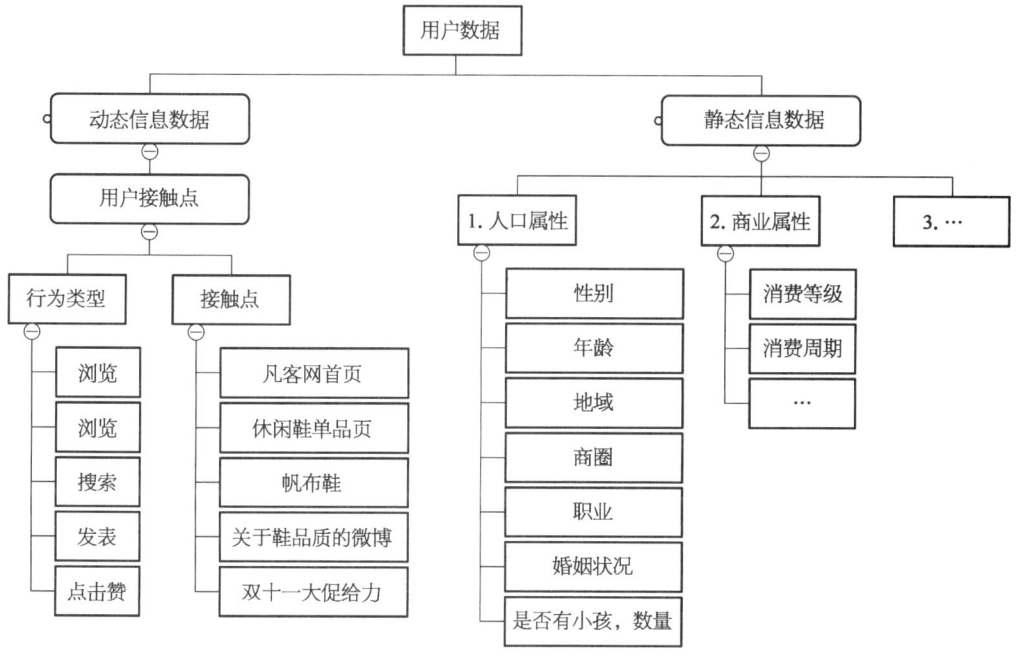

图9-2 用户数据图

静态信息数据为用户相对稳定的信息,主要包括人口属性、商业属性等方面数据。这类信息自成标签,如果企业有真实信息则无须过多建模预测,更多的是完成数据清洗工作。动态信息数据为用户不断变化的行为信息,广义上讲,一个用户打开网页或买了一个杯子与该用户傍晚溜了一趟狗,白天取了一次钱,打了一个哈欠等一样都是用户行为。当行为集中到互联网,乃至电商,用户行为就会聚焦很多,如图9-2所示:浏览凡客首页、浏览休闲鞋单品页、搜索帆布鞋、发表关于鞋品质的微博、赞双十一大促给力的微博消息等均可看作互联网用户行为,本书仅以互联网电商用户为主要分析对象,暂不考虑线下用户行为数据。

数据采集完后还要对其进行处理,主要是清洗无用数据,并将获取的数据进行规范化处理,使之可以在分析建模中可以直接被应用。

9.3.2 分析建模

本节详细介绍如何根据用户行为构建模型产出标签、权重。一个事件模型包括时间、地点、人物三个要素。每一次用户行为本质上是一次随机事件,可以详细描述为:什么用户,在什么时间,什么地点,做了什么事。

① 什么用户。关键在于对用户的标识,用户标识的目的是为了区分用户、单点定位。

表 9-2 列举了互联网主要的用户标识方法,获取方式由易到难。视企业的用户黏性,可以获取的标识信息有所差异。

表 9-2 用户标识表

用户标识方式	效　　果	备注(局限性)
Cookie	互联网使用最为广泛的方式,能够标识匿名、未注册用户	通常有一定的有效期,不易跨浏览器、设备
注册 ID	各家网站的用户标识,最常见的互联网会员管理方式	用户注册意愿越来越低,需要投入大量推广运营成本
Email	互联网早期较为常用的用户标识方式,目前依然有一定的占有率	一人有多个 Email 很常见,因此标识会损失些准确性
微博、微信、QQ	当下业内共识的第三方登录 ID,提供 OAuth 授权机制	标识准确性,持久性上是个较好的折中方案
手机号	移动端最精准的标识	较难获取到,视产品激励用户填写意愿
身份证	最官方的标识	难获取到,视产品激励用户填写意愿

② 什么时间。时间包括两个重要信息,时间戳+时间长度。时间戳,为了标识用户行为的时间点,如,1 395 121 950(精度到秒),1 395 121 950.083 612(精度到微秒),通常采用精度到秒的时间戳即可,因为微秒的时间戳精度并不可靠。浏览器时间精度,准确度最多也只能到毫秒。时间长度是为了标识用户在某一页面的停留时间。

③ 什么地点。对于每个用户接触点(touch point),潜在包含了两层信息:网址+内容。网址就是每一个 url 链接(页面/屏幕),即定位了一个互联网页面地址,或者某个产品的特定页面。可以是 PC 上某电商网站的页面 url,也可以是手机上的微博,微信等应用某个功能页面,某款产品应用的特定画面,如长城红酒单品页、微信订阅号页面、某游戏的过关页。内容就是每个 url 网址(页面/屏幕)中的内容,可以是单品的相关信息:类别、品牌、描述、属性、网站信息等,如红酒、长城。对于每个互联网接触点,网址决定了权重,内容决定了标签。

标签权重:矿泉水1//超市;矿泉水3//火车;矿泉水5//景区

类似地，用户在京东商城浏览红酒信息，与在品尚红酒网浏览红酒信息，表现出对红酒的喜好度是有差异的。这里的关注点是不同的网址，存在权重差异，权重模型的构建需要根据各自的业务需求构建。所以，网址本身表征了用户的标签偏好权重。网址对应的内容体现了标签信息。

④ 什么事。用户行为类型，对于电商有如下典型行为：浏览、添加购物车、搜索、评论、购买、点击赞、收藏等。

不同的行为类型对于接触点的内容产生的标签信息具有不同的权重。

综合上述分析，用户画像的数据模型可以概括为下面的公式：

$$用户标识＋时间＋行为类型＋接触点（网址＋内容）$$

某用户因为在什么时间、地点、做了什么事，会被打上相应标签。

用户标签的权重可能随时间的增加而衰减，因此定义时间为衰减因子 r，行为类型、网址决定了权重，内容决定了标签，进一步转换为公式：

$$标签权重＝衰减因子 \times 行为权重 \times 网址子权重$$

如：用户 A，昨天在品尚红酒网浏览一瓶价值 238 元的长城干红葡萄酒信息，标签：红酒，长城；时间：因为是昨天的行为，假设衰减因子 $r=0.95$。

行为类型：浏览行为记为权重 1；地点：品尚红酒单品页的网址子权重记为 0.9（京东红酒单品页为 0.7）。

假设用户对红酒出于真的喜欢，才会去专业的红酒网选购，而不在综合商城选购。用户偏好标签是红酒，权重是 $0.95 \times 0.9 \times 1 = 0.855$，即用户 A：红酒 0.855、长城 0.855。

上述模型权重值的选取只是举例参考，具体的权重值需要根据业务需求二次建模，这里强调的是如何从整体思考去构建用户画像模型，进而能够逐步细化模型。

9.3.3 结果呈现

这是把用户画像真正利用起来的一步，在此步骤中一般是针对群体的分析，比如可以根据用户价值来细分出核心用户、评估某一群体的潜在价值空间，做出针对性的运营。

9.4 应用案例

9.4.1 文本数据挖掘

文本挖掘从数据挖掘发展而来，是 Ronen Feldman 等人最早提出了文本挖掘的相关概念：从海量文本的数据集合中或语料库中发现隐含的、令人比较感兴趣的、有潜在的价值的规律与信息。国内将文本挖掘定义为：文本挖掘是指从文本数据中获取可理解的、可用的知识,同时运用这些知识更好地组织信息以便将来参考的过程。

文本数据是一种主要的非结构化数据,因为它无一定形态,长度可以任意变化,结构又比较复杂,无法用数据库的二维逻辑来表现,因此比较难处理。文本挖掘是指从大量的文本数据中提取出有规律的模式和有趣的知识的过程。文本挖掘是由数据挖掘发展而来,因此两者有交集,也有区别,比如文本挖掘主要处理对象是无固定模式的非结构化数据,而数据挖掘所处理的对象一般以关系型数据库为主。在文本挖掘中,文本预处理过程的质量好坏会直接影响最终的模式的识别与知识的发现,因此预处理过程在文本挖掘中是相当重要的环节。

文本挖掘的主要方法包括对文本型数据进行分类、聚类、观点挖掘、情绪分析、关键词自动提取、话题的发现与聚类、语义分析、文档的自动摘要和实体关系模型等。文本挖掘的流程主要包括文本获取(文本源)、数据清洗(预处理)、文本特征选择(表示和抽取)、构建模型、模型评估、知识。

文本挖掘的流程如图 9-3 所示。

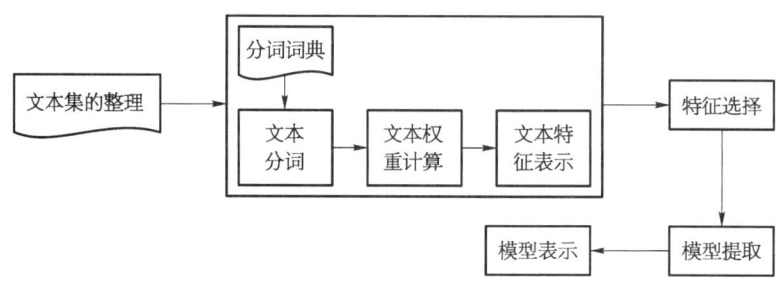

图 9-3 文本挖掘流程图

(1) 文本获取

处理对象是以文本形式存储的信息,寻找出其中潜在的知识或规律,这是文本挖掘第一步。与结构化数据不同的是,结构化的数据是可以直接从关系数据库中获取的。文本型数据的获取方式有很多种,比如有些文本型数据如 Web 页面数据需要对其进行处理(去掉其 html 标签后,进行分句,再进行分词)将其变为结构化的文本数据;又如有些文本数据是已经经过处理后存储在数据库中的数据。

(2) 数据清洗

这是文本挖掘中关键的一步。由于文本获取的数据文件并非一般意义上的关系型数据,因此首先需要将该数据文件转换为机器可识别的关系数据,并且能表现文本内容的结构化形式。与结构型数据不同的是文本型数据一般只有有限的结构,或者直接就是非结构化的数据,而且文本型数据对于计算机处理来说本身就是相当困难的。因此文本内容无法用目前的数据挖掘技术直接进行处理,需要对文本进行预处理。由于文本内容包含了大量的文本信息,需要去除大量的噪声,同时要保留每一个文档的特征,并用一定的特征模型作为文本的表示形式,把文本由非结构化数据转化为结构化的数据。

(3) 文本特征选择

文本特征指的是关于文本的元数据,分为两种:描述性特征(文本的名称、日期、大小、类型);语义性特征(文本的作者、机构、标题、内容)。通常文本型数据都具有相当大的维度空间,将导致在文本挖掘阶段消耗更多的计算机资源与处理时间。文本处理阶段主要包括:常用的停用词表的过滤与删除,即使用词表来删除那些很不常用又或者副词之类出现频率很高但是信息价值不高的常用词,并根据词语片段在文本结构中位置的不同给予不同权重(比如段首与段尾的权重可能要比段中的权重要高)以及进行同义词的分析(比如 360 与奇虎就是同义词),还有一词多义的分析(比如苹果有可能说的是我们平常吃的水果,也有可能是美国产的苹果手机的意思)等。文本模型表示后的数据规模一般非常大,通常都具有很高的维数,特别是采用向量空间模型时,文本向量会达到数百万维度甚至更大。如果对于这种维数文本进行处理通常会耗费大量的时间,因此选择最有代表性的特征词从而将文本的特征集进行压缩,以降低文本的维数是相当必要的。

(4) 文本处理

文本数据经过特征化处理后进入挖掘阶段。文本挖掘任务主要包括:文本聚类分析、文本关联分析、文本分类分析、信息检索、链接分析等。由于文本型数据通常都是具有比较复杂、维度比较高而且具有语义与语境的特点,所以用传统的文本挖掘算法来进行知识挖掘,常常得不到好的效果,因此进行文本挖掘时需要根据所要分析语料的特点来改进或使用新的算法来进行挖掘。一般来说主要有两个算法选择的影响因素:一是客户挖掘时的具体需求是什么;二是根据不同文本型数据各自具有的特点进行模型算法的选择。文本挖掘过程的核心是文本挖掘的算法,而文本挖掘算法也是目前的主要研究方向,采用合适的文本挖掘算法能提高挖掘效率,而且也能取得比较好的结果。想要得到好的挖掘结果,必须深入理解各种挖掘算法的前提与要求,并根据所需要训练的文本的特点并结合适当算法进行挖掘。

(5) 评估——知识发现和模式提取

这是文本挖掘的最后一个环节。通过用户预定义的评估指标体系对文本挖掘所获取的知识进行评价,并根据评价结果抉择是否留用。文本挖掘的结果是面向各种应用的知识模式。利用已经定义好的评估指标对获取的知识或模式进行评价。如果评价结果符合要求,就保存知识或模式以备用户使用;否则返回到前面的某个环节重新调整和改进,然后再进行新一轮的发现。通过评估可以改进文本挖掘的知识发现过程。

9.4.2 微博用户画像

微博用户画像系统基于新浪微博的开放接口,使用真实的微博用户数据。数据的爬取、更新和维护是系统的关键。在使用系统的时候,需求主要分为两方面:一是基于单个用户的详细画像,单个画像可用于为单个案例的分析提供细粒度的证据支持;二是批量数据的统计分析,批量画像主要用于一批用户的分析,挖掘用户之间的共同特征。接入系统的多少,是衡量一个系统成败的关键。因此,还需要提供一个友好的查询接口,在本系统中,查询接口模块提供接入查询功能。

微博用户画像的功能结构图如图 9-4 所示。

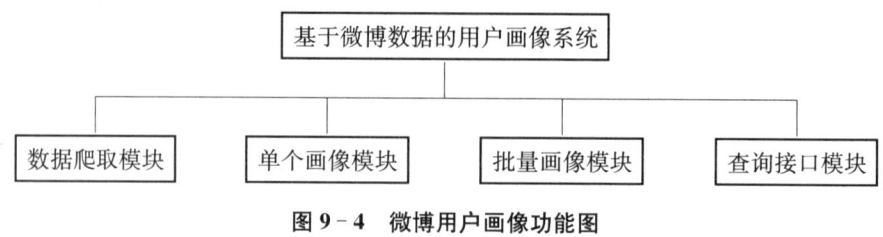

图 9-4 微博用户画像功能图

(1) 数据爬取模块

主要功能是定期使用爬虫得到最新的新浪微博用户数据并且更新数据库。爬虫模块分四部分:鉴权模块,鉴权通过之后接口才会开放;频率限制模块,太快的调用开放接口会导致接口无法使用;接口调用模块,调用接口得到用户数据;数据清洗模块,清洗数据请求模块得到的数据,然后存储在临时数据库中。

(2) 单个画像模块

单个画像模块主要描述单个用户的画像信息,通常分三部分:单个用户画像,通过安全策略分析给出安全标签,通过 K-means 聚类算法给出用户类型标签,根据粉丝数、关注数、微博数、收藏数等指标在总体中的分布,给出统计标签;用户行为分析,包括每日登录时长分析、关注数分析、粉丝数分析、微博数分析、收藏数分析等,通过观察对应指标的趋势,可以对用户行为进行分析和预测;关系链分析,主要分析用户好友的年龄分布、关注数分布以及城市分布等。

(3) 批量画像模块

批量画像是在单个画像的基础上进行统计分析,然后展示。对于诸如"性别""是否加V""是否允许所有人发给我私信"等可枚举的字段,使用柱状图和饼图进行统计结果的展示;对于诸如"粉丝数""关注数""微博数""收藏数"等结果不可枚举的字段,使用散列图描述样本的分布。最后,给出多个指标的联合分析,帮助更好地分析用户分布。

(4) 查询接口模块

查询接口模块提供根据协议进行查询的功能,能同时处理大量的并发请求,同时又有很好的扩展性,可以自动化地更新网络拓扑结构,添加新的机器到当前的集群中负载均衡。查询接口模块分三层:接口层,负责对流量进行清洗,当请求包不符合约定协议时则不响应,当流量过大时进行过载保护,只处理能力所及之内的流量包;逻辑处理层,接收来自接口层的请求包,根据用户请求的类型进行结果数据的重组,然后发给请求的用户;数据层,接收来自逻辑层的请求包,返回数据给逻辑层,数据层主要的要求是能快速地检索数据。

9.4.3 基于内容的新闻推荐

随着网络信息量的爆炸性增长,推荐系统成为研究热点,个性化新闻推荐得到了人们的重视,个性化新闻推荐系统纷纷出现。目前比较主流的推荐算法有基于协同过滤的推荐和基于内容的推荐等。由于协同过滤是根据用户对新闻的访问记录来进行推荐的,只有被阅读过的新闻才能被推荐,然而新闻的生命周期十分短暂,用户的访问矩阵会相当稀疏,这对于时效性要求比较高的新闻推荐系统是相当严重的缺陷,所以更多采用基于内容的推荐。

基于内容推荐,分别对新闻和用户建模,然后把与用户历史上阅读的新闻相似的新闻推荐给用户。一般来说新闻和用户建模有两种方式:向量空间模型和浅层语义模型。向量空间模型有词袋模型和词频—逆文档概率(term frequency inverse document frequency,TFIDF),浅层语义模型有概率潜在语义索(probabilistic latent semantic indexing,PLSI)和潜在狄利克雷分布(latent Dirichlet allocation,LDA)。

基于内容的新闻推荐一般有以下三个步骤:新闻特征提取,在新闻的内容中抽取一些特征用于结构化表示新闻;用户画像,即用户建模,利用一个用户过去喜欢(不喜欢)的新闻特征数据来学习并判断出此用户的喜好特征;推荐生成,通过计算前面得到的用户画像与候选新闻的特征相似度,为此用户推荐一组用户喜好最相近的新闻。

大多数的基于内容的推荐系统在处理文字类 item 特征时,都会尝试将一篇文章映射到量空间模型。在模型中,每一篇文章都被表示为一个 n 维的向量,每一维都对应词典中的一个词,这时文章会被表示成为一个包含每个词的权重的向量。新闻特征向量生成流程如图 9-5 所示。

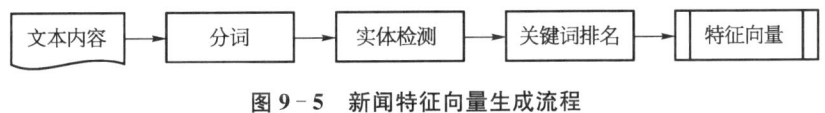

图 9-5 新闻特征向量生成流程

为了得到新闻的特征值,首先要对新闻进行分词处理,将其划分成若干词条的组合。将新闻表示为向量空间模型带来了一个问题,即每个词的权重和向量之间的相似度计算,词频—逆文档概率被普遍用在处理各种自然语言的应用中来解决这个问题。

学习一个用户画像就是为用户建模,在这里它可以被看作一个二值分类过程,每一个文本都被分类为喜欢和不喜欢。因此有了一个分类记号:$C=\{c+,c-\}$,其中,$c+$表示的是正例文本类,$c-$表示的是负例文本类,利用用户对新闻的历史数据对新闻画像。

推荐是应用用户画像中得到的分类器应用到未知新闻的过程,通过将用户兴趣预测值高于某一阈值的新闻推荐给用户就可以达到很好的效果。

9.4.4 电网客户用户画像

云计算和大数据技术不断发展和应用,企业对目标用户的分析越来越重视,例如百度、谷歌、阿里和京东等很多大型互联网企业都推出了自己的用户画像分析系统。随着电网信息化水平的提升,各业务系统中的数据量越来越大,如何从海量数据中挖掘出想要的信息,充分发挥电网数据资产的价值,是电网大数据技术应用和数据分析需要解决的核心问题。用户是电网企业的服务对象和生存基础,利用大数据来分析用户的行为与用电习惯,可以预测未来业务的发展趋势,提高供电服务质量,同时提高用户满意度。在"以用户为中心"理念支持下,电网企业逐渐意识到用户的重要性,以产品和服务为中心的思维方式正逐渐转换到以用户为主导,通过用户画像研究用户特征,不但可以加深对用户的了解,实现用户的分类和差异化管理,提升用户满意度,而且还可以进一步挖掘用户需求,优化电价,开展促销,指导用户优化用电习惯、信息获取渠道和缴费方式,从而节约成本提高企业利润。

电网用户画像系统的建设涉及的数据量大,指标体系复杂,从用户画像的核心标签体系来看标签维度、标签分类、标签指标、标签值。仅从电网客户个体画像来看就有数十个关键数据主题需要进行分析,在此仅以两例关键代表性数据主题的分析进行说明。

(1) 欠费用户聚类分析

利用无监督学习技术和深度学习技术对用户欠费进行分析。首先利用无监督学习技术(例如聚类分析)将具有同样欠费特征(或模式)的用户进行分类,再计算一类用户中各用户欠费量之间的相关系数,将欠费概率存在高相关系数关系的用户计算出来,实现欠费用户相关分析、群体性(系统性)欠费风险预估等功能。

① 欠费金额与欠费时间分析。

利用用户小粒度负荷预测的结果,即对用户未来用电量的预测,结合用户欠费预测模型,可以得到用电客户欠费金额的预测。

根据用户历史欠费及缴费情况、缴费周期、违约金记录,建立用户欠费缴费时间回归模型,分析用户缴费周期规律,预测用户欠费时间。

欠费金额与欠费时间分析包括:划分若干欠费金额区间,对不同欠费金额欠费的概率,进行估计;划分若干欠费时间区间,对不同欠费时间的概率进行估计;误差估计,对上述分析给出量化的误差估计,包括标准方差、置信区间、假设验证结果等。

② 用电客户欠费风险分析。

综合用电客户欠费概率分析、欠费金额估计、欠费时间估计的分析结果,建立用电客户欠费风险综合性评估模型,用以对用户欠费风险的综合性评价,为营销管理人员制定相应的催收计划提供指导意见。

③ 系统性电费回收风险分析。

利用用电客户欠费风险评估结果,结合宏观经济数据和历史情况,从地区或供电局整体的角度评估分析电费回收风险,辅助管理人员对系统性的电费回收风险进行防范和管理。

系统性电费回收风险分析包括:量化估计系统性电费回收风险的风险值,风险等级;

误差估计，对上述分析给出量化的误差估计，包括标准方差、置信区间、假设验证结果等。

（2）用户行为分析模型

① 信用分类的概念。

根据用户的用电性质、行业类别、用电量、电费、缴费方式、缴费记录、缴费周期、欠费记录、违约金记录数据，采用无监督学习的方式（如聚类分析、Apriori、EM），自动地对供电局所属用电客户进行信用等级分类，为营销管理人员对客户进行群体划分和差异化管理提供依据采用无监督学习算法，对输入数据向量进行分类，把欠费时间、缴费习惯、欠费记录等"相同模式"的用户数据分为一类。可人工设定分类类别的数量，按实际需要设置分类类别数量，一般选择 3～5 个类别为宜。

信用分类包括：按信用等级对用户进行分类，将类似信用等级的用户分为一类；分类误差分析，对分类过程的误差进行量化分析，给出标准方差、置信区间、假设验证结果等分析数据；对分类结果进行标注。

② 价值分类的概念。

价值分类将用户分为：高价值用户、中等价值用户、一般价值用户等几类群体，通过对用户价值群体划分，可以有效帮助营销管理人员制定差异化服务策略和增值服务策略，发掘潜在客户需求和新的商业机会。

根据用电量、电费、单价、缴费方式、缴费记录、缴费周期、预存电费、用电检查记录、业务变更记录（增减容等）、故障记录、运维服务记录，计算客户利润、供电成本、利润率、资金效率，对客户价值进行综合评估。

价值分类包括：按价值等级对用户进行分类，将类似价值等级的用户分为一类；分类误差分析，对分类过程的误差进行量化分析，给出标准方差、置信区间、假设验证结果等分析数据。

③ 用电需求分析的概念。

根据对用户中长期负荷预测结果，结合外部宏观社会经济和行业经济数据，对重点客户的中长期用电需求进行预测，挖掘出未来有较大用电需求潜力的客户，辅助营销部门提前制定服务策略、工作计划，为完成增供扩销工作任务提供数据支持。

9.4.5 影视数据用户画像

影视用户画像系统的建立需要依赖于具体的应用场景以及所拥有的数据。在此采用了某公司推出的一款互联网 WiFi 产品中采集的用户行为日志以及其他相关的用户信息作为源数据。该日志中包含了用户浏览部分影视内容核心页面的历史记录：用户 MAC 地址、访问时间、接入设备 MAC 地址、访问页面类型、页面 URL、客户端类型等。由于用户行为日志中提取出的电影和电视数据不足以支撑后续的分析与处理任务，需要通过添加辅助数据采集模块，采集相关的电影和电视节目表单数据作为用户行为日志的补充。依用户行为日志中现有的数据信息补充日志中残缺的部分，所构成的完整数据集合提交给大数据处理分析平台进行处理分析。然后,通过可视化模块进行展示达到用户画像助力企业为用户进行推荐。

影视用户画像系统的整体架构分为四层:数据源层、数据采集层、基于 Hadoop 的大数据分析平台层、数据可视化层。基本流程为:数据采集层采集系统所需数据并将数据存入数据源层;大数据平台层由数据源层导入数据并且对数据进行分析与处理,将处理完成的结果导出到数据源层;数据可视化层从数据源层读取数据并将数据呈现在 Web 端页面供管理者参考。用户画像系统架构如图 9-6 所示。

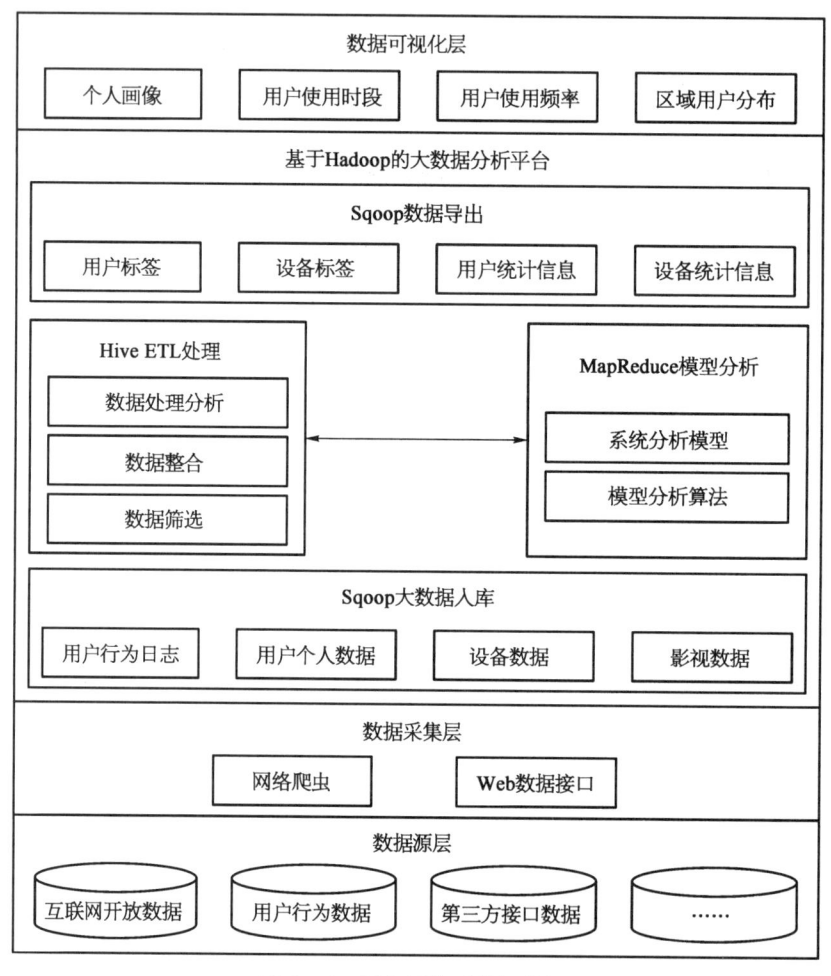

图 9-6　用户画像系统架构图

用户画像系统分为三大模块:数据采集模块、基于 Hadoop 集群的大数据分析平台、数据可视化模块。宏观上讲,数据采集模块主要用于补充用户行为日志中缺乏的电影数据、电视节目的相关数据以及源数据对接,使得数据集更加完备,为之后的分析与处理获得全面且合理的数据集做准备。基于 Hadoop 集群的大数据分析平台对用户行为日志经过清洗、规范化、分析与处理等步骤为用户标识相应权重的标签,实现为用户"画像"的目的。数据可视化模块将大数据平台中分析完成的结果进行展示,直观地看到用户的人画像,为决策起到辅助作用。

影视数据采集主要采集三个方面的数据:电影数据、电视数据以及源数据。电影数据来源于豆瓣网,电视数据和源数据主要是从第三方 API 接口定时通过爬虫爬取。数据可视化模块中,主要采用 SSM 框架,商业级 ECharts 图表框架进行展示。

参考文献

[1] 孙鹏,谭玉玺,李路遥. 基于态势描述的陆军作战仿真外部决策模型研究[J]. 指挥控制与仿真,2016,38(2):15-19.

[2] 王洋,郑树泉,丁志刚,等. 一种用户画像系统的设计与实现[J]. 计算机应用与软件,2018(3):8-14.

[3] 曾鸿,吴苏倪. 基于微博的大数据用户画像与精准营销[J]. 现代经济信息,2016(16):306-308.

[4] 闫树奎. 面向移动网络新闻的用户兴趣提取系统的设计与实现[D]. 北京:北京邮电大学,2012.

[5] 马莉. 大数据下企业的财务行为分析[J]. 现代商业,2017(21):131-132.

[6] 刘海,卢慧,阮金花,等. 基于"用户画像"挖掘的精准营销细分模型研究[J]. 丝绸,2015,52(12):37-42.

[7] 郝胜宇,陈静仁. 大数据时代用户画像助力企业实现精准化营销[J]. 中国集体经济,2016(4):61-62.

[8] Tang Konglong, Wang Yong, Liu Hao, et al. Design and Implementation of Push Notification System Based on the MQTT Protocol[R]. International Conference on Information Science and Computer Applications,2013.

第 10 章

机器视觉

视觉是人观察世界认识世界的重要手段。据统计,人类从外部世界获得的信息80%是由视觉获取的。这说明视觉信息的重要性。随着信息技术的发展,我们期望给予计算机以人类视觉的功能。虽然随着摄像技术的进步,计算机所能获取的图像清晰度已经超过人眼,但是计算机还未能像生物一样高效、灵活地使用视觉。自从20世纪50年代以来,视觉理论和技术得到了迅速发展,这使计算机像人类一样高效的使用视觉分析世界成为可能。

机器视觉,即采用机器代替人眼来做测量和判断。机器视觉系统是指使用光学非接触式感应设备(即图像摄取装置,分 CMOS 和 CCD 两种)抓取真实场景中的图像,然后将该图像传送至处理单元,通过数字化处理,根据像素分布和亮度、颜色等信息,进行尺寸、形状、颜色等的判别,进而根据判别的结果控制现场的设备动作。机器视觉伴随计算机技术、现场总线技术的发展,技术日臻成熟,已是现代加工制造业不可或缺的产品,广泛应用于食品和饮料、化妆品、制药、建材和化工、金属加工、电子制造、包装、汽车制造等行业。机器视觉的引入,代替传统的人工检测方法,极大地提高了投放市场的产品质量,提高了生产效率。

由于机器视觉系统可以快速获取大量信息,而且易于自动处理,也易于同设计信息以及加工控制信息集成,因此,在现代自动化生产过程中,人们将机器视觉系统广泛地用于工况监视、成品检验和质量控制等领域。

机器视觉技术比较复杂,最大的困难在于人的视觉机制尚不清楚。人可以用内省法描述对某一问题的解题过程,从而用计算机加以模拟,但人却无法用内省法来描述自己的视觉过程,因此建立机器视觉系统是十分困难的任务。

可以预计的是,随着机器视觉技术自身的成熟和发展,它将在现代和未来制造企业中得到越来越广泛的应用。

机器视觉技术是一门涉及人工智能、神经生物学、心理物理学、计算机科学、图像处理、模式识别等诸多领域的交叉学科。机器视觉主要用计算机来模拟人的视觉功能,从客观事物的图像中提取信息,进行处理并加以理解,最终用于实际检测、测量和控制。本章在介绍机器视觉系统组成、相关算法的基础上,重点介绍了机器视觉在人脸识别以及工业领域的应用。

10.1 机器视觉的系统组成及图像处理流程

10.1.1 系统组成

一个机器视觉系统如图 10-1 所示，可以描述为如下几个部分。

① 分析图像。

② 生成一个对被成像物体(或场景)的描述。

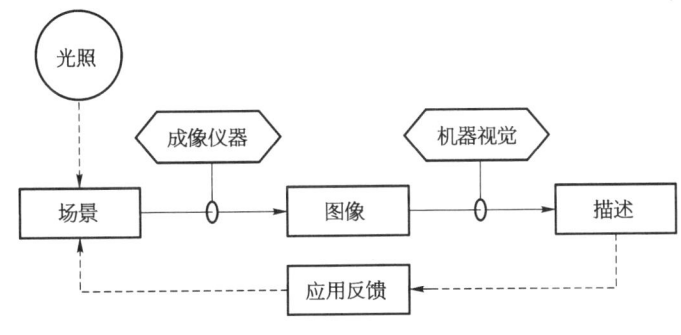

图 10-1 机器视觉系统

这些描述必须包含关于被成像物体的某些方面的信息，而这些信息将被用于实现某些特殊任务。因此，机器视觉系统往往被看作是一个与周围环境进行交互的大的实体的一部分。视觉系统也可以被看作是一个关于场景的反馈的一个单元，而其他单元用于做决策，以及执行这些决策。

机器视觉系统输入的是图像或图像序列，而它的输出是一个描述，这个描述需要满足以下两个准则：

a. 这个描述必须和被成像物体(或场景)有关；

b. 这个描述必须包含完成制定任务所需要的全部信息。

第一个准则保证了这个描述必须依赖于视觉输入，而第二个准则则保证了视觉系统的输出总是有用的。

对物体的描述不是唯一的，从不同的角度会有不同描述，但是我们可以通过选择对完成任务最为有利的方式建立描述。

10.1.2 图像处理流程

机器视觉是一个系统工程，涉及大量硬件与软件系统，图像处理与分析是整个视觉系统中的关键步骤。一般的图像处理流程包括图像预处理、边缘检测、图像分割、特征提取、目标识别与分类或尺寸测量等，如图 10-2 所示。

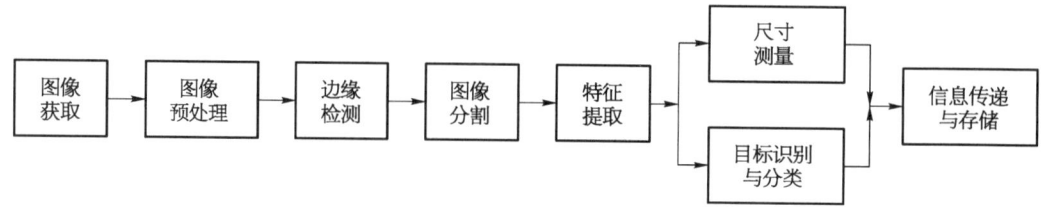

图 10-2 机器视觉中的图像处理流程

(1) 图像预处理

由于数字图像采集不同于传统照片拍摄,在采集与传输等环节极易受到干扰,这些干扰将在所得的数字图像中形成噪声,进而对图像数据的处理与识别造成影响。因此,为了有效改善所获取图像的质量,一方面可在硬件上增加电子屏蔽,另一方面主要通过相应的图像预处理手段以消除噪声干扰。

另外,预处理导致的图像劣化问题,或采集环节中光照、环境等原因造成图像质量较差,这些因素也会直接影响后续的图像识别与分析。图像增强则针对给定图像的应用场合,有目的的增强图像的整体或局部特征,将原来不清晰的图像变得清晰,或者使某些感兴趣的特征得以突显,扩大图像中不同物体特征之间的差异,抑制不感兴趣的特征,从而使图像质量得以改善,使图像信息量得以丰富,提高后续图像分析与识别的效果。

(2) 边缘检测

为了提取图像中感兴趣的目标,首先需要圈定感兴趣目标的区域,以减少多余信息对目标识别的干扰,同时提高计算效率。边缘检测常用语剔除图像中不相关的信息,保留图像中重要的结构属性,并借助图像信息深度上的不连续性、表面方向的不连续性、物质属性变化以及场景照明的变化来标识图像中亮度变化明显的点集。

(3) 图像分割

虽然图像中目标与背景大多混杂在一起,人脑能轻易、快速地完成目标分割、提取与识别的整个过程,但计算机却很难做到这点。图像分割将图像以一定标准分割成若干个特定的、具有独特性质的区域,是由图像处理到图像分析的关键步骤。现有的图像分割方法主要包括基于阈值的分割方法、基于区域的分割方法、基于边缘的分割方法以及基于特定理论的分割方法等。

(4) 特征提取

经图像分割后,目标与背景得以分离,但此时可能出现特征信息断裂、离散程度过大等问题。特征提取通常首先将经图像分割而离散的特征信息进行聚类,避免因信息离散而导致的特征信息提取不准确,影响后续处理。准确聚类后,再提取诸如边界、斑点等信息,以便后续的目标识别或尺寸测量。

(5) 目标识别与分类

目标识别与分类是对整个系统智能化要求最高的环节,它是模拟人对目标的判断,属于图像理解这一较高层次。常用的目标识别方法主要有基于传统模板匹配的识别方法与基于统计的模式识别方法、神经网络分类器等一系列方法是目前识别与分类研究领域的核心方法。

（6）尺寸测量

多数视觉系统都需要基于尺寸测量进而作出判断，如缺陷的尺寸及其种类、位置信息等都是视觉系统所必需的，这些量化的指标一同决定着待检测产品的质量优劣。

（7）信息传递与存储

经过以上图像识别与分析流程，识别信息均已确定，这些信息可用于系统控制并形成报告。

10.2 机器视觉相关算法

机器视觉主要通过计算机来处理从不同传感器获取的数据对象，它涉及多学科，需要使用不同的技术和专业知识，现代化的机器视觉系统采用了基于模型的视觉技术、以知识为基础的技术和自适应学习技术。

10.2.1 图像处理

图像处理算法主要负责对输入图像进行处理，比如缩放图像、灰度化图像等操作，将输入图像中不需要的部分剪裁或者对需要的信息进行强调。为下一步计算进行准备。

（1）图像的灰度化

图像的灰度化算法，是很多图像处理流程的第一步；负责将在将图像的色彩信息尽量保留的情况下，将图像转化为用只用灰度表示的矩阵。这极大地压缩了后续需要处理的信息。

图像在计算机内定义于 RGB 空间的彩色图，其每个像素点的色彩由 R、G、B 三个分量共同决定。每个分量在内存所占的位数共同决定了图像深度，即每个像素点所占的字节数。以常见的 24 深度彩色 RGB 图来说，其三个分量各占 1 个字节，这样每个分量可以取值为 0～255，这样一个像素点可以有 1 600 多万（255×255×255）的颜色的变化范围。对这样一幅彩色图来说，其对应的灰度图则是只有 8 位的图像深度（可认为它是 RGB 三个分量相等），这也说明了灰度图图像处理所需的计算量确实较少。需要注意的是，虽然丢失了一些颜色等级，但是从整幅图像的整体和局部的色彩以及亮度等级分布特征来看，灰度图描述与彩色图的描述是一致的。

任何颜色都由红、绿、蓝三基色组成，假如原来某点的颜色为 RGB(R, G, B)，那么，我们可以通过下面几种方法，将其转换为灰度：

浮点算法　　　　　　Gray=R·0.3+G·0.59+B·0.11

整数方法　　　　　　Gray=(R·30+G·59+B·11)/100

平均值法　　　　　　Gray=(R+G+B)/3

前两种取自 opencv 图像处理库的加权算法,图像的权重偏向于保留图像的绿色信息。主要由于人眼对绿色最为敏感,对蓝色最不敏感。

经过灰度处理后的图像如图 10-3 所示。

(2) 图像边缘提取

图像中的边缘检测是像素灰度值发生剧烈变化而不连续的结果,边缘检测是常见的图像基元检测的基础。

图 10-4 展示了不同的图像边缘在灰度导数图像的变化。

(a)、(b)是阶梯状边缘:处于图像中两个具有不同灰度值的相邻区域间;

图 10-3　图像的灰度处理

(c)是脉冲状边缘:对应细条状的灰度值突变区域,可以看成两个背靠背的阶梯状边缘构成;

(d)是屋顶状边缘:边缘上升、下降沿都比较平缓,可以看成脉冲状边缘拉伸得到的。

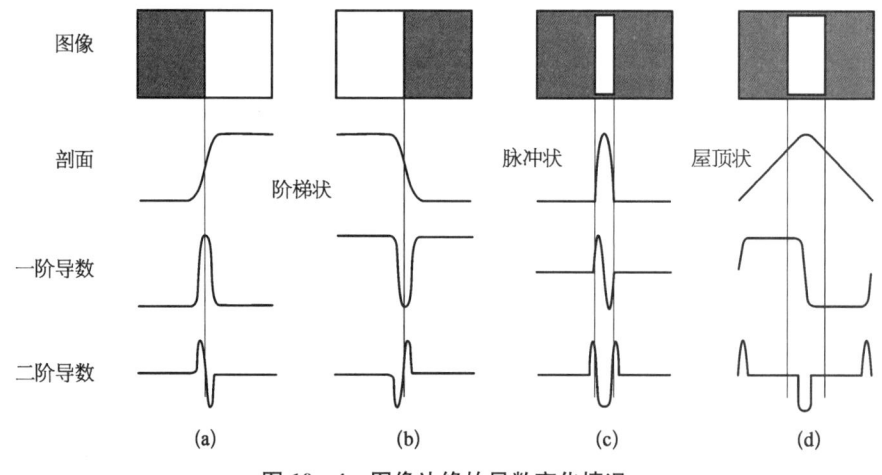

图 10-4　图像边缘的导数变化情况

由(a)、(b)的二阶导数可以看到,二阶导数的过零点是边缘的位置;

由(c)的二阶导数可以看到,二阶导数的两个过零点分别对应脉冲的上升沿和下降沿,通过检测脉冲剖面的二阶导数的两个过零点可以确定脉冲的范围。

显然,函数的变化程度可以用一阶导数来表示。对于二维图像,其局部特征的显著变化可以用梯度来检测。梯度是函数变化的一种度量。定义为:

$$G(x, y) = \begin{bmatrix} \dot{f}_x \\ \dot{f}_y \end{bmatrix} = \begin{bmatrix} \dfrac{\sigma f}{\sigma x} \\ \dfrac{\sigma f}{\sigma y} \end{bmatrix}$$

梯度是一矢量,函数的梯度给出了方向导数取最大的方向:

$$\theta(x,y)=\arctan(f_y'/f_x')$$

梯度的大小可以通过计算梯度的模来计算:

$$|G(x,y)|=\sqrt{f_x'^2+f_y'^2}$$

在程序中通过以下方法来近似计算点的梯度大小,从而得到灰度的变化情况。

-1	0	+1
-2	0	+2
-1	0	+1

G_x

+1	+2	+1
0	0	0
-1	-2	-1

G_y

该算子包含两组 3×3 的矩阵,分别为横向及纵向,将之与图像作平面卷积,即可分别得出横向及纵向的亮度差分近似值。如果以 A 代表原始图像,G_x 及 G_y 分别代表经横向及纵向边缘检测的图像灰度值,其公式如下:

$$G_x = \begin{bmatrix} -1 & 0 & +1 \\ -2 & 0 & +2 \\ -1 & 0 & +1 \end{bmatrix} \times A$$

$$G_y = \begin{bmatrix} +1 & +2 & +1 \\ 0 & 0 & 0 \\ -1 & -2 & -1 \end{bmatrix} \times A$$

具体计算如下:

$$\begin{aligned} G_x =& (-1)\times f(x-1,y-1)+0\times f(x,y-1)+1\times f(x+1,y-1)+ \\ & (-2)\times f(x-1,y)+0\times f(x,y)+2\times f(x+1,y)+ \\ & (-1)\times f(x-1,y+1)+0\times f(x,y+1)+1\times f(x+1,y+1) \\ =& [f(x+1,y-1)+2\times f(x+1,y)+f(x+1,y+1)]- \\ & [f(x-1,y-1)+2\times f(x-1,y)+f(x-1,y+1)] \end{aligned}$$

$$\begin{aligned} G_y =& 1\times f(x-1,y-1)+2\times f(x,y-1)+1\times f(x+1,y-1)+0\times \\ & f(x-1,y)+0\times f(x,y)+0\times f(x+1,y)+(-1)\times \\ & f(x-1,y+1)+(-2)\times f(x,y+1)+(-1)\times f(x+1,y+1) \\ =& [f(x-1,y-1)+2\times f(x,y-1)+f(x+1,y-1)]- \\ & [f(x-1,y+1)+2\times f(x,y+1)+f(x+1,y+1)] \end{aligned}$$

图像的每一个像素的横向及纵向灰度值通过以下公式结合,来计算该点梯度的大小:

$$G=\sqrt{G_x^2+G_y^2}$$

通常，为了提高效率使用不开平方的近似值：

$$|G|=|G_x|+|G_y|$$

边缘检测效果如图 10-5 所示。

图 10-5　图像边缘提取

10.2.2　特征提取

兴趣点(interestpoints)，或称作关键点(keypoints)、特征点(featurepoints)，被大量用于解决物体识别、图像识别、图像匹配、视觉跟踪、三维重建等一系列的问题。不再观察整幅图，而是选择某些特殊的点，然后对他们进行局部有的放矢的分析。如果能检测到足够多的这种点，同时他们的区分度很高，并且可以精确定位稳定的特征，那么这个方法就有使用价值。

每个物体，我们总可以用一些词语或部件来描述它，比如人脸的特征：两个眼睛、一个鼻子和一个嘴巴。对于图像而言，需要计算机理解图像，描述图像就需要计算机去取得图像的特征，对图像比较全面的描述是一个二维矩阵，矩阵内的每个值代表图像的亮度。有时候我们需要让计算机更简化地来描述一个图像，抓住一些显著特征，这些特征要具有一些良好的性质，比如局部不变性。局部不变性一般包括两个方面：尺度不变性与旋转不变性。

人类在识别一个物体时，不管这个物体或远或近，都能对它进行正确辨认，这就是所谓的尺度不变性。尺度空间理论经常与生物视觉关联，也称图像局部不变性特征为基于生物视觉的不变性方法。

当这个物体发生旋转时，我们照样可以正确地辨认它，这就是所谓的旋转不变性。

(1) SITF 算法

尺度不变特征转换(scale-invariant feature transform，SIFT)是一种电脑视觉的算法，用来侦测与描述影像中的局部性特征，它在空间尺度中寻找极值点，并提取出其位置、尺度、旋转不变量，此算法由 David Lowe 在 1999 年发表，2004 年完善总结。

SIFT算法应用范围包含物体辨识、机器人地图感知与导航、影像缝合、3D模型建立、手势辨识、影像追踪和动作比对。

SIFT特征是基于物体上的一些局部外观的兴趣点而与影像的大小和旋转无关；对于光线、噪声、些微视角改变的容忍度也相当高。基于这些特性，它们是高度显著而且相对容易撷取，在母数庞大的特征数据库中，很容易辨识物体而且鲜有误认。使用SIFT特征描述对于部分物体遮蔽的侦测率也相当高，甚至只需要3个以上的SIFT物体特征就足以计算出位置与方位。在现今的电脑硬件速度条件下和小型的特征数据库条件下，辨识速度可接近即时运算。SIFT特征的信息量大，适合在海量数据库中快速准确匹配。

SIFT算法的特点如下：

① SIFT特征是图像的局部特征，其对旋转、尺度缩放、亮度变化保持不变性，对视角变化、仿射变换、噪声也保持一定程度的稳定性；

② 独特性好、信息量丰富，适用于在海量特征数据库中进行快速、准确地匹配；

③ 多量性，即使少数的几个物体也可以产生大量的SIFT特征向量；

④ 高速性，经优化的SIFT匹配算法甚至可以达到实时的要求；

⑤ 可扩展性，可以很方便地与其他形式的特征向量进行联合。

目标的自身状态、场景所处的环境和成像器材的成像特性等因素影响图像配准/目标识别跟踪的性能，而SIFT算法在一定程度上可解决如下问题：

① 目标的旋转、缩放、平移；

② 图像仿射/投影变换；

③ 光照影响；

④ 目标遮挡；

⑤ 杂物场景；

⑥ 噪声。

SIFT算法的实质是在不同的尺度空间上查找关键点（特征点），并计算出关键点的方向。SIFT所查找到的关键点是一些十分突出，不会因光照、仿射变换和噪声等因素而变化的点，如角点、边缘点、暗区的亮点及亮区的暗点等。

Lowe将SIFT算法分解为如下四步：

① 尺度空间极值检测——搜索所有尺度上的图像位置，通过高斯微分函数来识别潜在的对于尺度和旋转不变的兴趣点；

② 关键点定位——在每个候选的位置上，通过一个拟合精细的模型来确定位置和尺度，关键点的选择依据于它们的稳定程度；

③ 方向确定——基于图像局部的梯度方向，分配给每个关键点位置一个或多个方向，所有后面的对图像数据的操作都相对于关键点的方向、尺度和位置进行变换，从而提供对于这些变换的不变性；

④ 关键点描述——在每个关键点周围的邻域内，在选定的尺度上测量图像局部的梯

度,这些梯度被变换成一种表示,这种表示允许比较大的局部形状的变形和光照变化。

(2) 主成分分析

PCA 是多元统计分析中用来分析数据的一种方法,它是用一种较少数量的特征对样本进行描述以达到降低特征空间维数的方法,它的本质实际上是 K－L 变换。PCA 方法最著名的应用是在人脸识别中特征提取及数据维,我们知道输入 200×200 大小的人脸图像,单单提取它的灰度值作为原始特征,则这个原始特征将达到 40 000 维,这给后面分类器的处理将带来极大的难度。著名的人脸识别 Eigenface 算法就是采用 PCA 算法,用一个低维子空间描述人脸图像,同时用保存了识别所需要的信息。

假设我们得到的 2 维数据如下:

$$\text{Data} = \begin{array}{c|c} x & y \\ \hline 2.5 & 2.4 \\ 0.5 & 0.7 \\ 2.2 & 2.9 \\ 1.9 & 2.2 \\ 3.1 & 3.0 \\ 2.3 & 2.7 \\ 2 & 1.6 \\ 1 & 1.1 \\ 1.5 & 1.6 \\ 1.1 & 0.9 \end{array}$$

行代表样例,列代表特征,这里有 10 个样例,每个样例 2 个特征。可以这样认为,有 10 篇文档,x 是 10 篇文档中"learn"出现的 TF‐IDF,y 是 10 篇文档中"study"出现的 TF‐IDF;也可以认为有 10 辆汽车,x 是 km/h 的速度,y 是 mile/h 的速度等。

第一步,分别求 x 和 y 的平均值,然后对于所有的样例,都减去对应的均值。这里 x 的均值是 1.81,y 的均值是 1.91,一个样例减去均值后即为 $(0.69, 0.49)$,得到:

$$\text{DataAdjust} = \begin{array}{c|c} x & y \\ \hline 0.69 & 0.49 \\ -1.31 & -1.21 \\ 0.39 & 0.99 \\ 0.09 & 0.29 \\ 1.29 & 1.09 \\ 0.49 & 0.79 \\ 0.19 & -0.31 \\ -0.81 & -0.81 \\ -0.31 & -0.31 \\ -0.71 & -1.01 \end{array}$$

第二步,求特征协方差矩阵,如果数据是 3 维,那么协方差矩阵是:

$$C = \begin{pmatrix} cov(x,x) & cov(x,y) & cov(x,z) \\ cov(y,x) & cov(y,y) & cov(y,z) \\ cov(z,x) & cov(z,y) & cov(z,z) \end{pmatrix}$$

这里只有 x 和 y,求解得:

$$cov = \begin{pmatrix} 0.616\,555\,556 & 0.615\,444\,444 \\ 0.615\,444\,444 & 0.716\,555\,556 \end{pmatrix}$$

对角线上分别是 x 和 y 的方差,非对角线上是协方差。协方差大于 0 表示 x 和 y 若有一个增,另一个也增;小于 0 表示一个增,一个减;协方差为 0 时,两者独立。协方差绝对值越大,两者对彼此的影响越大,反之越小。

第三步,求协方差的特征值和特征向量,得到:

$$eigenvalues = \begin{pmatrix} 0.049\,083\,398\,9 \\ 1.284\,027\,71 \end{pmatrix}$$

$$eigenvectors = \begin{pmatrix} -0.735\,178\,656 & -0.677\,873\,399 \\ -0.677\,873\,399 & -0.735\,178\,656 \end{pmatrix}$$

上面是两个特征值,下面是对应的特征向量,特征值 0.049 083 398 9 对应特征向量为 $(-0.735\,178\,656, 0.677\,873\,399)^T$,这里的特征向量都归一化为单位向量。

第四步,将特征值按照从大到小的顺序排序,选择其中最大的 k 个,然后将其对应的 k 个特征向量分别作为列向量组成特征向量矩阵。

这里特征值只有两个,我们选择其中最大的那个,是 1.284 027 71,对应的特征向量是 $(-0.677\,873\,399, -0.735\,178\,656)^T$。

第五步,将样本点投影到选取的特征向量上。假设样例数为 m,特征数为 n,减去均值后的样本矩阵为 DataAdjust($m \times n$),协方差矩阵是 $n \times n$,选取的 k 个特征向量组成的矩阵为 EigenVectors($n \times k$)。那么投影后的数据 FinalData 为:

$$\text{FinalData}(m \times k) = \text{DataAdjust}(m \times n) \times \text{EigenVectors}(n \times k)$$

这里:

$$\text{FinalData}(10 \times 1) = \text{DataAdjust}(10 \times 2 \text{ 矩阵}) \times$$
$$\text{特征向量}(-0.677\,873\,399, -0.735\,178\,656)^T$$

得到结果:

Transformed Data (Single eigenvector)

x
−0.827 970 186
1.777 580 33
−0.992 197 494
−0.274 210 416
−1.675 801 42
−0.912 949 103
0.099 109 437 5
1.144 572 16
0.438 046 137
1.223 820 56

这样,就将原始样例的 n 维特征变成了 k 维,这 k 维就是原始特征在 k 维上的投影。上面的数据可以认为是 learn 和 study 特征融合为一个新的特征,称为 LS 特征。上述过程可以通过图 10-6 描述。

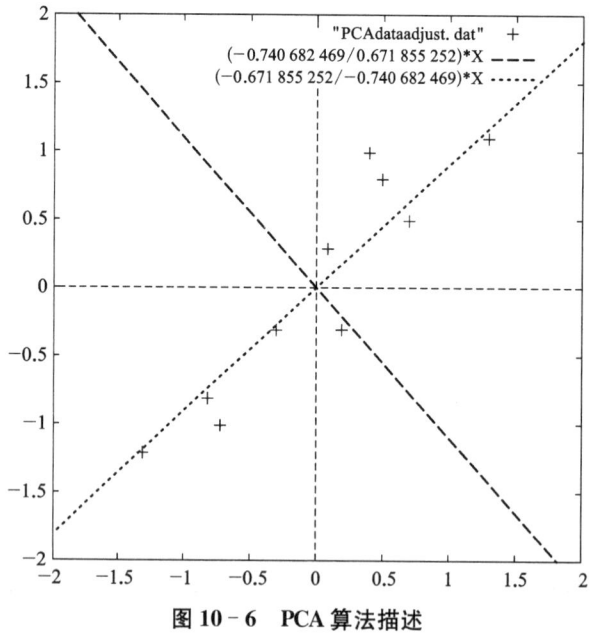

图 10-6 PCA 算法描述

正号表示预处理后的样本点,斜着的两条线就分别是正交的特征向量(由于协方差矩阵是对称的,因此其特征向量正交),最后一步的矩阵乘法就是将原始样本点分别往特征向量对应的轴上做投影。

如果取的 $k=2$,那么结果如图 10-7 所示。

$$\text{转换数据} = \begin{array}{|c|c|} \hline x & y \\ \hline -0.827\,970\,186 & -0.175\,115\,307 \\ 1.777\,580\,33 & 0.142\,857\,227 \\ -0.992\,197\,494 & 0.384\,374\,989 \\ -0.274\,210\,416 & 0.130\,417\,207 \\ -1.675\,801\,42 & -0.209\,498\,461 \\ -0.912\,949\,103 & 0.175\,282\,444 \\ 0.099\,109\,437\,5 & -0.349\,824\,698 \\ 1.144\,572\,16 & 0.046\,417\,258\,2 \\ 0.438\,046\,137 & 0.017\,764\,629\,7 \\ 1.223\,820\,56 & -0.162\,675\,287 \\ \hline \end{array}$$

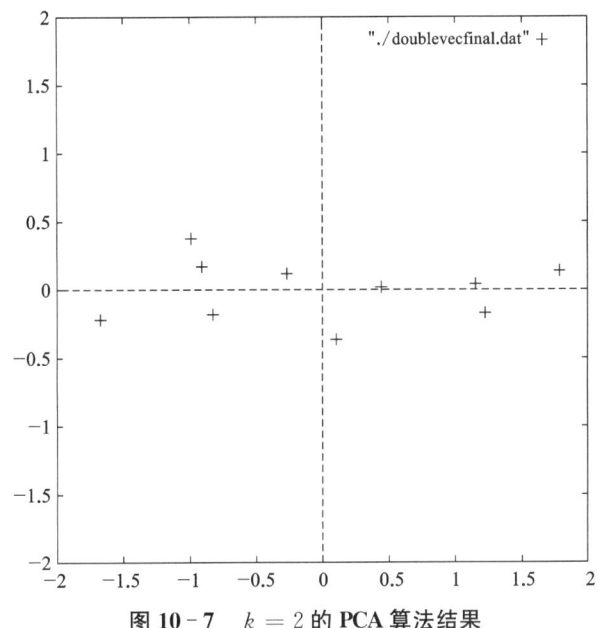

图 10-7 $k=2$ 的 PCA 算法结果

这就是经过 PCA 处理后的样本数据，水平轴（举例为 LS 特征）基本上可以代表全部样本点。整个过程看起来就像将坐标系做了旋转，当然二维可以图形化表示，高维就不行了。如果 $k=1$，那么只会留下图中的水平轴，轴上是所有点在该轴的投影。

这样 PCA 的过程基本结束。在第一步减均值之后，其实应该还有一步对特征做方差归一化。比如一个特征是汽车速度（0~100），一个是汽车的座位数（2~6），显然第二个的方差比第一个小。因此，如果样本特征中存在这种情况，那么在第一步之后，求每个特征的标准差 σ，然后对每个样例在该特征下的数据除以 σ。

归纳一下，使用之前熟悉的表示方法，在求协方差之前的步骤是：

① Let $\mu = \frac{1}{m}\sum_{i=1}^{m} x^{(i)}$；

② Replace each $x^{(i)}$ with $x^{(i)} - \mu$;

③ Let $\sigma_j^2 = \dfrac{1}{m} \sum_i (x_j^{(i)})^2$;

④ Replace each $x_j^{(i)}$ with $x_j^{(i)}/\sigma_j$。

其中，$x^{(i)}$ 是样例，共 m 个，每个样例 n 个特征，也就是说 $x^{(i)}$ 是 n 维向量；$x_j^{(i)}$ 是第 i 个样例的第 j 个特征；μ 是样例均值；σ_j 是第 j 个特征的标准差。

10.2.3 图像分析与分类

机器视觉必须完成的一个任务是识别。在完成对物体的图像特性采集和提取后，系统必须找到一种方法将其归为一个已知类即赋予该物体一个已知的类别。模式分类领域提供了完成这个任务的算法。

现代网络上图片视频这种计算机图形信息与日俱增，人们期望能对处理后的图像迅速而有准确的归类；因此，与机器学习这一前沿领域结合，为构造大规模的计算机视觉系统提供了可能。

(1) SVM 支持向量机

SVM 是从线性可分情况下的最优分类面发展而来的，基本思想可用图 10-8 所示的两维情况说明。图中，实心点和空心点代表两类样本，H 为分类线，H_1、H_2 分别为过各类中离分类线最近的样本且平行于分类线的直线，它们之间的距离叫做分类间隔(margin)。所谓最优分类线就是要求分类线不但能将两类正确分开(训练错误率为0)，而且使分类间隔最大。分类线方程为 $wx+b=0$，可以对它进行归一化，使得对线性可分的样本集：

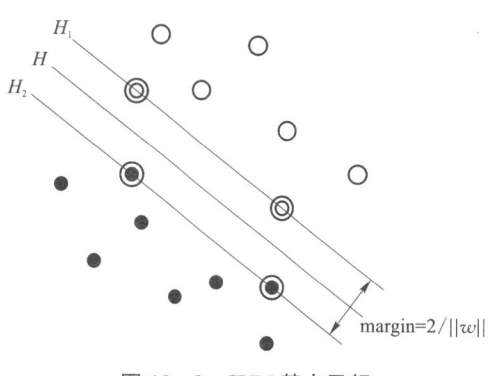

图 10-8 SVM 基本思想

$$(X_i, Y_i), i=1,\cdots,n, \quad x \in R^d, y \in \{+1,-1\}$$

满足约束条件：

$$Y_i[(wX_i)+b]-1 \geqslant 0, \quad i=1,\cdots,n$$

此时分类间隔等于 $2/\|w\|$，使间隔最大等价于使 $\|w\|/2$ 最小。满足条件约束条件且使 $\|w\|/2$ 最小的分类面就叫做最优分类面，H_1、H_2 上的训练样本点称为支持向量。

图 10-8 最大线性可分，于是可以总结出，想要找到样本空间内最大划分平面可以转化为求解以下数学问题：

$$\min_{w,b} \|w\|^2/2$$
$$Y_i[(wX_i)+b]-1 \geqslant 0$$

这就是支持向量机的基本型。

模式识别方面最突出的应用研究是贝尔实验室对美国邮政手写数字库进行的实,这是一个可识别性较差的数据库,人工识别平均错误率是 2.5%,用决策树方法识别错误率是 16.2%,两层神经网络中错误率最小的是 5.9%,专门针对该特定问题设计的五层神经网络错误率为 5.1%(其中利用了大量先验知识),而用三种 SVM 方法得到的错误率分别为 4.0%、4.1% 和 4.2%,且其中直接采用了 16×16 的字符点阵作为 SVM 的输入,并没有进行专门的特征提取。实验一方面说明了 SVM 方法较传统方法有明显的优势,同时也得到了不同的 SVM 方法可以得到性能相近的结果(不像神经网络那样依赖于模型的选择)。

(2) K-NN 算法

K 近邻学习是一种常见的监督学习方法,其工作机制非常简单:给定测试样本,基于某种距离度量找出与其最靠近的 k 个最靠近的样本,然后基于这 k 个邻居的信息来进行预测。通常,在分类任务中可使用投票法,即基于这 k 个样本中出现最多的类别来作为预测的结果。在回归任务使用平均法,即将这 k 个样本的输出平均值来作为预测的结果。

与一般的机器学习方法,K 近邻算法有一个显著的不同之处。它没有显式的训练过程,是懒惰学习的代表,此类算法仅仅是将样本保存起来,训练开销为零,待收到测试样本再进行处理。

图 10-9 给出了 K 近邻分类器的示意图。显然,k 是一个重要参数,当 k 取不同值时,分类器会输出不同结果。另一方面,若是选取不同的距离计算方式,输出的结果也会显著不同。

图 10-9 中,当 $k=3$ 时,圆形点被判定为三角形,因为与它最近的 3 个邻居中有 2 个是三角形按照投票法,圆形点被预测为三角形;当 $k=5$ 时,圆形点被算作正方形,与它最近的 5 个邻居中有 3 个是正方形。

在性能上最近邻分类器虽然简单,但是泛化错误不超过贝叶斯最优分类器的两倍。

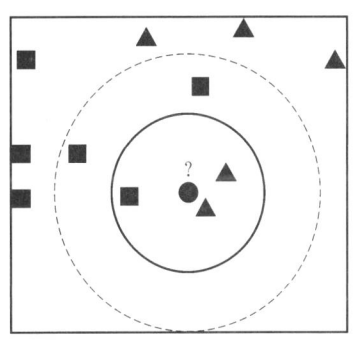

图 10-9 k 邻近算法的示意图

10.3 机器视觉应用于人脸识别

10.3.1 人脸识别概述

人脸识别,又称为人像识别,通常是借助于摄像设备进行人的面部图像采集或者直接分析含有人脸图像(或视频流)的数据信息,利用计算机人脸识别算法进行图像检测和追踪的一种生物识别技术。人脸识别的核心技术在于识别算法,另外,识别准确度以及识别效率作为衡量该算法的一般指标,广泛应用于身份鉴定、安保系统、银行管理等诸多领域。人脸识别技术的解决方案包括可见光图像识别、3D图像识别技术、热成像识别以及主动近红外图像多光源识别技术等。可见光识别受到光照条件影响较大,识别效率难以满足现实需求;3D图像识别技术以及热成像识别相对还不够成熟,仍待发展;目前通用的人脸识别解决方案主要是基于主动近红外图像多光源识别技术,该技术在识别准确度和效率方面都有着优异的表现。人脸识别技术流程大致分为以下几个主要环节:人脸图像采集和检测(通过摄像设备将人脸信息采集出来,包括动态图和静态图,该环节的检测主要是为预处理做铺垫,对人脸信息进行定位和识别,剔除无用的图像数据)、数据信息预处理(对原始图像数据进行灰度校正、噪声过滤等处理过程,排除干扰信息)、信息特征提取(通过知识表政法、统计表政法对人脸特征进行进一步数据采集)、匹配与识别(根据信息特征,利用识别算法进行识别和身份确认)。就目前而言,人脸识别技术往往在采集信息环境不理想的条件下,其识别稳定性容易受到影响,这也是人工智能领域最为困难的研究课题之一,其相关技术的成熟还有待进一步发展。

10.3.2 人脸识别应用

(1) 人脸识别在门禁系统的应用

门禁系统主要是对授权用户的合法访问以及非授权用户禁止访问的一整套信息系统,就目前的通用门禁系统主要有ID身份信息卡识别、指纹生物特征识别、人脸识别等类型。相对而言,人脸识别技术市场占有率还处于较低水平,通常应用于安全等级较高的场合,例如银行金融系统、军队系统等,作为一种辅助识别技术加以应用,利用置于安全区外界的摄像设备对用户面部特征信息的采集,通过加密网络通信技术手段将采集到的数据传输到识别主机完成最终身份鉴别,判断是否允许用户进入的整套流程。目前,人脸识别系统在用户主动配合的条件下,其识别效率和识别准确度相对较高,而采集条件不理想的条件下,识别效率会急剧下降,随着相关技术的不断成熟,人脸识别在门禁系统领域会有更加广泛的应用。

(2) 人脸识别在网络身份辨识的应用

随着互联网信息技术的发展,信息系统的登录、用户授权、电子商务等应用的全过程都是基于网络来完成的,传统的密码身份识别技术容易受到黑客等恶意用户的破坏,系统的安全性往往无法保障。借助于人脸识别这一生物特征识别技术,在用户身份识别和认证应用,能够有效现实数字身份认证,该识别效率和可靠性是传统技术手段无法达到的。目前电子商务如支付宝、银行终端等应用在用户认证方面,人脸识别认证相当成熟,已经将其作为身份登录的一种方式予以实施,利用生物识别技术基本上不存在身份盗用的问题,在一些安全等级要求较高的网络应用领域,可以综合密码、人脸识别以及指纹识别等技术提高信息系统的识别度。

（3）人脸识别摄像领域的应用

在摄像摄影领域，人脸识别技术也有着广泛的应用。人脸识别的基础就是利用摄影，摄像设备对相关人脸信息的采集，在摄影领域的应用主要是对人脸面部进行判断和定位，完成人脸面部信息的识别，实现以人脸为基础的自动对焦，最终提高照片和摄影数据的清晰度。人脸识别在摄像领域的应用较之门禁和网络身份识别应用两个方面要相对简单，主要是通过匹配存储于摄影摄像设备中的简单人脸特征库进行完成的，识别的精度也没有上述两个方面高，完成定位、聚焦等基本功能即可。总之，为提高拍摄质量，人脸识别在摄影摄像领域也有着极其广泛的应用。

10.3.3 人脸识别算法

人脸识别算法至今已有60多年的历史，几乎与计算机视觉这门学科同时出现。1965年Chan和Bledsoe在Panoramic Research Inc.上发表了人脸自动识别（automation face recognition，AFR）技术报告，这是关于人脸识别最早的学术论文。

人脸识别技术可被分为以下几个阶段。

1964—1990年：这段时间是人脸识别研究的早期阶段，这一阶段主要基于人脸面部几何结构进行研究，对面部剪影曲线的特征进行了大量的分析工作。这一阶段并没有取得太大的成果，也没有将人脸识别投入到实际应用中。

1991—1997年：美国麻省理工学院的Turk和Pentland提出了这一时期十分著名的算法——"特征脸"（eigenface）。

1998—现在：有了机器学习领域的有力支持，人们开始能对不理想条件下的图像进行人脸识别，这使得人脸识别技术向商业化迈进。

（1）基于几何特征的人脸识别

最早的人脸识别方法是Bledsoe提出的基于几何特征的人脸识别方法。该方法的大体思路是先找到人面部特征点如耳朵、眼睛和嘴巴的位置坐标然后测量这些关键点的相对距离，将这些相对距离组成矢量，找出最相近的人脸。

这种方法易于理解且只需要存储一个相关特征的矢量即可表示一张人脸，体量小易应用，对光照的变化不敏感。但是这种方法识别率低运用不稳定，现在已经很少有人继续研究这种方法了。

（2）基于特征脸的人脸识别

基于特征脸的方法是从PCA导出的人脸识别技术。PCA方法最早由Sirovitch和Kirby引入人脸识别领域。20世纪90年代初，由Turk和Pentland提出的特征脸方法是该类别的代表性方法。PCA方法是利用KL正交变换将数据表示降维的一种方法。研究者将其用于人脸的统计特征提取，从低维度的子空间模式识别的方法。

PCA方法具有简、快速、实用的优点，但是也有局限性特征脸方法受拍照的角度，环境光照强度,以及人的面部表情等外部情况干扰较大从而导致实际应用困难。

(3) 基于人工神经网络的人脸识别

基于神经网络的方法是目前比较热门的人脸识别研究方法,使用的是人工神经网络学习算法,人工神经网络是一种模仿生物神经网络行为特征的并行,分布处理的运算模型,它由处理单元与单元之间的链接组成。

神经网络方法的优点:

① 特征提取过程比较简单,通过过程学习就可以得到关于识别人脸的规律和规则的隐性表达;

② 适应性较强向比较传统的识别方法准确度更高。

神经网络方法的缺点是当提高模型层数时训练实际与急剧增长,在准确与性能方面会面临选择。

(4) 基于支持向量机的人脸识别

基于支持向量机(support vector machine,SVM)的机器学习方法由 Vapnik 等提出。该方法是基于结构风险最小化原理的统计学理论,该理论主要用在分类与回归问题上,最核心的思想就是在训练时,学习机器与有限数量的训练样本要适应。Osuna 等是最早将 SVM 应用到人脸检测的,该方法直接利用非线性 SVM 分类器完成真实人脸与虚假人脸分类。SVM 使用的是与传统人脸识别方法完全不同的思想,SVM 不像传统方法那样将原输入人脸图像进行空间降维,而是想办法将输入的人脸图像进行空间升维,将高维线性空间中的问题变得线性可分。

SVM 的优点是建立了训练样本有限情况下机器学习较实用的方法,SVM 既有严密的理论思维,又能正常解决样本数量小、非线性样本、高维数和局部极小点等一些实际训练中存在的问题。该方法的缺点是支持向量机在训练样本时消耗的存储空间较大。

10.4 机器视觉应用于工业领域

10.4.1 应用概述

目前,机器视觉已成功应用于工业领域,大幅度提高了产品的质量和可靠性,提高了生产效率,保证了生产质量。工业检测可分为高精度定量检测、定性或半定量检测。其中,定量检测包括显微照片的细胞分类、工业零件的尺寸和位置测量;定性或半定量检测包括装配生产线上的零件定位识别、产品的外观完整性检测、表面缺陷检测以及装配完全性检测等。

机器视觉的最初应用与普及主要体现在半导体与电子行业,尤其集中在印制电路板(printed circuit board,PCB)组装、元器件制造、半导体及集成电路设备等方面。

随着人工成本的上涨,大量依靠人工的纺织行业迫切需要机器视觉设备以应对人力资源的短缺以及行业的竞争。

机器视觉在机械制造业的应用也越来越广泛,利用计算机取代人眼进行目标识别与紧密测量,特别是一些环境恶劣、难以采取人工监控的工作场合,必须依靠机器视觉技术实施作业。零部件视觉测量系统包括计算机处理系统、CCD 摄像机以及光学系统,通过向被测量零件照射平行光束,利用显微光学镜放大零件边缘轮廓后,在使用 CCD 摄像机成像输入计算机处理系统进行图像数据处理,得出零件边缘轮廓的精确位置。

另外,机器视觉在矿业、玻璃、印刷等其他工业领域也有广泛应用。

10.4.2　工业视觉系统基本组成

典型的工业机器视觉系统包括图像采集部分、图像处理部分和运动控制部分。基于 PC 的视觉系统具体由如图 10-10 所示的几部分组成。

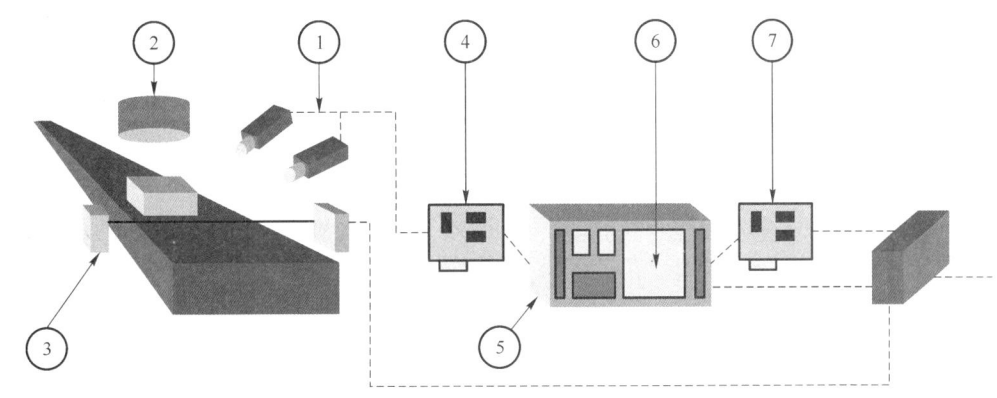

图 10-10　工业视觉系统组成

① 工业相机与工业镜头——这部分属于成像器件,通常的视觉系统都是由一套或者多套这样的成像系统组成,如果有多路相机,可能由图像卡切换来获取图像数据,也可能由同步控制同时获取多相机通道的数据。根据应用的需要,相机可能是输出标准的单色视频(RS-170/CCIR)、复合信号(Y/C)、RGB 信号,也可能是非标准的逐行扫描信号、线扫描信号、高分辨率信号等。

② 光源——作为辅助成像器件,对成像质量的好坏往往能起到至关重要的作用,各种形状的 LED 灯、高频荧光灯、光纤卤素灯等都容易得到。

③ 传感器——通常以光纤开关、接近开关等的形式出现,用以判断被测对象的位置和状态,告知图像传感器进行正确的采集。

④ 图像采集卡——通常以插入卡的形式安装在 PC 中,图像采集卡的主要工作是把相机输出的图像输送给电脑主机。它将来自相机的模拟或数字信号转换成一定格式的图像数据流,同时它可以控制相机的一些参数,比如触发信号、曝光/积分时间、快门速度等。图像采集卡通常有不同的硬件结构以针对不同类型的相机,同时也有不同的总线形式,比

如 PCI、PCI64、Compact PCI、PC104、ISA 等。

⑤ PC 平台——电脑是一个 PC 式视觉系统的核心,在这里完成图像数据的处理和绝大部分的控制逻辑,对于检测类型的应用,通常都需要较高频率的 CPU,这样可以减少处理的时间。同时,为了减少工业现场电磁、振动、灰尘、温度等的干扰,必须选择工业级的电脑。

⑥ 视觉处理软件——机器视觉软件用来完成输入的图像数据的处理,然后通过一定的运算得出结果,这个输出的结果可能是 PASS/FAIL 信号、坐标位置、字符串等。常见的机器视觉软件以 C/C++图像库、ActiveX 控件、图形式编程环境等形式出现,可以是专用功能的(比如仅仅用于 LCD 检测、BGA 检测、模版对准等),也可以是通用目的的(包括定位、测量、条码/字符识别、斑点检测等)。

⑦ 控制单元(包含 I/O、运动控制、电平转化单元等)——一旦视觉软件完成图像分析(除非仅用于监控),紧接着需要和外部单元进行通信以完成对生产过程的控制。简单的控制可以直接利用部分图像采集卡自带的 I/O,相对复杂的逻辑/运动控制则必须依靠附加可编程逻辑控制单元/运动控制卡来实现必要的动作。

一个完整的机器视觉系统的主要工作过程如下。

① 工件定位检测器探测到物体已经运动至接近摄像系统的视野中心,向图像采集部分发送触发脉冲。

② 图像采集部分按照事先设定的程序和延时,分别向摄像机和照明系统发出启动脉冲。

③ 摄像机停止目前的扫描,重新开始新的一帧扫描,或者摄像机在启动脉冲来到之前处于等待状态,启动脉冲到来后启动一帧扫描。

④ 摄像机开始新的一帧扫描之前打开曝光机构,曝光时间可以事先设定。

⑤ 另一个启动脉冲打开灯光照明,灯光的开启时间应该与摄像机的曝光时间匹配。

⑥ 摄像机曝光后,正式开始一帧图像的扫描和输出。

⑦ 图像采集部分接收模拟视频信号通过 A/D 将其数字化,或者是直接接收摄像机数字化后的数字视频数据。

⑧ 图像采集部分将数字图像存放在处理器或计算机的内存中。

⑨ 处理器对图像进行处理、分析、识别,获得测量结果或逻辑控制值。

⑩ 处理结果控制流水线的动作、进行定位、纠正运动的误差等。

10.5 应用案例

10.5.1 基于深度学习的人脸识别

美团每天有百万级的图片产生量,运营人员负责相关图片的内容审核,对涉及法律风险及不符合平台规定的图片进行删除操作。由于图片数量巨大,人工审核耗时耗力且审核能力有限。对于不同审核人员来讲,审核标准难以统一且实时变化。因此,有必要借助机器实现智能审核。

为了避免侵权明星肖像权，审核场景需要鉴别用户/商家上传的图像中是否包含明星的头像。这是一类典型的人脸识别应用，具体来说是一种1：(N+1)的人脸比对。整个人脸识别流程包含人脸检测、人脸关键点检测、人脸矫正及归一化、人脸特征提取和特征比对，如图10-11所示。其中深度卷积模型是待训练的识别模型，用于特征提取。

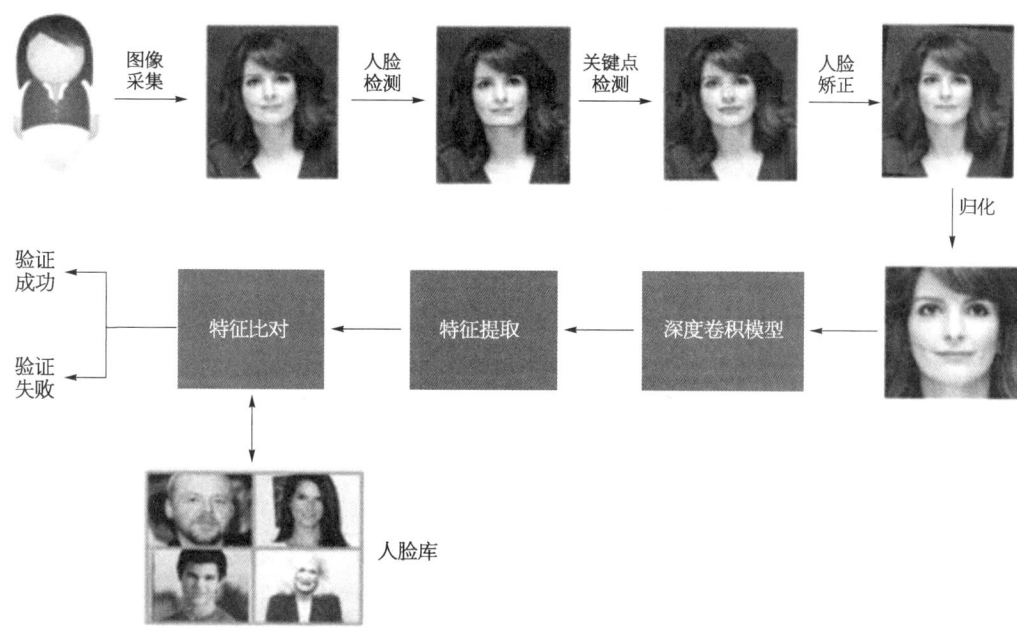

图 10-11 明星脸识别流程

人脸识别主要有两种思路：一种是直接转换为图像分类任务，每一类对应一个人的多张照片，比较有代表性的方法有DeepFace、DeepID等；另一种则将识别转换为度量学习问题，通过特征学习使得来自同一个人的不同照片距离比较近，不同的人的照片距离比较远，比较有代表性的方法有DeepID2、FaceNet等。

由于任务中待识别ID是半封闭集合，可以融合图像分类和度量学习的思路进行模型训练。考虑到三元组损失(Triplet Loss)对负例挖掘算法的要求很高，在实际训练中收敛很慢，因此本案例采用了Center Loss来最小化类内方差，同时联合Softmax Loss来最大化类间方差。为了平衡这两个损失函数，需要通过试验来选择超参数。采用的网络结构是Inception-v3，在实际训练中分为两个阶段。

第一阶段采用Softmax Loss+C×CenterLoss，并利用公开数据集CASIA-WebFace（共包含10 575个ID和49万张人脸图片）进行网络参数的初始化和超参数C的优选，根据试验得到的C=0.01。

第二阶段采用Softmax Loss+0.01×Center Loss，并在业务数据（5 200个明星脸ID和100万张人脸图片）上进行网络参数的微调。

为了进一步提升性能，借鉴了百度采用的多模型集成策略，如图 10-12 所示。具体来说，根据人脸关键点的位置把人脸区域分割为多个区域，针对每一个区域分别训练特征模型。目前把人脸分割为 9 个区域，加上人脸整体区域，共需训练 10 个模型。

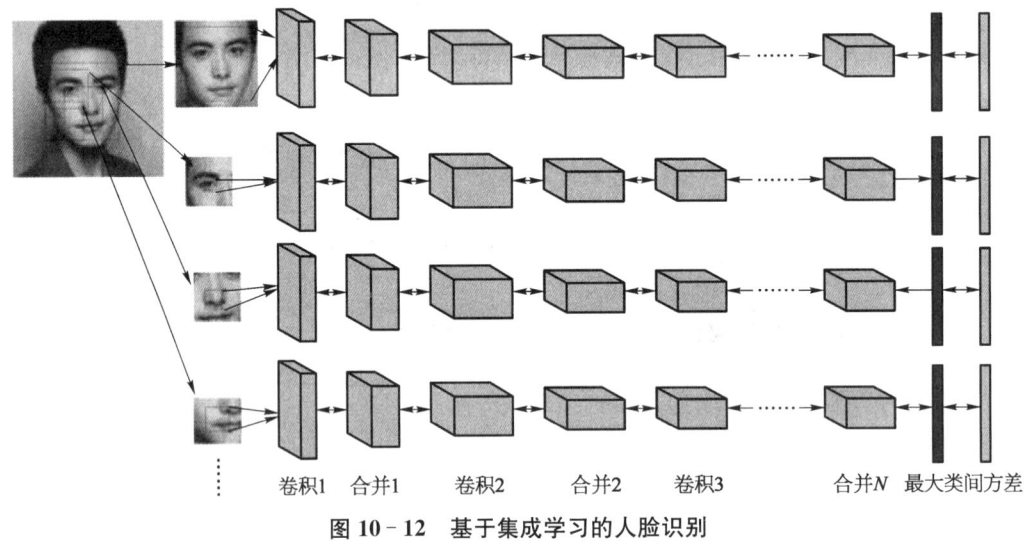

图 10-12 基于集成学习的人脸识别

在测试阶段，对于待验证的人脸区域和候选人脸区域，分别基于图 10-12 所示的 10 个区域提取特征。然后，对于每个区域，计算两个特征向量间的相似度（余弦距离）。最终，通过相似度加权的方法判断两张人脸是否属于同一个人。表 10-1 给出了主流方法在 LFW 数据集上的评测结果。可以看出，美团模型在相对有限数据下获得了较高的准确率。

表 10-1 公开数据集评测结果

	训练集	网络数量	LFW 准确率
DeepFace	400 万	3	97.35%
DeepID	20 万	25	97.45%
DeepID2+	29 万	25	99.47%
FaceNet	2 亿	1	99.63%
美团	150 万	10	99.75%

10.5.2 基于机器视觉的 PCB 裸板缺陷自动检测方法

PCB 板结构复杂，如图 10-13 所示，生产工序繁多，不可避免地存在断路、短路、缺损、毛刺等缺陷。为保证质量，在 PCB 生产过程中必须对 PCB 裸板进行缺陷检测，将不合格的 PCB 裸板剔除出生产流水线。目前国内企业仍在采用传统的人工目测、电子检测等方法，这些方法存在效率低、容易漏检、无法检测高精度 PCB、接触检测易损伤 PCB 等诸多缺点，已不能满足 PCB 高效率、高精度、高性能的生产需求。

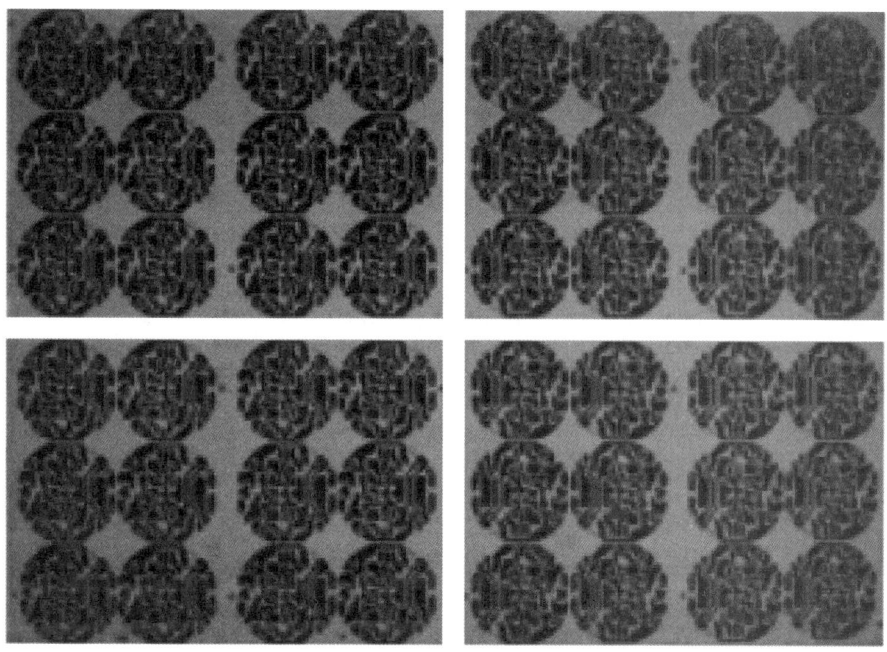

图 10-13 待检测的 PCB 板

为了解决上述问题。自动光学检测(automatic optic inspection, AOI)具有稳定可靠、高精度、高效率和非接触的优点,已成为 PCB 检测的重要发展方向,其中机器视觉检测算法是其关键技术。

(1) 算法描述

检测系统主要硬件结构如下:光源模块、图像采集模块、机械装置、工业控制计算机(简称工控机),如图 10-14 所示。其中,图像采集模块包括 CCD 摄像机、图像采集卡;机械装置包括工作台、上料装置、分离装置及其运动控制器。所有模块的动作都由工控机控制。

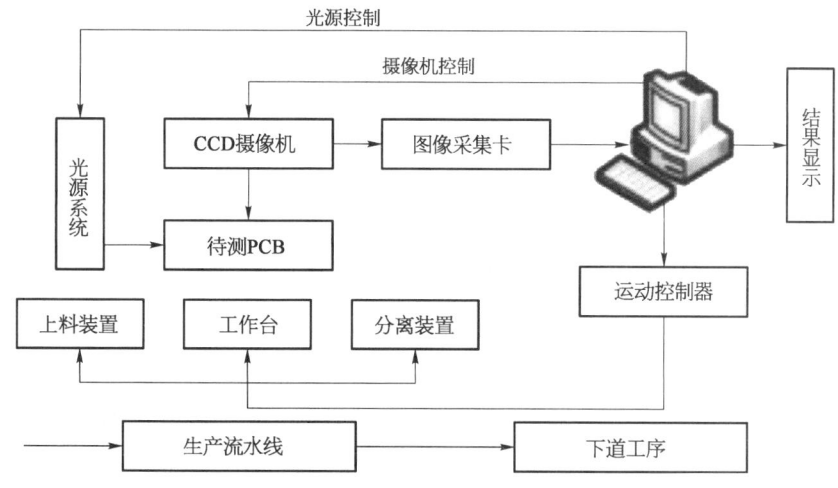

图 10-14 PCB 检测硬件部分

除了相机之外,需另配工业定焦镜头、脉冲光源、同步控制器,定制对应专用激光波长的滤光片、工控计算机、软件包。

检测系统工作流程:上料装置接收到工控机发出的信号后,将上道工序加工完成的PCB裸板放置到工作台上,并对其进行固定;工控机开启光源系统,4台CCD摄像机完成对待测PCB图像的采集,经图像采集卡传输给工控机;工控机对PCB图像进行处理,识别缺陷并显示结果;对于有缺陷的PCB,通过分离装置将其分离出生产流水线,合格的PCB继续进入下一道工序。

(2) 系统效果

系统检测效率,在CPU为AMD4000+2.11 GHz,内存为1.00 GB的台式电脑上,对20张340 mm×250 mm的PCB裸板进行耗时测试,每张平均耗时约45 s,基本能满足生产实时性的需求。其中,合格PCB检测最快;缺陷越多,检测耗时越长。为了验证系统的检测精度和稳定性,随机抽取合格的和有缺陷的PCB各200张进行检测试验。结果显示,有195张有缺陷PCB被检测出来,有2张合格PCB被误识别为有缺陷PCB,检测准确率为98.3%;其中,正确检测有缺陷PCB的准确率与误将正常PCB检测为有缺陷PCB的误判率分别为97.5%、1.0%。

10.5.3 基于机器视觉的带钢表面缺陷检测

带钢作为钢铁工业的主要产品之一,已成为家电、汽车、机械制造、航空航天和造船等工业必不可少的原材料,其表面质量不仅会影响最终产品的外观,更能直接影响着最终产品的使用性能。近年来,由于用户需求的提高、市场竞争的加剧以及企业内部优质、高产、低耗的生产压力对带钢表面质量提出了越来越高的要求。国内企业还一直沿用开卷抽检或者频闪光检测等方法检测表面缺陷,停留在人工目视检测的阶段,由于受检测速度和频度的限制,无法形成准确、有效的带钢表面质量综合评定。

(1) 解决方案

基于机器视觉的带钢表面缺陷检测系统的硬件框架主要由照明设施、CCD摄像头、图像处理计算机、服务器及局域网等组成,如图10-15所示。带钢表面的照明设施采用一种特殊的红外光源阵列,CCD行扫描摄像机组横向排列在带钢生产线上,摄像机的横向及纵向可视范围相互重叠,以确保不出现漏检。CCD摄像机采集的图像经光纤传至图像处理计算机组,进行图像处理及模式识别。识别结果连同生产线相关信息被送入服务器数据库进一步处理及存档,并生成各种现场生产信息统计报告。

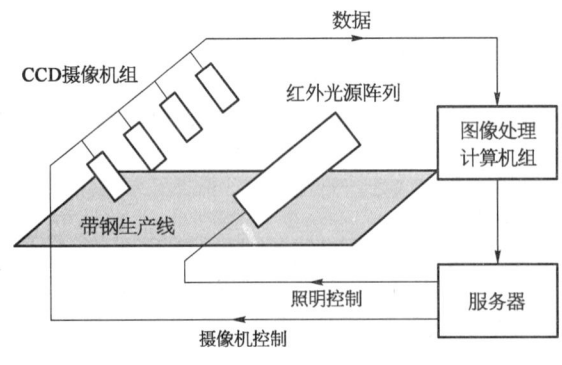

图10-15 带钢检测硬件部分

本系统设计了一个组合式的多级分类器,综合了规则表分类器和模糊神经网络分类器技术,将规则表分类器的实时处理能力和模糊神经网络的自学习能力相结合,并有效利用了专家经验,扬长避短,很好地实现了带钢表面缺陷的分类。

(2) 系统效果

本系统已在上海宝钢集团的冷轧生产线做了初步测试,系统对16类预先定义的缺陷进行了训练,测试集包括16类预先定义的缺陷和一些其他类缺陷。实验结果表明,本系统的平均识别率达到90.1%,识别率较高,可以满足绝大多数带钢生产线的质量监控要求。该系统具有较好的自学习能力以及较强的适应性和可移植性,可以充分利用专家经验,分类器的生成和维护也较简单,可以很好地应用在钢铁企业的实际生产线中。

参考文献

[1] 张学工. 模式识别[M]. 北京:清华大学出版社,2000.
[2] 张广军. 机器视觉[M]. 北京:科学出版社,2005.
[3] Berthold Klaus Paul Horn. Robot Vision[M]. MIT Press,2014.
[4] 孙国栋,赵大兴. 机器视觉监测理论与算法[M]. 北京:科学出版社,2015.
[5] [英]西蒙 J D 普林斯. 计算机视觉:模型、学习和推理[M]. 苗启光,等,译. 北京:机械工业出版社,2015.
[6] 苏楠,吴冰,徐伟,等. 人脸识别综合技术的发展[J]. 信息安全研究,2016,2(1):33-39.
[7] 刘坤,陈宁纪,张晓怿,等. 基于机器视觉的带钢表面缺陷检测系统设计[J]. 制造业自动化,2015(12):134-137.

第 11 章

调度优化

全球新技术革命和产业变革正在给制造业带来巨大冲击,快速发展的新一代信息与通信技术、取得重要突破的人工智能技术与制造技术的深度融合,正引发制造模式、流程、手段、生态系统等的重大变革。制造业正向"数字化、网络化、个性化、协同化、敏捷化、服务化、绿色化、智能化"方向深入发展。

制造业是一个将物料、能源、设备、技术、资金、信息和人力等资源通过生产而制造为社会所需产品的行业。多方融合化发展给企业的生产制造带来了困难,不同型号的产品涉及不同工艺、不同工序、不同工序时间、不同加工流程,产品的多样性引起了订单的多样化,有时甚至在同一时间段内接到多个不同种类的生产订单,这对企业的生产能力提出了很大挑战。

调度问题研究的是将资源分配给在一定时间内的不同任务,其目的是优化一个或多个目标。组织中的资源和任务会呈现为多种形式,如车间里的机器、机场的跑道、建筑场所的工作团队、计算机中的处理单元等,都可以看作资源,任务则可能是生产过程中的工件工序、机场飞机的起飞与着陆、建筑项目的各个阶段、计算机程序的执行等。调度是一个决策过程,在大多数的生产制造系统以及信息处理环境中扮演着重要的角色,同样存在于运输和配送设施以及其他类型的服务业中。

随着工业领域的柔性制造、分布式制造、网络化服务制造等作业环境的发展,实现任务、服务、资源、优化目标等存在较大差异,调度问题变得越来越困难,本章从调度理论的发展、主要方法、算法以及具体应用的角度说明调度在工业领域的应用以及作用。

11.1 调度理论的发展

在过去的几十年中,人们对调度问题进行了大量的研究工作。从 20 世纪 50 年代起,调度问题的研究就受到应用数学、运筹学、工程技术等领域科学家的重视,科学家们利用运筹学中的线性规划、整数规划、目标规划、动态规划及决策分析方法,研究并解决了一系列有代表意义的调度和优化问题。人们普遍把 Conway、Maxwell 和 Miller 三人有关调度的研究工作作为调度理论研究的正式开始,他们三人也被人们称为调度理论的奠基人,此后30多年的调度理论和应用研究都受到他们的影响。20世纪70年代,人们开始注意并重视调度复杂性问题的研究,提出了用于研究算法有效性和问题难度的计算复杂度理论,许多调度问题被证明为NP(non-deterministic polynomial)完全问题。

20世纪70年代后期,经典调度理论取得了重要进展,并且作为一门应用数学学科已经基本成熟,但是实际调度问题与经典调度问题还有相当的距离。人们经常会问到这样的问题:调度理论的研究成果有多少已经应用到实际调度问题中,比如敏捷制造、实时系统、空中管制、自适应容错和机器人等领域中的调度问题。这是一个很难回答的问题,因为调度研究的分类经常是模糊不清的,并且某些调度研究是在很具体的层次上,通用价值很小。有关调度理论没有在实践中大规模应用的原因有很多说法,一种比较有说服力的说法是这样的:现有的调度理论和方法对于解决实际调度问题仍然是不够的,需要重新考虑和进一步扩展。当然,严重阻碍经典调度理论研究取得重大进展和突破的关键还是调度问题的NP性质,实际调度问题往往都是非常复杂的,没有确定的物理和自然规律可循,因此是非常难解的,并且大多是没有精确解的。因此,仅仅依靠经典调度理论中基于解析优化的技术和方法,试图解决属于NP完全问题的实际调度问题,不可避免地会遇到难以逾越的障碍。

从20世纪80年代初开始,人们一直在尝试并致力于解决实际调度问题,调度研究由理论研究转向应用研究阶段。在这样的历史背景下,应用人工智能、计算智能和实时智能研究成果,解决实际调度问题的智能调度方法就走上了历史的舞台。

11.2 调度主要方法

调度问题是组合优化问题中典型的NP问题,所谓NP问题是"多项式验证"问题,也就是如果有了某个NP问题的解,要判断这个解是否正确,这个判断可以在多项式时间内完成,如果可在多项式时间内进行正确与否的验算的话,就叫完全多项式非确定问题,完全多项式非确定性问题可以用穷举法得到答案,一个个检验下去,最终便能得到结果。但是这种算法的复杂程度是指数关系,计算的时间随问题的复杂程度成指数级增长,很快便变得不可计算。

为解决这个问题,在调度领域出现了许多新的优化方法,比如基于人工智能、计算智能和实时智能的各种调度方法,这些方法已经成为调度方法的主流。

11.2.1 数学规划

将调度问题简化为数学规划模型,采用整数规划、动态规划以及决策分析等方法解决调度最优化或近似优化问题。数学规划方法的优点是任务分配和排序的全局性比较好,所有的选择同时进行,因此可以保证求解凸和非凸问题的全局优化。但是,数学规划方法是一种精确求解方法,它需要对调度问题进行统一的建模,任何参数的变化会使得算法的重用性很差。对于复杂多变的生产调度来说,单一的数学规划模型不能覆盖所有的因素,存在求解空间大和计算困难等问题。

11.2.2 启发式搜索

启发式搜索方法最初是作为人工智能中问题求解程序的搜索器而被开发出来的。启发式搜索方法依靠任务无关信息来简化搜索过程,在很多情况下,问题求解可视为系统化地构造或查找解答的过程。启发式搜索方法的优点是利用了面向特定问题的知识和经验,因而可以产生好的解决方案,求解时间也可以接受。启发式搜索方法的缺点是用来评估解决方案质量的手段较少。

11.2.3 系统仿真

基于仿真的方法不单纯追求系统的数学模型,它侧重于对系统中运行的逻辑关系的描述,而且与数学规划采用全局的而且经常是简化的视图相比,它对所有分配、排序和时间选择决策的结果提供局部的分析,通过分析能够对调度方案进行比较评价,并选择效果最优的调度方法和系统动态参数,系统仿真方法经常与其他方法结合使用。

由于多目标调度系统的复杂性,很难用一个精确的解析模型来进行描述和分析,而通过运行仿真模型来收集数据,则能对实际系统进行性能和状态等方面的分析,从而能对系统采用合适的控制调度方法。之所以把仿真方法与其他方法结合使用,是因为纯仿真方法有局限性,应用仿真方法进行调度的费用很高,不仅在于产生调度的计算时间上,而且在于设计、建立和运行仿真模型上,仿真的准确性受人员的判断和技巧的限制,甚至很高精度的仿真模型也无法保证通过实验总能找到最优或次优的调度。

11.2.4 人工智能

人工智能在 20 世纪 60 年代就将计划和调度问题作为其应用领域之一,但直到 20 世纪 80 年代,以 Carnegie Mellon 大学的 MFox 为代表的学者们开展基于约束传播的智能调度和信息系统的研究为标志,人工智能才真正开始应用于实际调度问题。基于人工智能的调度方法主要有智能调度专家系统、约束规划及基于 Multi-Agent 技术的合作求解方法等。

调度专家系统首先需要构建相关的知识库,就是从知识源获取知识然后以数字化形式存储它们,在调度问题中,知识源一般指的是人类专家和模拟数据。调度专家系统主要的优点有:在决策过程中,它既可以使用定量的知识,又可以使用定性的知识;它能够产生比简单的分配规则复杂得多的启发式规则。然而,调度专家系统也有其不可克服的缺点:构建和验证系统比较耗费时间;难以维护和升级;求解结果可能会严重偏离最优解或次优解；知识获取和推理速度存在瓶颈。

约束规划是一种旨在应用限制变量选取顺序和变量赋值顺序来减少搜索空间有效大小的方法。当一个值赋给一个变量时，产生的不一致性就消除了，消除不一致性的过程称作一致性检测，而消除以前做的工作称作回溯。约束规划可以用来实施柔性的和有效的调度系统，因为它把各种不同的算法包装成传播器，使得可以对可重用的求解器进行规划。约束规划不局限于一定的约束集合，因为它使用了一个纯声明的模型，每一个传播器定义问题的一个独立视图。但是这一方法的求解代价比较大，而且由于考虑了多种约束，求解难度很大。

专家系统很难用来解决大规模的复杂的实际调度问题，因为它们的知识和问题求解能力是有限的。为了解决这些复杂问题，研究人员使用"分而治之(divide and conquer)"的方法来开发分布式调度系统，这需要一种分解调度问题的技术以及能够协作求解整个问题的相关的知识系统的集合，这些可以通过多代理系统(multi-agent system，MAS)来实现。MAS 技术可以弥补调度理论的不足，可以增强调度理论在实际应用中的灵活；MAS 可以和其他各种生产控制技术如企业资源计划(enterprise resources planning，ERP)、最优生产技术(optimized production technology，OPT)和制造执行系统(manufacturing executing system，MES)等结合起来使用。MAS 的不足之处就是在理论上有待进一步完善，标准化工作不够，导致重复劳动。

11.2.5 计算智能

计算智能是在神经网络、模糊系统、进化计算三个分支发展相对成熟的基础上，通过相互之间的有机融合而形成的新的科学方法，也是智能理论和技术发展的崭新阶段。这些不同的成员方法从表面上看各不相同，但实际上它们是紧密相关、互为补充和促进的，因而，将三者结合起来研究已经成为一种发展趋势。主要的计算智能调度方法有人工神经网络、混沌搜索、模拟退火和随机、禁忌搜索、模糊逻辑、遗传算法、进化规划和进化策略等。

人工神经网络具有很强的分布式存储能力和很大的存储空间，并具有自学习能力，而且容错性好，其特有的高维空间使多体效应更加复杂和显著，易于分类。但是，人工神经网络在实际应用中存在学习效率比较差、难以表达符号知识以及其他知识、计算速度比较慢和计算精度不高等缺点。

模糊数学的核心思想就是运用数学手段仿效人脑思维，对复杂事物进行模糊处理。模糊系统的显著特点是能够直接地表示逻辑，适于高级知识表达，具有较强的逻辑功能。但这一算法没有本质的获取知识的能力，模糊规则的确定也比较困难，通常需要领域专家知识的指导，因此如何实现模糊规则的自动提取和模糊变量隶属度函数的自动生成及优化一直是一个难题。模糊调度方法通常和其他方法结合使用，如模糊神经网络和基于模糊规则的分支定界法等。

11.2.6 实时智能

将实时技术和人工智能相结合,形成一个新的技术领域,人们称之为实时智能。可以这样通俗地定义实时智能:实时智能是指在一定的时间范围内能够实现的人工智能。实时智能主要应用于实时系统的调度中,其中的调度算法又是实时调度的核心部分,也是实时系统的研究热点。尽管传统的实时调度方法,如最早截止时间优先算法(earliest deadline first,EDF)和单调比率算法(monontic rate,RM)等能够支持复杂的任务集特征(如截止期、优先约束和共享资源等),但它们都是开环的调度算法。所谓开环调度是指一旦调度形成了,它们不能通过连续反馈进行调整。当静态或动态系统中的任务集能够被精确地建立模型时,开环的调度算法可以完成得很好;但在复杂的和不可预测的动态系统中,任务集不能精确建模,这时开环的调度算法就完成得不好。针对实时应用环境大多不可预测,且任务的工作负载和时间约束常常不明确的这一特点,人们又提出了一些闭环式或称为基于反馈控制的实时调度算法。这种实时调度方法通过监测预先定义的调度误差,进而连续调整调度算法或任务集合以达到提高系统性能的目的。

11.3 调度主要算法

11.3.1 有序搜索

启发式搜索(heuristically search)又称为有信息搜索(informed search),它是利用问题拥有的启发信息来引导搜索,达到减少搜索范围、降低问题复杂度的目的,这种利用启发信息的搜索过程称为启发式搜索。在启发式搜索算法中,根据估价函数值,按由小到大的次序对OPEN表中的节点进行重新排序,就是有序搜索法,其基本思想是用累计估价函数$f(i)$来排列OPEN表上的节点(i为节点集合),选择OPEN表上具有最小$f(i)$值的节点作为下一个要扩展的节点,生成一组子节点,计算出相应的估价函数值,并把节点n的子节点放到OPEN表中,对OPEN表中的各节点按估价函数值从小到大排列,按照上面步骤再次选择下一个要扩展的节点,迭代操作,直到限定条件下的搜索结束。在有序搜索算法中,正确地选用估价函数对搜索结果具有决定性的作用。使用不能识别某些节点真实希望的估价函数会形成非最小代价路径,而使用一个过多地估计了全部节点希望地估价函数又会扩展过多地节点,估价函数模型的建立,是算法实现的关键。

11.3.2 遗传算法

遗传算法(genetic algorithm,GA)最早是由美国的John Holland于20世纪70年代提出,该算法是根据大自然中生物体进化规律而设计提出的。作为一种启发式算法,遗传算法不需要所求解问题的解空间连续可微,该算法通过数学的方式,利用计算机仿真运算,将问题的求解过程转换成类似生物进化中的染色体基因的交叉、变异等过程。该算法在求解较为复杂的组合优化问题时,相对一些常规的优化算法,通常能够较快地获得较好的优化结果。遗传算法的这些性质,已被人们广泛地应用于组合优化、机器学习、信号处理、自适应控制和人工生命等领域。

遗传算法之所以具备强大的搜索能力,是因为包罗了选择、杂交和变异三种基本操作算子,同时这三种操作算子也是模拟自然生物圈中自然存在的有性繁殖、杂交和变异等现象的核心载体。遗传算子的操作都是在随机扰动情况下进行的。因此,群体中个体向最优解迁移的规则是随机的,这种随机化操作是高效有向和传统的随机无向搜索方法是有区别的。

(1) 选择

从群体中选择优胜个体、淘汰劣质个体的操作叫选择。选择算子有时又称为再生算子(reproduction operator)。选择的目的是把优化的个体(或解)直接遗传到下一代或通过配对交叉产生新的个体再遗传到下一代。选择操作是建立在群体中个体的适应度评估基础上的,目前常用的选择算子有以下几种:适应度比例方法、随机遍历抽样法、局部选择法。

(2) 交叉

在自然界生物进化过程中起核心作用的是生物遗传基因的重组(加上变异)。同样,遗传算法中起核心作用的是遗传操作的交叉算子。所谓交叉是指把两个父代个体的部分结构加以替换重组而生成新个体的操作。通过交叉,遗传算法的搜索能力得以飞跃提高。

(3) 变异

变异算法的基本内容是对群体中的个体串的某些基因座上的基因值作变动。遗传算法引入变异的目的有两个:一是使遗传算法具有局部的随机搜索能力,当遗传算法通过交叉算子已接近最优解邻域时,利用变异算子的这种局部随机搜索能力可以加速向最优解收敛,此种情况下的变异概率应取较小值,否则接近最优解的积木块会因变异而遭到破坏;二是使遗传算法可维持群体多样性,以防止出现未成熟收敛现象,此时收敛概率应取较大值。

变异算法的运算过程(图 11-1)大体如下:

① 将待解决问题的约束与优化目标等参数编码到染色体中,形成问题参数与染色体的对应关系,构成染色体编码空间;

② 根据问题的参数设定恰当的适应度函数;

③ 设置进化过程中的相关操作算子,主要有交叉算子、变异算子、选择算子等;

④ 根据问题确定合适的遗传算法参数,包含种群规模、交叉概率、变异概率等参数;

⑤ 生成初始种群 $P(0)$;

⑥ 对种群 $P(0)$ 中的所有个体进行适应度函数值计算;

⑦ 判断种群是否满足算法终止条件,若满足条件则输出该种群中适应度值最高的个体;如果不满足算法终止条件,则继续后续的操作过程;

⑧ 对种群 $P(0)$ 进行选择、交叉、变异运算,产生新的种群 $P(1)$;
⑨ 重复步骤⑥、⑦、⑧产生种群 $P(t)$,直至满足算法终止条件。

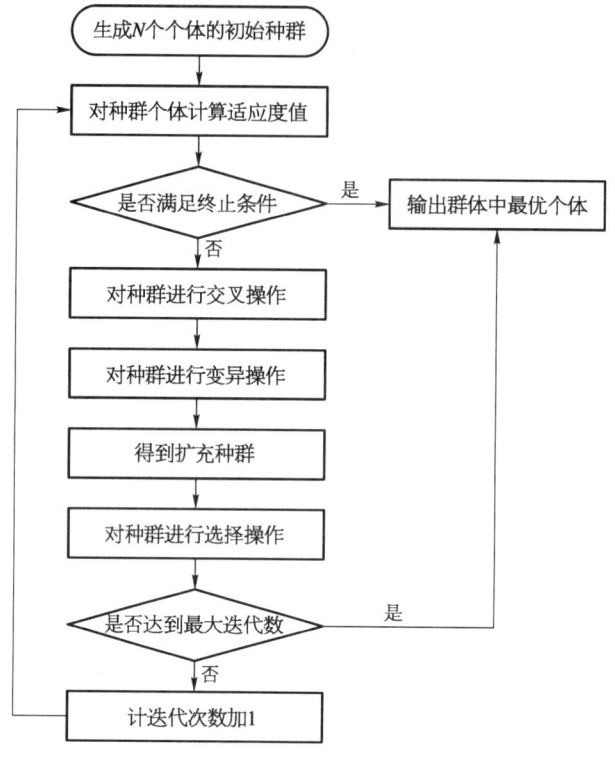

图 11-1　遗传算法流程图

11.3.3　模拟退火

模拟退火算法(simulated annealing,SA)是由 N Metropolis 等学者于 1953 年最早提出的。直到 1983 年,S Kirkpatrick 等人将模拟退火的核心思想应用到复杂组合优化问题中并获得良好的应用效果,该算法是一种基于 Mente-Carlo 迭代求解策略的随机寻优算法,其算法思想来源于物理中的固体降温退火过程与数学中的许多组合优化问题之间的相似性。

模拟退火算法从某一给定的初始温度开始,随着迭代的进行,温度参数不断下降,结合算法概率性的突跳能力在问题的可行解空间中随机寻找目标函数的解,并以 Metropolis 准则判定是否接受新解,如此迭代进行下去,逐步寻找问题的全局最优解。

Metropolis 接受准则是模拟退火算法的重要核心思想,Metropolis 接受准则也是依据固体物质退火过程的特点而提出的。物理中固体在退火过程中,主要有三大物理过程。

① 升温过程。当固体物质温度升高时,物质内部粒子能量升高,粒子的运动增强。当温度升高到一定程度,内部粒子运动脱离其平衡位置,固体就会熔化成为液体状态。

② 等温过程。当物质温度降低到恰好与周围环境相同时,物质将暂时停止向周围环

境散发热量。此时,物质温度保持不变,但是物质内部的粒子自由能会逐渐降低,当物质内部粒子的自由能降低到当前物质温度所蕴含的能量能够维持的最低状态时,物质会进入平衡态。物质温度保持不变,但内部粒子自由能减少到达到平衡态的整个过程就是等温过程。

③ 冷却过程。物质温度降低到一定程度后,物质内部的粒子能量逐渐减少,粒子运动逐渐减弱,直至所有粒子运动渐趋稳定。此时,物质内部系统能量下降到当前环境中的最低值,物质内部粒子将重新进入平衡状态。表现在外就是物质重新凝结成为固态,此时的物质内部能量比熔化前的固体状态更低。

智能优化算法的提出是为了使目标函数值达到最优而设计的,因此,在退火迭代过程中,接受优化解的概率应该大于接受劣化解的概率;并且随着温度的下降,接受优化解的概率增加而接受劣化解的概率减少。当温度趋于0℃,接受劣化解的概率也趋近于0。

模拟退火算法的基本步骤(图11-2)如下。

① 初始化。设定初始温度,初始解,每个温度的迭代次数,温度的衰减系数。初始温度的设定对于算法从随机搜索过程转换成局部搜索的速度起到控制性作用;迭代次数的设定对于算法搜索解的质量有显著作用;衰减系数一般设置接近1,衰减系数的设定对于算法的搜索精度与算法运算速度起控制作用。

② 对于温度进行其对于迭代次数,迭代步骤③到⑤的操作。

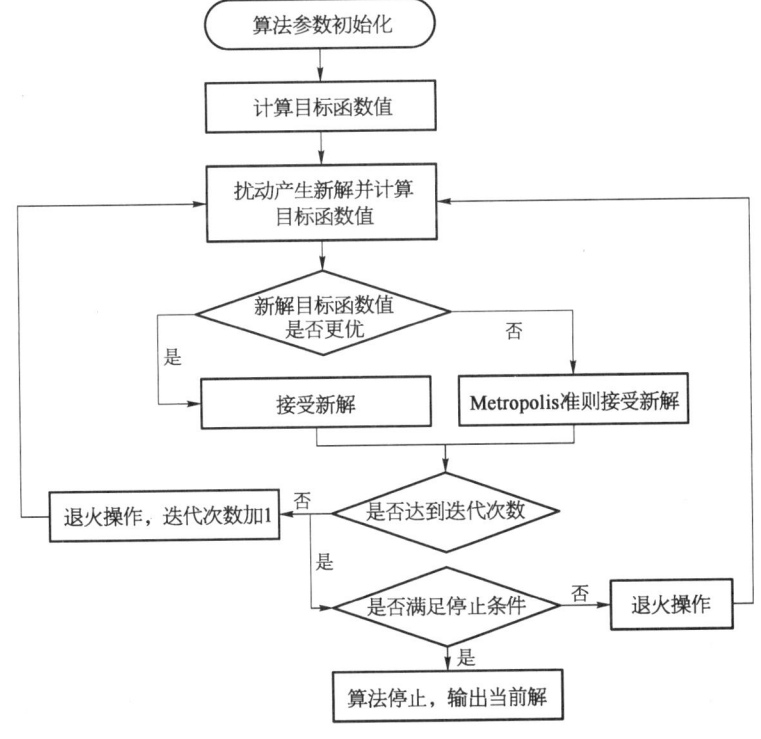

图11-2 模拟退火算法流程图

③ 算法运算产生新解。

④ 计算目标函数值的差值。若差值小于0,则接受新解;否则以一定概率接受新解。

⑤ 对比算法终止条件,满足终止条件则输出当前解为最优解,结束算法;不满足终止条件,继续步骤⑥。

⑥ 对当前温度值进行衰减系数为初始化系统的衰减计算,然后继续步骤②。

11.4 应用案例

11.4.1 云制造系统调度——振华重工制造业流动机械智能调度管理平台研发及应用

云制造是基于云计算、物联网、大数据、面向服务技术等新兴信息技术发展起来的一种新的制造模式。经过多年发展,云制造的研究已经具有一定影响,对其各项关键技术的研究与应用也取得了丰硕的成果。随着传统的车间作业环境、柔性制造系统到复杂的分布式制造系统、面向服务的网络化制造环境的发展,制造系统变得越来越复杂,系统的动态性和不确定性更加突出,使得解决复杂制造环境下的调度问题变得越来越困难。

调度问题是云制造系统的核心问题之一。与经典制造系统相比,云制造系统在任务、服务、资源、优化目标、不确定性等方面都存在较大差异。从制造任务的角度来看,云制造系统中的任务具有个性化和大规模的特点;从制造服务的角度来看,云制造是一种面向服务的制造模式,云制造调度问题不再是简单的工序与设备的匹配,而要考虑制造服务的柔性、关联性、可组合性以及任务与服务的映射关系。另一方面,由于云制造资源分布在不同的地理位置,云制造调度还需要考虑物流和任务转移成本等因素。此外,云制造模式下存在多个利益相关方,包括服务使用者、服务提供者和服务管理者等,云制造调度的优化目标不仅要考虑时间、成本和质量等因素,还要考虑不同角色之间复杂的利益关系。最后,云制造系统中的动态性、不确定性更加凸显,干扰事件更加普遍,导致解决云制造环境下的调度问题更加困难。

结合云制造环境的新特点,制造计划与调度可分为分为短期运作层、中期战术层、长期战略层。短期运作层是根据中长期制定的采购销售生产等计划,在能力需求的约束下制定具体业务操作级别的执行方案,主要包括生产调度与车间控制、营销补货计划与运输计划等;中期战术层关注以用户需求预测为向导的协作网络内部结构优化,包括企业能力外包决策、每个节点的能力设置/扩展决策,并根据用户需求决定产品在协作网络各类节点中的生产/供应/分销运输数量,典型的如主生产计划;长期战略层决定产品类型、规划现在/将来的各种企业能力(包括生产基地个数和地点等),基本确定企业的协作网络结构和每个节点的功能定位与能力需求,典型的如粗能力计划等。

与经典制造系统相比,云制造模式下的调度问题具有自己的特点。传统制造系统中的调度决策系统通常位于车间层，制造资源与调度系统的连接距离更"近"，使得调度决策系统能够更容易地实现对突发事件和不确定性事件的响应。云制造环境下的调度系统位于"云端"的云制造服务平台，调度系统与制造资源之间靠互联网连接，这种远程网络连接方式导致云端的调度系统难以对物理资源层发生的动态干扰事件做出及时有效的响应。因此，在云制造环境下，对于干扰事件和系统状态的预测是一个十分重要的问题。

(1) 云制造调度问题的特点

① 制造服务由于云制造是一种面向服务的制造模式，在云制造环境下与任务进行调度和匹配的不再是传统的制造设备，而是制造服务。云制造服务具有较强的柔性，而且服务和服务间具有关联关系。此外，在云制造任务调度过程中还要考虑到云服务池规模的动态增长。

② 制造资源在云制造环境下，制造资源通过虚拟化和服务化之后形成制造服务。虽然这些制造服务在云端的服务云池中被统一管理，但是制造服务所映射的制造资源却分布在不同地理位置的制造企业中。因此，在云制造任务调度过程中不仅要考虑服务之间的关联性，还要考虑任务在分布式制造资源之间传输时所需的物流时间和物流成本。

③ 制造任务云制造服务平台中，制造任务具有个性化、大规模的特点，这也是云制造不同于传统制造模式的重要特点。因此，云制造任务调度需要使用更加智能和高效的方法。

④ 系统动态性与不确定性虽然在经典的车间调度问题中也存在系统的动态性、干扰事件和不确定事件，但是在云制造环境下，这些不确定事件和干扰容易发生且更不容易被控制，对系统运行带来的影响也更大。

(2) 云制造调度的过程

在云制造环境下，服务需求者根据自己的制造需求向云制造平台提交任务。云制造平台及时有效地调动云资源池中的软件和硬件资源，执行相应的产品加工过程以完成服务用户的需求。在该过程中，服务的调度技术是关键环节之一。云制造调度问题包括资源调度和任务调度两类问题，区别在于调度的着眼点不同。云制造调度过程分为制造任务分解与处理、云平台虚拟资源调度、跨企业任务调度和企业级任务调度四个方面。图11-3 所示为云制造调度系统结构图。

① 制造任务分解与处理。服务需求方将制造任务需求发送到云制造服务平台，制造任务的分解与处理是实现制造任务与制造服务匹配的前提。每个制造任务被分解为由多个子任务构成的子任务有向图（子任务链），用属性标签的形式对不同任务的子任务进行多维描述与管理，以支持子任务和服务实例的优化匹配与调度。

② 云平台虚拟资源调度。云制造平台中的虚拟资源调度分为计算资源调度和制造资源调度两种。计算资源是云制造服务平台架构的基础，它可以提供底层的计算能力和存储能力，因此计算资源的调度是制造资源调度的基础。计算资源调度分为基础设施即服务层资源调度、平台即服务层资源调度和软件即服务层资源调度。制造资源调度包括

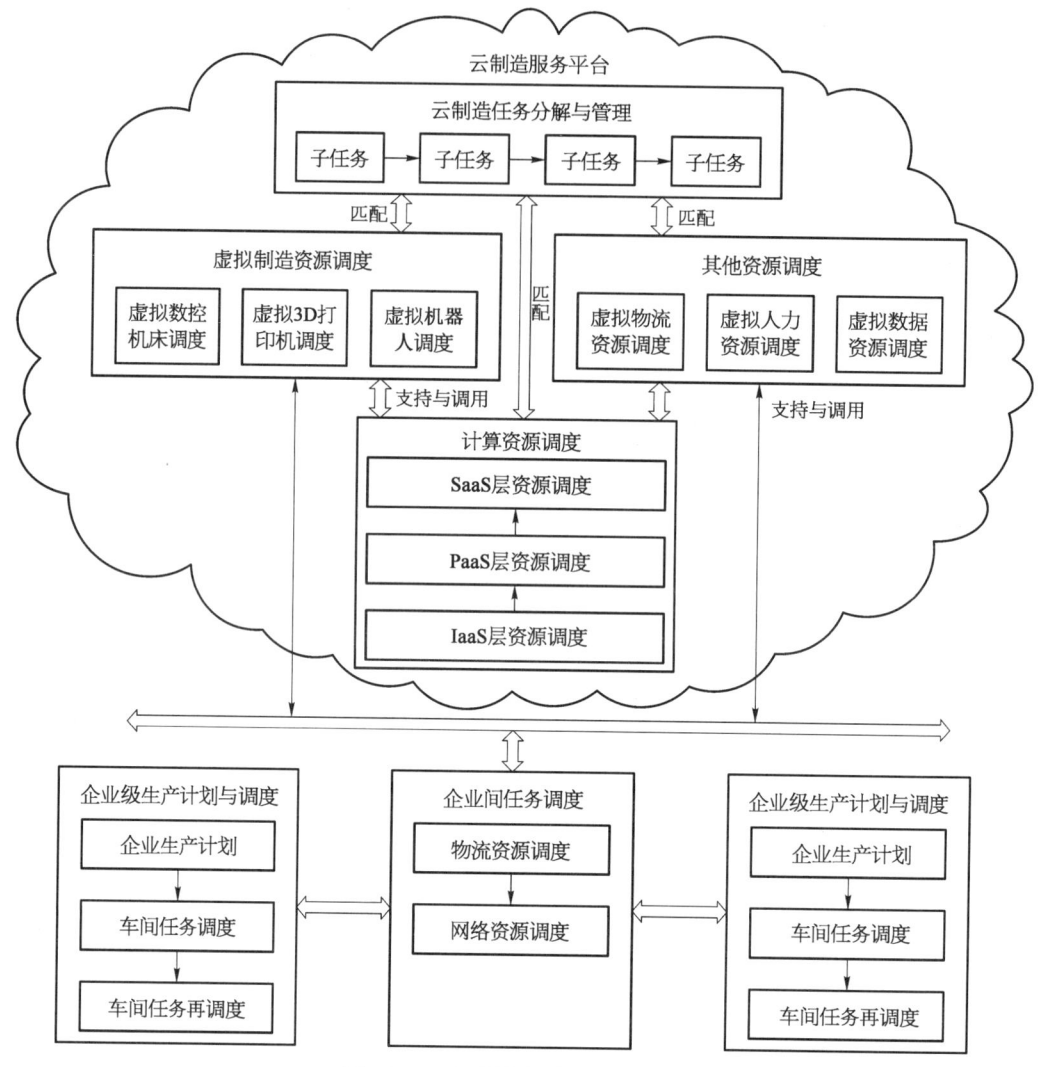

图 11-3 云制造调度系统结构图

经典的智能制造设备资源调度(如数控设备、3D打印机、智能机器人)和其他制造资源(如物流资源、人力资源、数据资源)。

③ 跨企业任务调度。由于云制造平台中存在众多提供服务的企业,制造任务需要在多个企业之间进行分配与协同执行。跨企业任务调度需要考虑不同企业的服务能力、资源利用程度和服务质量等因素,调度的优化目标需要考虑多个制造任务需求的优化目标。物流因素是跨企业调度必须考虑的因素(包括物流时间和物流成本),也是云制造调度与云计算任务调度的一个重要区别。

④ 企业级任务调度。云制造任务的执行最终需要在车间层进行,因此车间层的任务调度问题是云制造调度需要考虑的另一方面。云制造调度系统中产生的调度方案通过网络传递给不同制造企业的车间层,车间制造系统根据当前企业自身的固有任务量和云制

造平台下放的制造任务生成优化的车间层调度方案,最终按期完成云制造任务。车间层中产生的干扰事件(如设备宕机、设备周期性维护、物料短缺)需要及时反馈到云平台,以便云平台通过全局优化调度实现对服务网络局部干扰的有效响应。

(3) 云制造调度技术运用

云制造调度技术不仅涉及云制造平台中虚拟资源的调度问题,还要考虑网络化制造环境下跨企业的任务和资源调度问题,以及车间层调度问题。因此,云制造调度技术需要云平台调度技术、网络化制造调度技术和车间层调度技术作为支撑。此外,在云制造系统环境中与调度问题密切相关的理论和技术还包括云制造服务组合理论与技术,以及云制造供需匹配理论。上述云制造调度相关理论和支撑技术的研究与实现,需要一批基础性理论和技术作为支撑。

① 云制造服务组合技术与云制造调度技术相辅相成。服务组合技术需要利用复杂网络理论对云环境下制造服务之间复杂多变的关联关系进行描述和建模,在此基础上利用网络相关理论将云制造服务组合问题抽象为网络中节点之间的关联关系研究。

② 云制造供需匹配技术从任务和服务的角度对云制造调度问题进行建模,将云制造调度问题抽象为任务集合与服务集合之间的动态映射问题。云制造供需匹配技术需要运用基于多智能体的技术和实时仿真等方法对云制造任务服务供需匹配问题进行问题描述和供需匹配方案优化,从而实现动态环境下制造服务与任务需求之间的优化匹配。

③ 在云制造平台虚拟资源调度问题研究中,需要针对云制造平台中的制造资源和计算资源的不同特点,分别进行资源和服务调度问题的研究。目前针对云制造计算资源调度问题的研究相对较多,针对制造资源的调度问题研究相对少一些。

④ 网络化制造环境下的跨企业调度也是实现云制造调度的关键,不仅需要考虑网络化制造环境下的供应链资源优化调度问题,还要考虑制造任务执行过程中的物流资源因素,因为云制造环境下的物流是实现制造任务执行过程的必要因素。

⑤ 车间层调度问题是云制造调度问题的基石。无论上层云平台中产生的优化服务调度方案还是企业间的任务调度计划,最终制造任务的执行过程都在车间层实现。车间层调度的相关支撑技术包括车间作业调度技术、柔性车间作业调度技术、虚拟制造单元调度技术和多智能体制造系统调度技术等。

振华重工制造业流动机械智能调度管理平台研发及应用

上海振华重工(集团)股份有限公司是一家重型装备制造行业知名企业,为国有控股A、B股上市公司,控股方为世界500强之一的中国交通建设股份有限公司。振华长兴基地具有4.93 km岸线、334万 m^2 的封闭区域,作为大型重型设备制造单位,各类叉车、牵引车、吊车、登高车、门机等是主要生产作业工具,每车每天需要进行间隔 10 min～3 h,日接单平均20次左右的频繁作业调度。所有用车申请、作业调度、过程监控、用车反馈等相关数据记录、统计全部依靠人工完成,随着振华长兴基地业务量的增加,各类生产车辆使用频次越来越高,依靠人工电话调度无法满足车辆使用需要,对于车辆的使用记录及成本核算也极为不便,运营管理成本居高不下。

为解决上述问题,通过综合利用 4G、GPS、北斗差分增强定位、流动机械物联网、GIS 地图、云计算、大数据等现代通信和信息技术,进行技术融合与工业互联网应用创新,研发流动机械智能调度管理平台,建设现代化、信息化的流动机械综合调度集控管理中心,实现远程申请、智能化生产调度、安全监控、数据采集、成本归集与各项管理数据分析自动化,减少专职管理人员。

流动机械及生产人员移动终端通过中国电信 4G 网络接入流动机械智能调度管理云平台,同时该平台通过 VPN 专线对接振华 ERP 系统及生产调度中心。平台的功能主要分为基础信息管理、车辆实时监控、车辆任务调度、车辆维保管理、统计分析、驾驶员应用、调度人员应用等。

通过平台(图 11-4)实施应用达到以下成果。

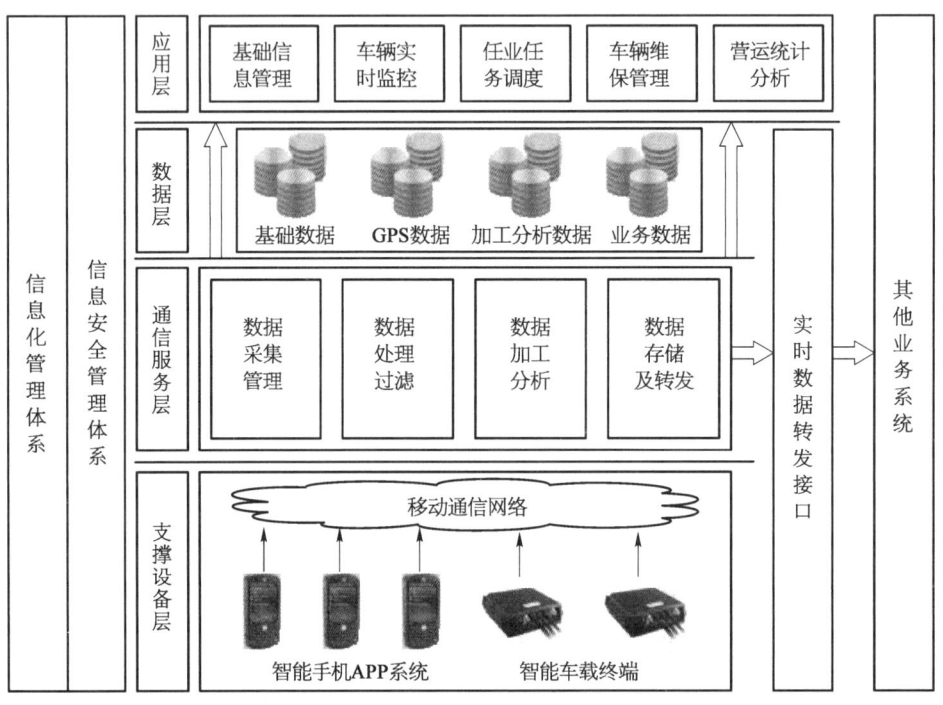

图 11-4　流动机械智能调度管理平台

① 流动机械信息化。对全部叉车、牵引车、吊车、登高车、门机等流动机械及车辆,实现封闭区域内的精确实时定位;实时采集流动机械发动机运行状况及起重、牵引、承压等作业数据,监控安全生产过程;依据发动机运行数据,分析设计各类流动机械个性化按需维修保养模型。

② 生产调度智能化。根据企业的日常生产实际,面向各部门的生产及管理人员(生产人员、驾驶员、调度及管理人员)实现各类流动机械的远程一键申请、就近、并单、插单等

生产智能化调度；实现生产人员及流动机械驾驶员的双向作业反馈和使用评价；实现流动机械生产过程的物资消耗管理等无纸化办公。基于业务预约、车辆实时定位数据基础，采用功能预植，实现智能化调度，淘汰了申请单筛选、流动机械与操作司机、工作任务的配对、流动机械位置查询与确认流程，将原有 5 min/单的调度时间缩减为 30 s/单。

③ 成本归集自动化。基于各类流动机械生产作业的全方位数据采集，实现各项成本基础数据的管理自动化；设计开发生产成本多纬度分析及统计归集模型，精确统计驾驶员、生产人员、调度人员的考勤、用车成本及定额管理，实现成本自动归集及精确管理目标。

11.4.2　公交调度——Z 公交集团啤酒节期间智能公交调度策略

伴随着城市生活水平的上升、社会的进步与经济水平的提高，城市机动车保有量也在逐年提升，人们在出行距离和频率上也有了大幅度的增长，在有限的道路资源环境下，城市交通拥堵发生的频率越来越大，这使得城市交通问题日益严峻。单纯依靠提升道路资源供给水平并不能缓解拥堵的交通，具有低能源消耗、低环境污染、低土地占用、低出行成本等优点的公共交通是缓解目前城市拥堵的最好方式。具备良好的调度管理手段与合理的调度方式的智能公交，可以真正节约出行时间，在一定程度上缓解紧张的城市交通拥堵状况。

经过多年的发展，传统的公交调度方式依据其组织方法的不同可以分为两种：线路调度和区域调度。目前，线路调度由于其简易的组织方式，方便管理，为我国各个城市广泛采用，具体来说就是将单条线路作为对象，对每一条线路上的驾驶员和车辆等公共交通资源进行划分。区域调度，顾名思义是以某片区域作为中心，对人、车辆、道路资源进行统一的组织管理与分配所属。区域调度在国外应用的较国内更为广泛。

目前，线路调度被广泛应用于我国大多数城市的日常调度工作模式，在部分线路重叠处兼有区域调度的部分特点，但总体来说还是以线路调度为主。调度方式依然选择较为传统的手工人力调度为主、计算机调度为辅，日常运行所积累的经验是运营计划的制定依据，线路运行信息获取能力还有待提高。

公交调度主要针对以下两个方面。

① 人员与设备管理。良好的公交服务水平需要优化人员管理与设备的高效率使用，这是人员管理的第一任务目标，具体标准包括线路安排是否合理、发车时刻是否恰当、服务时间段的选择以及其他正在完善的服务标准。

② 时间管理。主要依靠线路、站点上安装的监控设备来完成时间管理，管理要求出现问题时可以及时反馈，并做出相应处理。

公交调度系统主要有数据采集、数据传输、数据处理以及数据服务功能模块，如图 11-5 所示。负责以上各功能的设备与操作人员需要通力合作。调度员将车辆分配到线路上后安排驾驶员负责该车次，同时，调度员也要负责对后备驾驶员的管理，以便在人员方面出现问题时可以及时安排后备人员顶上工作。日常运营中的环境因素不断变化，调

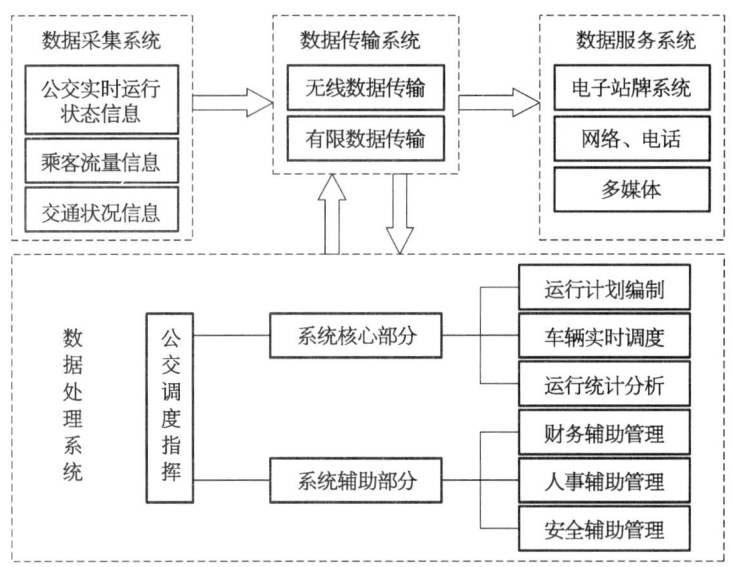

图 11-5 公交调度系统功能结构图

度员需要明白道路特殊事件发生的可能性和其他一切可能阻碍公交服务的隐患,并将其第一时间告知车辆驾驶员,调度员在工作的过程中可能会存在没有及时了解道路是否拥堵、车辆运行是否顺畅、乘客是否长距离排队等。

智能调度的初衷就是为了改善调度人员、管理人员对公交车辆运行信息与道路使用情况不清楚,从而单凭经验调度的作业模式。该系统使用先进的技术手段采集、传送、处理和显示调度工作中所需的各种信息。根据目前绝大多数大城市公交系统中已经配备的诸如 GPS 智能车辆定位系统,公交车辆信息采集与视频监控系统等先进智能设施设备,应该充分利用这些设备并对实时信息反馈系统以及实时调度过程做出规划,并利用人工智能等相关算法,将乘客等待成本最小和企业运营收益最大两个目标加以转换与统一,可以满足乘客等待成本最小,但同时也有可能使得公交企业收益最好。实现人、车、路的密切配合,不仅提高了交通运输效率,有效地督促了司机的安全驾驶行为并通过实时监控保障了乘客的人身、财物安全,还能优化车辆排班情况,从而实现资源的合理安排,一定程度上也有助于环境污染的减轻与能源消耗的降低,提升驾驶员、调度员的工作效率。

Z 公交集团啤酒节期间智能公交调度策略

在智能化交通的发展理念下,Z 公交集团坚持不断创新发展的模式,通过调查和探究市民出行的习惯和方式,将互联网技术运用到公交车中,制定了"互联网+公交定制"的新改革思路。虽然 Z 公交集团已经将互联网等信息技术运用到智能公交系统中来,但是在智能化运营方面还依然存在一定的问题,如关键调度业务停留在手动控制状态,运用计划、控制等各个主要环节依旧采用了手动操作,人工化的信息记录、处理工作不能为智能化公交调度系统的建立做好相应的基础。

为解决 Z 公交集团上述存在的问题，促进城市公交信息化、现代化的运营发展，建设智能化公交调度系统，实时了解公交车的停靠情况、客流情况、运行速度状况以及运行位置等信息，有效掌握公交运行实时状况，实现智能化的公交调度。

在啤酒节期间，交管部门为了保障区域道路的通畅性，对周边的交通进行了安全限制，由 Z 公交集团全力保障会场人员的输送。Z 公交集团的公交车辆智能化调度（图 11-6）圆满完成了节日期间的公交运行，提升了区域交通和乘客的运行质量和服务水平。

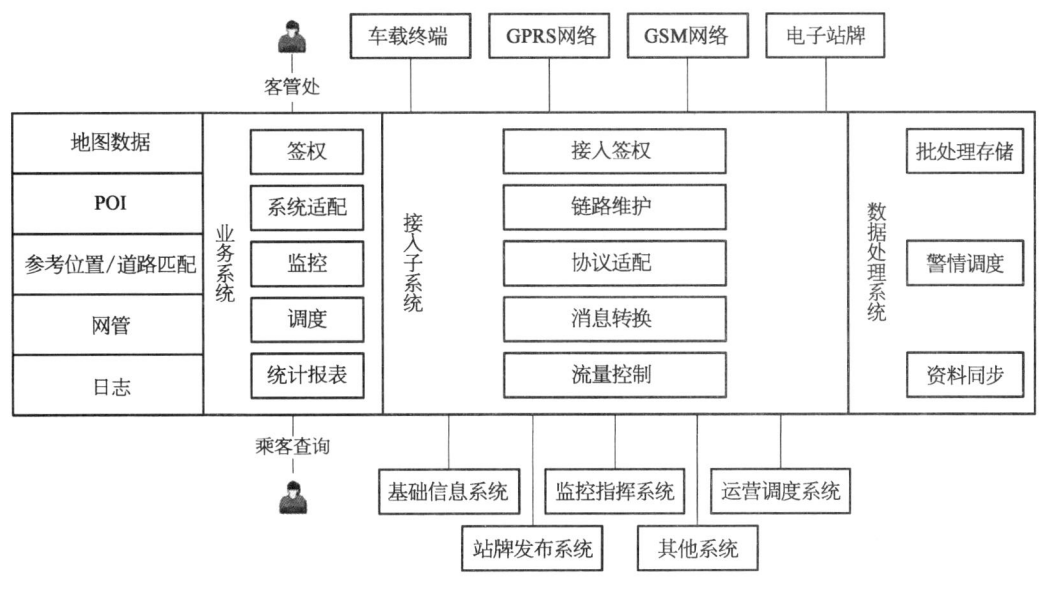

图 11-6 公交车辆智能化调度

在调度过程中，最重要的是完成对啤酒节期间来往会场客流量信息收集。据统计，在一天之中，根据客流量的变化情况，可以将公交的运行时间分为五个阶段，即早低峰时段、早高峰时段、平峰时段、晚高峰时段、晚低峰时段。以此为依据，公交智能调度系统针对不同时段的公交行车时刻制定公交调度策略。具体的公交智能调度策略如下。

① 前期信息采集工作。完成对来往啤酒节会场乘客的流量、时间以及公交线路等信息的收集，通过对公交发车时刻以及时间间隔进行最大满意度目标优化，对各时段的公交发车计划进行调整和排列，智能调整发车间隔。

② 早高峰时段的公交调度。在智能公交系统需求分析中发现，由于啤酒节会场各线路的最大运力取决于该路公交车的数量，如果选择当天公交运行的第一时段进行班次安排比较复杂，因此，选择当天的第二时段即早高峰时段进行排列发车班次，在智能调度中，如果早高峰时段持续的时间较长，且超过了所有公交周转的时间，需要对该时段的第一个公交周转时间进行调度，之后再依照周转的时间进行调整，以此对当天时段的发车安排进行排列。

③ 早低峰、平峰时段的公交调度。早高峰时段的公交行车计划确定以后，以此为依

据完成对早低峰时段和平峰时段的行车调度安排。由于早低峰时段和平峰时段的客流量较少,需要的公交数量小于最大配车数量,然而,为了不对下一个晚高峰时段的发车计划带来影响,在该时段内需要撤出一定数量的单班车辆。

④ 晚高峰时段的公交调度。在晚高峰时段内,需要公交车辆的数量为最大配车数,因此,在对晚高峰公交调度中,需要将上一时段的单班车辆均匀地加入到该时段,最后,按照满意度最大化目标模型完成晚高峰的公交智能调度。

通过系统及最大化目标模型所生成的行车调度计划,不仅满足了该公交线路顺利运行的需求,大大缩减了公交调度人员的工作时间,同时还有效实现了啤酒节期间区域乘客的最大满意值和Z公交集团的最大社会效益值。为智能公交调度系统的开发和推广提供了现实依据和实践意义。

11.4.3　物流配送调度——饿了么"方舟"智能调度系统

企业信息系统是企业信息化的一个目标,让企业的计划、生产、销售等各个环节更加智能化,以提升企业效率,降低运营成本,供应链作为企业信息系统的重要组成部分,具有关键性的作用,物流管理作用也越来越突出。

物流是现代商品流通系统的重要组成部分,物流伴随着信息流的流动而流动,信息流又控制着物流的流动。在物流活动中,物流信息流动于各个环节之中,并起着神经中枢的作用。

物流信息是和物流活动相联系的,涵盖从微观的物流作业信息到宏观的物流系统决策信息之间的所有物流活动中了发生、流通的信息,包括物流基础设施信息、用户需求信息、物流供应商信息、物流市场信息、物流交易信息以及相关政策法规信息。

经过多年对物流管理技术的研究,以及国内外对物流管理的认识与发展,可以将物流配送定义为,配送是物流管理系统的核心环节,字面的意思是将货物从物流的源点送到客户的卸货点的过程。是"配"与"送"的有机结合,并且利用有效的分拣、配货等理货工作,使送货到达一定的规模,并取得较低的送货成本。一般来说,配送一定是根据客户的需求,对物品进行挑选、加工、包装、调度、组配等一系列的活动,并且将货物按时按量的送达到指定地点。

在餐饮行业服务升级,服务形式连接线上线下,将传统的到店消费模式改造成更加灵活便捷的到家消费模式,极大降低了用户的消费成本和商户的固定成本。外卖平台除了促进线上需求向线下转化,也包括达成订单的最后一公里任务——基于城市道路交通状况的物流配送。智能调度系统是外卖物流的最核心环节,依托海量历史订单数据、送餐员定位数据、精准的商户特征数据,针对骑手实时情景(任务量、配送距离、并单情况、评级),对订单进行智能匹配,实现自动化调度以及资源的全局最优配置,在保证系统效率的前提下,最大限度地提高用户体验。在外卖物流调度的真实场景中,用户点了餐就希望能按时送到,骑手上了路就希望每趟路线能多配送几单,商家接了餐就希望骑手快来取餐,平台则关心如何以最小的运力承接最大的配送压力,而且能扛住高峰时段突如其来的订单量。

更加困难的是这些目标有时就是互相矛盾的，满足了一方，势必会影响另一方，调度订单是非常复杂的多目标动态规划的决策过程，影响订单分配的因素很多，从订单生成那一刻开始，调度系统就要考虑到订单的取餐地址、用户的配送地址、商圈内的骑士数量和状态、订单的预期送达时间。每一个订单并不是孤立存在的，要想得到全局最优的配送方案，还必须考虑到这一时段内其他订单的配送情况，尽可能做合并，提高整体的配送效率。如果再考虑到不同城市、商圈、天气、节假日、工作日和商圈骑士运力配置等情况，事情就变得更加复杂。

智能调度系统需要将以上所有因素都考虑在内，实时采集整个商圈里各方的动态数据，在短时间内做出在时间跨度和空间范围内的最优分配序列，让骑手轨迹无缝衔接起整个配送流程，让每个环节耗费的时间降到最低，让分摊到有限运力上的配送成本费用降到最低。智能调度利用深度学习模型对大量基础特征的组合训练能力，自动构造打分算法依赖的调度因素的组合或约束结构，形成多层反馈神经网络，找出最优的分配方案，让每个环节耗费的时间降到最低，让分摊到有限运力上的配送成本费用降到最低。

饿了么"方舟"智能调度系统指挥 300 万骑手

2018 年初，比达咨询发布 2017 年度中国第三方餐饮外卖市场研究报告。报告显示，2017 年度外卖市场交易规模达 2 046 亿元，较去年增长 23.1%，用户规模增长 3 亿人，较 2016 年增长 15.4%。随着外卖市场规模的逐渐扩大，提高外卖平台物流运营效率，将每个订单分配给最合适的骑手，为每位骑手规划最佳路径，精确地将外卖送到每位顾客手上，这些都是亟须解决的问题。

智能调度系统"方舟"是饿了么外卖即时配送领域中最核心的环节，该系统替代了调度员大部分的工作，减少了人力介入的程度，实现了自动化、智能化派单。智能调度系统"方舟"两个核心的任务：把对的订单派给对的人和为每位骑手规划最优路径。

（1）把对的订单派给对的人

智能调度系统的核心目标是提高外卖平台物流运营效率，其中效率与公平是派单的两大支柱。"方舟"通过学习骑手的送餐数据，划定骑手等级，并阶梯化各级骑手目标单量，从而为每个骑手做出一张能力画像，将运单分配给最合适的骑手。

在外卖的午间与晚间高峰，"方舟"会以运单效率为第一准则，在高峰期优先对高等级骑手分派订单，以提升配送效率。到了外卖的平峰期，"方舟"则会在考虑效率的基础上，强调公平性。通过大数据分析做到骑手单量的均衡，确保同等级、同团队骑手所分配的运单量在一定时间跨度内大体相当。

除了在骑手订单数量上做到均衡以外，为避免骑手工作负荷不均，"方舟"还会对运单类别进行均衡，使长单与短单、易送单与难送单在各个骑手运单中的比例大致都一样。

（2）为每位骑手规划最优路径

"方舟"智能调度系统通过分析餐厅历史出餐数据，骑手接单时，系统会优先指向出餐更快的餐厅,让骑手减少在餐厅等餐的时间。数据显示,在智能调度系统的帮助下,饿了么每单配送时长已缩短至 28.62 min,准时率和用户好评率都高达 99%。

当骑手遇到暴雨、下雪等极端天气时,由于天气与路况问题,骑手的行驶速度会变慢,这时候系统会分配给骑手更多的送餐时间,确保骑手不会因为担心送餐迟到而超速,降低骑手产生交通安全事故的概率。

除了时间和距离,并单率也是决定人效的重要因素,因此,"方舟"还会将同一街道、同一楼宇的邻近订单合并,给一名骑手统一配送,将骑手每一趟的价值最大化,业内叫"追单"。

为达到上述效果,方舟系统的调度算法历经五次迭代。

(1) 第一版是逐单分配:当前时刻最优

在这一分配系统的算法里,主要考虑到运单剩余时长、骑手已有负载、骑手绕路距离、运单与骑手已有负载的夹角,抽象出来的问题模型是带时间窗的路径规划问题。但是由于配送员的行为可能不会按照系统给的最优配送路径,比如电动车没电或者配送员想走另外一条路,因此这种获取订单最优解的方案虽然有效,但满足不了业务需求。

(2) 第二版升级到蓄水分单:蓄水时长内最优

在这个版本里,引入 buffer 的概念。基于个体的独特性会影响分配算法效率的考虑,抛弃掉个体概念,改从时间区间的维度来考虑问题,力求做到全局最优。但由于会出现运力饱和甚至是运力不足的情况,一旦碰到高峰期,配送速度还是不能让顾客满意。

(3) 第三版升级到波次并单与多级调控

波次并单指的是在同一波次内尽可能并单,最大化同时并单数。多级调控是通过算法建立一个运单紧急度模型,分为紧急单分配、低相似运单分配等,保证最紧急的订单最快出单。但实际线下环境的复杂度远超想象,传统算法设计几乎已经无力再继续优化。

(4) 第四版:机器学习分单

基于机器学习技术,他们建立了五个模型——运单相似度模型、骑手背单能力模型(通过机器学习评估人类员工能力的实例)、骑手路径规划模型、骑手行程时间预估模型、骑手楼内时间预估模型。虽然从理论上来看没有问题,但调度结果极其依赖算法模型。基于此,算法工程师观察配送员的配送行为之后对算法模型进行了大量优化。

(5) 第五版:深层神经网络与多场景智能适配分单

在这一版本中,深度学习在系统里承担了几乎所有预测工作,包括不同骑手在送餐过程中的路径选择,以及未来 30 min 的负载压力。此外,算法团队为调度划分了午高峰、平峰、爆单、大厦、小区等多个场景,系统会根据场景来适配模型。

11.4.4 辅助驾驶

先进辅助驾驶系统(advanced driver assistance system,ADAS)是智能交通系统(intelligent transportation system,ITS)的一个重要组成部分,是驾驶自动化当前的主要

目标。ADAS 主要是指基于视觉传感器,配合 GPS、毫米波雷达、激光雷达等传感器融合,在车辆行驶过程中实时感知驾驶环境,根据采集的信号对周围物体进行识别、侦测以及追踪,并结合 GPS 导航地图数据,进行综合运算与分析,预警可能发生的危险或接管车辆的控制,从而有效增加车辆行驶的安全性和舒适性。

车道偏离辅助驾驶系统(图 11-7)是 ADAS 的重要组成部分,可将车道偏离辅助驾驶辅助系统分为三个组成模块。

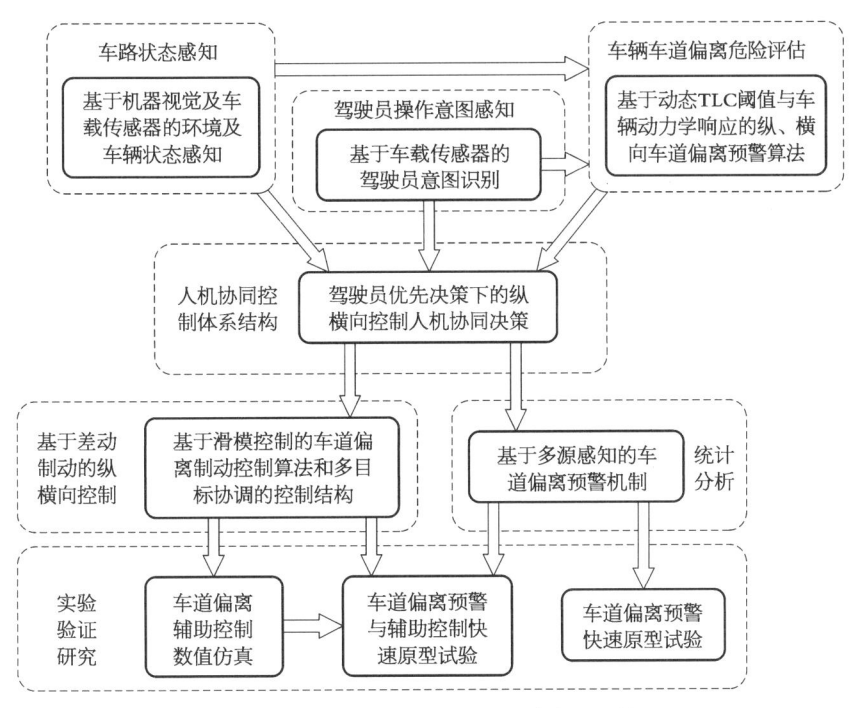

图 11-7 车道偏离辅助驾驶系统功能结构图

车道偏离预警系统(lane departure warning system,LDWS)是一种通过车载传感器获取车路状态信息而后由预警决策模型判断是否有偏离车道危险并以视觉、听觉、触觉等途径将危险信息传递给驾驶员以辅助驾驶员避免或者减少车道偏离事故的系统。车道偏离预警系统的根本目的是提示驾驶员存在车道偏离的危险,改善驾驶员对危险的感知与判断。

车道偏离辅助驾驶系统(lane departure assistance system,LDAS)是一种通过车载传感器获取车路状态信息由控制决策模型判断是否有偏离车道危险并仅在车辆即将冲出车道时通过控制转向、制动、驱动控制纠正车辆行驶轨迹的系统。车道偏离辅助控制系统仅在检测到即将发生无意识的车道偏离且驾驶员未及时采取纠正措施时起作用,是为了增强车辆的行驶安全性。

车道保持辅助控制系统(lane keeping assist system,LKAS)是一种用于补偿细小的干扰(如道路曲率、道路倾角或侧风)对车辆运动轨迹的影响,以减轻驾驶员的负担的系统。

图 11-7 所示为车道偏离辅助驾驶系统的功能结构。

车道偏离辅助驾驶系统的关键技术包括以下几点。

① 环境感知。环境感知是车道偏离辅助驾驶技术的基础,其目的是通过信息融合技术为系统提供必要的输入参数,主要包括车道检测和车辆检测。

② 偏离预警与辅助控制决策算法。决策算法是车道偏离辅助驾驶系统的关键部分,算法的优劣直接影响系统的性能。

③ 高效且易于接受的预警人机接口。预警人机接口是车道偏离辅助驾驶的重要研究内容,预警人机接口的预警效果及可接受度对车道偏离辅助驾驶系统的推广使用有重大影响。

④ 先进的辅助控制技术。在预警无效的情况下通过转向、驱动、制动等方式对车辆动力学进行主动干预以避免车辆偏离车道。

目前,国内外对车道偏离辅助驾驶技术的研究主要集中在环境感知和偏离决策模型上。车道偏离决策算法研究的关键是确定一个合理的预警时刻及时触发预警,预警时刻既要确保报警及时、准确,又不对驾驶员造成干扰,同时还应确定合适的干预时刻在驾驶员未做出反应时及时触发辅助控制,该干预时刻既要保证辅助控制有足够时间纠正车辆又不会过早干预导致影响驾驶员的正常操作。车道偏离辅助控制决策算法的基本要求如下。

① 低误干预概率。辅助控制系统对车辆的误干预将对车辆的正常行驶产生不良影响,可能使驾驶员产生车辆失控的错觉并导致对辅助控制系统的信任程度降低,甚至选择放弃使用辅助控制系统。

② 协调好驾驶员的转向输入和辅助控制系统的控制输出的关系。驾驶员和辅助控制系统均能对车辆的行驶状态进行干预,且驾驶员和辅助控制系统各自的输出信号会相互产生干扰,因此协调好人机关系有利于增加驾驶员对辅助系统的信任。

③ 辅助控制及时有效。过早施加辅助控制可能会影响驾驶员的正常操作;反之,过晚施加辅助控制将无法避免车辆偏离车道。因此应在车辆即将偏离车道且仅依靠驾驶员操纵无法使车辆回到车道内时启动辅助控制以避免车辆偏离车道行驶。

④ 适时退出辅助控制。当检测到驾驶员在有意识地操纵车辆时,辅助控制系统应及时地退出,将车辆的控制权归还给驾驶员。

为满足算法基本要求,需要车道偏离辅助控制决策算法能很好地调度车辆相关辅助资源以及人机互动控制的输入与输出。目前具有代表性的车道偏离决策算法采用的决策模型主要有五种:基于车辆横越车道线的时间,基于车辆在车道中的当前位置,基于将来偏离量的不同,基于知识的道路场景感知和稳态预瞄模型。

参考文献

[1] 徐俊刚,戴国忠,王宏安. 生产调度理论和方法研究综述[J]. 计算机研究与发展,2004(2):

257-267.
- [2] 吴乙万. 人机协同下的车道偏离辅助驾驶关键技术研究[D]. 长沙：湖南大学，2013.
- [3] 蒋凡，徐明泉，崔代锐. 基于外卖物流配送大数据的调度系统[J]. 大数据，2017(1)：104-110.
- [4] 舒新意. 物流配送车辆智能调度模型研究及应用[D]. 杭州：浙江理工大学，2011.
- [5] 周龙飞，张霖，刘永奎. 云制造调度问题研究综述[J]. 计算机集成制造系统，2017(6)：1147-1166.
- [6] 赵萌迪. 城市公交调度策略与方案优化研究[D]. 兰州：兰州交通大学，2017.
- [7] 于婷. Z公交集团智能公交调度系统应用研究——以啤酒节期间调度为例[D]. 青岛：青岛大学，2017.
- [8] 汪选要. 横向辅助驾驶及人机共驾控制策略的研究[D]. 合肥：合肥工业大学，2017.
- [9] 简亮. 基于改进遗传模拟退火算法的生产调度研究[D]. 郑州：郑州航空工业管理学院，2017.
- [10] 李彦冬. 基于卷积神经网络的计算机视觉关键技术研究[D]. 成都：电子科技大学，2017.

第 12 章

预测性维护

当前,新一轮科技革命和产业变革孕育兴起,大数据的积聚、理论算法的革新、计算能力的提升及网络设施的演进,驱动人工智能发展进入新阶段——AI2.0。各国纷纷制定了发展人工智能国家战略,美国白宫于 2016 年推动成立了机器学习与人工智能分委会,并发布了以人工智能为主题的 3 份报告;日本在其"日本振兴战略"的修订中提出要推动"机器人驱动的新工业革命",要成为机器人超级大国;英国发布的《机器人技术和人工智能》报告中,重点阐述了如何规范机器人技术与人工智能系统的发展;中国 2017 年在《新一代人工智能发展规划》中对 2030 年我国人工智能发展的总体思路、战略目标和主要任务、保障措施进行系统的规划和部署。人工智能正加快与经济社会各领域渗透融合,带动技术进步、推动产业升级、助力经济转型、促进社会进步。

随着工业大数据技术的发展,人工智能在工业领域的应用渗透到产品全生命周期的各个阶段。预测性维护是工业大数据和人工智能方面的一个重要的应用场景,它针对设备、设施的故障和失效,由被动故障维护到定期检修(人工巡检)再到主动预防最终到事先预测和综合规划管理的演进中,不断提升、发展。其经济意义是降低设备的故障率及停机时间、提高设备利用率,保证设备持续使用,避免意外停工,提高企业生产效率;同时减少维修费用及设备整个生命周期成本,消除在不必要的维护上所花费的时间和资源,对设备进行适时小修,减少大修、突发故障所带来的巨大维修费用。其安全意义是降低由设备的故障或突发故障所带来的难以估算的安全隐患。从市场角度看则是为客户提供了增值服务。

本章以国家及上海制定的人工智能产业发展相关规划为导向,立足于人工智能在工业领域的应用实践,梳理了维护理论的发展历程,重点对预测性维护的概念、架构、流程以及技术体系进行了阐释,介绍了几种典型的预测模型,最后给出了预测性维护的几个经典应用案例。

12.1 预测性维护概念、架构及系统流程

12.1.1 概念

预测性维护,是以状态为依据(condition based)的维护,在机器运行时,对其主要(或

需要)部位进行定期(或连续)的状态监测和故障诊断,判定设施设备所处的状态,预测设施设备状态未来的发展趋势,依据其发展趋势和可能的故障模式,预先制定维护计划,确定设施设备应该修理的时间、内容、方式和必需的技术和物资支持。预测性维护集设施设备状态监测、故障诊断、故障预测、维修决策支持和维修活动于一体。是人工智能在工业领域的应用与实现。

预测性维护的概念分为狭义和广义两种。狭义的预测性维护立足于状态监测,强调故障诊断,是指不定期或连续的对设施设备进行状态监测,根据其结果,查明设施设备有无异常或故障趋势,再适时的安排维护。狭义的预测性维护不固定维修周期,仅仅通过监测和诊断到的结果来安排维护计划,主要强调监测、诊断、维修三位一体的过程,这种思想广泛应用与流程工业和大规模生产方式。

广义的预测性维护将状态监测、故障诊断、状态预测和维护决策合为一体,状态监测和故障诊断是基础,状态预测是重点,维护决策得出最终的维修活动要求。广义的预测性维护是一个系统的过程,它将维护管理纳入预测性维护的范畴,通盘考虑整个维护过程。

预测性维护是人工智能在工业领域的应用与实现,其作用包括:

① 通过预测性维护可提供支撑设备、设施运维的增值服务和全生命周期的质保服务;

② 实现状态监测与故障诊断,通过智能化、组态化、模块化的监控装置,实现对设备、设施状态参数进行在线监测、故障诊断、离线分析、报警预警等功能;

③ 实现远程运维,针对长寿命服役的设备设施的运维保养,建立健康监测服务系统,通过基于测量的量化指标来确定维护的优先次序;

④ 建立疲劳模型,对结构性能进行评估,对结构生命周期的预测,估算结构整个生命周期的修复或维护费用,通过设备跟踪和网络平台进行远程监测等在线支持服务。

12.1.2 平台架构

为了适应不同的行业和应用领域,预测性维护解决方案将提供必要的高度抽象的组件和接口。这就要求开发一个预测性维护的平台或者一个完整的生态系统,其架构应该是模块化的,以便很容易地对传感、状态监测与评估、诊断、预测等功能进行添加或强化。预测性维护平台架构如图12-1所示。

一方面对使用中的设备或设施通过传感器及嵌入式智能系统对其状态进行监测(即健康监测),提取并分析相关的特征量从而实现对设备、设施的衰退管理;通过网络将设备、设施的状态数据传输到平台,经处理形成设备、设施的健康信息,实现对设备、设施的故障预测、运维决策等,从而实现预测性维护,并将零故障运行作为终极目标。另一方面将预测性维护数据反馈到产品(即设备、设施)中心,在产品再设计时增强其可靠性和可用

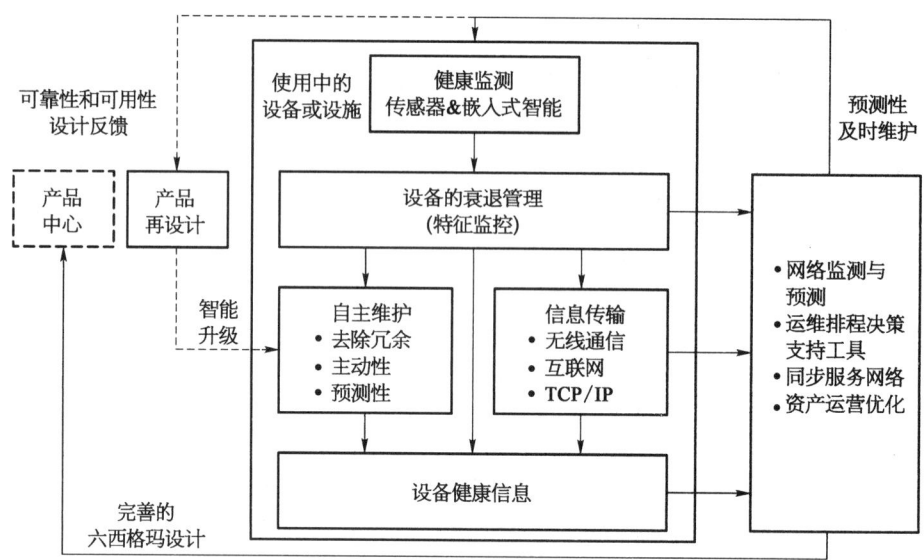

图 12-1 预测性维护平台架构图

性,形成完善的六西格玛设计,实现产品的智能升级,最终实现产品的自主维护(即根据状态进行主动性、预测性的自主维护)。通过上述两方面形成闭环的产品(即设备、设施)全生命周期信息管理。

12.1.3 系统流程

现今已有多种不同的技术适用于预测性维护,随着技术周期将缩短和信息通信技术(information communication technology,ICT)的进一步发展,将孕育出越来越多可应用于预测性维护的潜在技术。

预测性维护的总体功能结构将保持相对固定,相关部件的当前状态需要使用感测功能来确定。基于此,对健康情况和现状的评估是可以实现的。一方面,这是故障诊断和制定维护计划的先决条件;另一方面,这也是故障预测和制定维护计划的必要条件。最终,所有的维护措施都将需要无缝集成到制造运维管理层的运维管理方案中。系统流程如图 12-2 所示。

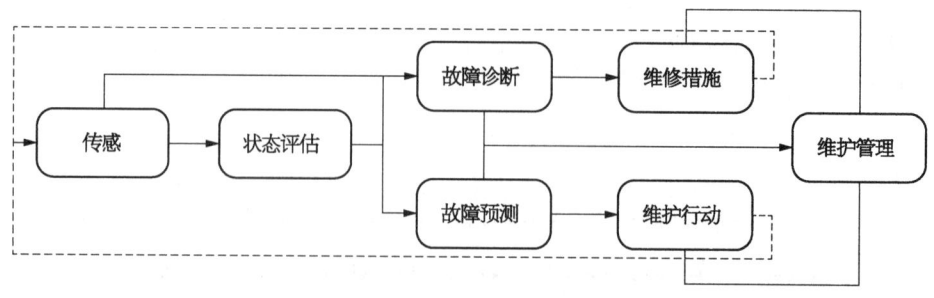

图 12-2 预测性维护系统流程图

12.2 预测性维护技术

12.2.1 技术基础

网络、互联设备、采集、监视和分析得到的数据是预测性维护流程基础。这些数据基础设施以及数据驱动的智能信息就是物联网。物联网是包含嵌入式技术以实现与内部状态或外部环境之间的通信、感知、互动的物理对象和连接设施,它能实现对整个工厂设备的监视。工厂经理和运行人员可以根据物联网所提供的数据和信息,将工厂切换到预定的预测维护模式。

预测性维护可以利用很多种类型的数据,包括设备运行时间、温度、能源利用、产出以及更多其他数据来改善决策的制定和运行。比如,在某个消费品工程中,一个设备可以连续运行,维持稳定的生产,但是在其出故障前,能源消耗会大幅飙升。这样通过监视机器产生的能源消耗数据,当检测到能源消耗飙升时,运行人员就可以及时进行干预,从而避免停机。通过利用与机器运行有关的当前数据,以及过往失效的历史运行数据,操作人员可以降低对工厂运行的不利影响。如果采用定期维护模式,需要将机器离线,这会在产品周期内造成非计划停机。

12.2.2 传感技术

传感技术分为直接传感与间接传感两种方式,其关键问题包括两个即传感模式和为了获得设备设施状态信息关键信息的传感器放置策略。

通过传感技术可以了解设备状况,根据遥感参数和机械状态之间的关联,这些传感技术可分为直接传感与间接传感两种模式。直接传感技术测量直接显示机械状况的实际数量,由于缺陷通常发生在机械内部,直接检测通常是通过拆卸机械结构或中断正常操作来实现的。随着机械缺陷引起的振动(摩擦、生热)的变化,间接传感技术则可以间接测量机械状态的各种辅助参数(如力、振动和噪声等),与直接传感相比,间接传感方法成本低,能够连续检测所有的变化(如刀具破损、刀具磨损等),而无须中断机器正常运行。

随着传感器越来越智能化,一般来说,置于设备设施上的传感器越多,传感器所承载的信息越复杂,越能反映机器的状态。然而,实际上传感器的数量是很有限的,并受限于成本、安装等因素。因此,传感器的安放位置需要考虑,以获得尽可能多的机器的信息。

12.2.3 状态监测

状态监测通过外置传感终端进行关键故障点的状态监测,是预测性维护平台的基础。状态监测技术发展到现在,在各工程领域都形成了各自的监测方法,状态监测的方法依据状态监测手段的不同而分成许多种,常用的包括:振动监测法、噪声监测法、温度监测法、压力监测法、油液分析监测法、声发射监测法等。随着设备智能化程度的提高,部分设备能提供其本身的状态监测数据。

状态信息是基于数据采集生成的,采集的数据作为健康状态计算的输入。健康状态取决于由历史数据组成的实际状态,实际状态通过直接或间接的传感功能测得。典型的状态评估是将计算或测量的状态结果与阈值或参考值进行比较。此外,为了评估状态,可能还需要对采集的数据进行预处理,例如滤波、数据校正、消除叠加趋势等。

根据应用程序不同,可以使用不同的算法进行数值处理,包括从简单的算术函数、统计函数、微分、积分,到像快速傅里叶变换等的变换函数。随着组件的计算能力的增加,这种算法可以直接部署到传感器层次的部件中。数据驱动的方法也可以用于状态监测,通过历史数据对所需的系统输出建模,这种方法包括常规数值算法如线性回归或卡尔曼滤波器,以及在机器学习和数据挖掘社区中常见的算法如神经网络、决策树和支持向量机等。

由于功能的多样性,非常有必要建立一套统一的解释方法对计算出的状态进行解释,即将状况状态与应用程序的取值范围(由阈值或参考值表示)建立映射。

部件状态的计算可能不足以为整个设备或系统提供状况状态。因此,有必要结合不同的状态值,这种组合的结构是由设备或系统的功能结构给出的,它可能跨越若干个逻辑层次。

12.2.4 数据传输

预测性维护平台支持不同通信介质(现场总线、有线及无线网络)、通信接口(Modbus RTU/Modbus TCP、Profibus 等)、外部标准输出接口(OPC UA 等)以及冗余多路数据获取等,以达成不同类型设备、设施的互联。

12.2.5 故障诊断

故障诊断可细分为故障侦测、故障定位、故障隔离和故障恢复等。故障诊断的方法可根据分析模型的方法或经验知识以及数据驱动的方式的不同,分为定性方法和定量方法。

基于分析模型的方法包括状态估计、参数估计等。这些方法需要描述过程中的精确数学模型,建模有助于对过程中机理结构的深入理解,其目的是得到精确的模型。但是在实践中,经常有不能明确建模的复杂行为关系存在。

专家系统方法是一个典型的基于定性的经验知识的方法,它广泛应用于液压、电力发动机等领域。基于数据驱动的方法包括统计、信号处理和定量的人工智能等,这些方法应用范围广、适应性强,特别适用于精确模型难以获取的领域。基于数据驱动的方法包括灰度理论方法、时间序列分析方法和多元统计分析方法等。

主成分分析(principal component analysis,PCA)法是具有代表性的多元分析方法,它通过基数的变化将数据映射到另一个空间,用于降维。PCA 方法经常应用于流程性行业,如化工和故障检测分类(fault detect classification,FDC)工艺的 IC 设备的故障诊断,但对复杂非线性系统并不理想。应用的数学工具包括 PCA 和规范变量分析(canonical variate analysis,CVA)。

基于信号处理的故障诊断广泛应用于振动信号等领域,如电动机、旋转机械和内燃机等。所使用的工具包括小波变换、希尔伯特变换和卡尔曼滤波等。

值得注意的是,所采用的分析方法是相似的,因为状态监测、故障诊断和寿命预测之间存在着内在的联系。

12.2.6 故障预测

故障预知在监测和评估数据的基础上,聚焦在对一个设备或系统的故障以及剩余寿命的预测。剩余寿命的研究方法有两种:一是估计和预测平均剩余寿命,二是发现剩余寿命的概率分布。

影响设备寿命的因素很多,在制造、装配、测试、运输、安装和调试过程中,任何环节都可能影响零件的可靠性。设备的操作和维护环境,如设备的生产负荷大小、运行环境(温度、湿度和灰尘)、设备维护水平和维修人员的责任,都会影响设备的剩余寿命。

故障预测从技术的角度看是可行的。随着传感器、微处理器、存储器、电池技术、无线通信网络技术的发展,可以利用实施传感器模块和自动数据记录设备进行故障预测。作为故障预测系统核心的信号信息处理理论也取得了显著的进步,特别是故障预测的数学模型变得更加智能和实用。另外,基于关键部件寿命的准确预测,则结合了诸如射频识别等的自动识别技术,用来确定零件在供应链上的位置,可以根据要求及时快速地获取和提供配件。

12.2.7 维护管理

维护管理是实施设备、设施维护计划的基本任务,预测性维护决定了从当前状态到功能性故障的预期降低程度,并提供了一种具有成本效益的维护策略。

此外,预测性维护需要考虑组织维护所需的资源类型,包括人员、备件、工具和时间。维修管理的主要内容是计划、实施、检查、分析的闭环控制。

由于整体的应用进度,这个最佳实践可能并不总是可以实现的。因此,它需要被集成到一个制造操作管理(manager of managers,MOM)中。MOM 在支持持续改善制造效率、质量控制、成本节约、一致性以及贯穿整个扩展的价值链中的安全性和敏捷性方面起着重要的作用。

随着现代 MOM 软件解决方案的日益成熟,一些领先的 MES 和 ERP 供应商扩展了他们的产品线。MOM 的典型功能包括 APS、MRP、MES、WHM、APC 等,而 MES 等是核心,它通常包括制造执行和一部分的质量执行及合规。预测性维修或设备健康管理是 MOM 的一部分,而且变得越来越重要。

12.2.8 维护决策

通过使用故障预测结果,构建预测性维护和零部件管理优化模型。把维护间隔、维护阈值、零部件阈值等作为优化变量;把设备、设施维护周期的最低总成本作为优化目标来建立专家知识库,并以此提供预测性维护的决策建议。

12.3 预测性维护中的预测模型

预测性维护就是根据设备、设施的运行信息,评估部件当前状态并预计未来的状态。常用的方法有时序模型预测法、灰色模型预测法和神经网络预测法。对于预测方法的开发一般有三种基本途径:物理模型、知识系统和统计模型。在实际应用中,可将三种途径综合在一起,形成一种结合了传统的物理模型和智能分析方法,并能够处理数字信息和符号信息的混合性故障预测技术,从而更为有效地实现预测性维护。

在预测性维护的过程中,并不是所有的预测都会提供充足有效的数据,根据数据提供的大小和强度,可以根据如图 12-3 所示的关联图建立相应的数据挖掘模型。

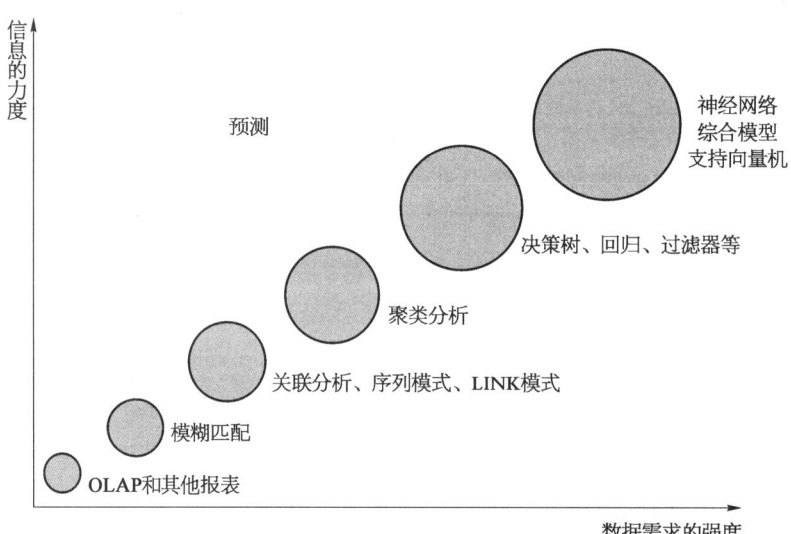

图 12-3 数据和信息关联图

12.3.1 时序模型

对于数据量比较小或者提供的数据影响因素比较单一的预测,可以采用简单的时序模型预测法,比如线性回归、自回归、自回归滑动平均混合等。

将预测对象按照时间序列排列起来,构成一个所谓的时间序列,从所构成的这一组时间序列过去的变化规律推断今后的可能性及变化趋势、变化规律,这就是时间序列预测法。对实际中发生的平稳时间序列做恰当的描述,往往能够得到自回归、滑动平均或混合的模型,其阶数通常不超过二阶。时间序列模型其实也是一种回归模型,属于定量预测,其基于的原理是,一方面承认事物发展的延续性,运用过去时间序列的数据进行统计分析就能推测事物的发展趋势;另一方面又充分考虑到偶然因素影响而产生的随机性,为了消除随机波动的影响,利用历史数据进行统计分析,并对数据进行适当的处理,进行趋势预测。优点是简单可行,便于掌握,能够充分利用原时间序列的各项数据,计算速度快,对模型参数有动态确定的能力,精度较好,采用组合的时间序列或者把时间序列和其他模型组合效果更好。缺点是不能反映事物的内在联系,不能分析两个因素的相关关系,常数的选择对数据平均程度影响较大,不宜取得太小,只适用于短期预测。对于一些比较老旧的设备、设施,因缺乏相关数据,可采用此预测模型。

12.3.2　灰色预测模型

灰色预测是一种不严格的系统方法。以灰色理论为基础的灰色预测技术,可在数据不多的情况下找出某个时期内起作用的规律,建立负荷预测模型。

灰色预测的基本思路是将已知的数据序列按照某种规划构成动态或非动态的白色模块,再按照某种变化、解法来求解未来的灰色模型。它的主要特点是模型使用的不是原始数据序列,而是生成的数据序列。其核心体系是灰色模型,即对原始数据做累加生成(或其他方法生成)得到近似的指数规律再进行建模的模型方法。优点是不需要很多的数据,一般只需要四个数据就够了,能解决历史数据少、序列的完整性及可靠性低的问题;能利用微分方程来充分挖掘系统的本质,精度高;能将无规律的原始数据进行生成得到规律性较强的生成序列,运算简便,易于检验,具有不考虑分布规律,不考虑变化趋势特点。缺点是只适用于中长期的预测,只适合指数增长的预测,对波动性不好的时间序列预测结果较差。

12.3.3　神经网络预测模型

对于神经网络,最典型的是 BP 神经网络,它是目前神经网络学习模型中最具代表性、应用最普遍的模型。BP 神经网络架构是由数层互相连接的神经元组成,通常包含输入层、输出层及若干隐含层,各层包含了若干神经元。神经网络便于依照学习规则,通过训练以调整连接链权值的方式来完成目标的收敛。

BP 神经网络的神经采用的传递函数一般都是 Sigmoid 型(S 型弯曲)可微函数,是严格的递增函数,在线性和非线性之间显现出较好的平衡,所以可实现输入和输出间的任意非线性映射,适合于中长期的预测。优点是逼近效果好,计算速度快,不需要建立数学模型,精度高;理论依据坚实,推导过程严谨,所得公式对称优美,具有强非线性拟合能力。缺点是无法表达和分析被预测系统的输入和输出之间的关系,预测人员无法参与预测过程;收敛速度慢,得到的网络容错能力差,算法不完备,容易陷入局部极小。根据 BP 算法,后来衍生而来的许多算法,性能指标都更有更好,再结合时间序列等多种优化算法,预测效果是显而易见的。

12.4 应用案例

12.4.1 刀具磨损预测

随着机械加工过程向自动化、智能化的不断发展,机械故障智能化监测技术的研究成为至关重要。刀具是机械加工中最重要的加工要素之一,刀具磨损不但直接影响了工件的尺寸精度和表面质量,也会间接影响加工效率和生产成本等。如何通过更加有效的方法去监测刀具磨损已成为大批学者的研究重点,在工业界也引起了广泛关注,关于刀具磨损状态监测技术的研究具有巨大的潜力和应用价值。

高速切削加工技术最显著的特点是采用了远高于传统进给速度和切削速度,不但能够提升加工生产效率和减少加工工作时间,而且可以得到相当高的加工效率和加工精度。高速切削加工技术的这种优势,可以很好地解决传统切削过程中的加工效率和加工精度互相制约难题,满足了航空航天、汽车、发电设备等行业精密复杂零部件的高效、优质、低成本、环保的加工需要。在高速切削加工生产的整个过程中,刀具的磨损状态对工件的加工精度以及表面质量都会有巨大的影响,严重的话甚至会破坏整个加工系统,所以必须对刀具磨损状态进行检测。刀具磨损状态检测依据实际加工过程的切削状态和加工精度要求决定更换刀具的时间,智能识别刀具磨损状态,防止当刀具的磨损量超过某个值时影响工件的表面精度甚至使工件报废;刀具磨损状态监测是提高生产制造效率、减少劳动力成本以及延长机床系统运行寿命的极其关键环节。

在切削金属材料的过程中,切削力是最能直接反应刀具磨损状况的因素。利用切削力的变化监测加工过程中刀具的磨损状态,是加工领域中监测刀具磨损状态的最常用的方法之一。在加工进程中,刀具、工件和机床组成的系统互相作用将生产不同频率振动,这些振动信号蕴含着刀具磨损相关的信息,也是刀具磨损有效的监测信号之一。声发射也叫做应力波发射,由于材料受到外应力或内应力作用而发生形变或者破裂,并用弹性波形式发射出应变能的现象。在切削过程中,产生声发射的信号主要源自:刀具后刀面与工件的互相剧烈摩擦引起的后刀面磨损;切削过程中工件的塑性变形;切屑与前刀面的互相剧烈摩擦接触导致的刀具前刀面月牙洼磨损;切屑的塑性变形;刀具断裂;切屑断裂等。利用声发射信号对刀具磨损进行检测的优点基本与工件材质无关,灵敏度高,可以检测活动裂纹、动态无损检测、实时在线监测。

在一定的切削条件下,随着切削时间的延长,刀具的磨损会逐渐增加。依据切削实验可以获得刀具正常磨损过程中的磨损曲线,如图 12-4 所示。从图中可以看出,用切削时间表示曲线的横坐标,用后刀面磨损量表示曲线的纵坐标。刀具的磨损过程在工程上通

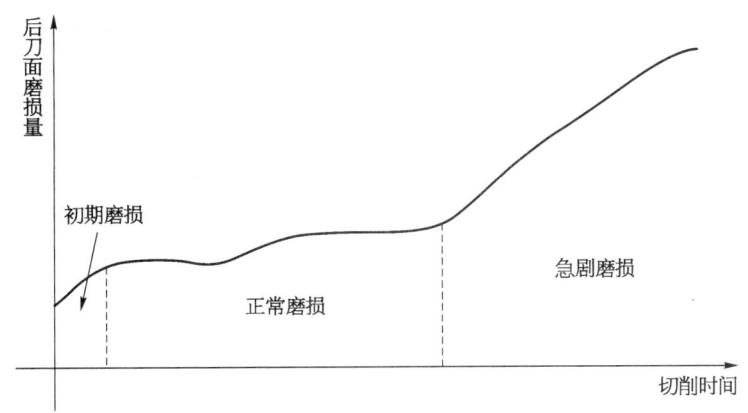

图 12-4 刀具磨损曲线

常可分为三个环节：初期磨损环节、正常磨损环节、急剧磨损环节。

监测信号的处理分析以及特征的提取是刀具状态监测的关键技术之一。从传感器上直接采集的信号数据海量，且包含了大量的无用信息，真正的有用信号相当有限，所以无法直接利用该信号进行刀具磨损状态监测，必须对信号进行预处理然后对处理后的信号进行特征提取并选择跟磨损最相关的主要特征，最后建立特征与刀具磨损状态的映射关系，从而利用各种监测模型完成刀具磨损的监测。分别从信号的时域分析，提取 3 个最相关的主成分信号，从频率分析提取 2 个最相关的主成分信号，从小波包分析提取 8 个最相关的主成分信号。利用这些主成分特征，作为神经网络的输入信号，最高效地呈现信号与磨损状态的映射关系，从而能达到高效、精确的预测目的。

随着人工智能的飞速发展，其价值和可用性也得到极大提高。人工神经网络具有很强的自学习能力，利用对样本数据的学习，使模型具有识别的能力。人工神经网络具有高速的寻优解能力，通过其独特的并行结构，可以充分发挥电脑的高速运算能力，进而快速求得优化解。人工神经网络的非线性处理能力，可以任意精度逼近任何非线性复杂函数曲线。利用人工神经网络在对事物的发展方向预测方面的先天非线性映射优势来预测刀具磨损也具有高可用性。

由于 BP 神经网络具有出色的非线性映射能力和容错能力，因而 BP 神经网络成为了至今为止应用最广泛的网络模型。BP 神经网络和其变化模型在函数逼近、模式分类、模式识别等方面应用广泛。近年来越来越多的学者利用 BP 神经网络来研究刀具磨损检测技术问题，利用人工神经网络预测刀具磨损是可行的也是科学的。

BP 神经网络结构分为输入层、隐含层和输出层，网络设计主要包括确定神经网络输入层的节点数目、隐含层的层数以及节点数目、输出层的节点数目、学习算法参数的设定、目标误差的确定等。

(1) 输入层和输出层的确定

根据前面信号提取的 13 个主要特征(时域 3 个，频域 2 个，小波包 8 个)，把输入层的节点数设为 13 个。网络的输出是刀具磨损状态的种类,根据刀具磨损曲线把刀具磨损分为 3 个不同的状态(初期磨损、正常磨损、急剧磨损),所以输出层的节点数目设为 3 个。

(2) 隐含层节点数目确定

根据数据采用不同节点训练神经网络,得到表 12-1 所示训练结果。可以初步肯定,隐含层数目为 12 个的时候,误差最小,故 BP 网络的隐层节点数目设为 12 个。

表 12-1 不同节点训练结果

隐含层节点数	训练次数	训练误差
5	215	0.341
6	304	0.331
7	369	0.325
8	428	0.310
9	450	0.301
10	475	0.295
11	501	0.284
12	530	0.268
13	590	0.283
14	660	0.291
15	720	0.283

(3) 优化器选取

对于刀具磨损这类磨损型的设备预测,其误差曲线很容易形成等高线趋势,而一般形式的优化器对等高线误差函数是不敏感的,为了突破等高线趋势造成的局部最优解,我们采用了 Nesterov's Accelerated Gradient(NAG)算法,利用 NAG 的动量,智能地倾斜从而突破等高线,达到更高效的训练效果和训练精度。

综上可知,本案例设计的 BP 神经网络的结构是三层神经网络,输入节点数为 13 个,隐含层节点数为 12 个,输出层节点数为 3 个。其他训练参数设置,最大迭代次数为 1 000 次,参数性能为 0.01,目标误差为 0.03。

为了验证训练方式的鲁棒性,对处理后的样本数据进行了多次训练,然后用测试样本对训练过程的网络进行测试,测试结果如表 12-2 所示。

表 12-2 道具磨损测试结果

BP 网络编号	初期磨损状态识别率	正常磨损状态识别率	急剧磨损状态识别率
BP1	0.917	0.853	0.920
BP2	0.932	0.823	0.912

续　表

BP 网络编号	初期磨损状态识别率	正常磨损状态识别率	急剧磨损状态识别率
BP3	0.907	0.844	0.916
BP4	0.920	0.838	0.922
BP5	0.926	0.842	0.930

由上面分析结果可知，本案例所设计的神经网络预测急剧磨损状态正确率可达到平均92%，比传统预测的提高了大约10%，其高效性和精确度都是不言而喻的。

以高速铣削过程中刀具的磨损状态为研究对象，利用刀具在不同磨损状态下的铣削力信号对不同监测技术进行研究，建立了基于BP神经网络预测模型。通过传感器采集大量力信号数据，通过对铣削力信号在时域、频域以及小波分析上进行特征提取和特征选择，优选了13个典型特征作为后续神经网络的输入变量，进而建立了基于优化NAG优化器算法的BP神经网络。实践证明，基于神经网络的刀具磨损预测模型具有更高的预测精度。

12.4.2　地铁信号设备故障预测

在城市轨道交通行业，地铁信号系统作为列车运行的智能控制系统，其设备故障直接影响到列车的正常运行，导致运营服务质量的下降，做好地铁信号设备的故障管理对于提高地铁运营服务质量有着很重要的意义。

地铁作为城市的交通基础设施，其运行的安全性和稳定性对于城市交通的重大意义不言而喻，每一次的设备故障和列车晚点都关乎百万乘客的出行。在地铁这个庞大的系统中，信号系统作为列车运行的智能控制系统，负责控制列车的运行速度、列车的自动驾驶、列车的正点出发和正点到达，管理着一条地铁线上所有列车的运行间隔和安全。地铁信号系统是由一系列的电子、计算机、机械等设备组成的一个复杂自动控制系统，其主要作用是用来保障列车的行车安全和提供行车效率。当信号设备出现故障，后果往往是大面积的列车晚点，严重的故障甚至造成地铁安全性事故。在地铁运营服务期间，信号系统如出现故障而不能正常工作，就意味着列车运行受阻，列车晚点，乘客滞留，地铁服务质量下降。

信号系统的安全性和稳定性是地铁运营管理方日常极为关注的，怎样减少信号设备故障，怎样预防信号设备故障，是一项极具意义的课题。目前国内有地铁运营的城市如北京、上海、广州、深圳、南京等，其地铁信号系统本身只具有基本的故障报警功能，只有当设备出现异常或故障时，才会被监控人员发现从而开始进行故障处理。这种情况带来的后果就是往往故障处理是随机的，故障设备的地点、种类、形式都是随机的，这对于地铁信号的检修人员来说缺少预先设备，没有明确的维修目标，无法在短时间内将设备故障处理好，导致设备停机甚至中断地铁运营服务。

目前各城市的地铁运营公司主要通过设备日常性维修来保证信号设备的稳定性,减少设备出现故障。通过计划的年度、季度或月度检修对设备进行保养性维修,而对于设备故障则是事后维修,只有当设备出现故障后,才开展相应的维修工作,事前很少有方法预测故障。本案例着重于根据地铁信号系统的历史故障数据和各种性能参数数据,结合神经网络知识,提出预测信号设备故障的方法,为地铁信号设备的预防性维修提供技术支持。

目前的微机信号检测系统 24 h 实时监测,能够实时监测到信号系统中各设备的状态,维修部门能够通过微机监测系统记录的设备状态数据和故障数据,及时掌握设备状态信息和进行故障分析,极大地方便了维修人员的集中监控和集中调度指挥。

根据信号设备故障管理的需求,设计一个地铁信号设备故障预测系统,利用信号设备的历史故障数据和运行性能参数,可通过该故障预测系统来预测设备故障情况。故障预测系统模型采用 BP 神经网络来建立,BP 神经网络在数据预测方面有其先天优势,可以无限逼近事物的未来趋势。通过选择合适的网络参数,建立可靠的 BP 神经网络。以历史数据和运行参数作为输入和输出,对建立的 BP 神经网络进行训练和仿真,不断地调整网络参数以达到预期的性能和目标。

根据此系统采集到的数据,构建人工智能神经网络,从而做出最优的预测模型。对于所构建的故障预测系统,神经网络的输入参数就是 8 类设备的运行参数,输出是设备的预测故障概率,故网络的输入层就是 8,即 8 类设备的运行参数,输出层数是 1,即输出变量为设备发生的故障概率。此种选择对以每天、每周或每年的故障预测也是同样的,只是采用的历史数据时间不同而已。对于隐含层数目的优化确定,根据样本数据得到的最优层数为 13。优化算法采用的是贝叶斯正则化算法,抑制过拟合,激活函数为 tanh。

为了验证训练方式的鲁棒性,对处理后的样本数据进行了多次训练,然后用测试样本对训练过程的网络进行测试,测试结果如表 12-3 所示。

表 12-3 地铁信号设备故障预测准确率

BP 网络编号	故障预测准确率
BP1	0.922
BP2	0.914
BP3	0.911
BP4	0.921
BP5	0.937

由上面分析结果可知,本案例设计的神经网络预测地铁信号设备故障状态正确率超过 90%,比传统预测结果的正确率高,其高效性和精确度都是不言而喻的。通过实践应用验证了本地铁信号设备故障预测系统的正确性和可用性。

12.4.3 风机叶片结冰预测

叶片结冰是风电领域的一个全球范围难题。低温环境所导致的叶片结冰、材料及结构性能改变、载荷改变的问题等，对风机的发电性能和安全运行造成较大的威胁。随着风机的设计功率不断提升，现有风机塔筒高度也在不断增长，因此即使在北部沿海和山区地区，冬季大量风机都会触碰到较低的云层，在低温和潮湿环境下非常容易结冰。目前风机运行的实时数据主要由 SCADA 系统进行存储，对叶片结冰故障的监测手段主要是比较风机实际功率与理论功率之间的偏差，当偏差达到一定值后会触发风机的报警和停机。然而，触发报警时往往已经发生叶片大面积结冰现象，在这样的情况下运行会增加叶片折断损坏的风险。虽然许多新型风机都设计了自动除冰系统，但是实际应用中面临的挑战是很难对结冰的早期过程进行精确预测，以便能够尽早开启除冰系统。对结冰过程的预测准确度决定了除冰系统的效率、风机的效率损失和风机运行的风险。

风机的寿命一般可以达到 20 年，但大部分风机的质保范围只是风机整个运行寿命最初的 2~5 年。随着风机系统的老化，未必所有的风电场业主都做好了对风机进行维护的准备。其中部分情况是缺乏维护工作所需的技术人员，即使配备了满足风电场日常维修要求的技术人员，计划外的维护还是会明显影响到风电场的收入。从传统的故障维护，到近些年的预防性维护，再到最近具有深远意义的预测性维修，风机的保养工作与人工智能有机地融为一体。

(1) 数据采集

目前风机运行的实时数据主要由 SCADA 系统进行实时监测和存储，SCADA 是风场设备管理、监测和控制的重要系统，通过实时收集风机运行的环境参数、工况参数、状态参数和控制参数使风场管理者能够实时了解风电装备资产的运行和健康状态。SCADA 系统每天产生大量的数据，但是目前大部分的系统依然局限于对已发生故障的报警。这些故障到达报警阶段时往往已经比较严重，需要对风机进行停机和维修，造成巨大的发电损失和维护成本。通过对 SCADA 系统产生的大数据环境进行挖掘和建模，能够对一些严重故障进行预测和诊断，从而使过去应激型的维护方式转变为主动预测型的维护方式，能够有效地改善风电设备的使用率和运维成本。

(2) 风机性能参数

风机的性能参数主要有流量、压力、功率、效率和转速。另外，噪声和振动的大小也是主要的风机设计指标。流量又称风量，以单位时间内流经风机的气体体积表示；压力又称风压，是指气体在风机内压力的升高值，有静压、动压和全压之分；功率是指风机的输入功率，即轴功率。风机有效功率与轴功率之比称为效率，风机全压效率可达 90%。这些参数的实时数据，都可以通过 SCADA 系统实时采集，通过高效的数据挖掘智能算法，从这些海量杂乱的数据中挖掘出风机的预测状态，从而达到真正的预测性维修。

(3) 预测模型

对从 SCADA 系统中采集到的风机数据进行分析和数据处理，然后采用神经网络方法进行建模和故障预测,采用 BP 网络对其进行预测。根据 SCADA 系统的工况参数、环境参数、状态参数等信息,选取最具有特征的 28 个变量作为预测输入,输出变量为一个,即风叶结冰的概率,激活函数采用 Relu 函数,优化算法采用 Adam 优化器,收敛速度快,性能优良。通过信号正向传播和误差反向传播进行优化,得到了较好的预测结果和精度。

12.4.4 桥梁保养维护

交通运输关系国计民生和经济命脉,而道路桥梁则是确保交通能够畅通无阻的关键载体。然而,桥梁一经建成,在其长达几十年,甚至上百年的服役期间,受环境侵蚀、材料老化和动静力荷载的长期效应、疲劳效应以及突变效应等不利因素的耦合作用,将不可避免的导致桥梁结构的损伤累积和抗力衰减。为了保障桥梁结构的安全性、完整性、适用性和耐久性,结构健康监测技术应运而生。

针对桥梁结构进行预测性维护,即搭建桥梁结构健康监测平台,可以视为一种基于物联网的集成决策支持系统,通过利用现场的、无损的、实时的方式采集桥梁结构与环境信息,分析结构反应的各种特征,获取结构因素、环境因素、损伤或退化而造成的改变,进而对桥梁的健康状况进行评估,对其使用寿命进行预测。桥梁结构健康监测平台基础架构如图 12-5 所示。

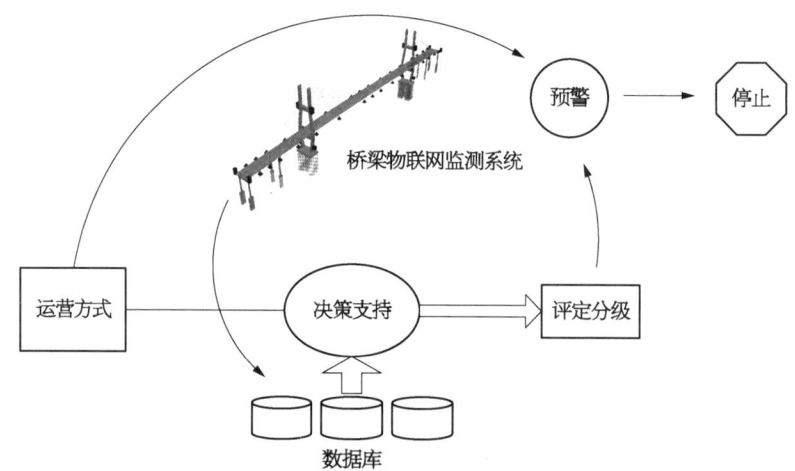

图 12-5 桥梁结构健康监测平台基础架构

该平台功能主要包括以下几个方面。

① 在桥梁关键位置安装监测元件,搭建物联网监测系统,实现数据的采集、传输、处理,并可以长期进行远程实时监测。

② 与现有桥梁数据库及相关规范、标准的接口,获取有效的阈值和预警值。

③ 用于统计比较的相关知识和历史数据库。

④ 包含自动模型修正程序的动态桥梁模拟数据库。

⑤ 通过计算用于制定决策所需建议的实例推理系统。

结合预测性维护基本框架,桥梁结构健康监测平台在每个关键节点的应用内容包括以下几点。

(1) 状态监测

对桥梁结构状态的监测主要是监测桥梁在环境和荷载的作用下结构的响应情况,监测指标包括挠度、应变、振动、环境温湿度等,随着嵌入式技术的发展,一些智能硬件产品,包括测力型智能支座、动态称重升缩缝的研发为桥梁状态监测提供数据保证。

在状态监测过程中可以分析出冲击、超荷载、冲刷、地址、裂缝、沉降等因素对桥梁结构性能的影响,在各种荷载的作用下桥梁结构关键指标的发展趋势(如挠度、位移、漂移、倾斜等),荷载的传递情况等。分析关键在于建立有效的荷载模型,并随着数据的积累不断对荷载模型进行校准。

(2) 损伤检测与疲劳评估

损伤是指对桥梁现有或将来的性能产生不利影响的变化,桥梁结构的损伤可由直接作用产生,如地震事件、冲击、爆炸、极端天气等;也可由长期积累而不断增长,如疲劳或腐蚀。

对损伤的检测通常包括对桥梁主要承重构件结构性能的监测从而知道桥梁整体状态,通过对竖向悬臂的变形监测得到桥梁断面状态,通过对桥梁扭转支撑底部和顶部连接的监测得到桥梁局部构件的状态。在分析的过程中需结合每天的交通量以及货运交通产生的桥梁结构变化综合考虑。

通过检测损伤累计从而评估出桥梁结构的寿命,分析桥梁每一个影响级别中的统计分析结果和抗疲劳性能。

(3) 运维管理

在对现役桥梁结构性能评估的过程中,交通荷载是不容忽视的一项内容。在桥梁设计的过程中,桥梁的承载力必须与现有交通量相匹配,对通行车辆的类型、载重都有严格的限定,但在投入使用过程中,随着城市的发展,交通负荷越来越大,严重影响桥梁预期的使用年限。对超重超限车辆进行识别,并结合摄像头实现抓拍及预警,这在保障桥梁安全运维的同时,也使桥梁剩余使用寿命最大化。

通过状态监测对桥梁结构性能进行评估,利用基于测量的量化指标来确定待维护桥梁的优先顺序,制定桥梁维护工作的最优化方案。结合对桥梁未来承载力的预测,可以估算出桥梁未来的维护费用。

12.4.5 电梯故障维护

电梯的预测性维护通过智能远程维护系统实现,该系统是以远程监控为技术平台基础,集合更先进的监控节点技术应用与后台智能分析功能的全新远程监控系统。其主要作用如下。

(1) 量化监控

智能远程维护系统对某些需要智能的控制节点进行量化或者模拟量化的监控。判断哪些节点需要量化监控的原则有两条：一是该节点对电梯运行有重大影响或需要经常维护，二是该节点参数必须可以被量化或模拟量化。

(2) 关注维护

通常将整个电梯维保工作分成三个部分：急修、常规维护和优先维护。

采用预测性维护的一个基本前提是该部件的损坏是一个渐进的过程，而不是突然发生的；所以，急修的部分不在本案例的讨论范围。

通常的电梯常规维护是以一定时间为周期、根据电梯型号执行固定内容的保养和检查的形式来执行的，而在使用了智能远程维护系统之后，日常维护的周期和内容将不再是固定的，而是根据电梯的实际情况，结合系统历史数据来进行智能判断安排提前生成的包含执行频率和工作内容的常规维护计划表。

优先维护的概念是指当系统监控的量化点因某些特殊原因突然到达或超过阈值，但尚未导致电梯故障的情况发生时，必须提前指派保养人员去现场实施的保养行动。尽管所有的量化监测点都是理论上逐渐衰退的部件，但是不能排除意外情况的发生，一方面系统中存在模拟量化的节点可能其模拟量和实际量产生偏差，另一方面电梯乘客的行为是很大的不确定因素，也会导致某些量的突然变化。优先保养就是针对这种意外情况的一种预案。

(3) 学习功能

智能远程维护系统具有学习功能，它对电梯运行参数进行采集存储，随着时间的推移，这些信息形成一个庞大的历史数据库。此外，智能远程维护系统还记录了每次故障的时间、原因等信息。系统将它能收集到的所有信息放在一起形成一个综合型的数据库。智能远程维护系统就是基于这个数据库储存的历史信息来对现在的状态进行分析判断，而执行的最终结果又将被储存起来帮助在将来做分析时使用。在系统刚开始运行时，需要用人工输入的方式对量化监控的参数设置一个阈值，以便系统提前预警采取行动。这样的阈值其实是一种经验值和平均值，并不能很好地适用于每台电梯。运行初期，智能远程维护系统的程序会按照此预设值来进行工作分配，而在运行一段时间后，系统将运用收敛算法针对不断采集得到的各台电梯的参数，对照故障发生结果进行不断调整，寻找最优解决方案。有了这种学习能力，智能远程维护系统就可以进行自我调整。这种自我调整随着时间的积累(单台电梯自身经验纵向分析)和电梯数量的积累(类似状态电梯经验横向分析)，使得其最终判断的准确性越来越高，而其输出结果就是为系统中的每台电梯都个性化定制一个最适合其运行状态和当地保养资源的维护方案，使维护工作成为真正意义上的预测性维护。

量化监测、关注维护和学习功能是智能远程维护系统最突出的特点，也是其实现预测性维护的基础所在。可以从日常维护和优先维护两方面来理解其实现方式。

在日常维护方面，智能远程维护系统将安装在电梯上的各个量化或虚拟量化监控点信息传输回数据库，如前面所介绍的那样，在运行初期按照人工设定的阈值来进行计算，找出最高频次保养点再结合其他保养点的相关信息，制订最初的日常维护计划。然后随着数据的不断积累，智能远程维护系统将根据自我学习到的经验值和系统中电梯的不同情况，重新对各项内容进行风险评估，设定新的阈值。同时参考维护资源的变化，制订出新的、更符合电梯实际运行状况的日常维护计划。维护人员在完成每次常规保养任务后需要将信息反馈给系统以帮助重置一些模拟量的当前数值。

在优先维护方面，智能远程维护系统时刻将其采集到的参数信息传送回后台，根据这些参数信息，系统自动对电梯运行状态或者说健康度进行分析。首先是监测有无故障点。一旦系统监测到故障点，会立即将信息通知急修人员赶赴电梯现场，同时告诉急修人员电梯是否困人，以及出现故障的部件位置，方便其采取紧急救援和修理措施。如果没有监测到故障点，那么系统再查找是否有维护点，如果发现有维护点存在，系统则将分析判断是否需要采取优先维护行动。系统首先会到自己的数据库中搜索过去出现同一维护点的历史数据，包括当时采取的措施和最终结果以便对此次维护点的总体风险进行评估，同时综合考虑预先安排的下一次日常维护的时间，如果此维护点的出现并不会在短时间内对电梯整体运行带来不利影响，而下一次常规保养时间即将到来，则将此节点的维护内容加入下次日常维护任务单中并通知对应的维护员工，无须额外派工（如果下次日常维护内容已经包含此节点，则无须采取任何变动）。当系统分析最终确定需要采取优先维护行动，则将生成包含行动日期及维护内容的优先保养行动表并通知管理人员，由其根据人力资源的实际情况安排最合适的维护人员执行本次优先维护行动。该维护人员在完成后需要将确认信息反馈给系统以便系统重置该参数（如有必要的话）。

参考文献

[1] Mobley R K. An Introduction to Predictive Maintenance[M]. 2nd ed. New York: Elsevier Science, 2002.

[2] Levitt J. Complete Guide to Predictive and Preventive Maintenance[J]. Mechanical Engineering, 2003(8): 67.

[3] Girdhar P, Scheffer C. Practical Machinery Vibration Analysis and Predictive Maintenance[M]. Burlington: Newnes, 2004.

[4] Gouriveau R, Medjaher K, Zerhouni N. From Prognostics and Health Systems Management to Predictive Maintenance 1: Monitoring and Prognostics[M]. Wiley, 2016.

[5] 王贺. 基于 BP 神经网络的风机故障预警[D]. 北京：华北电力大学，2015.

[6] 苏航. 基于 BP 神经网络的地铁信号设备故障预测[D]. 广州：华南理工大学，2013.

[7] 张艳霞. 风电机组状态监测与故障预测方法研究[D]. 北京：华北电力大学，2016.

[8] 杨春生，牛红涛，隋良红，等. 基于贝叶斯正则化算法 BP 神经网络钒电池 SOC 预测[J]. 现代电子技术，2016，39(8)：158-161.

[9] 林杨.基于深度学习的刀具磨损状态监测技术的研究[D].合肥:中国科学技术大学,2017.

[10] 周媛婧.基于遗传算法的BP神经网络在刀具磨损状态监测中的应用[D].成都:西南交通大学,2010.

[11] 叶晓斌.基于灰色系统理论和神经网络的机械故障预测模型及其应用[D].重庆:重庆大学,2012.